들뢰즈의 잠재론

 카이로스총서18

들뢰즈의 잠재론 : 소멸과 창조의 형이상학
Deleuzian Virtualism

지은이 조성훈

펴낸이 조정환·장민성
책임운영 신은주 편집부 김정연 마케팅 정성용 편집지원 오정민
용지 화인페이퍼 인쇄 인성인쇄소 제본 일진제책사

펴낸곳 도서출판 갈무리 등록일 1994. 3. 3. 등록번호 제17-0161호
초판인쇄 2010년 7월 7일 초판발행 2010년 7월 17일

주소 서울 마포구 서교동 375-13호 성지빌딩 302호 전화 02-325-1485 팩스 02-325-1407
website http://galmuri.co.kr e-mail galmuri@galmuri.co.kr
ISBN 978-89-6195-026-8 94100 / 978-89-86114-63-8(세트)

도서분류 1. 철학 2. 문화이론 3. 영미문학 4. 미학 5. 예술론 6. 영화
값 20,000원

이 도서의 국립중앙도서관 출판시도서목록(CIP)은 e-CIP홈페이지(http://www.nl.go.kr/ecip)에서 이용하실 수 있습니다 (CIP제어번호 : CIP2010002186).

들뢰즈의 잠재론

Deleuzian Virtualism

소멸과 창조의 형이상학

조성훈 지음

| 일러두기 |

1. 본문에 들어 있는 [ ]안의 내용은 필자가 읽는 이의 이해를 돕기 위해 덧붙인 것이다.
2. 전문 용어 및 번역어는 관례를 존중하였으며, 필자의 신조어나 번역상 애로가 있는 용어는 괄호 등을 통해 원어를
   병기하였다.
3. " "는 인용된 용어나 구절을, 굵은체나 이탤릭 혹은 ' '는 내용상 강조를 나타낸다.
4. 본문 중에 저자 및 저서 표기 없이 괄호 안의 쪽수만 표기된 것은 앞의 책의 쪽수를 나타낸다.

차례

2부 잠재 예술론

서문

    이 글은 들뢰즈Gilles Deleuze의 이론을 예술의 관점에서 해설하려는 의도에서 출발하였다. 해설이란 대상 텍스트로부터 초월적인 입장이 되어 그것을 굽어보는 위치에서만 완전해질 수가 있다. 그러려면 텍스트를 이해하고 압도하고 나아가 관대해지는 미덕이 필요하다. 이로부터 연구와 해설의 대상에 대하여 해설자가 취하게 되는 특유한 스타일이 형성된다. 들뢰즈 역시 한 명의 해설자이며 연구자이다. 스타일은 통찰의 문제라고 어디선가 지적했던 프루스트Marcel Proust의 가르침을 감안한다면, 들뢰즈의 스타일은 그의 연구와 해설 나아가 이론 전반에 걸친 어떤 성격을 엿보게 한다. 가령, 그의 무미건조한 스타일은(혹자는 크림을 제거한 크래커에 비유하기도 했다), 텍스트 중간 중간에 뚝 떨어지는 육중한 명제들을 접할 때의 광대한 느낌을 제외하면, 우리로 하여금 대부분의 시간을 신비감을 머금고 몽롱한 자세를 취한 사제司祭가 되게 한다. 스타일이 없다고 해야 할지 스타일의 과잉이라고 해야 할지, 그의 건조하고도 무표정한 냉담은 해설자와 연구자들을 묘한 고통 속으로 몰아넣는다. 실제로 들뢰즈는 스피노자Baruch de Spinoza의 스타일에 관한 작은 논평에서, 스타일의 부재 속에 감돌고 있는 강렬한 파토스의 과잉을 지적한 바가 있었다. 대양大洋의 잔잔한 수표면 아래에서 출렁이는 웅장한 심해처럼, 그것은 마치 가학적 쾌감 혹은 자신의 권능에 도취된 사디스트의 냉담과 절제의 표정과도 같은 것이었다.

　자신의 목소리로 철학을 한 최초의 저서라고 공언했던 『차이와 반복』Différence and Répétition과 특히 가타리Felix Guarttari와 공동 작업한 『앙띠-외디푸스』Anti-Oedipus 이전의 그의 저서들은 주로 특정 철학자나 작가에 관한 해설서나 연구서의 성격을 취하고 있는데, 이 시기의 스타일과 어조는 주로 스피노자의 그것을 많이 닮고 있다고 추측할 수도 있을 것이다. 스피노자의 잔잔하고도 냉혹한 논증과 정의들 아래에 잠재해 있는 굉장한 열정을 머금은 보론들이 그렇듯이, 들뢰즈의 스타일은 그가 고전주의적 절제와 바로크적 강렬함이 공존하고 있는 사상가임을 말해주고 있다. 물론 여기에는 개인의 스타일뿐만 아니라 그의 철학적 태도 전체를 반영하는 바가 있다. 스피노자 특유의 기하학적 논증이 그랬듯이, 말하자면 신의 어조를 취하고 싶었던 것은 아닐까 하는 것이다. 편견 없이 사유해야 하고, 초월적이 되어야 하고, 냉혹해져야 하고, 동시에 관대해져야 한다는 고전주의적 강박이 그의 사유 전반을 사로잡고 있는 정서처럼 보인다. 분류와 논증이라는 그의 방법이 이러한 정서를 잘 예증해주고 있다. 분류 행위는 그 자체로 초월적 견지를 필요로 한다. 그것은 좋은 것과 바람직한 것, 나아가 선한 것을 찾아 선별하고 그와 대립되는 항을 배제하는 플라톤Platon식의 배타적 이원론과는 근본적으로 다르다. 들뢰즈 자신 역시 이를 엄격히 구분 했던 것으로, 그에게 있어 방법으로서의 '분류'는 다루어지는 모든 존재의 긍정을 함축하고 있다. 생물학의 분류학이 그렇듯이 분류 행위는 다양성에 대한 통찰이 없이는 나올 수 없기 때문이다.

그는 베르그송Henri Bergson의 직관의 방법을 자기식의 논증으로 계승하면서, 베르그송의 이원론적 분류(정도상의 차이와 본성상의 차이, 공간과 지속, 양적인 것과 질적인 것, 물질과 정신)를 더 밀어붙여 생물학을 방불케 하는 다원론적 분류(본성적으로 다른 두 작가의 분류, 문학 작품 내에서의 다양한 수준들의 분류, 이미지의 분류, 개념들의 분류)로 나아간다. 이는 대립적이고 모순적인 가치와 힘을 가르는 대신에 진정한 본성상의 차이를 발견하려는 시도이다. 즉 어떤 것은 좋고 어떤 것은 나쁘다는 식의 판결적 분류라든가, 어떤 것은 그와 모순적인 다른 어떤 것과의 대립적 단련을 통해 구체화되거나 고양된다는 식의 훈육적 변증법을 넘어서, 어떤 것과 다른 어떤 것은 서로 어떻게 다르고 같은지를 구체적으로 구별함으로써 사안이 되고 있는 것에 대한 참된 인식에 도달하려는 것이다. 들뢰즈에 따르면, 실질적 존재와는 동떨어진 초월적 가치를 내세운 도덕적 판결, 그리고 의식의 모순적 원리를 들이대며 사물의 구체성에 도달하려는 변증법은 양자 모두 그 물코가 너무나 헐렁하며, 플라톤이 비유했던 것처럼, 거칠게 후려치고 돌려치는 와중에 물고기가 다 빠져나가듯이, 존재의 본성적 차이를 인식하기 어렵다. 나아가 그 구체적 인식에의 실패는 결국 존재를 부정하는 결과를 낳는다. 오히려 그러한 사유 자체가 이미 부정에 기반을 두고 있다는 것이 앞으로 우리가 읽어야 할 들뢰즈의 비판이다. 본성상의 차이의 발견은 경험의 근간을 이루는 여러 복합적 요소들 — 예를 들면, 물질적인 것과 정신적인 것의 복합 — 중에서 순수 현존을 솎아내는 과정, 즉 우리에게 알려진 것과 알려지지 않은 것을 구별하고, 대립과 모순의 헐렁한 원리 속에서 뒤엉켜 있는 경험적 환상을 뛰어넘어, 자연에 대한 구체적이고도 참된 인식에 도달하기 위한 노력이다. 그것은 모든 경험을 통일하는 하나의 관념적 실재(이미지)의 추상이 아니라 존재가 자신 안에 내재하고 있는 고유함의 긍정이다. 들뢰즈에게 있어 차이는 언제나 긍정을 함축하고 있다는 점을 우리는 보게 될 것이다.

차이와 긍정에 대한 통찰은 자연 안에 미리 결정된 의미와 목적이 없음을 이해하는 과정에도 일치한다. 들뢰즈에 따르면 자연은 단일한 일자 一者의 의지라든가 미리 규정된 질서를 내포하지 않는다. 궁극적으로 자연 안의 모든 존재는 기계적이거나 유기적인 관계 안에서의 예속된 상태가 아니며, 자연 자체가 이미 분열적이고 파편적인 관계의 집합이라는 그의 생각 역시 차이와 긍정에 기반을 둔 사유의 결과이다. 자연은 모든 존재를 용해하는 매끈한 질서로 짜여 있지 않다. 그에게 자연은 충돌하는 자연이고 본성적으로 다른 이질적 체계들과 그 관계의 혼성적인 자연이며 관계들의 거칠고도 강렬한 아상블라주assemblage이다. 여기에서 들뢰즈 사유의 또 다른 성격 즉 탈영토화deterritorialization, 생성becoming, 잠재적 실재the virtual의 열림과 같은 술어들로 요약될 수 있는 자유와 창조의 낭만주의적 테마들이 나온다. 이 테마들은 자연 안의 모든 존재자들이 자신 안의 고유함으로 살아가면서도 어떻게 함께 공존할 수 있는지, 또한 미리 규정된 의미가 없던 자연이 어떻게 하나 혹은 다수의 의미를 가지게 되는지, 따라서 이제 중요해지는 것은 관계의 창조의 문제가 아닌지에 관한 암중모색이다. 서둘러 말해 그에게 삶은 미리 주어진 질서의 모방이나 발견이 아니라 의미와 관계의 창조이다.

이 책에서는 차이와 긍정 그리고 관계의 창조를 육화하는 모델로서 예술을 상정한다. 앞서 언급했듯이 우리는 들뢰즈의 이론을 예술과의 관계 속에서 논의하고자 한다. 물론 그는 철학자이고 베르그송주의자이며, 우리가 다루려는 테마들 역시 베르그송의 철학적 틀 안에 혹은 그와 나란히 있다. 그러나 무엇보다도 그들의 철학적 사변을 경험적 자료로 제시해 줄 수 있는 영역은 다름 아닌 예술이 아닐까 싶다. 베르그송의 지속의 리듬을 설명해 줄 수 있는 경험적 자료로서 그가 빈번히 논의했던 음악이나 미술과 마찬가지로, 들뢰즈의 차이, 긍정, 공명, 관계의 창조를 구체적으로 보여 줄 수 있는 자료들은 다름 아닌 프루스트이며, 카프카Franz Kafka이며, 마조흐Leopold von Sacher

Masoch이며, 휘트먼Walt Whitman, 로렌스D. H. Lawrence, 밀러Henry Miller …… 이다.

예컨대, 들뢰즈의 대부분의 저작에서 등장하고 있는 커다란 분류체계 하나를 생각해 보자. 매번 다른 철학자들과 작가들로부터 차용하여, 어떤 경우에는 스피노자의 구분을 따라 능산적 자연Natura naturans과 소산적 자연 Natura naturata 으로, 어떤 경우에는 베르그송을 따라 지속durée과 공간으로, 어떤 경우에는 스토아학파를 따라 아이온Ion과 크로노스Chronos로, 어떤 경우에는 아리스토텔레스를 따라 질료hýlē와 형상eidos으로, 또 어떤 경우에는 차이와 반복 등으로 그 용어법을 달리하면서, 그는 여러 차례에 걸쳐 자연의 두 체계를 구분하고 논증한다. 한편에는 공간적으로 혹은 대상적 관계로 규정되는 두 번째 자연으로서의 사물의 체계가 있다. 자연 안의 모든 존재는 이름이 있고, 형태가 있고, 수number가 있으며, 사회적 관계가 있다. 명명하고 계량하고 대상화함으로써 사물을 형성하는 이 체계를 들뢰즈는 객관성이 지배하는 현실의 질서 혹은 반복의 질서라고 규정했다. 또 다른 질서 즉 자연의 첫 번째 체계가 있는데, 객관적 상태가 형성되기 이전에 실재하는 것으로서, 명명할 수 없고, 매순간 형태를 지우며, 지각할 수 없는 지대로서의 잠재적이고 질적인 변화의 체계가 그것이다. 이는 공간을 넘어서 시간 안에서만 그 차이와 본질을 현시하는 체계이다. 들뢰즈는 이를 잠재적 실재라고 불렀다. 그에 따르면 존재가 다른 존재와 본성적으로 다르거나 심지어 그 자신과도 본성적으로 다르게 하는 것, 한편 그 본성적 차이로 인해 자신 안의 고유한 존재성이 지속하도록 하는 것은 자연의 두 번째 체계인 공간의 질서가 아니라 바로 저 첫 번째 체계이다. 들뢰즈는 어디선가 존재의 본질은 항상 뒤늦게 출현한다고 말했는데, 바로 본질적인 것은 잠재적으로 흐르는 시간의 최종적 결과 속에서만 드러난다는 뜻이었다.

가령 프루스트 소설의 주인공 마르셀Marcel을 생각해 보자. 그는 생물학적 개체로서 특정 유형의 종種적인 관계를 가지고 살아간다. 동물군의 하나로서, 유기체의 하나로서, 포유류의 하나로서, 혹은 다른 어떤 생물학적 개체군의 하나로서. 또한 그는 육체를 소유하고 특정한 위치를 점유하여 공간적 연장성을 취한다. 또한 그는 한 명의 역사적 혹은 사회적 개인이다. 특정 시대의 한 존재로서, 특정 사회의 한 무리로서, 아버지로서, 직업인으로서, 남자로서(혹은 여성으로서), 객관화된 형태의 사회적 관계 혹은 육체적 관계를 맺으며 자연의 저 두 번째 체계 속에서 살아가는 것이다. 그러나 그것은 그의 객관적 존재를 규정하는 체계이지 그의 본질을 규정하지는 않는다. 그의 본질을 규정하는 것은 그와 같은 대상적이고 상대적인 관계가 아니라, 그가 살아가면서 수많은 외적 영향 관계 속에서 스스로 달라지고 변질되어 가는 과정 전체로서의 시간과 지속이다. 이것이 그를 다른 그 무엇과도 본성적으로 다르게 하는 그의 고유함이며, 최종적으로 드러나는 지속의 총체로서 그의 본질이라는 것이다. 우리는 무슨 일이든지 빠르게 해결하고 싶어 하고 쉽게 의존할 수 있는 대상을 선호함으로써 우리 내부의 얄팍하고도 저열한 본성을 무의식적으로 드러내는데, 들뢰즈에 따르면 우리는 자연의 두 번째 체계, 즉 본질을 대상으로 환원하고, 객관적 형태의 단단한 외형을 손에 쥐는 것에 만족하여 객관성을 구체성으로 오인함으로써, 기다림과 망설임의 시간을 거친 후에만 드러나게 될 아름답고도 본질적인 관계들을 놓친 채 물질과 공간의 환상에 안주해 버리고 만다는 것이다.

따라서 필요해지는 것은 그러한 환상에 빼앗긴 우리의 시간, 나아가 존재의 참된 시간을 되찾는 문제일 것이다. 그러나 어떻게 잠재적 시간을 긍정하고, 결정론적 공간에 예속된 우리의 삶과 존재를 우리 자신의 것으로 되돌릴 수가 있을 것인가? 바로 여기에 예술이 윤리적·정치적 테마들과 엮일 수 있는 결절점이 있지 않을까 하는 것이 우리의 가정이다. 왜냐하면 잠재적인 것을 육화할 수 있는 것, 즉 그 고유한 의미에서 존재를 시간 속에서 사유하게 해 주는 것은 오로지 예술뿐이기 때문이다. 예술은 대상적 관계를 넘어 우리를 지속으로, 잠재적 실재로 도약하게 한다. 예술은 우리를 절대적 차이로 이끌면서, 그 차이를 훼손하지 않고도 우리를 공명하게 하고, 나아가 하나의 시간 속에서 공존하는 길을 연다. 그리하여 차이와 긍정의 테마를 관계의 창조라는 테마들로 이끈다. 우리의 작업을 다음과 같은 몇 가지의 질문으로 요약할 수도 있을 것이다. 철학적 존재론은 예술과 어떻게 나란히 갈 것인가? 혹은 문학이나 예술이 어떻게 우리를 본질적인 시간으로 이끄는가? 혹은 구체적 지식을 어떻게 형성할 것인가? 나아가 어떻게 삶을 긍정할 것인가? 그리하여 의미와 관계의 창조로서의 삶의 윤리적 가능성을 어떻게 열 것인가? 이렇게 해서 이 글은 존재론이 예술과 교차하는 지점을 포착하고, 이 만남이 다시 창조적 삶의 가능성이라고 하는 윤리적 과제로 어떻게 나아갈 수 있는지 그 과정을 지켜보고자 한다.

그 내적 전개 과정으로서 이 책의 구성을 언급하지 않을 수 없다. 책은 크게 1부와 2부로 나뉘어 있다. 그것은 들뢰즈의 이론을 두 수준에서 보아야 할 필요 때문이다. 첫 번째 수준은 물론 베르그송과의 관계이다. 들뢰즈의 대부분의 저작에는 베르그송의 사유가 깔려 있는데, 그것은 마치 배아처럼 응축되어 혹은 포탄처럼 발산되어 거의 모든 주제에 걸쳐 기저를 이루고 있다. 따라서 들뢰즈가 베르그송을 어떻게 사유하는지 그 주제는 무엇인지를 살펴보아야 할 것이다. 두 번째 수준에서는 이러한 배아가 다른 작가들과 함께 구체적으로 분화되는 양상을 다룬다. 프루스트의 문학, 마조흐와 사드Marquis de Sade의 문학, 수많은 영화감독들과 그들이 창조한 이미지, 멜빌Herman Mellvile, 휘트먼, 베이컨Francis Bacon 등, 예술가와 예술 작품을 다루면서 들뢰즈는 어김없이 베르그송의 주제들을 끌어들인다. 이 책에서 소묘하는 것은 자연의 두 체계의 운동처럼 엮이고 있는 그 두 수준의 응축 그리고 발산, 분화, 구체화이다.

1부에서는 들뢰즈의 사유가 베르그송의 철학에 근간을 두고 있다는 전제하에, 그의 저서인 『베르그송주의』*Bergsonism*를 그 논의에 따라 파고들어 읽을 것이다. 베르그송에 대한 들뢰즈의 관계는 맑스Karl Marx에 대한 알튀세Louis Althusser의 관계와도 같다. 저 책 영어판 후기의 제목을 「베르그송으로 돌아가자」A Return to Bergson고 썼던 사실에서도 이를 추측해 볼 수 있지 않을까 싶다. 들뢰즈의 베르그송 해석은 크게 직관, 지속, (삶의) 창조라는 테마로 짜여 있는데, 이를 다시 연역하면 방법으로서의 직관, 직관의 대상으로서의 지속, 그리고 삶의 실천이라는 형식으로 요약할 수 있을 것이다. 그에 따르면 직관은 사유의 한 방법으로서 지성의 잘못된 문제와 환상을 비판하고 참된 문제를 제기한다. 그래서 직관은 공간과 수가 아니라 시간적이고 질적인 방식으로 자연에 접근한다는 것이다. 그럼으로써 자연을 외관으로 혹은 양量으로 인식하려는 경향을 가진 지성을 비판하고 참된 본질을 이해하는 역량을 열어준다는 것이다. 저 주제는 다시 여러 가지 요소들로 세분화할 수가 있는데, 가령 지성이 사로잡힌 환상과 싸우는 직관의 비판기능, 실재의 마디를 찾아 본성상의 차이를 나누는 직관의 나눔, 절대의 두 측면인 공간과 지속의 긍정, 동일한 이상과 잠재적 실재로의 수렴, 다양성의 공존과 회상, 다원론과 일원론의 독특한 관계, 비개인적인 일원론의 시간, 삶의 창조로서의 잠재적 회상의 현실화 등이 그것이다.

2부에서는 베르그송 철학에 근간을 둔 들뢰즈의 사유가 다른 여러 저작들 속에서 어떻게 달라지는지 혹은 베르그송의 방법과 철학을 어떤 식으로 실천 혹은 구체화하는지를 제시한다. 1장에서는 베르그송주의 테마의 하나인 지성에 대한 직관의 비판기능을 위시하여 지식의 진정성을 논의한다. 들뢰즈의 많은 논의들 중에는 지식의 국가적 형태에 대한 비판이 있다. 지식의 특정 범위 내에서 특정 위치를 점하고자 하고, 다른 위치와 대면 혹은 대립하거나, 공모와 합의가 가능한 친구를 만들고, 공리계의 가치axiomatic values를 추구하면서, 상대적 언술권력을 만들어 지식을 영토화 혹은 재-영토화 한다는 것이 그것이다. 지식의 영토화는 이미 지성에 내재한 어떠한 속성에 기인하는데, 들뢰즈는 이를 베르그송의 논의를 빌려와 공간화, 부정, 퇴행, 고착과 같은 술어들로 규정하고 있다. 지성은 이미 알려져 있고 합의된 관념에 만족하기 때문에, 이러한 태도는 알려지지 않은 새로운 경험에 대한 진정한 지식을 만들기 어렵다는 것이 그 논의의 요체이다. 베르그송주의의 입장에서 볼 때, 직관의 힘이란 이러한 한계에 대한 통찰 즉 '불가능에 대한 인식'을 가능케 하는 힘이며, 나아가 우리가 알고 있는 지식이 오히려 우리 자신의 인식의 틀을 잠식시키고 있는 것은 아닌지를, 즉 '내부의 배리 혹은 역설'을 발견하게 해 주는 힘이라는 것이다. 이는 주로 『프루스트와 기호들』*Proust et Les Signes*에서 개진되었던 사안으로, 그에 따르면 알려지지 않은, 규정되지 않은 징후에 직면하여 해석의 강요가 주는 고통 속에서 창조된 지식만이 진정성을 갖는다. 이 주제에 관한 들뢰즈의 질문은 지식의 진정한 발생의 문제, 즉 "지식은 어떻게 만들어지는가?" 혹은 "어떻게 형성된 지식이 보다 진정한 것인가?"라고 요약할 수 있을 것이다.

2장에서는 본성상의 차이의 발견이라는 베르그송주의의 핵심적인 주제를 두 작가 — 마조흐와 사드 — 의 차이를 논의하면서 구체화한다. 이 논의에서는 정신분석이 설정한 사도-마조히즘의 개념을 비판하는데, 그는 이 개념이 마조흐와 사드의 작품들 혹은 그 도착적 징후들 간의 본성적인 차이를 이해하지 못한 채, 고통과 쾌감의 상호보완적인 관계를 설정해서 서로 다른 두 작가를 근거도 없이 뒤섞어 놓은 결과라고 비판한다. 그래서 정신분석은 사도-마조히즘이라는 복합물로 마조흐의 예술뿐만 아니라 쾌감을 추구하는 하나의 방식으로서의 마조히즘을 부정했다는 것이다. 들뢰즈는 이 글을 마조흐의 소설작품 『모피를 입은 비너스』*Venus in Furs*의 서문으로 썼는데, 사드와 마조흐가 어떤 점에서 서로 다른지를 논의하기 위해, 마치 니체*F. W.*

Nietzsche의 관점주의perspectivism를 실천이라도 하듯이, 그 두 작가의 언어, 스타일, 이상화, 저항 등 다양한 관점에서 그들을 비교하여, 그동안 부당하게 대우받았던 마조흐의 예술의 고유한 가치를 복원시킨다. 이것은 존재의 본성상의 차이와 긍정이라는 테마를 베르그송주의적 관점에서 가장 잘 예시해 주는 작품이며, 문학작품을 분류학적이고 증후학적인 방법론에 입각하여 분석한 전범이 될 것이다.

3장과 4장에서는 본성상의 차이를 다원론적으로 논의하는데, 여기서는 영화 이미지를 다룬다. 들뢰즈는 영화에 관한 두 권의 책 『시네마 1 : 운동-이미지』Cinema : Movement-image 와 『시네마 2 : 시간-이미지』Cinema : Time-image 에서 이미지의 다양한 수준들을 분류하면서, 이미지에 관한 베르그송의 명제들과 퍼스Charles Sanders Pierce의 분류체계를 결합하여 이미지 전반에 관한 일반론을 전개하고 있다. 그것은 두 개의 절대적 체계인 물질과 정신을 두 축으로 하여, 그들 사이에 놓인 본성적으로 다른 이미지들을 다양한 수준에서 가르고 나누는 방식으로 진행된다 ─ 퍼스는 기호체계의 분류학으로 나아갔다. 그렇게 하여 물질적 순수 현존의 이미지로서의 '운동-이미지', 물질이 최초로 정신적 상태로 이행하는 이미지로서의 '지각-이미지', 물질에 대한 정신의 고통 혹은 자기보존으로서의 '정감-이미지', 정감이 물질적 변용으로 확장되는 '행동-이미지', 정감이 행동으로 연장되기 이전에 정감과 행동 사이에 놓인 '충동-이미지', 물질적 대상으로부터 해방되어 순수한 형태의 지속을 취하는 '시간-이미지' 등이 그 본성상의 차이로 나뉘어 분류된다. 이 책에서는 위의 이미지들 중에서 두 절대의 극단을 이루고 있는 '운동-이미지'와 '시간-이미지'를 각각 영화의 예들을 통해 논의하고 있으며, 특히 시간과 지속에 관한 아름다운 영화들, 가령 안토니오니Michaelangelo Antonioni와 야스지로Ozu Yasujiro의 작품들을 들뢰즈의 논의와 나란히 견주어 분석한다.

5장에서는 다시 프루스트의 문학 예술론을 필두로 논의를 진행하면서,

단절된 육체와 타자의 닫힌 세계로부터 예술이 어떻게 잠재적 시간을 열어 젖히는가의 문제를 다룬다. 여기서는 물질적 감각(맛, 냄새, 물질적 인상 등)이나 주관적 연상보다도 더 근본적으로 본질에 접근하는 통로로서의 예술적 징후에 관한 논의가 반복해서 등장한다. 이미 언급했듯이 예술은 대상적 관계(공간, 육체, 사회 등)를 추구하는 객관주의와 자의적인 연상에 빠진 공허한 연상주의를 넘어, 타자의 육체와 공간에 감싸여 있는 잠재적 실재를 육화한다. 나아가 본질로서 드러나는 타자의 풍경을 펼치고, 우리로 하여금 타자의 세계로 직접 도약하게 해 준다. 여기에는 습관적 지식이나 알려진 사실보다 상위의 우월한 관점이 등장하지 않으면 안 되는데, 이 때 그 우월한 관점, 즉 본질을 여는 것은 지성의 무성의한 객관주의나 공허한 주관주의의 텅 빈 보편성이 아니라, 정감affection에 기반을 둔 질적 역량의 열림에 의해 도달하게 되는 구체적 보편성이다. 타자의 본질적 시간으로 도약할 수 있는 것은 이 길뿐이라는 것이다. 우리가 징후, 예술, 본질의 열림을 논의함으로써 그로부터 어떤 윤리적 가능성을 사유하려는 이유는 바로 이 '구체적 보편성의 시간'을 전망해 보려는 야심에서이다.

따라서 6장은 차이와 긍정을 넘어 관계의 창조에 관한 주제로 나아가야 할 것이다. 여기서는 파편화되고 분산적이 되어버린 타자들의 닫힌 세계가 어떻게 관계들을 구성할지, 통일성을 잃어버린 세계 속에서 어떻게 새로운 형식의 통일성을 창조할 수 있을지, 그 가능성을 모색하고 있다. 들뢰즈는 차이와 긍정 그리고 분열을 공언하지만 무한한 부정에 안주하는 철학자는 아니다. 그는 순수 형식으로서의 횡단성transgression이라는 형식을 고안함으로써 통일성의 새로운 모델을 제시한다. 이는 이미 프루스트의 논의에서 개진한 바인데, 여기서는 휘트먼, 스토아, 스피노자 등을 언급하면서 횡단성의 다양한 형식들을 논의하고 있다. 들뢰즈에게 횡단성은 공간과 물질에 고착된 개별자를 잠재적이고 질적인 열림으로 파편화시키는 운동에 다름 아니며, 본성적 차이를 훼손하지 않고도 통일적 관계를 창조할 수 있는 예술적 공명의 모델이 된다. 질적 관계의 창조로서의 아상블라주가 논의될 수 있다면 바로 이런 식으로일 것이다. 『앙띠-외디푸스』와 같은 가타리와의 작업 이후 들뢰즈 스타일의 콜라주 형식으로의 진화는 아마도 이러한 맥락에서 읽어야 하지 않을까 싶다.

결국 이 책은 다수의 반복으로 이루어져 있다. 1부의 이론적 배아가 2부에서는 일종의 발산의 형태로 여러 작품들과 관계하면서 다시 등장하고 있기 때문이다. 그러나 다양한 예술의 술어와 개념들을 열거하면서, 우리는 다시 1부의 이론적 배아로 되돌아가, 마치 회상작용이 현재의 지각을 해석하고, 재수용하고, 재창조하듯이, 그 다양한 길들 속에 함축되어 있는 이론적 배아를 떠올리게 될 것이다.

들뢰즈에 관한 연구 및 해설은 국내외적으로 상당량 진행되고 있다. 우리의 경우도 이미 90년대 이후 본격적으로 논의가 시작된 터이다. 특히 그에 관한 연구는 가타리와 공동으로 작업한 히트작 『앙띠-외디푸스』와 자칭 역작으로 평가하는 『천 개의 고원』*Mille Plateaux*을 중심으로 이루어지는 것처럼 보인다. 그러나 점차 그의 이론이 베르그송, 니체, 스피노자 등을 중심으로 하는 초기의 철학적 사유에 근거하고 있음이 중요해지고, 또 후기 작품들의 독해를 완성하기 위해서는 초기 저작에 대한 이해가 필요하다는 인식이 확산되어, 이에 대한 연구도 이미 활발하다. 특히 영미권과 유럽의 많은 연구자들에 의해 다수의 저작물과 논의들이 쏟아져 나오고 있는데, 그들 중 일부를 발췌하여 간단히 소개함으로써 이 글이 어떠한 위치에 정위될 수 있는지를 거칠게나마 가늠해 보겠다.

국내에도 번역되어 들뢰즈 이론의 입문자들에게 잘 알려진 로널드 보그 Ronald Bogue는 문학비평가의 관점에서 들뢰즈와 가타리의 저작들을 소개하고 있다. 그의 책『들뢰즈와 가타리』*Deleuze and Guattari*는 주로 두 사람의 공동 저작물인『앙띠-외디푸스』와『카프카 : 소수적인 문학을 위하여』*Kafka : pour une litterature mineure*에 주안점을 두고 있는데, 들뢰즈의 사유가 어떠한 배경에서 형성되었는지에 대한 이해는 부족해 보인다. 특히 베르그송이나 스피노자에 관한 논의가 빠져 있을 뿐만 아니라, 프루스트, 마조흐, 카프카 등 문학 작품에 관한 연구와『앙띠-외디푸스』에서의 욕망이론을 일관되지 않게 배열하여 전체가 다소 편협하고 산만하게 개관되어 있다. 그는 들뢰즈의 철학을 니체와의 관계에서 중요하게 파악하고 있는데, 그의 해설에 따르면 들뢰즈와 니체의 철학적 관계가 1940~50년대 프랑스에서 코제브*Alexandre Kojeve*를 위시하여 사상의 주류를 형성했던 헤겔주의에 대한 하나의 대안을 제시해 주었기 때문이라고 적고 있다.

영미권에서 들뢰즈 연구가로서 가장 주목을 받은 사람은 마이클 하트*Michael Hardt*이다. 그는 이딸리아의 '아우또노미아'*autonomia* 이론가로 잘 알려진 네그리*Antonio Negri*와 함께 작업하면서, 특히『디오니소스의 노동』*Labor of Dionysus* 과『제국』*Empire*을 통해 전지구적 세계화라든가 자본주의적 전체주의 담론과 같은 국제정치적 논쟁에 참여하고 있다. 그는 들뢰즈의 이론과 아우또노미아 운동의 결합을 시도하면서 들뢰즈의 이론에서 특히 '다중' 개념에 주목하는데, 이로부터 유물론적 존재론의 관점에서 아상블라주의 정치적 역량을 발견하는 문제를 고민한다. 특히 그는 들뢰즈에 관한 연구서인『들뢰즈 사상의 진화』*Gilles Deleuze : an apprenticeship in philosophy*에서 들뢰즈의 사상적 스승들인 베르그송과 니체 그리고 스피노자의 삼부모델을 검토하면서, 그의 사상이 어떻게 적극적 존재론에서 긍정의 윤리학으로 그리고 기쁨의 실천으로서의 구성적 정치학으로 진화하는지를 보여준다. 그 과정에서 차이, 역량, 실천이라는 개념적 삼부모델이 제시된다. 이미 노동의 디오니소스적 가능성에 관한 연구에서 유추할 수 있듯이 그의 관심은 다분히 정치적이며 동시에 맑스와 가까운 곳에 있다.

들뢰즈의 베르그송주의를 생명철학적 관점에서 확장하고 심화시키는 연구로는 케이트 안셀-피어슨Keith Ansell-Pearson이 대표적이다. 피어슨의 작업은 다윈Charles Darwin과 바이스만August Weismann 그리고 베르그송과 프로이트 Sigmund Freud를 근대 생명철학의 한 흐름으로 놓고 그 특질을 개관한다. 특히 바이스만의 네오-다위니즘으로 거슬러 올라가 이 흐름이 들뢰즈의 사유에 많은 영향을 끼쳤다는 것을 밝힌다. 피어슨은 특히 『싹트는 생명 : 들뢰즈의 차이와 반복』Germinal life : the difference and repetition of Deleuze 에서 들뢰즈의 저작인 『베르그송주의』, 『차이와 반복』, 『의미의 논리』 그리고 『천 개의 고원』을 파고들어 읽기를 함으로써 들뢰즈를 생명철학의 일관된 관점에서 규명하고 있다. 사실 들뢰즈는 베르그송주의 사상가이지만 베르그송의 이론을 생명철학적 관점에서 본격적으로 다루지는 않았다. 그의 관심은 오히려 지속과 잠재성 그리고 시간과 창조의 문제였다. 그런 점에서 이 저작은 피어슨 자신이 들뢰즈를 매개로 해서 자신의 생명철학론을 구성한 것이었다고 볼 수도 있을 것이다. 더욱이 피어슨은 생명론을 윤리학적 주제들과 함께 검토하면서 과학기술 이론 분야와 철학이 윤리학의 테마들과 결합할 수 있는 비전을 제시해 주고 있다. 피어슨 외에도 들뢰즈를 자연과학적으로 독해하고 잠재성의 철학을 확장시키는 시도를 하고 있는 연구자로 마누엘 데란다 Manuel Delanda가 있다.

최근 들어 영미권에서 발표된 논문들 중에서 들뢰즈의 예술론을 중심으로 진행되는 연구도 있다. 가령 마이너Carsten Henrik Meiner는 「들뢰즈와 스타일의 문제」Deleuze and the Question of Style(1998)에서 들뢰즈가 프루스트를 연구하는 가운데 언급했던 '스타일'의 문제를 예술적 관점과 아울러 철학적 관점에서 논증한다. 그는 스타일을 정의하는 방향은 흔히 "코드 체계로부터의 이탈", "언어의 일반적 사용으로부터의 이탈", "컨텍스트의 개념으로부터의 이탈", "언어학적 코드로부터의 이탈", "코드로부터의 이탈적 변형", "규범으로부터의 이탈" 등이었다고 지적한다. 들뢰즈의 경우도 역시 스타일은 운동의 한 형식으로서 초월적인 것에서 구체적인 것으로, 잠재적인 것에서 현실적인 것으로의 이행인데, 이 이행의 독특한 형식이 개체의 특이한 차이를 만들어 내면서 잠재와 현실간의 본성상의 차이를 창조한다는 것이다. 결국 스타일은 구체화되지 않은 잠재적 체계가 구체적 이미지로 변형되는 과정에서 드러나는 "극화의 방식"La méthode de dramatisation, "잠재적 구조의 차이화"the différentiation of the virtual structure, 즉 현실화 행위이다. 그것은 잠재적 실재로서의 사유가 문학적, 철학적, 과학적 관념들로 개별화되는 과정으로 그는 이를 "스타일의 운동"이라고 불렀다. 그런데 그는 스타일의 현실화 운동을 이탈이 아니라 육화라고 보았다. 차이의 현실화는 곧 잠재성의 함축이며 이는 모든 것이 공존하고 있는 내재적 면으로서의 잠재성으로 귀환하는 과정이 아니냐는 것이다. 그의 논의는 규범으로부터의 이탈이나 일정한 언어-체계 내에서의 작가의 변용에도 불구하고, 스타일은 언제나 체계성systemicity과 함께 개념화되었다는 사실을 암시한다. 달리 말해 특정 스타일의 자유가 어느 정도는 허용되었지만, 그것이 변용과 이탈의 가능성의 조건인 형식적 동일성으로부터의 완전한 해방을 의미하는 것은 아니라는 것이다. 그가 말하는 동일성이란 아마도 잠재적 실재의 한 면을 말하는 것 같은데, 그는 잠재성, 실재성, 근원적 층위, 절대적 과거 등을 개념적 수준에서 판단하고 있는 것이 아닌가 싶다. 그래서 이미지와 실재를 혼동하고 있으며, 잠재적 실재와 현실화된 이미지 간의 본성적 차이를 심리학적 이미지의 수준에서 파악하고 있었기 때문에, 현실화 과정을 되돌아가는 과정, 즉 귀환이라고 생각했던 것이다. 더욱이 들뢰즈는 스타일의 운동을 규범과 코드로부터의 단순한 이탈의 운동으로만 파악하지는 않았다. 이미 그는 잠재성의 세 번째 계기 즉 자기 자신과 매순간 다르면서도 같은 것으로서의 차이와 반복의 두 질서를 언급했는데, 마이너는 이 논의에는 주목하지 못했던 것이 아닌가 싶다.

램버트Gregg Lambert는 자신의 논문 「문학의 삶에의 적용과 남용 : 들뢰즈와 문예 클리닉」On the Uses and Abuses of Literature for Life : Gilles Deleuze and the Literary Clinic에서 문학의 효용성에 대해 논의한다. 제목에서 알 수 있듯이 그는 문학의 정치적 (혹은 윤리적) 사용에 관한 들뢰즈의 주장을 다루고 있다. 특히 소수문학minor literature의 정의와 그 철학적 정당성의 문제를 파고들어 문학-예술이 어떠한 점에서 소수자의 특질을 가지는지 드러내고 있다. 그는 카프카를 비롯하여 영미문학 작가들을 언급하면서, 들뢰즈의 저작인 『비평과 진단』Critique et Clinique에서 논의되고 있는 삶과 문학 혹은 삶과 예술의 관계를 정치적 관점에서 이해한다. 그는 문학이 무엇이어야 하고, 또 무엇이 될 수 있을지, 또 "국가-형식의 지식"State-form Knowledge으로부터 해방되는 문제, 특정 점과 위치를 점유해서 사유하는 기존 문학비평 관제管制로부터 벗어나 "관념을 구성하는 언어의 내부에서 일어나는 삶의 이행"(Deleuze, Critique et Clinique, 5)이라는 규정에 따라, 들뢰즈가 제시했던 문학의 몇 가지 규준을 강조한다. 우선 문학은 현실적 삶을 가로지르는 이행이다. 스타일에 관한 논의와 마찬가지로, 그것은 운동과 생성을 추출하는 문제이다. 그럼으로써 삶의 이행 혹은 삶의 지속이 일어나는 지대 즉 잠재적 시간을 스스로 현존하고 보존한다. 그리고 글쓰기는 개인의 기억이나 여행, 사랑, 슬픔, 꿈, 환상을 반복해서 이야기하는 행위가 아니다. 글쓰기는 신경증으로 이룩되지 않는다. 오히려 그것은 우리의 욕망이 막히고 차단될 때 신경증적 슬픔의 상태 속으로 우리를 빠트릴 뿐 삶을 '이행'으로 이끌지도 구성하지도 못한다. 문학은 건강한 삶으로(서) 출현해야 할 것이다. 그리고 건강한 문학이란 '누락자' 혹은 '행방불명자'를 발명하는 활동이다. 문학의 궁극적인 목적은 광기 속에서 건강을 창조하고, 인민the people을 발명하고, 삶의 가능성을 해방시키는 것이다. 결국 문학은 언어 내부에서 외국어를 열어젖힌다. 카프카가 사용하던 독

일어가 그랬듯이, 낯선 언어의 현존은 삶의 또 다른 층위인 침묵을 드러내고, 이는 곧 삶의 이행을 가능케 하는 결절점이 된다. 이것이 들뢰즈가 논의하는 소수문학이라는 것이다. 그는 덧붙인다. 만일에 소수 문학이 아니라면 즉 문학이 국가-형식으로 포섭되거나 사로잡힌다면, 결국 그 끝은 무엇이 될 것인가? 그것은 바로 "민족의 기억과 공공의 스토리텔링 기능 속에서 '인민'에 대립하는 전쟁"을 만들 것이다. 램버트의 논의들은 주로 문학의 정치적 사용 가능성에 대한 주제에 집중되어 있고, 그 중심에는 소수문학의 지속성이 놓여있다. 그러나 그의 논의는 소수 문학-예술이 가능하기 위한 환경 즉 잠재성의 문제를 간과하고 있기 때문에, 우리는 다시 베르그송의 개념들로 돌아가야 할 것이다.

이 밖에 콜브룩Claire Colebrook은 생명철학이나 생성의 형이상학의 관점에서 들뢰즈를 논의하기보다, 문화 연구의 관점에서 들뢰즈가 기여한 바를 정리하고 있다. 나아가 후기자본주의에서의 사유와 문화의 위기상태를 이미 베르그송이 "영화적 환상"이라고 부르며 비판했던 "공간적 사유"와 접목시켜 논의하면서, 현대성을 "이미지의 질병"the disease of images이라고 진단한다. 그러나 병든 반복으로 퇴행해 가는 사유를 현대문화의 산물로만 보는 부정적 관점은 한계가 있을 수밖에 없다. 베르그송은 이미 그러한 사유의 형태가 고대적인 형식으로 나타나고 있으며, 이는 인간적 조건 하에서의 지각과 지성의 필연적 한계라고 지적한 바가 있다. 한편 네스빗Nick Nesbitt은 들뢰즈의 차이의 개념 즉 "그 자체 스스로 달라지는 것"으로서의 지속의 내적 차이의 개념이 취하는 "공존가능성"compossibility을 논의하면서, 이를 헤겔Georg Wilhelm Friedrich Hegel이나 아도르노Theodor Ludwig Wiesengrund Adorno의 변증법적 개념과 연결지어 '내적 자기모순'으로 설명한다. 자기 자체 내에서 스스로 차이가 난다는 개념은 헤겔적 논리이고, 또 한편 모순적 부정 안에 긍정의 계기가 있다는 것 역시 아도르노 식의 부정의 변증법과 통하지 않느냐는 것이다. 그럼으로써 내적 차이의 개념은 들뢰즈가 논의했듯이 현존재의 존재론적 근거로서 취해지기 보다는 세계를 이해하는 실천적 양식으로 수용되어야 한다고, 즉 "현존재의 구조에 대한 초월적 주장"이 아니라, "특정한 제한적 총체성이 생성되는 실제적이고 잠재적인 형태의 묘사에 사용하는 도구"가 되어야 한다고 주장한다. 그는 이를 마이클 하트나 안또니오 네그리가 정식화하고 있는 수량화할 수 없는 '다중성'의 개념과 연결 짓는다. 결국 들뢰즈 사상의 윤리학적 측면은 고립되고 소외된 개인 주체들의 내면성을 초월하는 총체성의 입장이 전제되지 않으면 안 되는데, 이는 스피노자의 윤리학적 긍정으로("개인뿐만 아니라 집단적 몸체가 무엇을 할 수 있는가?") 완성될 수 있다는 것이 그 골자이다. 그러나 변증법적 모순과 부정성의 개념으로 어떻게 긍정적 다중을 형성할 수 있는지에 대해서는 논의하고 있지 않으며, 뿐만 아니라 그는 긍정성을 유토피아의 이미지와 동일시하는 측면이 있어 보인다.

들뢰즈에 관한 기존의 연구를 분류하고 소개하는 것은 지면과 장을 따로 마련하여 논의해야 할 것이다. 그러나 거칠게 분류한 와중에도 기존에 진행되고 있는 들뢰즈 연구들을 살펴보면 몇 가지 분야 군群을 발견하게 된다. 우선 철학적 관점에서 들뢰즈가 비판의 대상으로 삼았던 플라톤, 칸트 Immanuel Kant, 헤겔 등, 마이클 하트가 명명했던 "들뢰즈의 적敵들"과 들뢰즈를 함께 엮어서 논의하려는 시도들이 있다. 이들의 철학적 논의의 핵심에는 형태와 술어들을 달리하면서 변증법에 대한 논쟁이 빠짐없이 등장한다. 변증법은 모든 것을 흡수하고 독식하고 집어삼켜 버리는 '개념기계'라고 데리다 Jacques Derrida가 어디선가 지적했듯이, 차이의 개념을 모순 혹은 부정의 관점에서 재수용함으로써, 어떤 점에서 이 논의는 질적 차이를 대립적 차이로, 내적 차이를 외연적 차이로 환원하여 존재론을 개념들의 유희로 무화시키는 경향이 있다. 또한 들뢰즈를 맑스와 연관 지어 논의하려는 부류도 있다. 맑스주의 진영에서는 들뢰즈를 비판하는 경향 — 프레드릭 제임슨Frederik Jameson이 한 예이다 — 도 있는데, 그와는 다른 맥락에서 즉 맑스를 헤겔이나 정신분석의 관점에서가 아니라 니체나 스피노자와의 연관성 속에서 밝혀 보려는 입장이 그것이다. 이들은 노동과 공동체의 디오니소스적 가능성, 다시 말해 니체식 긍정의 윤리학 혹은 스피노자의 기쁨의 정치학과 맑스를 결합시켜 혁명의 비전을 사회 정치적 힘이라는 거시적 담론에 국한시키지 않고, 이를 넘어서 육체와 그 역량이라고 하는 미시적 담론의 영역으로 파고든다. 이들은 변증법에 연연해하지 않으며 부정적이고 신경증적인 자본주의 하에서의 노동과 삶을 거부(부정이 아닌)하고자 한다. 그럼으로써 구체적 통일로서의 공동체나 아상블라주 혹은 자율적 구성체를 형성하기 위한 구성적 힘을 들뢰즈의 이론으로부터 발견하고자 한다. 세 번째로 들뢰즈를 베르그송의 관점에서 생명론이나 생성의 형이상학으로 정위하고자 하는 부류이다. 이 관점은 순수하게 생명론에 머물기보다는 생명의 근원적 힘이 하나의 긍정적인 형성체로 확장되고 나아가 윤리적 비전으로 발전할 수 있는 가능성을 발견하려는 시도로 보인다. 과학기술적 성과들을 통해 들뢰즈를 이해하려는 시도 역시 같은 맥락에서 이해될 수 있겠다. 다음으로는 예술 분야에서의 논의이다. 이 논의는 들뢰즈의 예술론을 통해 예술의 본질적 위상을 이론적으로 정당화하려는 입장이지만, 이에 더하여 예술이 어떻게 삶과 관계할 수 있는지를 질문한다. 이는 결국 소수문학이라는 정치적 경향으로 나아간다.

　　예술의 논의를 윤리적·정치적 관점으로 확장시키려는 시도가 이 책의 주요한 테마이다. 위에서 열거한 연구들은 주로 정치적·철학적·사회학적 술어들에 의존하고 있다. 이 책은 들뢰즈의 예술론을 베르그송주의의 관점에서 직접적으로 논의하려는 시도이다. 이는 존재의 차이뿐만 아니라 질적 역량을 해방시키는 통로로서의 예술의 힘에 대한 논의이고, 이를 이론적으로 정당화하는 작업이다. 윤리·정치에 관한 논의는 관계 구성의 문제이므로, 때로는 총체성의 용어로, 때로는 공동체의 용어로, 혹은 다른 어떤 전체성의 개념으로 말하지 않으면 안 될 것이다. 들뢰즈의 이론을 통해 차이가 훼손되지 않고도 형성될 수 있는 전체성의 새로운 형식을 모색함으로써, 도덕을 넘어서는 긍정적 윤리의 비전을 살펴보는 것이 우리의 목적이다.

　마지막으로 이 책의 관점 혹은 방법에 대해 덧붙여야 할 것이 있다. 필자는 들뢰즈의 이론을 살펴보기에서 다른 연구자들의 관점에 의존하지 않기 위해 특히 노력하였다. 그것은 대상을 내부에서 그 자체로서 사유하고자 하는 베르그송과 들뢰즈의 의도에도 적합할 뿐 아니라, 무엇보다도 이 글의 관점을 타 연구의 그것으로 구성한다는 것 자체가 가지고 있는 모순 때문이다. 관점은 방법을 규정하기 마련인데, 직관의 방법을 통해 실재와 생명에 접근하고자 했던 베르그송, 그리고 분류학적 논증으로 순수현존을 탈영토화하기 위해 베르그송에 접근하고자 했던 들뢰즈를 직접 파고들 것을 기획한 이 책이 다른 연구자의 관점으로 논의를 진행한다는 것은 난센스다. 20세기 초반에 영미비평을 풍미했던 신비평New Criticism이 문학의 고유한 세계가 있음을 확신하면서 외부의 특정한 영토를 점유한 문필가들(역사주의 비평, 심리학 비평, 맑스주의 비평 등)을 비판하고, 하나의 방법으로서의 '파고들어 읽기'close reading를 창안해 내었던 것도 바로 그 난센스에 대한 인식('그렇다면 도대체 문학작품의 고유함이란 무엇인가?') 때문일 것이다. 혹자들은 한 위치에서 점을 찍고 들뢰즈를 사유하고자 한다. 포스트구조주의자라느니, 반-플라톤주의자라느니, 혹은 유사-실존주의자라느니 하는 식으로 말이다. 들뢰즈가 신비평을 옹호했다는 말은 결코 아니지만, 그가 비판하고자 했던 것은 끊임없이 어떤 위치에서 사유하려는 열망이다. 그는 심지어 사르트르Jean Paul Sartre조차 결국 존재론적 알갱이 혹은 위치에 대한 열망에 빠져 버렸다고 비판한 적이 있었다. 이 위치들은 서로 대립적이거나 친화적이거나 서로를 견주고 비교함으로써 세력권 투쟁의 장처럼 코드화 담론의 판을 짠다. 그러나 이들은 마치 맑스가 헤겔을 비판하고 부정하는 가운데 오히려 순수했던 물질의 세계에 헤겔의 모순-바이러스를 감염시키고, 그의 유령을 20세기적 그림자로 불러들였듯이, 서로가 대립적일 때조차 서로에게 의존하고 불러들이고 사로잡히지 않을 수 없으며, 그 자신의 객관성을 외연적 차이 내에서 반정립하지 않을 수 없었다. 포스트모더니즘에 대한 맑스주의, 해석학에 대한 해체주의, 정신분석에 대한 페미니즘, …… 이 모든 반정립의 유희 속에서 이들은 모두가 티격태격해 가며 그럭저럭 정답게 꼬여 있는 것이다. 결국 위치에의 열망은 스스로를 보존하고 지속하는 역량 대신 상대적 권력에의 호소로 나아가게 될 것이다. 물론 들뢰즈가 (재)영토화 자체를 부정했던 것은 아니다. 베르그송에게 있어 형이상학과 과학이 모두 긍정되었던 것처럼, 들뢰즈에게 있어 영토와 탈영토는 엄연히 실재하는 삶과 사유의 두 체계이다. 그러나 그것을 긍정하는 문제와 열망하고 추구하는 문제를 혼동해서는 안 될 것이다. 들뢰즈를 파고들어 읽는 우리의 입장에서 이러한 영토화는 관심의 대상이 아니며 지향하는 바가 될 수 없다.

물론 들뢰즈의 독해가 완성되려면 『차이와 반복』, 『앙띠-외디푸스』, 그리고 『천 개의 고원』까지 달려가야 할 것이다. 특히 잠재적 실재의 이론을 다양한 철학사의 담론들 속에서 읽어내기 위해서는 『차이와 반복』을, 베르그송 사상의 현실적이고 실천적인 분화를 확인하려면 『천 개의 고원』을 검토하지 않으면 안 될 것이다. 그러나 우리는 지면상의 한계로부터 자유롭지 못하다. 이 글은 예술의 역량에 대한 소박한 관심에서 출발하였고, 그 과정에서 베르그송의 잠재적 실재에 관한 깊은 이해가 요구되었다. 많은 지면을 할애하여 1부를 들뢰즈의 베르그송주의 이론의 독해로 채운 것은 이 때문이며, 또 반드시 필요한 작업이었다. 아울러 처음의 기획은 2부에서 카프카,

프랜시스 베이컨 등 들뢰즈가 언급한 문학과 예술 전반을 포괄하려는 의도였으나, 위와 같은 한계로 차후의 연구과제로 남길 수밖에 없었음을 밝힌다.

마지막으로, 이 책이 출간될 수 있도록 어려운 결정을 해주신 갈무리 출판사의 모든 분들께 진심으로 감사를 드린다. 특히, 편집 과정에서 지속적인 접촉을 하는 동안 신뢰를 가지고 필자를 참아준 활동가이자 편집인이신 김정연 님, 그리고 필자가 〈다중지성의 정원〉에서 강의를 하는 동안 세심한 배려와 도움을 주셨던 활동가이자 편집인이신 정성용 님께 깊은 감사를 드린다. 필자가 원고를 끝내고 책 출간을 문의한 이후, 출판사에서 필자에게 베풀어준 호의와 배려는, 필자가 그동안 겪어온 학교 공동체와 사회조직에서는 경험할 수 없었던 매우 특별한 것이었다. 그들과의 만남은 한 개인을 시달리게 하는 슬픔과 분노가 단지 하찮은 범주에 속한 것임을 어렴풋이 깨닫게 해준 성질의 것이었다. 그들을 만난 것을 기쁘게 생각한다. 이 책이 그들의 사업에 작으나마 보탬이 되었으면 좋겠다.

1부 잠재적 실재

1장

실재와 직관

들뢰즈는 『베르그송주의』에서 베르그송의 이론을 요약하고 있다. 베르그송의 저작들을 자신의 관점에 따라 밑줄을 긋고, 그것들을 추려서 한편의 드라마라고 할 만한 내러티브를 만들어 내었다. 무엇보다도 그의 요약본은 앞으로 자신의 대부분의 연구에 있어 하나의 방법론을 제시하는 길이기도 했다. 뒤섞인 상태의 경험으로부터 본성적으로 다른 것을 나누고 분류함으로써, 존재의 본성적 차이를 긍정하는 이 방법을 그는 베르그송주의라고 명명하였다. 들뢰즈의 대부분의 저작들은 이 방법을 실천한다. 그는 베르그송의 이론에서 가장 맨 먼저 논의해야 할 주제는 다름 아닌 직관이라고 보았다. 물론 베르그송의 철학에서 가장 중요한 주제는 지속이나 기억 그리고 생명일 것이다. 그럼에도 불구하고 그들을 하나의 과학과도 같은 엄밀한 학문으로 이해하기 위해서는 그들을 파악할 수 있는 방법에 대한 논의가 선행되어야 한다는 것이 그의 생각이다. 그에 따르면 방법으로서의 직관은 막연한 느낌이나 영감 혹은 어렴풋한 공감이 아니다. 그것은 정교한 방법이고 그 자신의 엄격한 규칙이 있으며 정확하고 엄밀한 것이다. 베르그송이 주장했듯이, 직관은 매우 단순한 행위이지만 그 단순성은 실재의 질적 다양성과 관점의 다양성을 하나도 배제하지 않고 모두 긍정한다. 직관 안에는 질적으로 다른 다양한 행위들이 내재하기 때문이다. 방법으로서의 직관은 우리에게 다음과 같은 사실을 말해준다 : 직관은 이미 그 자체 실재의 다양성을 내포하기 때문에, 매순간 운동하고 변하는 다양성 그 자체로서의 실재를 파악하는 데 있어 다른 어떤 방법보다도 우월하다. 들뢰즈는 이 우월한 베르그송의 방법이 크게 세 종류의 행위를 통해 이루어지고 있음을 예시한다. 첫 번째로 직관은 지성의 잘못된 문제설정을 비판하고 참된 문제를 발명한다. 두 번째로 직관은 지성의 잘못된 문제설정으로부터 비롯된 혼동, 즉 정도상의 차이와 본성상의 차이를 나누고 구별함으로써 실재의 진정한 본성상의 차이를 발견한다. 그리고 세 번째로 실재를 공간의 관점에서가 아니라 시간과 지속의 관점에서 사유(음미)하게 함으로써 참된 시간을 얻게 한다. 이렇게 해서 베르그송주의가 정의하는 삶이란 열린 전체 안에서의 시간의 창조이다. 그의 책 『베르그송주의』는 직관의 이 세 가지 문제를 다루고 있다. 들뢰즈의 글은 매우 거칠게 요약되어 있으므로, 베르그송의 저작들을 참조하여 읽어야 한다.

직관의 비판능력

베르그송의 이론을 이해하는 데 있어 가장 중요한 전제는 실재의 정의에 있다. 서둘러 말해 실재는 다양성이고 변질이며 흐름이다. 실재는 흐름과 변질 그 자체이기 때문에 그것을 파악해야 하는 지성에게는 항상 새로운 그 무엇이다. 지성은 이 부단한 흐름과 변화 속에서 안정적이고 규칙적인 것을 포착함으로써 새로움의 문제를 해결하고자 한다. 가령, 지각은 빛의 파동과 소리가 포함하고 있는 수백만의 진동이나 열과 같이 끊임없이 반복적으로 가해오는 자극을 붙잡아 그것들을 상대적으로 불변하는 감각으로 축소한다. 그리고 오성은 덧없이 지나가는 사실들 사이에 모종의 관계들을 수립하고 연결시켜서, 그로부터 어떤 법칙이나 범주들을 이끌어낸다. 그 법칙은 보다 수학적일수록 완전한 것이 된다. 또 이성은 변화하는 세계 속에서 변하지 않는 측면, 즉 우리가 그것에 대해 반복적인 행위를 할 수 있도록 기준이 되는 공통적인 개념을 추상한다. 관념의 일반성이란 세계에 대해 가지는 우리의 태도의 일관성(불변성)이며, 다양하고 가변적인 실재에 대해 우리가 취하는 반응의 잠정적인 동일성이다. 이와 같은 요소들이 지성 일반을 이루고 있다. 지성은 새로움에 대해 규칙성과 안정성 그리고 그것을 물리적으로 보증하는 공간성을 추구한다. 지성은 이미 알려진 개념들 또는 자신이 이미 만들어 놓은 기준들을 가지고 새로운 지각에 견주거나 그 유비 관계를 포착함으로써 운동과 변화의 실재를 재구성한다. 마치 자신이 만든 색안경의 영상이 세계 자체라고 믿는 색맹증자처럼 지성은 자신의 근거를 이미 알려진 개념이나 기준에서 찾는 것이다. 그래서 지성이 발견한 새로움 속에는 자신이 오래 전에 확립해 놓은 틀과 격자들로 가득 차 있다. 이런 점에서 지성은 실재의 새로움에 직면하여 한 발자국도 나아가지 못하고 자신의 한계에까지 갔다가 되돌아오는 과정을 반복할 뿐이다.

들뢰즈에 따르면 이것은 마치 학생이 주어진 문제만을 풀고 있는 것과도 같다. 그 학생은 선생님이 만들어 놓은 문제를 풀기 위해 자신이 지금까지 배운 개념들과 해법을 이용하여, 선생님의 머릿속에 제시되어 있을 한두 가지의 해답을 발견하고 선택하여 재인식recognition하는 것에 만족한다. 학교 교육을 통해 우리는 실제로 선생님의 변덕에 따라 주어진 문제의 해답을 찾는 것에 익숙해져 있다. 그렇게 성장한 우리는 세계가 이미 주어져 있는 것으로 여기며, 삶의 관건은 발견이나 적응 또는 재확인의 성공 여부에 있다.

이것은 두 가지 의미에서 노예상태를 의미한다. 발견이란 이미 결정되어 있는 해답을 가정하는 행위이다. 또한 미리 결정된 해답을 찾는 과정은 그 행위의 주체 자신이 아니라 그 해답을 마련해 놓은 다른 존재를 찾아가는 과정이다. 우리는 주어진 문제 이상으로 나아가지 못하고 초월성의 심연 내부에 머물게 될 것이다. 마찬가지로 지성은 실재의 다양성에 직면하여 그 자신 안으로 되돌아가 노예상태와 다름없는 퇴행과 고착에 머문다. 진리는 이미 자신 안에서 잠정적으로 알려져 있으므로 지성이 하는 일이란 마치 퍼즐놀이처럼 제시된 윤곽선을 따라 실재를 재구성 혹은 재확인하는 것 외에 그 무엇도 아니다.

베르그송에 의하면 이때에 지성을 비판하는 것이 직관이다. 직관은 지성의 활동에 대해 '이해 불가능'이라는 판단을 내림으로써 비판한다. 직관은 우선 감각적 경험으로부터 출발하지만, 무엇보다도 경험을 시간의 흐름 속에서 구현한다. 대상을 외부에서 접근하는 과학의 방식이 아니라, 내부로 들어가 그것을 직접 체험하는 것이다 ― 여기서 도약의 개념이 필요해진다. 직관의 행위에 있어 자연은 이미 알려진 것으로서가 아니라 느껴지는 것으로서 나타난다. 직관은 실재의 새로움 즉 전혀 알려지지 않은 것을 대면하는 능력이기 때문에, 직관 안에는 기존에 만들어진 개념이란 존재하지 않는다. 또한 이것이 직관에 관하여 많은 철학자들이 품고 있는 수많은 오해와 불신의 이유이기도 하다. 베르그송은 소크라테스Socrates의 다이몬Daimon을 언급하면서 직관의 부정적 힘을 말하고 있는데, 이때의 그 부정적 힘이란 바로 알려진 모든 개념에 대한 비판능력 즉 지성이 새로움에 직면하여 행하는 고착과 퇴행의 활동 ― 그 개념들로 되돌아가는 ― 이 새로움을 인식하는 데 있어 불가능하다는 것을 깨닫게 하는 힘이다.

널리 인정되어온 개념들, 명백하다고 생각되어온 명제들, 과학적이라고 지나쳐

온 주장들에 직면해서 직관은 …… 불가능이라는 단어를 속삭인다. …… 결정적인 어떤 경험이 그의 목소리를 통해서 말하기를, 경험은 내세워진 사실 및 주어진 추론과는 양립하지 않으므로 틀림없이 사실들이 잘못 관찰되었으며, 추론에 오류가 있기 때문에 불가능하다 …… 그는 지금까지 직선적 논리규칙에 의한 결론을 게으름을 피우며 연역해 왔다. 그런데 이제 갑자기 자신의 주장을 앞에 놓고서, 그는 다른 사람의 주장을 살펴볼 때 처음 느꼈던 것과 똑같은 불가능의 감정을 느끼게 된다.(베르그송, 『사유와 운동』, 133~134) 1

직관은 지성이 세계를 범주들로 만드는 시도를 망설이게 하고, 미리 결정된 해답에 경련을 일으키게 하고, 습관적인 것을 불가능하게 저지함으로써, 지성으로 하여금 무엇인가를 선택하도록 강요하는 힘이다. 그러나 들뢰즈는 직관을 지성의 또 다른 능력이라고 보았다 : "우리는 다시 지성 안에서 지성의 또 다른 경향인 비판적 경향을 불러일으키면서 대응하는 수밖에 없다."(Deleuze, *Bergsonism*, 21) 이 능력이란 바로 지성 스스로가 그 자신의 한계에 직면하게 하는 힘이며, 그 자신 안에서의 내부의 역설을 만나게 하는 힘이라고 말할 수 있을 것이다. 직관은 우리로 하여금 고독한 황혼의 시간, "친구조차도 불신하는 저녁시간"으로 들어가게 한다.(Deleuze, *What is Philosophy?*, 2)

직관과 실재 : 직관에 관한 잘못된 오해

베르그송은 직관을 하나의 방법으로 간주하면서 고전철학이 생각해 왔던 실재에 대한 정의를 새롭게 한다. 물론 여러 철학자들이 직관의 초지성적인 요소 ─ 베르그송에 따르면 셸링F. W. J. Schelling의 동일철학Identitätsphilosophie이나, 쇼펜하우어A. Schopenhauer가 말하는 시간과 공간을 통찰하는 선험적 능력으로서의 순수

---

1. 베르그송의 이 저작은 불어본과 국역본을 함께 검토하였으며, 인용과 쪽수는 국역본을 사용하였다.

한 수학적 직관과 같은— 에 대해 언급하였다. 그러나 베르그송이 보기에 이들은 지성을 시간성 내에 있는 것으로 판단하고 있었기 때문에, 직관의 초지성적 능력이란 곧 시간성을 초월하는 능력으로 이해했던 것이다. 베르그송은 이들이 생각한 시간성이란 변화하고 변질되는 실제적 시간이 아니라 공간화된 시간이라고 보았다. 따라서 지성이 작용하는 곳은 실재의 환영이지 실재 자체는 아니라고 지적한다.[2] 칸트 역시 형이상학 즉 실재를 인식하는 것이 가능하다면, 그것은 변증법이 아니라 직관의 방법에 의해서라고 말했다. 그러나 베르그송은 칸트가 직관을 초월적 능력으로 보았기 때문에 직관을 불가능한 것으로 믿었다고 비판한다. 칸트가 생각했던 직관이란 플라톤이나 플로티노스Plotinos가 말하는 초월적 실재 — 형이상학적 실재 혹은 절대적 실재 — 를 파악하는 능력이었다. 그래서 그가 지적知的 직관이라고 불렀던 직관은 현실적인 것과 분리된 것으로 간주되었던 것이다. 칸트에 따르면 일상생활에서 활동하는 우리의 감각과 의식은 운동을 직접적으로 파악하게 해준다. 따라서 그는 우리가 감각과 의식의 작용에 따라 사물을 직접적으로 대면하게 된다면, 사물과 우리 자신 안에서 일어나는 변화를 실제로 지각할 수 있다고 믿었던 것이다. 그러나 감각과 의식의 습관적인 소여에 따라가다 보면 결국 사변의 질서에서 풀 길 없는 모순에 봉착하게 된다. 제논Zenon이 파악했던 것처럼 변화와 운동 자체 내에는 모순이 본래부터 내재해 있기 때문이다. 그래서 칸트는 이 모순을 피하려면 변화의 영역을 벗어나 시간과 운동 너머에 있는 곳으로 올라가야만 한다고 결론지었던 것이다. 여전히 실재에 관하여 고전적 사유체계 내부에 머물러 있었다는 것, 이것이 베르그송이 칸트에게 가했던 비판이었다.[3]

　　직관을 형이상학의 한 방법으로 정의하면서도, 직관에 관한 고전철학의

---

2. 이에 대해서는 베르그송, 『사유와 운동』, 33쪽 이하를 보라.
3. 이에 대해서는 베르그송, 『사유와 운동』, 30, 168~171쪽을 보라.

이 같은 견해를 베르그송이 비판한 것은 실재에 대한 이해의 차이에서 비롯된다. 간단히 말해 칸트의 경우에 있어 실재란 감각의 질서를 넘어서 모순이 사라진 영역을 의미한다. 따라서 실재를 인식하는 직관은 초월적 능력에 속한다. 그러나 베르그송은 실재를 운동과 변화의 영역 내에서 보았다. 그에 따르면 실재는 분할할 수 없으며, 마치 예측할 수 없는 형태로 단번에 늘어나는 고무줄이나 고무풍선처럼 지속하는 것으로서의 운동 혹은 변질이다. 그래서 직관이 실재를 파악해야 한다면, 그 외부에서가 아니라 운동과 변화의 내부에서 이루어져야 한다. 그런데 앞으로 보게 되겠지만 변증법이나 과학적 실증의 방법은 지속으로서의 실재를 외부에서 상대적인 관계 속에서만 파악할 뿐이다. 변증법과 과학은 실재를 (공간적으로) 정지된 것으로 파악함으로써, 이 정지된 것으로부터 운동을 두 계기의 모순적인 관계로 상상하든가 아니면 운동을 두 계기의 기계적인 연속으로 이해한다. 이는 실재에 대한 참된 이해가 아니라 사변적 지성이 만들어 놓은 오해이다. 이런 개념 속에서는 실체, 자아, 관념, 의지 등 어떤 용어들을 서로 바꿔 놓아도 그 본성에 있어 차이가 없다.[4] 따라서 어떠한 새로움에 직면해도 별 어려움 없이 그 의미들을 연역할 수가 있을 것이다. 그래서 지성이 추구하는 명확성이란 단일한 단위에 의해 잘려진 명확성, 혹은 기존의 개념에 의해 치환된 명확성, 그래서 결정된 개념이나 일반성 속에 용해되어 모호함이 전혀 없는 명확성이다. 그 안에서는 서로 다른 지각이라도 동일하게 반응하면 대상이 동일

---

4. "물자체(物自體)에 어떤 명칭을 부여하더라도, 또 그것을 스피노자의 실체(實體)로 만들건, 피히테(Fichte)의 자아(自我)로 만들건, 아니면 셸링(Schelling)의 절대(絕對)로 만들건, 헤겔의 이데아로 만들건, 또 쇼펜하우어의 의지로 만들건 간에 …… '모든 것이 메커니즘이다'라고 하건, '모든 것이 의지이다'라고 하건 내게는 별 차이가 없다. 두 경우 모든 것이 혼동되고 있다. 양자의 경우에 있어 '메커니즘'과 '의지'는 '존재'와 동의어가 되며, 따라서 서로 상대편의 동의어가 된다. 그 안에는 철학적 체계의 원초적 악이 도사리고 있는 것이다"(베르그송, 『사유와 운동』, 58~59). 이에 덧붙여서 서로 다른 이질적인 경험을 동일한 용어로 표현함으로써, 그 경험들 사이에 공통하는 것이 있는 것처럼 보인다는 논의와 버클리(George Berkeley)에 대한 비판의 경우는 같은 책 141쪽 이하를 보라.

하다고 간주되고, 반대의 반응이 나올 때에는 대상이 모순되거나 반대의 것이라고 간주된다. 실재는 구체화된 윤곽선 속에서 마음대로 처분되어 다루어지는 것이다.

정도상의 차이와 본성상의 차이 : 운동의 참된 이해와 잘못된 이해

직관은 우선 본성상의 차이를 구별하지 못하는 오류를 비판한다. 베르그송에 따르면 우리는 사물들 간의 정도상의 차이와 본성상의 차이를 혼동함으로써, 사물들을 뒤섞어서 이해하고 실재를 혼란한 지각 속에서 경험한다. 따라서 실재에 대한 참된 이해는 맨 먼저 본성상의 차이를 구별하는 것으로부터 시작해야 할 것이다. 아킬레스Achilles와 거북의 경주에 관한 엘레아Elea 학파의 오류는 바로 이러한 베르그송의 이론 ― 운동에 대한 참된 이해의 추구와 운동의 잘못된 이해에 대한 비판을 포함하여 ― 을 전반적으로 요약해 주는 하나의 전형적인 사례이다. 베르그송은 단순한 질문으로부터 출발한다. 직선 위의 무한한 점들을 통과하는 아킬레스가 앞서가고 있는 거북을 어떻게 추월할 수가 있을까? 운동을 사물의 이동으로 공간화해서 이해하는 수학적 방식은 이 질문에 대답할 수가 없었다. 운동을 직선 위의 무수한 점들의 통과와 이행으로 이해한다면(우리는 실제로 그렇게 이해하고 있다!), 운동하는 사물은 직선 위의 무한수의 점들에 직면하게 될 것이며, 따라서 한 점에서 다른 점으로의 실제적인 이동은 일어날 수가 없을 것이다. 마찬가지로 쏜 화살은 과녁에 도달할 수 없으며, 아킬레스는 거북을 추월할 수가 없다. 이렇게 고전철학은 아킬레스와 거북 사이에 놓인 거리를 해소할 수 없는 심연으로 만들어 놓았다. 그런데 이것은 우리의 경험과 모순적이지 않은가? 아킬레스 뿐 아니라 모든 존재들의 거리는 실제로 좁혀져 추월이 일어난다. 또 우리는 실제로 과녁에 도달하는 화살을 본 바가 있으며, 한 지점에서 다른 지점으로의 완전한 이행 또한 경험한 바가 있으며, 거북을 추월하는 아킬레스를 어렵지 않게 생각할 수가 있다. 이론과 경험 사이의 이러한 간극을 어떻게 설명해야 할까? 이것이 바로 베르그송이 『창조적 진화』*Creative Evolution* 뿐만 아니라 그의 대부분의 저작 속에서 고대철학과 근대철학을 그리고 나아가 양量적으로 사유하는 모든 메커니즘을 비판하기 위해 제기했던 질문이다.

실제의 경험에 대해 이론적 한계에 직면할 때, 필요해지는 것은 그 경험을 설명해줄 하나의 연역이다. 여기서 베르그송이 말하고자 했던 것은 존재의 생성(진화)과 지속의 관계에 관한 것이었지만, 우선적으로 이 모순에 관한 설명의 골자는 다음과 같다 : 운동에는 구별되어야 할 두 수준이 내재되어 있다. 한편에는 운동하고 있는 물체와 그것이 지나간 공간(혹은 궤적)이 있다. 물체는 좌표 위에서 이동하고 있는 하나 혹은 여럿의 점과 같이 무한하게 분할할 수 있으며, 그렇게 분할된 불연속적인 단편들은 사유에 의해 하나의 집합으로 재구성될 수가 있다. 이러한 견지에서 파악된 운동이란 물체의 공간적 이동 즉 위치 이동을 의미할 뿐만 아니라, 물체가 운동하는 각각의 계기들 간에는 (본성상의 차이가 아닌) 정도상의 차이만 있다. 다른 한편에는 양적으로 분할 할 수 없는 매순간의 질적 변형으로서의 지속 혹은 육체를 움직이는 실제의 운동 즉 운동성motility 그 자체가 있다. 그것은 육체가 주파하는 공간이나 궤적이 아니라 순수 운동이며 그 자체 변질(질적 다양성)이라고 말할 수 있다. 그래서 아킬레스의 발걸음의 궤적은 분할 가능한 것이긴 하지만, 그의 순수 운동성은 분할될 때마다 매번 질적인 변화를 수반한다. — "모든 운동은 내적으로 분절된다."(Bergson, *Creative Evolution*, 337) 운동성이란 순수한 질 혹은 강도임에도 불구하고, 우리는 이를 측정할 수 있다고 믿으면서, 운동하는 물체가 지나간 공간(궤적)을 운동 그 자체와 혼동한다. 그리하여 운동의 질을 공간의 양으로 대체하고(가령 아킬레스와 거북의 거리의 차이가 이들의 운동량을 결정한다), 실질적인 운동을 동질적 공간 속에서의 물체의 위치 이동으로 바꾸어 놓는다. 운동을 공간의 위치 이동과 동일화하는 것은 움직이지 않는 순간 즉 특정 위치들 사이에 추상적인 연속 개념만을 추가한 것일 뿐이다. 베르그송에 의하면 여기에 바로 엘레아학파의 오류가 있다. 그들은 운동하는 아킬레스로부터 질적 운동성을 제거하고, 아킬레스와 거북이 지나간 궤적을 그 양자의 운동 자체로 동일화함으로써, 아킬레스와 거북의 본성적으로 다른 운동의 질을 같은 공간 속에서의 동질적 운동으로 이해한 것이다. 베르그송에 따르면 고전철학이 아킬레스와 거북의 운동을 결코 해소할 수 없는 심연으로 만들어 놓은 것은, 질적으로 다른 그들의 운동성을 단순히 좌표 위에서의 점들의 이동으로 간주했기 때문이다. 운동 중에 있는 물체를 "상상적으로 정지"imaginary stop시켜놓고 보면 그 물체가 지나간 공간(거리)을 운동과 동일한 외연으로 파악할 수 있다.(339~340) 그래서 아킬레스의 운동은 같은 공간에서 앞서가고 있는 거북의 운동과 질적으로 차이가 없다. 따라서 한 점과 다른 점의 거리를 균등 분할하여 측정할 수 있듯이, 운동 역시 그것이 지나간 좌표의 점들의 이행으로 환산할 수가 있는 것이다.

> 그들은|엘레아 학파| 아킬레스 전체의 운동을 아킬레스의 운동이 아니라 거북의 운동으로 재구성할 수 있다고 생각하였다. 그래서 거북을 쫓고 있는 아킬레스가 아니라, 동일한 종류의 발걸음으로 동시적으로 행위하고 있는 두 마리의 거북을 설정하였기 때문에, 이 둘은 절대로 만날 수가 없다.(Bergson, *Time and Free Will*, 113)

실제의 운동은 좌표 위에 결정되어 있는 수학적 의미의 점과는 다르다. 하나의 순간으로 즉 움직이지 않는 점들의 이행으로 파악되는 운동은 우리의 지성이 재구성한 결과이지, 단숨에 일어나는 실제의 운동은 아니다. 아킬레스를 추상적 존재로 파악할 때, 즉 부동하는 점들을 소극적으로 통과하고 있는 수학적 존재로 이해할 때, 우리는 아킬레스를 거북과 동일한 방식의 걸음을 반복적으로 내딛고 있는 존재로 이해한 것이다. 두 마리의 거북이란 그런 의미이다. 본성적으로 다른 두 운동이 동질적인 것으로 간주됨으로써 아킬레스와 거북은 정도상의 차이만을 갖는 동일한 본질이 된다.

근본적 환상에 대하여

베르그송은 우리가 본성상의 차이를 단지 정도상의 차이로 이해함으로써, 어떻게 일반적인 오류에 빠지는지를 지적한다. 우리는 대체로 혼탁한 상태 속에서 사물들을 경험한다. 사실상 사물들은 실재 안에서 뒤섞여 있기 때문에, 우리의 경험은 언제나 복합물의 형태로 수용된다. 가령 시간은 공간 속에 스며든 공허한 표상으로 이해되거나[5], 지각은 기억과 구분되지 않은 채로 물질을 내포하기도 하고 정신을 내포하기도 한다.[6] 마찬가지로 아킬레스의 운동과 거북의 운동은 동일한 공간 속에 자리 잡은 육체들의 동질적인 움직임으로 이해된다. 이렇게 사물들은 실재 속에서 뒤섞인 채로 우리에게 주어진다. 그리고 우리는 경험 안에 뒤섞인 그것들이 무엇인지, 그 혼합물 안에서 본성적으로 차이가 나는 순수 현존이 어떤 것인지를 구분하지 못한

---

5. 앞으로 반복해서 논의하겠지만, 가령 시간을 눈금의 연속적 이동 즉 공간과 동일한 외연으로 파악하는 것이 그 예이다. 이와 관련하여 베르그송은 시간의 자기전개에 관하여 언급하면서, 스펜서(Herbert Spencer)의 시간 개념이 그 무엇도 일어나지 않는 시간으로서, 이때의 시간이란 아무것도 아니라고 비판한다. 이에 대해서는 베르그송, 『사유와 운동』, 113쪽을 보라.
6. 베르그송은 관념론과 유물론을 언급하면서 이들이 모두가 지각을 기억과 혼동해서 이해하고 있다고 비판한다. 그에 따르면 기억이 배제된 순수 지각과, 기억이 뒤섞인 의식적 지각은 구분되어야 하며, 이를 구분하지 않기 때문에 지각과 기억을 언제나 정도상의 차이로만 이해한다는 것이다. 가령, 생생한 외부 자극은 지각이고, 이 지각이 점점 소멸되어 희미한 형태로 남아 있는 것이 기억이라는 식이 그것이다. 그런 의미에서 기억은 약화된 지각이 된다. 이에 대해서는 그의 책 *Matter and Memory*, p. 24 이하를 보라.

다. 시간과 공간을 단일한 하나의 표상 속에서 지각하고 사유함으로써, 우리는 두 수준의 순수 현존 — 시간의 순수현존과 공간의 순수현존 — 즉 "지속"duration과 "연장"extension을 구별하는 방법을 알지 못한다. 마찬가지로 우리의 실제적인 지각은 기억과 뒤섞인 채로 경험된다. 그러나 그 지각-기억에서 어떤 것이 순수 지각에 속하고 또 어떤 것이 순수 기억에 속하는지, 혹은 그 속에서 물질적 순수 현존과 정신적 순수 현존이 무엇인지를 구분하지 못한다. 그래서 우리는 아킬레스에 속한 고유한 운동성과 아킬레스의 근육을 동일화하고 나아가 거북의 근육 운동과 거북의 운동성을 동일화한다. 동일한 공간 속에서 펼쳐진 개별자들의 운동은 육체들의 이동이라는 정도상의 차이만을 갖게 되는 것이다. 그렇게 보면 아킬레스의 운동성은 거북의 근육으로 설명 가능해지고, 거북의 운동성은 아킬레스의 근육운동으로 설명할 수 있을 것처럼 보인다. 서로 다른 거북과 아킬레스가 아니라 두 마리의 거북 혹은 두 사람의 아킬레스가 하나의 직선 위에 배열된 것과 다르지 않다. 베르그송은 우리의 실제 지각은 정신적인 것과 물질적인 것이 혼탁하게 결합해 있으며, 이 둘을 경험적인 수준에서 본성적으로 다른 것으로 갈라내는 것은 불가능하다고 지적한 바가 있다. 우리는 단지 기억과 지각, 운동과 공간(근육)의 정도상의 차이만을 알 수 있을 뿐이다 — 가령, 정신적 계열에 속하는 기억이 단지 물질적 계열에 속하는 지각의 약화된 결과라는 심리학적 가설이 이에 속한다. "우리는 그 자체 순수하지 않으며 이미 뒤섞여 있는 하나의 단위를 가지고 혼합물을 측정한다. 우리는 그 복합물들의 근거를 잃어버린 것이다."(Deleuze, *Bergsonism*, 22)

그렇다면 어째서 우리는 본성상의 차이를 정도상의 차이로만 파악하는가? 우리는 어떤 이유에서 실재를 혼란스럽게 지각하는가? 이것은 우리에게 있어 불가피한 인간적 조건에 관한 문제이다. 우선 다음과 같은 몇 가지 조건들을 나열할 수 있을 것이다. (1) 유기체는 그 자신의 삶을 지속하기 위해 실재로부터 자신에게 필요한 것만을 취한다. 우리는 필요하거나 흥미로운 것만을 받아들이고, 그렇지 않은 것은 잊어버리거나 무관심하다. 그것은 우리의 수용능력의 한계에 기인하는 것이며, 우리가 실재에 접근할 수 있는 하나의 조건이다. 이는 사물을 그 총체로서가 아니라 부분적 대상을 통해 접근하려는 우리의 욕망을 반영한다. (2) 삶을 지속하기 위한 필요의 질서와 상호보완적인 것으로 또 다른 삶의 질서가 있다. 해로운 것을 피하거나 유익한 것을 취하거나 나아가 잠재적 욕구를 현실화하기 위해서는 행동의 질서가 필요하다. 행동은 실재로부터 특정 부분 대상을 절취하고, 이를 필요에 따라 변형시킴으로써 사물을 막연한 전체가 아니라 구체적 대상으로 선취한다. 행동은 윤곽선을 뚜렷이 하는 구체화 과정이며, 그리하여 실재를 현실적인 것the actual으로 만든다. (3) 필요의 질서에서 행동의 질서로 나아가는 과정은 구체적이고 객관적인 계기를 요구하는데, 이때의 객관성이란 또 다른 삶의 질서에 의해 매개된 것이다. 행동이란 본질적으로 집단성을 가지며, 또 엄밀한 의미에서 우리는 집단적으로만 행동할 수 있다. 이 말은 유기체 집단이나 공동체만이 행동한다는 뜻이 아니라, 행위에 있어 구체화나 객관화는 사회적 동의의 한 형태가 되지 않으면 안 된다는 말이다. 객관성은 주고받는 행위의 총체로서의 사회의 질서, 정확히 말해 교환(소통)의 질서에 속하는 문제이다. 그렇기 때문에 그것은 다시 필요의 질서와 상호 관련을 맺지 않을 수 없는 것이다. (4) 필요의 질서, 행동의 질서, 그리고 객관화(사회)의 질서를 구성하기 위한 주관적 조건인 지성(도구)의 질서가 있다. 지성은 모든 흐름을 하나의 정지된 상태 속에서 포착하고, 나아가 직접적이고도 무규정적인 실재를 비교와 반복이 가능한 통사관계syntax의 범주들로 분류하고 배분한다. 이때에 실재에 부여되는 특정 위치나 관계의 위상 — 성性, 격格, 형태形態 등 — 에 의해 공간적인 경향을 갖는다. (5) 인간적 경험의 한계로부터 비롯되는 것일 뿐만 아니라, 반대로 인간적 한계로부터 벗어나려는 노력의

한 결과라고 할 수 있는 일반관념(인식)의 질서가 있다. 우리는 실재를 공간화된 범주들(시간, 공간, 주체, 객체, 주어, 술어 등)로 나누고 육체나 사물들 간의 유사성이나 동일성을 상상하면서 일반관념들을 형성한다(인간일반, 동물일반 등). 그리고는 이 모든 일반적 관념들을 보다 상위의 일반관념으로 묶어버림으로써 개별적 사물들의 본성적 차이를 하나의 상징으로서의 동질적인 공간으로 혹은 공간적 동질성으로 녹여버린다.

따라서 우리는 근본적인 환상에 사로잡혀 있다. 우선 우리는 삶의 필요에 따라 실재로부터 일부분만을 취함으로써 실재 그 자체로부터 멀어진다. 그리고 행동의 질서와 사회적 질서에 따라 이 부분들을 관계 짓고 교환하면서 그들을 하나의 가정된 전체로 만든다. 실재가 객관화되어 사회적 소통이 가능해지기 위해서는 개별적인 것들을 포함하고 있다고 간주된 하나의 일반성이 묶이지 않으면 안 될 것이다. 가령, 우리는 각각의 다양한 개별자로서의 꽃을 말하는 대신에 그들을 대표(표상)하는 것으로서의 꽃 일반을 상상한다. 또한 다양한 개별 인간들을 말하는 대신에 그들을 포함하고 있는 표상으로서의 인간 일반을 상상한다. 이렇게 우리는 실재의 다양성을 일반 관념으로 묶어 잃어버린 실재를 재건하고자 한다. 둘 이상의 질서와 여러 실존이 아니라("어떤 질서 혹은 어떤 실존이 있는가?"), 전체로서의 하나의 질서 또는 일자가 있고 그에 속한 개별적 다수가 있다고 가정함으로써, 실존들 간의 본성적인 차이를 동질적인 전체 속에서의 정도상의 차이로 간주하는 것이다. 그러다 보니 그 일반관념을 조회하기 위해, 가령 질서일반은 어떻게 가능한 것인가? 혹은 존재일반은 무엇에 기인하는가? 와 같은 질문에 대답하기 위해, 우리는 그것을 비교해야 할 필요를 느끼고, 이를 위해 그 반대편에 대립하고 있다고 가정되는 또 하나의 관념일반을 상상하지 않으면 안 된다. 이로써 질서의 일반관념에 대립하는 것으로서의 무질서, 존재 일반에 대립하는 것으로서의 비존재의 관념이 나온다. 이 관념들의 대립에는 서로의 단순한 부정만이 있는 것이 아니라 그들의 긴밀한 상관관계가 있다.

> 둘이나 그 이상의 환원 불가능한 질서들이 있음을 보지 않고(가령, 생명의 질서
> 와 기계의 질서가 있고, 하나가 현존하면 다른 하나는 현존하지 않는다). 무질서
> 에 대립하고 무질서의 관념과 상관관계에 있다고 판단되는 일반적인 질서 관념
> 만을 고집할 때 무질서의 관념이 생겨난다. 서로 간에 무한하게 대체되는 서로
> 다른 실재들을 보지 않고, 그것들을 이리 저리 뒤섞어서, 오로지 무nothingness의
> 상태에만 대립하고, 그것에만 관계할 수 있을 뿐인 존재 일반이라는 동질성 속에
> 서 실재들을 혼동할 때, 바로 비존재의 관념이 생겨난다. 각각의 존재를 그 새로
> 움(고유함) 속에서 파악하지 않고, 존재의 총체가 미리 형성된 요소들과 관계하
> 여, 그로부터 모든 것이 단순히 '현실화'를 통해 출현한 것으로 가정되었을 때, 가
> 능성의 관념이 생겨난다.(19~20)

우리는 실재의 다양성과 실질적인 차이를 무시하고 그 자신 안의 일반
관념으로 실재를 다루기를 좋아 한다. 이것이 실재를 정도상의 차이로 보게
한다. 근본적인 환상은 바로 존재의 실질적 차이가 일반적인 것으로 추상화
된 것으로, 그것은 마치 아킬레스와 거북이 두 마리의 거북이라는 용어 안에
뒤섞인 것과 같다. 따라서 직관은 바로 부정과 일반관념(복합물)을 비판하
고 있는 것이다.

부정과 일반관념에 대한 비판 : 퇴행과 무능력

사유의 부정 작용과 일반관념은 어떻게 사물들의 본성적인 차이를 정도
상의 차이로만 이해하게 하는가? 들뢰즈는 부정과 일반관념에 가하는 베르
그송의 비판을 논의하면서, 베르그송이 분류한 몇 가지 잘못된 문제의 유형

들을 언급한다. 그의 방식을 따라 요약해 보자.

(1) 우리는 존재하는 것을 그것이 발생하기 이전의 상태를 가정함으로써 사유하는 경향이 있다. 그래서 우리는 존재를 비존재에, 질서를 무질서에 나란히 병치시켜 놓고, 마치 전자가 후자에서 비롯된 것처럼 상상한다. 즉, 사유는 '없음'nothing에서 출발하려는 경향이 있다. 가능성이라는 관념 역시 마찬가지로 생각할 수가 있다. 우리는 실재하는 것을 그것이 발생하기 이전의 상태, 즉 실재 이전에 무한한 선택이 가능할 수도 있었다고 간주되는 과거로 투사하면서 가능성을 실재보다 앞선 것으로 상정한다. 이런 식으로 우리는 존재가 비존재에 덧붙여진 것처럼, 질서가 무질서 위에 첨가되어 재편된 것처럼, 무無의 상태에 피血나 생명이 주입된 것처럼, 그리고 무한한 가능성들 중에 가장 적합한 하나가 실현된 것이 바로 실존인 것처럼 생각한다. 베르그송은 이것이 우리가 사물을 더한 것과 덜한 것으로 생각하는 습관에서 비롯된 오류임을 지적한다. 무에서 존재로, 무질서에서 질서로, 그리고 가능성에서 실존으로 나아가는 것을 상상하면서, 우리는 사실상 덜한 것에 무엇인가가 덧붙여지는 방식으로 사물들이 이행하는 모델을 가정한 것이다. 그렇게 하여 우리는 사물의 가능성이 사물의 존재보다 앞선 것으로 상상하고, 나아가 우리의 지성은 사물들을 그 존재에 앞서서 표상할 수 있으며, 사물이 실현되기 전에 사유 가능하다고 간주한다.

> 이는 마치 어떤 사람이 거울에 비친 자신의 이미지를 보면서, 만일에 자신이 거울 뒤에 있다면 그 이미지를 만져볼 수 있다고 공상에 잠기는 것과 같다 …… 가능한 것은 예전부터 줄곧 그 곳에 있어 왔으며, 마치 자기 시간을 기다리고 있는 유령과 같다.(베르그송, 『사유와 운동』, 109~112)

그러나 베르그송이 보기에 이 모델은 오히려 그 반대의 이행을 내포하고 있다. 즉 "존재의 관념보다는 비존재의 관념에, 그리고 질서의 관념보다는 무질서의 관념에, 실재의 관념에서보다는 가능성의 관념에, 무엇인가가 덜 있는 것이 아니라 더 있다.”(Deleuze, *Bergsonism*, 17) ‘존재가 없다’는 관념 속에는 이미 존재의 관념이 있고[7], 여기에 그것의 없음을 가정하는 일반적 부정의 논리작용이 있고(‘없음’이란 ‘무엇’의 없음을 뜻한다), 또한 그 논리작용에 특유하게 결합되어 있는 심리적 동기가 덧붙여져 있다. 가령, 존재가 우리의 기대에 미흡했다거나, 흥미를 끄는 요소를 결여했다거나, 우리가 원하는 식으로 존재하지 않는다고 파악할 때에 생기는 부정하고 싶은 심리들이 그것이다. 마찬가지로 ‘질서의 없음’이라는 관념에는 이미 질서의 관념이 있고, 여기에 그 부정인 무질서가 덧붙여졌으며, 또한 우리가 원하는 질서가 아닌 다른 질서를 대면할 때 생길 수 있는 심리적 동요와 같이 그 부정의 심리적 동기가 더해진 것이다. 이미 언급했듯이 가능성의 관념 역시 실재의 어떤 이미지를 과거로 되돌려서, 그 과거에는 더 많은 가능성이 있을 수 있었음을 가정한다. 이것은 그 실재에 부정을 첨가하고, 거기에 다시 그 부정을 유발한 심리적 동기를 더한 셈이다. 다시 말해 가능성의 관념은 현재의 바람을 과거로 투사하여 그 실현 가능성을 존재하지 않는 곳에서 찾음으로써 현재를 부정하는 것이다. 이와 같이 비존재와 무질서 그리고 가능성의 관념들은 존재와 질서 그리고 실재에 대한 회의 혹은 후회의 가정법(“⋯ 했어야 했어!”)을 근간으로 하는 사유이다.

사물의 본질에는 우리가 그 사물에 대해 바라는 욕구나 욕망이 투사되어 있다. 우리는 획득하고 싶어 하는 것에 비추어 현재 지니고 있는 것을 표현한다. 실제적으로 그 사물과 맺고 있는 관계와는 무관하게 그 사물에 투영하는 우리 자신의 욕망 즉 우리가 생각하는 사물의 본질을 상상하면서, 그

---

7. 베르그송은 존재의 부정이 어째서 존재를 필요로 하는지 그 이유를 이렇게 적는다 : “인간의 상을 획득하기 위해서는 인간 자체보다 더 많은 것을, 가능한 것을 얻기 위해서는 실재적인 것보다 더 많은 것을 필요로 한다. 왜냐하면 처음부터 미리 인간이 주어지지 않는다면 인간의 상은 그려질 수 없을 것이며, 더욱이 이 때 거울을 반드시 필요로 하기 때문이다.”(베르그송, 『사유와 운동』, 109~112)

사물(실재)이 우리의 욕구에 화답하지 않을 때 우리는 가차 없이 그 사물의 부정을 우리가 간주하고 있는 그 사물의 관념과 동일시한다. 그렇게 해서 우리 앞에 드러난 실제의 사물과 그것이 생기기 이전의 기원 혹은 그 부정을 결합하여, 마치 우리를 배신한 그 사물을 무의 상태로 되돌릴 수 있다고 망상한다. 신경증적 사유의 한 형태인 부정은 더한 것을 덜한 것으로 생각하면서, 존재에다가 추상적 일반성("… 이 없다")을 덧붙여서, 그 존재를 일반성 속에 포함된 것으로, 즉 무엇인가가 부족한 것으로 간주한다. 부정의 오류에는 근본적인 환상이 있는데, 베르그송은 이를 "참된 것의 퇴행운동"이라고 불렀다.[18] 실재는 이미 그 자체가 참인데도, 우리는 그것을 퇴행적으로 과거로 투사하여 그 기원을 설정하고, 그것을 조직하는 우리의 창조적 행위 이전에 이미 그 발아적 이미지가 기원 속에 내재하는 것처럼 상상한다. 이는 존재와 실재에 대한 우리의 불만족이나 결핍감과 같은 심리적 동기를 드러낼 뿐만 아니라, 우리 자신을 그것들과 분리시키고 서로 무관한 것으로 만듦으로써, 마치 그 실재가 신에 의해 만들어지기라도 한 것처럼 우리 자신과 실재를 초월적 관계로 설정한다. 예를 들어 우리는 어떤 행동에 임하기에 앞서 그 행동이 초래하게 될 결과를 회의하거나, 심지어는 그 행동 자체에 대해 의심을 하게 된다("과연 잘 될까요?", "그것이 현실적으로 가능하다고 보십니까?"). 그 의심은 겉으로 보기엔 행동에 덧붙여진 단순한 어떤 심리처럼 보이지만, 사실은 행동에 임하는 주체의 의지의 부족만을 드러내고, 그 행동의 결과가 자신의 의지와는 무관한 것임을 드러낸다. 그리고는 그 초월적 관계를 기원이나 기도의 형태로 표현하기도 한다. 부정이란 부정하는 대상에 덧붙여진 어떤 것이 아니라 부정하는 주체의 나약함만을 드러낼 뿐이다. 행동을 퇴행적으로 되돌려서 그것을 어떤 가능성의 문제에 회부함으로써 우리는 행동과 그 결과를 무無로 전환시킨다.[8] 그것은 덧붙여진 것이 아니라

---

8. 베르그송은 부정의 작용에는 건전한 정상인을 괴롭히는 병적인 상태가 있다고 지적한다. "한 예로, 창

부족한 것이며, 의지의 결핍을 드러내는 것이며, 궁극적으로는 현재의 무능력을 표시한 것이다.

(2) 잘못된 문제의 또 다른 유형은 정도 혹은 강도의 문제이다. 사람들은 본질적으로 다른 사물들을 자의적으로 묶고, 그 묶인 것들을 동질적인 것으로 간주한다. 가령, 사랑과 우정 중에 어느 것이 '더' 강렬한가? 혹은 어느 쪽이 '더' 쾌락적인가? 혹은 '덜' 행복한가? 등과 같은 질문이 이에 속한다. 우정이라는 용어는 다른 것으로 대체할 수 없는 매우 다양하고 잡다한 상태들 — 주체들 간의 고유한 관계, 특이한 감정, 지각, 기억뿐만 아니라 그들을 이루고 있는 더 미세한 분자들 — 을 내포하고 있다. 그것의 본질은 사랑이라고 하는 또 다른 다양성에 견주어 말할 수가 없는 것이다. 사물들을 정도나 강도로 이해하려는 것은, 그들 중 어느 것이 더하고 어느 것이 덜한지를 질문하여, 그 본질을 (우열의) 비교에 의해 결정하려는 열망에서 비롯된다. 비교는 사물들이 균등한 기준(표준) 위에 위치했을 경우에만 가능한 것이다 — 가령, 우리는 자동차와 손지갑을 비교하지는 않는다. 그러나 자동차와 신발은 쉽게 비교할 수가 있다. 두 항을 비교하려면 가격이나 쓰임새 혹은 속도와 같은 등가(等價)의 잠정적 기준이 마련되지 않으면 안 된다. 따라서 비교에 의해 어떤 사물 A의 본질은 그와 동질적 가치를 갖는 다른 사물 B에 놓인다. 또 그 역도 성립할 것이다. 이런 식으로 우리는 사물들을 그 본성과는 무관하게 하나의 복합물로 만든다. 『물질과 기억』의 서문에는 이에 대한 베르그송의 아주 유명한 비판이 있다.(Bergson, *Matter and Memory*, xv) 간단히 요약하면 이렇다. 물질과 정신은 못과 옷의 관계와 같다. 못을 빼면 옷은 떨어진다. 그렇다고 해서 옷

문을 닫아 놓고는, 창문이 닫혔다는 것을 검사하려고 창가에 다시 가고, 그 자신의 검사를 다시 검사하고, 이렇게 검사에 검사를 계속하는 회의자를 살펴보자 …… 그가 만일 철학자였다면, 자신의 행동의 망설임을 이렇게 변형시켰을 것이다. '사람들은 자기가 하려고 의도했던 것을 했다고 어떻게 확신할 수 있을 것인가?' …… 그의 경우에 있어서 수행된 작업에 첨가된 질문은 실제에 있어 단지 부정적인 것만을 나타낸다. 그것은 보다 많은 그 무엇이 아니라 보다 적은 그 무엇이다. 그것은 의지가 결핍되어 있다."(베르그송, 『사유와 운동』, 75~76)

을 못이라고 하거나 옷의 본질을 못 속에서 찾을 수는 없는 것이다. 마찬가지로 물질과 정신이 서로 연결되어 있다는 것이 그 둘의 본성상의 차이를 무화시키는 구실이 될 수는 없을 것이다. 들뢰즈의 설명도 이와 같은 맥락이다. 감각의 질을 그에 상응하는 근육(공간)과 혼동하거나, 그 감각을 발생케 하는 육체적 원인의 양과 혼동하는 것, 어떤 경우든지 강도의 개념은 본성상의 차이가 나는 결정들 사이에 불순한 혼합물을 삽입하고, 이들을 혼탁한 상태 속에서 파악한다. 마찬가지로 감각을 그 정도에 따라 파악하려는 태도는 감각을 공간에 병치된 항으로 만든다. 그래서 '감각(의 정도)이 얼마나 증가하는가?'와 같은 질문은 언제나 잘못 제기된 문제로 되돌아가게 된다.(Deleuze, *Bergsonism*, 18~19)

다양성 개념에 의한 변증법 비판

　베르그송과 마찬가지로 들뢰즈가 변증법을 비판하는 이유도 여기에 있다. 변증법은 둘 이상의 대상-항을 하나의 모순적 형식 속에서 뒤섞고, 그 대립물 안에 내재하고 있다고 혹은 그들을 초월하여 존재하고 있다고 간주된 보편자로 통일하는 과정이다. 변증법은 우선 운동과 변화를 모순으로 설명한다. 어떤 이들은 이렇게 말한다 : 과녁을 향해 날아가고 있는 화살은 특정한 위치에 '있음'과 동시에 '없음'을 뜻한다. 운동이란 있음과 없음이 동시에 존재하는 것이므로 모순이며, 따라서 운동은 불가능하거나 파악될 수 없다는 것이다(제논). 또 어떤 이들은 모순이란 존재를 보다 완전하게 인식해 가는 이성적 사유의 내재적-필연적 형식이라고 말한다(칸트, 헤겔). 그리하여 사유는 모순을 해명하는 과정 속에서 인식대상의 추상성으로부터 구체적이고도 객관적인 개념으로 나아간다는 것이다. 이때의 모순이란 사유를 불가능하게 하는 제약이지만 동시에 사유가 그 자신을 보다 고차원적 상태로 고양시키도록 하는 하나의 (부정적)계기가 된다. 이 같은 과정이 바로 정신의 변증법적 운동 혹은 사유의 자기전개라고 부르는 것이다. 또 어떤 이들은 유기체 세포의 변화와 진화를 설명하기 위해 소멸과 생성이라는 두 대립적인 측면을 세포 일반에 병치시켜 놓는다. 즉 세포는 살아 있는 매 순간 자기 자신과 동일한 상태이며 동시에 자기 자신과 다른 타자이다. 그래서 세포는 자기 자신과 대립하는 모순(소멸)을 내재적으로 가지고 있으며, 이 모순을 통해 자기 동일성을 부정하고 새로운 존재로 변형되거나 생성된다는 것이다. 이에 따르면 생물의 진화란 개체가 자신 안에 내재적으로 포함하고 있는 대립물과의 투쟁과 전개에 다름 아니다(자연변증법). 대립과 모순의 투쟁과 전개라는 테마는 실재의 부정이라는 형태로 혹은 정신의 자기 전개라는 형태로 혹은 사회적 대립과 투쟁을 통한 역사발전으로 나아가 생물의 진화의 형태로도 나타나는 것이다.

그러나 모순의 개념 역시 실재의 운동과 변화를 공간으로 정지시켜 놓거나 실재의 다양성을 일반적 관념으로 규정한다는 것을 의미한다. 그와 같은 조건이 없이는 모순적 형식이란 성립할 수가 없다. 실재를 지각하고 인식하기 위해서는 그것을 어떤 한정된 형식(시간, 공간, 범주와 같은) 속으로 가져오지 않으면 안 된다. 사물을 인식의 대상으로 만드는 것은 그 사물을 규정하는 과정에 다름 아니다. 사물을 규정함으로써 즉 그것을 하나의 대상으로 정립함으로써, 우리는 실재의 다양성으로부터 특정 부분을 추상하고 개별화하고 범주화한다. 그리고 나아가 그 대상의 객관성(혹은 사회성)을 위해 거기에 보편성을 부여한다. 이렇게 해서 우리에게는 매 순간 덧없는 것으로서의 실재성이 아니라, 우리가 원할 때에 다시 거기에 되돌아가서 그것의 유무를 확인해 볼 수 있는, 혹은 주관적 경험자로서의 자아뿐만 아니라 그 누구의 경험으로도 환원할 수 있는 객관적 대상으로서, 헤겔에 따르면 확실하고도 구체적인 '대상 일반'이 출현한다.

　그러나 사물의 규정이란 이미 그 자체 하나의 부정이다. 사물에 대해 시간적, 공간적, 종種적인 한계를 설정하는 것은 설정된 한계 외부의 존재성을 부정한 것과 다르지 않다. 특정 대상을 정립할 때("이것은 건물 입니다", "저것은 꽃 입니다"), 우리는 그 대상이 다른 그 무엇임을 배제한다. 이는 단순한·용어의 문제가 아니라 본질적으로 사유의 문제이다. 예컨대, 이율배반 antinomy은 사유와 언어의 필연적 조건인데, 가령 "비행기와 새는 유사하다"라는 판단은 이미 비행기와 새의 다름에 대한 판단을 내포하고 있으며, 반대로 "비행기와 새는 다르다"는 판단 역시 그 둘의 유사함에 대한 판단을 내포하고 있다.9 모순이란 세계를 전체로서 파악하고 사물을 일반관념으로 정립할 때 발생하는 사유의 필연적 조건으로서의 어두운 그림자이다. 자연 안에는 양립할 수 없는 두 판단이 동일한 관계(동질적 차원) 속에서 동시에 존재할 수 없다. 가령, 소멸과 생성을 동일한 관계에서 동시에 갖는 개체는 존재하지 않는다. 동일한 세포에서의 소멸과 생성의 동시성이란 세포 일반을 가정했을 경우에만 가능한 형식이다. 자연 변증법이 유기체의 운동과 진화를 내재적 모순으로 정의하는 것은, 즉 세포 스스로가 자신의 동일성을 부정하는 계기를 가짐으로써 새로운 생성으로 나아간다는 주장은 실재하는 세포의 다양성을 부정하고, "세포" 혹은 "유기체"라고 하는 일반화된 용어 즉 개념으로서의 세포 일반을 가정했을 때에만 가능한 것이다. 세계 내의 모든 존재가 모순이라고 하는 대립적 구도 속에서 뒹굴고 있다는 것, 이것은 한 편의 드라마이다. 그 속에서 개별자들은 존재 일반 나아가 보편자로서의 개념

---

9. 이 예는 폴 드만(Paul de Man)이 피히테의 자아 현상학(phenomenology of the self)을 논의하는 가운데, 모든 언어와 변증법의 필연적 조건으로서 정립과 반정립의 동시성을 예증하면서, 종합판단(synthetic judgments)(즉, '비행기와 새는 유사하다')과 분석판단(analytic judgements)(즉, '비행기와 새는 다르다')의 모순적 동시성으로 든 예이다. 그것은 칸트가 통찰한 바와 마찬가지로 사유(오성)의 한계를 보여주는 예이기도 하지만, 동시에 헤겔에게 있어 사유의 변증법적 고양의 계기가 된다. 이에 대해서는 Paul de Man, *Aesthetic Ideology*, pp. 172~174를 보라.

속으로 용해되지 않을 수 없는 드라마이다.[10] 소멸된 세포와 생성된 세포를 동질적인 것으로, 나아가 동일한 것으로 일반화하지 않는다면 세포의 소멸과 생성은 결코 모순일 수 없다. 마찬가지로 날아가고 있는 화살의 운동을 모순으로 파악하는 것은, "있음"과 "없음"이라는 대립을 동시에 포함하고 있는 (운동이 정지된) 한 지점을 상상하는 것이다. 변증법에 있어 모순이란 실재의 일반화이며 상상에 의한 정지이다. 칸트나 헤겔이 그것을 의식의 선험적 형식으로 혹은 교양소설과도 같은 의식의 성장으로 설명하는 이유가 여기에 있다. 모순이란 전적으로 사유의 문제, 그것도 실제의 경험을 허구적 대립으로 대신한 일반화의 문제이다. 베르그송이 말했듯이, 그것은 "그물코가 헐렁한 그물"이나 "헐렁거리는 옷"처럼 너무나 큰 개념으로부터 출발한다.

일자 일반, 다자 일반, 비존재 일반 …… 그러한 경우에 실재는 추상으로 재구성된다. 그러나 너무 크고 너무 일반적이어서 부적절한 하나의 개념을, 마찬가지로 너무나 크고 일반적인 반대 개념으로 보상하면서, 그 자체로 실재와 재통합되는 것으로 믿고 있는 변증법이 도대체 무슨 소용이 있겠는가? 부적절한 하나의 개념을 그 반대의 다른 부적절한 개념으로 결합해 봐야, 즉 하나의 일반성을 다른 하나의 일반성으로 교정한다고 해서 구체적인 것이 얻어지는 것은 아니다. …… 베르그송은 변증법적 방식이 오로지 적절치 못한 방법들을 동원하여 하나의 반대에서 다른 하나로 이동하면서, 잘못된 운동 즉 추상적 개념의 운동을 하고 있다고 비판한다. …… 그것은 너무 헐렁한 그물로 되어 있기 때문에 무엇이든지 다 빠져나간다. …… 개념들은 …… 흔히 짝으로 다니며 두 대립되는 것들을 표상한다. 두 개의 대립적인 관점을 동시에 포착할 수 없으며, 결국 두 개의 적대적

10. 알튀세르(Louis Althusser)는 모순의 변증법이라는 맑스주의 유물론 신화의 이와 같은 허구적이고도 드라마적인 한계를 잘 알고 있었다. 그는 이 문제를 실제의 드라마를 분석하는 가운데 논의한 적이 있다. 그 분석에 따르면 모순은 하나의 중심(주인공)을 위시한 거대한 모순이 아니라, 어디에나 편재되어 있는 미시적 모순으로 파편화된 형태이다 — 또한 이것이 알튀세르가 생각했던 실재의 이미지였다. 그의 베르톨라치(Bertolazzi) 연극에 대한 분석과 브레히트(Bertolt Brecht)를 위시한 유물론적 연극, 그리고 모순의 변증법에 관한 논의는 그의 책 For Marx, pp. 131~151을 보라.

인 개념으로 포섭하기 어려울 정도의 구체적인 실재성이란 흔한 것이 아니다. 따라서 테제와 반테제 …… 그 둘을 논리적으로 화해시키는 것은 쓸데없는 짓일 것이다. 왜냐하면 개념들과 관점들로는 결코 사물이 만들어지지 않기 때문이다. …… 이 같은 결합은 결국 정도상의 다양성도 제시하지 못하고, 형태상의 다양성도 제시하지 못한다. 즉 오로지 존재하거나 아니면 존재하지 않거나 일 뿐이다. …… 그러한 신비의 작용(종합)으로는 사물의 뉘앙스나 정도를 수용하지 못한다. …… 그것은 실재를 완전히 형식적으로 혹은 언어적인 마디에 따라 새기는 것 외에는 아무것도 할 수가 없는 것이다.(44~45)

실재의 운동과 변화가 모순일 수 없는 이유는 그것이 그 자체 흐름·지속·변질이기 때문이다. 하나의 순간(지점) A로부터 이행한 다른 순간(지점) B는 동질적인 구도에서 비교되거나 견주어서 말할 수 없는 근본적인 차이가 있다. 실재는 매 순간 질적으로 다르기 때문에, 그 둘은 서로 동일한 관계로 포섭될 수 없다. 마찬가지로 아킬레스가 내딛는 한 발과 거북이 내딛는 한 발은 아킬레스와 거북의 존재만큼이나 각각 질적으로 전혀 다른 것이며, 이들의 매순간의 움직임이란 그들 사이에 놓인 관계뿐만 아니라 그들 각각이 포함하거나 포함되어 있는 시간과 공간적 관계 전체의 변화를 의미한다. 가령, 포유류가 먹이를 찾아 이곳저곳을 이동하는 것은 단순히 움직인 거리와 위치상의 수학적 변화만을 의미하지 않는다. 동물의 이동은 그 동물의 신체상의 허기를 반영하기도 하고, 또 그 허기 상태가 그 동물을 다른 곳으로 이동하게 한다. 또한 그의 움직임은 그의 경험적 상태 전체를 변화시키고, 이 변화는 그의 움직임의 가깝고 먼 상태들의 변화에 따라 다양해질 것이다. 그 다양성은 동일한 위상 안에서의 좌표점의 다양성이 아니라, 좌표체계 자체들 간의 본성적으로 다른 다양성이라고 말해야 한다. 동물의 이동에 따라 매순간 일어나는 실제적인 영향관계의 변화 전체를 고려하지 않고는 결코 그 동물의 운동과 진화를 설명할 수 없다. 하나의 방식으로서의 변증법은 다양성을 부정한다. 변증법적 모순이란 리만Georg Friedrich Bernhard Riemann의 기하학이 명시했던 것과 같은 다양체 공간에서는 성립하지 않는다.

인간적 조건 하에서의 진리란 그 자체 기만적인 것이다

들뢰즈는 본성상의 차이를 정도상의 차이로 오해하는 몇 가지 사례들을 열거한다. 가령, 형이상학은 근원적인 것으로 간주된 영원성이나 이데아와 같은 것을 상정하고, 거기에 시간이라는 것이 생겨나면서, 존재들을 타락시키고, 풀어헤치고, 그 충만한 상태들을 서서히 감소시킨다는 식의 시간성을 말한다. 시간을 공간적 첨가물 혹은 부식물과 같은 것으로 간주함으로써, 충만한 상태와 타락의 상태 또는 완전함과 무無라는 두 극단을 정도상의 차이로 정의하는 것이다. 과학에 있어 기계론은 시간을 공간으로 환원하여, 마치 그것을 같은 간격으로 균등하게 잘라낼 수 있다고 생각한다.[11] 이것은 시간을 공간으로 환원하여 공간의 변화와 이동을 시간 자체로 이해하거나, 공간이 시간이라는 형식 속에서 특정한 형식으로 나타나는 것으로 뒤섞어 이해함으로써 가능해진다. 생물학적 진화론에도 기계론이 있는데, 그것은 유기체가 자신의 정해진 수순에 따라 단선적인 성장을 하거나, 여러 가지 변이관계를 통해 하나의 유기체에서 다른 하나의 유기체로 진화한다는 모델을 취한다. 생리학자나 심리학자들은 지각을 비연장적인 것으로 파악하여, 그것이 감정이나 기억과 정도상의 차이만을 갖는 것으로 ― 가령 통증이 강하거나 미약해짐에 따라 지각과 감정이 차이가 난다고 ― 이해함으로써, 정신(비연장적인)과 물질(연장적인)의 이행 관계를 신비적으로 본다.(23~24) 본성상의 차이를

---

11. 들뢰즈는 『시네마 1』에서 영화에서의 이미지 운동을 논의하는 가운데 현대 물리학의 운동 개념을 이와 같은 맥락에서 다룬다. 이에 대해서는 본 책 2부 3장에서 다룬다.

보지 않고 이처럼 단순히 정도상의 차이만을 봄으로써 사물들의 본질을 동일한 것으로 뒤섞어 이해하는 것, 거짓된 문제와 환상의 원천이 바로 여기에 있으며, 들뢰즈에 따르면 이것이 바로 베르그송의 모든 비판이 향하고 있는 테마이다.

그래서 부정과 일반관념은 사회적 필요에 의해 혹은 지성의 질서에 따라 구체적인 실재를 용어상의 단순함으로 바꾸어 버림으로써, 실재의 본성상의 차이를 정도상의 차이로만 이해하게 한다. 그리하여 우리를 지각의 잘못된 조건 속으로 이끌어 우리 자신의 환상을 만들어 낸다. 그러나 들뢰즈는 비판에만 머물러 안주하지 않고 그 이상으로 나아간다. 문제는 비판이 아니라 실재의 긍정을 통한 참된 이해에 있기 때문이다. 경험적 자료의 부족으로 혹은 인간적 지각의 한계로부터 비롯된 이 모든 불가피한 조건들이 왜곡된 상*인 것은 사실이지만, 또 실재를 개별화하여 그 본성을 훼손시키는 동질적 공간이라는 관념이 우리 자신을 실재로부터 분리시키는 기만인 것은 사실이지만, 그럼에도 불구하고 그것은 우리에게 실재의 한 측면으로서의 공간적 질서를 제공해 준다. 비록 환상의 형태를 취하면서 우리로 하여금 근본적으로 현상의 노예상태에 머무르게 하지만, 그것은 어떤 식으로든 우리의 조건을 근거 짓고 있으며, 우리 본질의 일부에 근거하고 또 나아가 실재 자체의 본질에 근거하고 있다. 물적 상태나 공간적 질서 역시 실재의 한 면이라고 말해야 한다. 들뢰즈는 베르그송이 우리의 한계와 환상에 대해 비판하는 것으로 만족하는 부류의 이론가는 아니라고 지적한다(이 지적은 베르그송에 대한 들뢰즈의 태도뿐만 아니라 그의 철학 전체를 이해하는 데 있어 매우 중요하다). 실재에 관한 참된 이해는 지성과 공간의 질서까지도 포함할 때에만이 완성될 수 있다. 인간뿐 아니라 자연안의 모든 존재는 각자의 공간적 한계로 인해 서로에게 외관만을 드러내며, 각자에게 주어진 하나의 관점을 통해 서로를 정도상의 차이로만 수용한다. 사물들은 서로에게 부분적 측면으로만 주어져, 지각의 대상으로서의 사물의 특정 상태the state of things 속에 머물러 단일한 형태를 취하고(동물, 사람, 교회, 나무 등), 사물을 이루는 다양한 요소들은 하나의 면으로서 공간적 환경 속에서 다루어진다. 우리의 인간적 조건이란 바로 실재와 대면하고 있는 하나의 위치와 공간 나아가 그 견해와 관점이다. 따라서 인간적 조건하에서의 진리란 불가피하게 실재의 뒤늦은 해석에 머물게 될 것이다. 진리의 퇴행과 고착이란 단순한 환상의 문제를 넘어서 바로 진리 그 자체의 본질에 속하는 문제이다. 진리는 언제나 기만적인 모습으로 우리 앞에 나타난다. 특정한 입장에 위치하면서 우리는 바로 실재의 정도상의 차이만을 지각하지 않으면 안 된다. 그러나 우리의 한계를 이루고 있는 지각의 저편에는 본성상의 차이가 있지 않을까? 달리고 있는 두 마리의 거북에 근본적으로 다른 두 본성이 내재되어 있듯이 말이다. 따라서 그 내재된 본성상의 차이를 발견하는 것이 문제이다.

2장

차이와 나눔

 들뢰즈는 방법으로서의 직관의 비판 능력 외에도 나눔의 행위에 대해
말한 바가 있다. 그에 따르면 직관이란 "나눔의 방법"이다. 사물을 나누고 분
류하는 행위는 두 수준에서 이루어진다. 하나는 그 사물의 공간적 위상을 이
해하는 것이고, 다른 하나는 시간적 변화를 파악하는 것이다. 직관이 나눔의
방법이라는 말은 바로 사물의 차이를 발견하는 방법이라는 뜻이다. 직관 안
에서 사물은 수적으로 혹은 양적으로 보다 다양해짐으로써 차이가 날 뿐만
아니라 질적으로 다양해짐으로써 차이가 난다. 베르그송은 항상 뒤섞인 것
을 분할하는 방식으로 실재를 분석해야 한다고 주장하는데, 이것이 바로 그
의 유명한 이원론을 이루고 있는 근간이 된다. 그의 논의는 언제나 서로 다
른 두 요소들을 분류하는 방식으로 진행한다. 또한 나눔과 분류는 들뢰즈의
거의 모든 작업에 있어 방법적 토대를 이루고 있는 것이기도 하다. 가령 베
르그송은 어떤 곳에서는 공간과 지속을 나누기도 하고, 또 어떤 곳에서는 양
적인 것과 질적인 것을 나누기도 하며, 다른 곳에서는 물질과 기억을, 그리

고 지각과 회상을, 혹은 기계적인 것과 영혼적인 것을 나눈다. 한편 들뢰즈는 병리적 실체로서의 마조히즘과 사디즘의 본성적 차이를 다양한 요소들의 분류를 통해 나누는가 하면, 이미지의 존재론적 분류(영화 이미지를 운동, 지각, 감정, 행동, 충동, 사유의 존재와 연관지어)를 통해 베르그송적인 나눔을 실천한다. 그들에게 있어 문제가 되는 것은 우리의 실제적인 경험이 혼동 상태 속에서 뒤섞여 있기 때문에, 그 혼합물(경험)이 만들어지는 조건 즉 원리상으로 존재하는 현존의 순수한 상태를 구별해야만 한다는 것이다. 베르그송에게 있어 직관의 나누는 행위의 목적은 바로 복합물로 이루어진 경험적 표상으로부터 실재의 본성상의 차이가 나는 마디들을 되찾아서 그 각각의 존재에게 고유의 순수함을 복원시켜 주어야 한다는 것이다. 베르그송의 이론이 플라톤의 정신을 따른다고 흔히 말하는데, 그것은 순수함에 대한 그의 강박적인 집착에 기인한다. 앞으로 우리가 보게 되겠지만 들뢰즈는 거의 대부분의 저작을 이와 같은 방식으로 저술한다. 그것은 생물학 혹은 의학에서나 볼 수 있을 법한 일종의 분류학과도 같은 길이 아닐까 싶다.

주관적 계열과 객관적 계열로의 나눔

그렇다면 베르그송은 표상을 이루고 있는 순수현존들을 어떻게 본성상 차이가 나는 경향에 따라 나누었을까? 우선 그는 두 존재 사이에 본성상의 차이가 있는지 없는지를 묻는 것으로부터 시작한다. 들뢰즈는 우리에게 몇 가지 사례를 통해 그의 방식을 예시하고 있다. 그의 논의를 따라 간략히 정리해 보자.

『물질과 기억』제1장에서는 두 계열, 즉 물질의 계열과 주관성의 계열이 소개되고 있다. 베르그송에 따르면 두뇌는 표상을 제작하지 않는다. 그 이유는 우선 두뇌 자체가 육체의 일부에 속하는 회백질로 이루어진 물질이기 때문이다. 그것이 하는 일은 물질적 기능, 즉 육체 내부로 수용된 자극을 근육운동으로 전달하는 것이며, 그 과정에서 자극을 무한히 나누거나 여러 가지 다양한 반응으로 지연시키고 복잡하게 함으로써, 외부의 자극과 육체의 반응 사이에 간극interval을 만드는 일을 한다. 즉 물질적 운동의 연쇄를 여러 단계로 자르고 반응을 준비하면서, 마치 전송을 지연시키고 허가하는 "전화 교환국"처럼 작용과 반응의 자동적이고 기계적인 연쇄반응에 일정한 틈을 벌려놓는 것이다 : "두뇌는 받아들여진 운동과 관련해서는 분석의 도구이며, 수행된 운동과 관련해서는 선택의 도구이다."(Bergson, *Matter and Memory*, 20) 따라서 두뇌의 지각능력과 척수spinal code의 반사기능 사이에는 어떠한 본성상의 차이가 없다. 두뇌는 다른 신경운동이나 근육운동과 마찬가지로 정신(주관성)의 계열이 될 만한 어떠한 것도 만들어내지 않는다. 물론 두뇌가 벌려놓은 그 틈 사이에는 회상-기억이라고 하는 정신적 현존이 삽입되어 있긴 하다. 그러나 그것은 물질로서의 두뇌와는 본성적으로 다르다는 것이 베르그송의 생각이다 ─ 이미 위에서 언급한 베르그송의 옷과 못의 비유를 생각하자. 두뇌는 자극을 수용하고 이를 반사운동으로 준비하는 물질적 혹은 기계적 기능에 머물 뿐이지 정신적 표상의 본질적 근거가 되지는 못한다.(19) 지각의 경우도 마찬가지이다. 두뇌가 벌려놓은 간격 덕분에 지각은 외부의 자극과 육체의 반응 사이에서 자신의 흥미를 끄는 것만을 선택할 수 있는 시간을 가지게 된다. 다시 말해 지각이란 물질적 대상으로부터 흥미로운 것을 뺀 것 외에는 그 무엇도 아니다. 따라서 지각과 물질적 대상은 동일한 것이며, 지각이 포착한 것과 물질 사이에는 어떠한 본성적인 차이도 존재하지 않는다. 대상-두뇌-지각으로 이루어진 물질적 계열에서 우리는 그들이 서로간에 본성상의 차이가 아니라 정도상의 차이만을 갖는다는 사실을 알 수가 있다. 육체가 수용할 수 있는 능력 내에서 받아들여진 물질적 대상, 그리고 이 대상들을 무한한 진동이나 자극으로 나누고 분석하여 육체의 다른 기관에 전달하거나 간극을 만드는 두뇌, 그리고 자극으로부터 육체의 필요에 따라 흥미로운 것만을 선택한 지각, 베르그송이 직관의 방법을 통해 물질의 계열에서 발견하고자 했던 것이 바로 이것이다. 지각은 물질적 대상과 동일하다![1] 여기서 그의 유명한 명제가 나온다.

> 우리는 사물이 존재하는 바로 그 곳에서 사물을 지각하며, 지각은 우리를 단번에 물질로 옮겨 놓으며, 지각은 비인격적이며 지각된 대상과 일치한다.(Deleuze. *Bergsonism*. 25)

주관성의 계열은 물질의 계열과는 본성적으로 다르다. 들뢰즈는 마치 이 계열의 요소들이 물질들 사이에 삽입되어 있거나 물질적 관계가 만들어 놓은 주름의 굴곡에 스며들어 있는 것처럼 말한다. 그러나 들뢰즈가 뜻하는 바는 주관적 계열이 활동하고 있는 장소는 바로 두뇌가 벌려 놓은 틈 혹은 간격이라는 것이다 : "두뇌의 간격을 채우고 있는 것과, 스스로 구체화되기 위해 그 간격을 이용하는 것."(25) 말하자면 그것은 외부의 자극과 육체의 반응(혹은 행동)이라고 하는 도식적이고도 기계적인 운동 사이에서 일어나는 어떤 '망설임' 같은 것이다. 그래서 그것은 지각과 행동을 지연시키고 수용된 자극뿐만 아니라 수용하는 신체를 순간의 점이 아니라 '지속'하게 한다. 베르그송에 따르면 주관성은 두뇌와 연결되어 있지만 두뇌 자체는 아니며 두뇌 안에 보존되는 것도 아니다. 이 점은 매우 중요한데, 나중에 알게 되겠지만 주관성(또는 기억)은 두뇌가 아닌 바로 그 자신 안에 보존된다! 그 자신의 힘이 아니라면 어떻게 지속이 가능하겠는가?

---

1. 이 명제는 또한 베르그송이 현상학과 거의 동일한 문제의식을 가지고 출발했음에도 불구하고, 현상학적 지각과 근본적으로 차이가 나는 지점이기도 하다. 이 주제는 『시네마 1』에서 후설(Edmund Husserl)과 베르그송의 차이에 대한 들뢰즈의 논의에 등장하는데, 본 책의 2부 3장을 참고하라.

들뢰즈는 베르그송을 따라 그 주관적 계열이 세 가지로 이루어져 있다고 적는다. 나중에 이 분류는 객관적 계열과 종합되어 다섯 가지로 취해질 것이지만[2], 우선 편의상 감정affectivity [3], 회상-기억recollection-memory, 그리고 수축기억contraction- memory으로 나눌 수 있을 것이다. 베르그송에 따르면 감정이란 지각과는 다르게 정신의 적극성이 개입된 상태이다. 즉 감각을 이루고 있는 몸의 해부학적 요소들은 외부에서 가해오는 자극을 (지각처럼) 기계적으로 반사하거나 다른 기관으로 전달하지 않고, 그 자극을 거부하거나 흡수하는 등의 적극적인 운동 경향을 띠게 된다. 베르그송은 이를 "감각 신경판 위에서의 운동 경향"이라고 불렀다.[55] 감각을 이루고 있는 모든 요소들이 유기체 전체의 활동에 참여하기 위해 서로 연대하는 과정 속에서도, 그 개별

---

2. 들뢰즈는 『베르그송주의』 1장에서 객관적 계열과 주관적 계열을 나누고, 객관적 계열에는 두뇌와 지각을, 주관적 계열에는 감정과 기억을 분류하였다. 그런데 3장에 가서는 주관성의 다섯 가지에 대해 말한다 : "필요 주관성", "두뇌 주관성", "감정 주관성", "회상 주관성", "수축 주관성" 이것이 어찌된 일일까? 베르그송이 다루고 있는 문제는 경험적 표상을 이루고 있는 순수현존들에 관한 것이지 물질 그 자체에 관한 과학이 아니다. 따라서 들뢰즈가 어떤 곳에서는 주관성과 객관성으로 나누고, 다시 이들을 주관성으로 나누는 것은 아무런 모순이 없다. 들뢰즈에 따르면 경험적 표상은 다섯 가지의 주관성으로 나뉘고, 그리고 그 주관성 속에서 다시 객관적 계열과 주관적 계열이 나뉘는 것이다. 그에 따르면 두뇌와 지각은 순수하게 객관적 계열(물질적 계열)에 속하고, 회상의 두 형식은 순수하게 주관적 계열에 속한다. 감정의 경우는 그 두 계열의 교차 혹은 불순함이라고 정의한다. 이에 대해서는 『베르그송주의』 3장을 참조하라. 이 문제는 형태는 다르지만 『시네마 2』의 첫 장에서도 제기되었던 문제이다. 들뢰즈는 네오리얼리즘을 논의하면서, 바쟁이 "잉여실재" 혹은 "사실-이미지"를 객관성의 수준에서 말할 때, 그것은 오히려 객관성이 아니라 주관성의 계열에서 다시 문제 제기되어야 하지 않은가라고 질문을 던진다. 이에 대해서는 Deleuze, *Cinema 2*, p. 1 이하를 보라.
3. 감정이나 정념에 관한 많은 논의들로 인해 그 용어가 일관되지 않게 사용되고 있다. 흔히 Affect를 '정동'으로, Affection을 '정감'으로, Emotion을 '정서' 혹은 '감정'으로, Passion을 '정념'으로 번역한다. 그리고 이러한 많은 용어들은 육체에서 일어나는 정적인 운동경향성(떨림, 진동)을 의식적으로 표상하는 단계에 따라 구분된다. 가령, 정동은 의식 이전의 육체적 수준에서의 진동 혹은 떨림으로, 정감이나 감정은 의식적으로 표상된 육체의 동요 상태로, 정서는 그 보다 더 큰 단위의 집단적 문화적 감정상태 등으로 구분될 수가 있다. 이 복잡한 구분에 대해서는 따로 지면을 할애하여 논의해야겠지만, 이 책에서는 다루지 않았다. 베르그송 그리고 들뢰즈가 여기서 논의하고 있는 주제는 정동 자체에 관한 것이 아니라, 지각 혹은 기억과의 본성적인 차이를 다루고 있으므로, 필자 역시 정동, 정감, 정념, 정서 등을 구분하지 않고, 이들의 총체적 일반어로서 '감정'이라는 용어로 통일하였음을 밝힌다.

적 요소들은 유기체 전체 활동에 종속되어 단순히 운동을 전달하고 반사하는 기능에 머물지 않고 자신만의 고유한 힘을 보존하려는 경향성을 취한다는 것이다(참고로, 이 경향성의 한 편에는 운동성을 가지는 힘power이 있고, 다른 한편에는 표현성을 가지는 질quality이 있다). 따라서 개별적인 운동경향을 갖는 감각 요소들은 외부의 자극에 의해 생긴 손상된 부분을 바로잡아 자기 자신을 보존하려는 노력 속에서 고통을 경험하게 된다. 고통이란 바로 유기체의 어떠한 노력을 예증해 주고 있는 것이다(고통의 긍정). 외부의 자극을 거절하거나 흡수(병합, 완화)한다는 것은, 그것이 육체 안에서 일정한 지속을 이루며 머물러 있다는 의미이기도 하다. 따라서 유기체는 고통 속에서 자신의 육체를 한 순간의 점의 상태가 아니라 일정한 부피나 용적을 갖는 덩어리로, 즉 다른 모든 자연적 육체와 마찬가지로 자신의 육체를 파괴하는 외적인 자극의 원인에 노출되어 있는 하나의 육체를 그 내부로부터 경험하게 된다.[4] 베르그송에 따르면 이는 지각과 감정을 구별해주는 단순한 정도상의 차이가 아니라 본성상의 차이이다. 감정(고통)은 공간 속에서 육체에

---

4. 베르그송은 『물질과 기억』 1장에서 감정에 대하여 복잡한 설명을 하고 있다(55~56). 유기체가 복잡하게 진화하게 되면, 각 기능들이 분화하고, 감각을 이루고 있는 해부학적 요소들은 유기체 전체의 복잡한 활동을 위해 분업에 종사하게 된다. 따라서 자신들의 독립적인 지위를 유보하고 상대적인 부동성에 매여 있게 된다. 유기체 전체는 스스로 움직일 수가 있으며 외부의 자극에 대해 피하거나 손상된 부분을 바로잡을 수가 있는 반면에, 이 개별적인 요소들은 독립적인 활동을 수행할 수가 없는 것이다. 베르그송에 따르면 여기에 바로 고통의 원천이 있다. 고통이란 상대적인 부동성에 매여 있는 감각 요소들이 유기체 전체로부터 독립하여 외부 자극에 의해 손상된 부분을 회복하거나, 그 자극을 거부함으로써 그 자신의 운동 경향을 가지려는 노력이다. 베르그송은 고통 속에는 "무언가 긍정적이고 적극적인 것"이 있다고 말했는데(55), 바로 이런 의미이다. 모든 고통은 하나의 노력으로 이루어져 있고, 이 노력은 언제나 무기력한 것이 될 수밖에 없다. 개별 요소들은 유기체에 대해 언제나 상대적이고 국지적인 노력에 머물기 때문이다. 만일에 유기체가 파괴될 만큼 커다란 위험이 따른다면, 유기체는 곧 모든 감각들을 동원해 이를 복구하거나 피하거나 할 것이다. 따라서 연대적인 활동에 집중하는 감각들은 별 고통을 느끼지 못할 것이다. 고통이 서로 분담되는 것이다. 그러나 사소한 위험에 대해서는 감각 전체가 활동하지 않기 때문에, 위험에 직면한 특정 감각이 이 위험을 감수해야만 한다. 연대하지 않았기 때문에 이 감각은 무력하며, 그 노력의 강도가 커질 것이므로 고통은 증대된다. 즉 전체로서의 유기체와 그 유기체를 이루는 개별 감각들은 서로 불균형을 이루고 있는 셈이다.

부피를 부여하고, 육체를 실체로 느끼게 하는 "무언가 긍정적이고 적극적인 것"이다.(Bergson, *Matter and Memory*, 54) 5

주관적 계열에는 감정 외에 기억이 있다. 기억은 회상과 수축이라고 하는 두 형식으로 구분되어 공존하는데, 회상이란 과거 그 자체를 보존하고 (혹은 보존된 과거 그 자체이고), 현재의 지각들을 서로 연결 지으며, 그 지각들 사이에 과거를 끼워 넣어 지각의 순간들 속에 지속을 부여함으로써 구체화되고 현실화된다. 그리하여 현재적 지각이 과거의 기억들과 뒤섞이게 한다. 이것이 또한 복합물로서의 표상을 이루고 있다. 기억의 두 번째 양상인 수축-기억은 지각의 주관적 측면이라고 말할 수 있는 것인데, 외부에서 가해오는 다양하고 반복적인 자극과 순간들을 한꺼번에 단일한 내적인 실체로 수축시키는 계기를 말한다. 그럼으로써 대상에 대한 질이 탄생하게 되고, "지각 안에서 지각 주체의 개인적인 의식을 원리상 공유하게 된다." 이것이 지각의 주관적 측면이고, 사물에 대한 지식의 주관적 양상을 이루게 된다. 이 수축-기억은 신체와 사물을 "시간 속에서의 점 형식의 순간이나 공간 속에서의 수학적 점"이 아니라 감각 가능한 질(주관성)을 탄생시킨다.(25) 이렇게 해서 물질적 계열(두뇌-대상-지각)과는 본성상으로 다른 주관성의 계열이 만들어졌고 그 계열의 순수현존들이 나열되었다. 주관성은 두뇌가 벌려놓은 간격 사이에서 자극을 수축시키거나, 팽창시키거나, 거절하고 흡수함으로써, 우리의 육체를 순간의 상태가 아닌 실제적인 지속으로 만든다. 물질들 간의 기계적 관계에 시간(지속)이 부여됨으로써 실체라든가 표상이라

---

5. 베르그송에 따르면 기존의 생리학자들은 지각과 감정이 정도상의 차이만을 갖는 것으로 가정하였다. 가령, 바늘을 접촉함으로써 점점 따갑다는 감정으로 이행하듯이, 지각의 강도가 강해지면 고통과 같은 감정으로 나아가고, 강도가 약해지면 점점 희미한 지각이 되어가는 식이다. 그래서 감정(고통)은 강화된 지각이고, 지각은 약화된 감정이라는 등식이 성립하는 것이다. 이것은 지각과 감정을 정도상의 차이로만 이해하는 방식이다. 베르그송에 따르면 이러한 가정은 지각의 본질을 감정 속에서 찾고, 감정의 본질을 지각 속에서 찾음으로써, 결국 둘 모두의 본질을 뒤섞어 올바른 이해에 도달하지 못한다.

든가 질이 탄생하는 것이다. 따라서 감정, 수축-기억, 회상-기억으로 이루어진 이 항들은 질과 지속을 갖는다는 점에서 물질적 계열의 또 다른 항(대상, 두뇌, 지각)과는 본성적으로 다르다. 이것이 바로 들뢰즈가 주관적 계열의 정의로부터 도출하고자 했던 객관적 계열과의 본성상의 차이이다.

복합물로 이루어진 표상이 물질적 계열과 주관성의 계열로 나뉘는 과정을 살펴보면서, 우리는 그 두 계열이 서로 다른 본성을 가지고 있음을 본다. 우선 물질적 계열은 기계적인 운동(분석, 선택, 전달, 그리고 반사)의 형태를 취하고 있으며, 이것은 사물의 동질적인 변화를 수반한다. 그렇기 때문에 지각의 대상과 지각, 그리고 두뇌에 의해 분석되고 전달된 자극과 지각은 본성상의 차이가 아니라 정도상의 차이만을 갖는다. 반면에 주관적 계열은 물질적 순간을 부피가 있는 실체로 지속하게 하는 형식을 취한다. 따라서 어떤 형식이로든 주관성을 정의하기 위해서는 기억과 지속을 도입하지 않으면 안 될 것이다. 베르그송에게 있어 객관성이란 곧 공간(적인 것)을 의미하고, 주관성이란 지속을 의미한다. 마찬가지로 실재는 두 수준이 공존하는데, 한편에는 객관적 현실 혹은 사물의 상태로서 드러난 실재가 있고(사람, 건물, 물건, 색), 다른 한편에는 잠재적인 채로만 남아있는 주관적 실재(날카로움, 온화함, 고통)가 있다. 현실성과 잠재성, 공간과 지속은 모든 복합물 즉 우리의 실제적 경험의 조건을 이루고 있으며 직관은 그 둘을 본성상 다른 방향에 따라 둘로 나눈다.

복합물인 운동의 나눔

같은 방식으로 운동을 다시 분석해 보자. 운동은 육체적 경험이며 동시에 그 자체 하나의 복합물이다. 운동이라는 복합물을 이루고 있는 현존 중에서, 우선 운동을 수행하는 몸체가 있고, 그 몸체가 지나가는 공간적 궤적이 있다. 이 몸체와 궤적은 무한한 점으로 분할할 수가 있으므로 양적이고 수적인 다양성(다수성)을 이룬다. 또한 이 모든 분할된 부분들은 공간적으로 결정된 특정 상태이며, 외형적 윤곽선을 띠고 있으며, 지각 가능한 것이므로 현실적이라고 부른다. 그렇게 현실화된 단편들은 서로 간에 외재적인 관계 — 즉 하나의 단편을 통해 다른 단편을 해명하거나 지각하는 관계 — 를 가지고 공간 속에서 펼쳐진다. 그들은 공간상의 병치와 배열로 이루어져 있으므로 서로에게 정도상의 차이만을 갖는다. 따라서 우리는 이 단편화된 점들을 분할하거나 다시 결합함으로써 그 운동을 재구성할 수 있다고 생각한다. 이것이 바로 운동의 공간적 계열로서 두 마리의 거북 즉 아킬레스와 거북의 동질성을 설명해주고 있다. 그러나 운동의 다른 한편에는 운동하는 물체나 공간적 궤적과는 전혀 다른 수준의 운동이 있다. 바로 순수 운동성 자체이다. 그것은 운동하는 매 순간의 변질이라고 말할 수 있으며, 운동이 증가하거나 감소함에 따라 전혀 다른 리듬의 변화가 수반된다. 순수 운동성이란 현실화되기 이전의 잠재성이며 공간적으로 분할 할 수가 없으며 연속적인 성질을 갖는다. 따라서 그것은 질적인 다양성을 형성한다. 그것은 아킬레스의 도약이 한발 한발의 발걸음으로 분할 가능한 것이긴 하지만, 그 분할이 수행될 때마다 질적으로 변화하고 있는 또 다른 수준의 운동, 즉 아킬레스 자신을 포함하여 그를 둘러싼 공간 전체의 경험상태의 변화를 일으키는 그 무엇이다. 이러한 잠재적 운동 안에서 모든 변화는 내적인 침묵의 형태로 일어난다. 이때에 어떤 지점에서 다른 지점으로의 실제적인 운동은 그 거리만큼 놓여 있는 수학적 점들의 수가 아니라, 실제적 운동에 의한 그 공간 전체 나아가 우주 전체의 다양한 변화를 수반하고 있는 것이다. 이처럼 장소와 공간의 이동의 심층에는 또 다른 본성의 운동 즉 잠재적 실재가 있다.

베르그송으로부터 또 하나의 예를 접하게 된다. 각설탕은 공간적 외형

(부피, 크기, 위치, 이동 등)을 취하고 있고, 이를 통해 다른 사물들과 혹은 그 자신과 정도상의 차이를 가진다. 또한 같은 공간 내에 있는 다른 사물과 영향을 주거나 받으면서 서로 간의 상대적 지시 관계를 통해 존재 방식이 결정된다. 가령, 그 크기는 원근에 따라 가변적이다. 그렇지만 각설탕은 물 속에서 혹은 고온에서 녹는 과정에 의해서만 드러나는 존재방식이 있다. 그것은 지속, 지속의 리듬, 즉 시간의 흐름 속에서만 드러나는 침묵하는 실재이다. 각설탕이 녹는 과정이란 공간에서의 불연속적 이행이 아니라 지속 안에서 단숨에 걸쳐 일어나는 변질을 의미하며, 이는 이전의 상태와는 본성적으로 다른 변화를 매순간 나타낸다. 지속은 언제나 본성상의 차이의 지점이고 그 환경이다. 심지어 그것은 본성상의 차이들의 총체이고 다양성 그 자체이다. 반면에 공간은 정도상의 차이의 환경 혹은 그 총체이다.(Deleuze, *Bergsonism*, 31~32)

따라서 우리는 운동을 이루고 있는 두 다양성을 구분할 수가 있게 되었다. 하나는 공간적이고 양적으로 분할된 다양성이며, 다른 하나는 질적 다양성이다. 들뢰즈는 이 두 차이를 여러 술어들을 통해 열거한다.

복합물의 분해는 두 가지 유형의 다양성으로 드러난다. 하나는 공간에 의해, 혹은 모든 뉘앙스를 고려한다면, 오히려 동질적인 시간의 불순한 결합에 의해 대표되는 유형이다. 그것은 외면성의 다양성, 동시성의 다양성, 병치의 다양성, 질서의 다양성, 양적인 차이의 다양성, 정도상의 차이의 다양성. 따라서 그것은 불연속적이고 실제적인, 즉 수적인 다양성이다. 다른 유형의 다양성은 순수한 지속 속에서 나타난다. 그것은 연속적이고, 혼합적이며, 조직적인, 이질적인, 질적으로 구별되는, 혹은 본성상 차이의 내적인 다양성이다. 즉 그것은 수numbers로 환원할 수 없는 잠재적이고 연속적인 다양성이다.(38)

다양성에 대한 이러한 구분은 전통적인 관점에서 행해 왔던 다자the

Multiple와 일자the One의 대립과는 관계가 없다. 다양성의 두 수준을 구분함으로써 문제가 되는 것은 지속과 공간의 구분을 다양성의 영역으로 재설정하는 문제이지 다수와 일자의 모순적 통일이나 화해의 문제가 아니기 때문이다. 들뢰즈는 다양성의 개념을 리만이 정식화했던 다양체manifold와의 관계 속에서 언급하고 있다. 우선 사물들이 하나의 동질적인 공간 내에서, 그들 간의 상대적인 관계(종속변수) 속에서 나타나는 다양성이 있는 반면. 다른 한편에는 그 자체 차원의 다양성 혹은 "독립변수의 관점에서 결정될 수 있는" 다양성이 있다는 것이다. 리만은 전자를 불연속적 다양성discrete multiplicities이라고 불렀다. 그것은 하나의 계량의 원리 — 미터법과 같은 — 로 측정 가능한 부분들의 수에 의해 결정되는 다양성이다. 반면에 계량의 원리로 잴 수 있는 다양성이 아니라 그 부분들 안에서 펼쳐지고 작용하는 힘들을 통해서만 측정이 가능한 다양성이 있다. 이것이 이른바 연속적 다양성continuous multiplicities이다. 들뢰즈는 이 연속적 다양성의 개념이 지속과 일치하는 것이 아님을 모호하게 지적하면서도[6], 베르그송이 보기에 연속적 다양성은 지속의 영역에 속한 것처럼 보였다고 적는다. 그리하여 베르그송에게 있어 지속이란 "단순히 분할할 수 없는 것 혹은 셀 수 없는 것에 머문 개념이 아니라, 오로지 본성상의 변화(차원의 변화)에 의해서만 분리될 수 있는 그런 것이었다. 그것은 분할의 매 단계 마다 그 측정 원리를 다르게 함으로써만 측정할 수 있는 것이었다."(40)

---

6. 이 문제의 경우 들뢰즈는 *Bergsonism*, pp. 39~40에서 다소 모호하게 언급하고 지나간다. 즉 지속의 개념과 연속적 다양성의 개념이 같은 위상이라는 것인지, 아니면 『지속과 동시성』에서 리만의 개념에 상당부분 의존하고 있는 상대성 이론과 베르그송 자신의 이론을 대립적인 관점에서 놓았으므로, 결국 베르그송의 지속의 개념이 리만의 다양성의 개념과 대립적인 입장에 있다는 것인지를 분명히 하고 있지 않다. 다만 베르그송이 생각했던 다양성은 수학적으로 함축할 수 없는 것임을 분명히 하면서, 연속적 다양체가 본질적으로 지속의 영역에 위치하고 있는 것처럼 보인다고 지적한다. 결국 베르그송은 리만의 다양성의 논의를 새로운 관점에서 변화시켜, "과학에다가 리만과 아인슈타인의 그것과는 필연적으로 달랐던 길을 열어주어야 한다고 생각했다"고 언급하면서 지나간다.(Deleuze, *Bergsonism*, 40)

따라서 다음과 같이 정리해 볼 수가 있을 것이다.

(1) 사유는 하나의 대상을 다양한 방식으로 무한하게 나눌 수가 있다. 그러나 그 대상의 총체적 관점에서 일어나는 질적 변화는 고려하지 않은 채, 마치 직선 위의 무수한 점을 임의로 나누거나 연장하듯이, 그 대상이 원래부터 나누어질 수 있는 가능성을 지니고 있었던 것처럼 나눈다. 그리하여 무한히 나누어지는 순간에도 대상은 그 자신의 본성상의 변화를 수반하지 않는다. 본성상 달라지지 않고 자신 안에 동일한 체계를 유지할 수가 있기 때문에, 그 대상과 그것의 나눔은 완전히 동일한 것이라고 말할 수 있을 것이다. 하나의 대상과 그 대상에 대한 나눔의 결과가 본성적으로 동일할 때, 우리는 그 대상 혹은 나눔을 '객관적'이라고 말한다. 물질의 객관적 지각이 본성상의 변화를 수반하지 않듯이, 객관적 대상이란 나누어지기 이전이나 이후에도 어떠한 심층이나 잠재성을 내포하지 않고 다 드러난 상태를 의미한다. 그것은 사물의 외양 그 자체, 즉 실제로 지각된 것 혹은 지각 가능한 것이며, 우리가 지각 하는 바 이외에 그 어떤 잠재성이나 심층도 내포하거나 숨기고 있지 않다. 객관적 대상은 순전히 표면 위에서 펼쳐지고 지각되는 것이다. 지각의 내부로 포섭되어 지각 가능한 것으로서의 대상은 따라서 현실화된 것 혹은 실제적인 것이라고 말할 수 있다. 이를 객관적 다양성, 양적 다양성, 실제적 다양성이라고 부른다. 객관성은 무한히 나누어질 수 있는 것을 의미할 뿐만 아니라, 나누어지는 순간에도 본성적으로 변하지 않는 것 즉 정도상의 차이에 의해서만 나누어지는 것이다. 본성상의 변화 없이 정도상의 변화만을 가지는 모델은 바로 수number와 산술 단위이며, 나누어진 것과 나눔의 완벽한 등가, 수와 단위의 완벽한 등가로 특징지을 수 있으므로, 우리는 그 대상을 수적인 다양성 즉 다수성이라고도 부른다.

산수에서 수를 형성하는 단위들은 제한 없이 세분화될 수 있는 예비적인 단위들이다. …… 그 각각의 수들은 우리가 상상하고 싶어 하는 만큼 작아질 수도 많아질 수도 있는, 분수(량)들의 총합이다. …… 우리가 원하는 만큼 많은 부분들로 그 단위들을 나눌 수 있는 가능성이 인정됨으로써, 우리는 그것을 연장적인 것으로 간주할 수가 있다.(42)

(2) 감정은 매우 복잡한 요소들, 다시 말해 감정-분자들의 무한한 배열로 이루어진 복합체이다. 그 분자들은 분명한 형태로 의식에 드러나지 않고 잠재적이기 때문에, 완전히 현실적이라고 혹은 실제적이라고 말할 수가 없다. 만일에 그 감정 복합체가 의식적으로 지각되어 특정한 형태를 취한 감정 상태가 된다면, 처음의 그 감정-복합체와는 전혀 다른 상태의 의식적 복합체가 될 것이다. 가령 사랑과 미움은 의식적으로 지각될 때에만 비로소 실제적이고 현실적인 감정상태가 될 것이다. 그러나 그렇게 현실화된 감정은 의식적 상태가 되기 이전의 감정-분자들의 복합체와는 본성적으로 다르며, 또한 사랑과 미움 역시 서로 본성적으로 다른 감정-분자의 배열이 된다는 조건 하에서만 실제적이다. 따라서 지속은 단순히 나눌 수 없는 것이 아니다(편의상 그렇게 말하긴 했지만). 실제로 지속은 끊임없이 매순간 나누어지고 있으며, 그렇기 때문에 그것을 다양성이라고 부르는 것이다. 그러나 그것은 본성상의 변화 없이는 나누어질 수 없으며 나누어지는 매순간 본성상의 변화를 수반한다. 이런 이유 때문에 지속은 나누어짐에도 불구하고 셀 수 없는 다양성이라고 불린다. 본성상의 차이란 다른 것과의 외면적인 차이뿐만이 아니라 그 자신과의 차이를 의미한다. 지속은 매순간 그 자신과 본성적으로 다르다. 그래서 그것은 매순간 그 자신을 타자로서 드러낸다 : "다수가 아니어도 **다름(타자)**이 존재한다."(43) 지속은 양적 공간적 차이가 아니라 시간적 차이를 의미하며, 이것이 바로 질적 변화의 진정한 의미일 것이다.7 이러한

---

7. 그러나 이러한 시간적 차이는 결국 동시적 차이 혹은 동시적 공존이 되어야만 할 것이다. 그런데 여기서 한 가지 의문이 생긴다. 이렇게 묘사된 지속은 우리가 흔히 정의하는 '현재'의 개념과 닮지 않았는

형태의 다양성을 주관적 다양성, 질적 다양성, 잠재적 다양성이라고 부른다.

　자연 안의 모든 존재는 두 가지 수준의 차이(다름) 혹은 변화를 갖는다. 하나는 양적이고 공간적이며 수적인 변화이고, 또 하나는 질적이고 시간적이며 잠재적인 변화이다. 마찬가지로 모든 존재는 객관성과 주관성을 갖는다. 이는 인간적 의식과 물질의 문제 혹은 주체와 객체의 문제가 아니라, 존재의 두 측면 즉 절대의 두 측면의 문제이다. 객관성은 나누어지거나 달라지는 경우에도 본성상의 차이가 나타나지 않는 정도상의 차이만을 갖는 나눔이며, 외면적인 관계와 상대적 질서 — 수의 체계가 그 예이다 — 속에서 나타나는 동질적 다양성homogeneous multiplicity이다. 반면에 주관성이란 나누어지거나 달라지는 매순간 정도의 차이가 아니라 본성적으로 다른 이질적 다양성heterogeneous multiplicity을 의미한다. 베르그송주의에 따르면 오로지 직관만이 이 두 수준을 뛰어 넘어 그들의 섬세한 차이를 발견하고 실재의 참된 현존을 분류한다. 그러나 앞으로 보게 되겠지만, 동질적 다양성의 일원론적 경향과 이질적 다양성의 다원론적 경향이 가지는 모순을 어떻게 극복할 수 있는지가 문제이다.

나눔의 방법은 추상이 아니라 경험의 조건을 밝히는 것이다

　나눔의 방법으로 우리는 경험적 표상을 본성적으로 다른 두 방향 혹은 순수 현존으로 분류했다. "단번에 우리를 물질 안으로 보내는 지각의 그것과, 단번에 우리를 정신으로 보내는 기억의 그것."[29] 우리는 언제나 이 두

가 하는 점이다. 매순간 지나가는 타자로서의 현재! 더욱 지독한 문제는, 베르그송에게 있어 현재란 공간적인 것, 현실화된 것, 실제적인 것, 객관적인 영역에 속한다는 점이다. 그렇다면 이것은 심각한 모순이 아닐 수 없다. 앞으로 우리는 들뢰즈가 이러한 모순을 어떻게 잠재성의 이름으로 해소하는지 보게 될 것이다.

방향의 순수현존들의 뒤섞임 속에서 사물을 경험하고 표상을 만든다. 그리고는 이렇게 혼동된 경험 속에서 실재를 환상으로 혹은 일반관념으로 이해한다. 따라서 문제가 되는 것은 그 순수현존들을 우리의 인간적 경험으로부터 분리시키고 그 본성상의 고유함을 되돌려 주는 일이다. 베르그송의 이원론이란 바로 실재로부터 마디를 찾아 진정한 본성상의 차이를 발견하는 과정이라고 말할 수가 있다.

그러나 여기서 한 가지 의문이 생긴다. 복합물이 우리의 실제적 경험이라면, 이를 순수현존으로 나누는 것은 오히려 추상작용이 아닌가? 즉 실제적인 경험이 순수성으로 환원되어, 그 실제적 효력이 무효화된 것은 아닌가? 들뢰즈는 그 자신의 저작 전체에 걸쳐 본성상의 차이의 발견이라는 명목으로 끊임없이 존재들을 갈라내고, 그 존재의 이론적 원리들에 관하여 주석을 달고, 그로부터 그 개념적 명제들을 연역해 내고 있다. 일반관념을 만들어내는 모든 방식들에 대한 그의 비판을 고려해 볼 때, 이러한 분류학적 행위들(순수지각, 감정, 순수 기억, 이미지들에 관한 이론적 분류들)은 일반성 혹은 추상이라고 말해야 하지 않을까?

들뢰즈는 베르그송의 이원론이 플라톤이나 칸트의 초월적 방식과는 다른 것임을 지적하고 있다.[8] 그는 이렇게 말한다.

> 직관은 경험 상태를 뛰어 넘어 경험의 조건으로 나아가도록 우리를 유도한다. …… 그러나 이 조건은 일반적이거나 추상적인 것이 아니라 실제적 경험의 조건이다.(27)

이에 따르면 베르그송에게 있어 본성적 차이나 순수 현존은 실재의 개념적 총체를 지칭하지 않는다. 그것은 경험 일반을 가능케 하는 하나의 원인

---

8. 이에 관한 논의는 Deleuze, *Bergsonism*, pp. 27~29, 그리고 pp. 32~33을 보라.

으로서 혹은 궁극적 고향으로서의 선험적 혹은 초월적인 일반성과는 다르다. 반대로 그것은 실제 경험의 조건 즉 혼합물을 만들어내면서 원리상 존재하는 사물의 고유한 경향성을 정의하는 방식이다. 만일에 실제의 경험이 복합물이라면 그 복합물이 만들어지는 조건 즉 원리상으로 존재하는 사물의 경향(현존)을 나누어 보아야 할 것이다. 경험을 넘어서 경험 이전의 조건들로 나아가는 것은 존재 일반을 상정하는 초월적 원리와는 근본적으로 다른 문제이다. 베르그송의 이원론에 의해 분류된 차이들, 가령 현실적인 것과 잠재적인 것, 운동의 두 수준, 물질적 지각과 주관적 기억과 같은 현존들은 우리가 살아가기 위해 필요한 방향에 따라 굴절되어 적절한 형태의 인간적 표상이 되기 이전의 조건들이다. 따라서 그것은 경험의 내재적 조건들을 이루는 모델로서의 각각의 개념들이라고 말할 수가 있다. 그 개념들은 자신이 지시하는 각각의 대상에만 적합한 개념들이며, 이런 점에서 그들이 설명해야 할 대상 이상의 것으로 나아가지 않는다. 그런 이유 때문에 순수지각pure perception은 지각 일반이 아니며, 수축-기억이나 회상-기억은 기억 일반을 의미하지 않는다. 오히려 지각과 기억 일반으로부터 개념적 권리들을 분할하여 다양성을 옹호하는 것이다. 베르그송주의에서 순수 현존은 경험의 마디를 찾고 그 경험 이전의 조건으로 나아가기 위해 필요한 것이지, 경험 자체를 통일하거나 일반화하기 위한 것이 아니다. 초월적 일반 관념에서 경험 내재적 개념으로의 전환은 베르그송이 플라톤과 근본적으로 다른 면모, 즉 다양성의 긍정이라고 하는 베르그송주의의 주요 테마와 직결되는 문제이다. 방법으로서의 직관이 실재의 본성상의 차이를 발견하는 과정이라고 해석하면서, 사실상 들뢰즈가 의도하고 있었던 것 역시 다양성의 긍정이라는 테마였다.

그러나 더 근본적으로 말해 나눔의 본질적인 의미는 자유에 있다. 나눔은 지속과 잠재로 나아가는 길을 여는 방법이다. 나눔의 행위 속에서 우리는 이미 우리에게 주어져 펼쳐져 있는 것(공간)과 미리 주어지지 않았기 때문에 우리 스스로가 펼쳐야만 하는 것(지속)을 구분한다. 그런 식으로 객관성과 주관성을 나누고, 영토성과 탈영토성을 나누는 행위는 우리가 어떤 부분에서 자유롭고, 또 어떤 부분에서 자유롭지 않은지를 우리 스스로가 발견하는 과정이다. 이런 이유에서 베르그송에게 있어 나눔, 분화, 차이는 생명의 진화가 취하게 될 자유의 정도와 관계하는 것이다.

3장

다양성의 공존

들뢰즈는 다양성의 긍정이라는 주제를 논의하기 위해 지속과 기억의 문제를 다룬다. 이는 매우 자연스러워 보인다. 다양성이란 본성적으로 서로 다른 현존들의 공존을 의미하며, 또 베르그송이 말한 바에 따라, 이는 운동과 변화와 흐름 그 자체인 지속 안에서만 구체화될 수 있기 때문이다. 이제 우리의 문제는 지속이 다양한 현존들의 공존임을 어떻게 설명할 것인가, 혹은 지속 안에서의 다양성의 긍정을 어떻게 정당화할 것인가이다.

지속과 기억에 관한 베르그송의 몇몇 구절을 읽어보면 '불연속적인 순간'과 '지속'이 어떻게 명확하게 구분되는지를 발견하게 된다. 어떤 곳에서 베르그송은 이렇게 말한다 : "뒤따르는 계기는 지나간(앞선) 계기가 남겨놓은 회상을, 항상 그 위에서 담고 있다."(베르그송, 『사유와 운동』, 198) 즉 앞선 것과 뒤 따르는 것이 서로 겹치면서, 혹은 앞선 것이 뒤따르는 것 위에 흔적을 남기면서, 지나간 것의 기억을 뒤따르는 것이 포함하고 있다는 것이다. 이 구절은 지속이 분할 할 수 없고 연속적이라는 베르그송의 주장을 정당화한다.

겹쳐지지 않고 즉 하나의 계기가 다른 하나를 내포하지 않고 어떻게 두 계기가 연속할 수 있겠는가? 또 어떤 곳에서 베르그송은 이렇게 말한다.

> 그 두 계기는 다른 하나가 나타날 때, 하나가 아직 사라지지 않았기 때문에, 하나가 다른 하나로 수축 또는 응축한다. …… 따라서 용해될 수 없이 서로 묶여 있는 기억의 두 양상이 있다. 바로 회상-기억과 수축-기억이 그것이다.(Deleuze, *Bergsonism*, 67)

이 구절들에 따르면 지속은 보존과 축적 혹은 수축과 이완의 형식을 이룬다. 이렇게 지속은 불연속적인 순간과는 본성적으로 다른 것인데, 그 이유는 바로 지속 안에서 하나의 계기는 다른 하나를 보존하고 있으며, 어떤 점에서 하나의 계기는 다른 계기 속으로 수축하기 때문이다.

지속의 연속성에 관한 이러한 정의를 시간의 용어들로 바꾼다면, 바로 "현재 속에서 과거의 보존과 축적"(67)이라고 말할 수 있을 것이다. 생각해 보자. 우리는 시간을 흐름이라고 말하기도 하고, 현재에서 과거로의 침잠 혹은 현재에서 미래로의 경향이라고 말하기도 한다. 그렇게 우리는 시간을 마치 쏜살같은 운동의 흐름처럼 이해한다. 그런데 시간이 하나의 단일한 연속된 흐름이라면, 그 흐름 속의 두 계기인 현재와 과거는 순차적으로 즉 앞과 뒤로 구분되어 나뉘어져 나타날 수는 없을 것이다. 우리가 생각하듯이 시간은 현재가 지나가고 난 후에 시간적인 차이에 의해 과거가 만들어지고, 다시 새로운 현재가 출현하는 식으로 이루어지지 않는다. 시간이 하나의 연속적 흐름이라면 현재와 과거는 서로 한 몸이어야 할 것이고, 따라서 현재인 동시에 과거인 상태로 포개어져 있는 최소한의 계기가 있어야 할 것이다. 겹쳐지는 계기가 없다면 어떻게 현재가 과거로 침잠되어 혹은 미래로 수축되어 하나의 흐름을 이룰 수가 있겠는가? 들뢰즈는 이렇게 말한다.

과거는 그 자신이었던 현재와 "동시간적"이다. 만일에 과거가 더 이상 존재하기를 멈춘 현재를 기다려야만 한다면(즉, 현재가 지나가기를 기다려야 한다면), 만일에 즉각적이고 지금 바로 지나간 것이 아니었다면, "과거 일반", 그것은 결코 지금의 그것이 될 수 없을 것이고, 그 과거가 아닐 것이다. 만일에 과거가 즉각적으로 구성되지 않는다면, 이제 곧 나오게 될 현재에 기반 해서는 결코 재구성될 수 없을 것이다. 만일에 현재와 공존하지 않았다면, 그 현재의 과거 그 자신은 결코 구성되지 못했을 것이다. 과거와 현재는 연속하는 두 계기가 아니라 공존하는 두 요소이다.(59)

지속의 연속성을 설명해 줄 수 있는 근거는 우리에게 이미 잘 알려진 운동의 개념 속에서 찾을 수 있다. 운동은 자신 스스로 변화하는 것이고, 따라서 그 자체가 이미 타자성과 차이의 공간적 구현이다. 고전철학자들이 운동 속에서 서로 모순적인 계기들의 충돌을 발견했던 것처럼(물론 그들은 그 발견을 부정했거나 회의적이었지만), 흐름 속에서는 서로 다른 계기가 한 몸을 이루고 있다. 지나간 것과 다가오는 것이 동시적이지 않다면 운동의 연속성이란 가능하지 않다. 새로 출현하는 것과 지나가는 것이 동시적이어야 하므로, 그 둘은 한 몸을 이루고 있거나 아니면 동시에 공존하고 있어야만 한다. 시간 역시 마찬가지이다. 새로운 현재가 밀려오고, 지금의 현재가 지나가려면, 이 두 순간의 동시성이 전제되지 않으면 안 된다. 그렇지 않다면 현재와 과거는 불연속하게 될 것이고, 현재는 새로운 것이 될 수가 없을 것이다. 현재가 매순간 새로워지려면 그것은 동시에 과거이지 않으면 안 된다. 현재는 지나간 과거를 자신 안에 담고 있으며, 마치 점진적으로 흐르는 기름처럼 과거로 스며들어 겹치고 수축한다. 지속 안에서 현재와 과거는 한 몸을 이루며 공존한다.[1] 따라서 지속은 나눌 수 없는 것이고, 그 변화는 외부가 아

---

1. 지속의 공존의 상태를 완벽하게 재현한 것이 바로 그 유명한 원뿔 모형이다. 이 원뿔 모형은 『물질과 기억』의 2장과 3장에 걸쳐 수차례 제시되고 있다. 이에 대해서는 Bergson, *Matter and Memory*,

닌 내부에서만 느낄 수 있을 뿐이다.

현재와 과거의 본성적 차이

　그러나 문제가 그렇게 간단치만은 않다. 우리는 지속의 흐름 속에서 겹쳐지는 것은 하나가 아닌 두 요소임을 알고 있다. 마찬가지로 단일한 흐름으로 한 몸을 이루고 있는 것 역시 현재와 과거임을 알고 있다. 지속은 다양성으로 정의된다. 또한 지속의 다양성이란, 그것이 앞선 계기와 뒤따르는 계기로 이루어져 있든, 아니면 동시에 공존하는 것이든, 그 두 계기의 본성상의 차이를 전제하지 않으면 안 될 것이다. 여기에 베르그송 시간론의 모순이 있다. 앞선 것과 뒤따르는 것의 본성적인 차이를 어떻게 설명해야 할까? 끊임없이 흐르고 있는 시간을 이루며 서로 한 몸으로 공존하고 있는 현재와 과거, 즉 현재 속에 과거가 보존되어 있음에도 불구하고, 동시에 그들의 본성

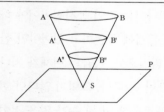

pp. 128, 197, 211 [한국어판, 『물질과 기억』]을 참고하라. 왼쪽의 원뿔은 꼭짓점에 해당되는 현재(지각)와 공존하고 있는 과거(회상)의 무수한 깊이의 수준들을 나타내고 있다. 원뿔에서 보여주고 있는 각 구역 AB, A'B', A"B"는 각각 과거의 깊이의 수준을 표시하고 있는데, 이것은 보다 많은 실재의 정도와 비례할 뿐만 아니라, 그 실재에 대한 사유 혹은 회상의 포괄성 그리고 깊이와도 비례하는 것이다. 그러므로 과거 AB는 현재적 지각 S와 한 몸이며 동시에 공존하고 있지만, 자신 안에 A'B', A"B" 등의 모든 깊이를 나타내는 구역들 또한 포함하고 있다. 이 원뿔 내에서 가능한 모든 구역들(깊이들)은 현재적 상태와 관계하고 있는 과거 전체의 모든 잠재적 상태의 정도이다. 이는 마치 구름의 응축과도 같은 것이다. 과거 전체는 흩어져 있는 잠재적 분자들을 이루고 있으며, 어떤 특정한 관심에 따라 이 분자들은 전체가 응축하여 삼각뿔처럼 그 관심 주변에 모여든다. 그 뿔의 정점과 가깝고 먼 정도에 따라 응축의 정도 역시 다를 것이다. 원뿔의 각 수준들은 바로 그 응축의 정도를 나타내주고 있다. 각 수준들은 그 자체 잠재적이며, 또한 과거의 특정 요소나 부분들이 아니라 과거 전체를 포함하고 있다. 베르그송은 그것이 마치 하나의 과거 전체가 회상의 깊이에 따라 혹은 그 포괄성에 따라 늘어났다가 줄어들었다가 하는 고무풍선과도 같다고 적는다(베르그송, 『사유와 운동』, 116). 어쨌든 들뢰즈는 "베르그송의 지속은 연속(이어짐)보다는 공존으로 정의되어야 한다."고 주장한다(Deleuze, *Bergsonism*, 60).

상의 차이를 어떻게 설명할 수가 있을까? 들뢰즈는 이를 회상(즉 과거)의 즉자적인 존재에 관한 논의를 통해 도출한다.

　우리는 앞서 들뢰즈가 표상의 순수 현존을 두 계열로 이원화하여 나눈 것을 검토했다. 거기서 그는 표상의 객관적 계열을 대상-두뇌-지각으로 나누고, 주관적 계열을 감정과 기억으로 나누었다. 그리고 기억은 두 측면을 가지고 있는데, 바로 회상-기억과 수축-기억이 그것이었다. 그러나 사실상 이 두 계열은 모두가 주관성(표상)의 두 가지 양상을 이루고 있는 것이다. 그래서 한편에는 주관성의 객관적 계열이 있고(대상, 두뇌, 지각), 다른 한편에는 주관성의 주관적 계열이 있는 것이다(회상, 수축). 이렇게 들뢰즈는 이들을 다시 주관성의 다섯 가지 양상으로 일원화하여 분류한다.(Deleuze, *Bergsonism*, 53 이하) 이 논의는 다시 한 번 정리해야 할 필요가 있다. 우선 육체의 욕구나 필요는 외부 대상으로부터 흥미를 끄는 것만을 **빼내어** 보존하고 나머지는 버린다. 말하자면 "사물들의 흐름에 구멍을 뚫고", 필요에 따라 실재를 부정하고 선별하여 욕구 충족에 적합한 방향으로 깎아내는 것이다. 들뢰즈는 이 계기를 "필요-주관성"이라고 불렀다. 다음으로 두뇌는 대상으로부터 우리의 요구에 적합한 것을 선택할 수 있는 환경을 제공한다. 즉 두뇌는 그 복잡한 신경망을 통해 육체가 받아들인 외부의 자극을 무한히 나눔으로써, 그 자극의 수용과 그에 대한 육체(척수의 운동신경 등)의 적절한 행위(운동) 사이에 간격이나 틈을 벌려 놓는 것이다. 두뇌는 "간격 또는 비결정성의 계기"이며, 이 같은 일종의 망설임의 계기 속에서 우리는 이것 혹은 저것을 우리에게 적합하게 선택을 하게 된다. 들뢰즈는 이 계기를 "두뇌-주관성"이라고 불렀다.

　다음은 "감정-주관성"이 있다. 외부의 자극을 수용하고, 이를 무한한 진동들로 분석하고, 순간적으로 절단하고, 반작용하는 방식의 두뇌와 지각의 역할은 철저히 수동적이고 기계적인 운동에 머문다. 즉 각 부분요소들(신경

세포나 감각요소들을 포함하여)이 서로 연대하여 유기체 전체의 활동과 삶을 위해 헌신하는 것이다. 바로 이들의 이 헌신적인 연대로 인해, 그들 각각은 부동성에 억매여 있지 않으면 안 된다. 그런데 이와 같이 상대적인 부동성에 구속된 유기적 부분들이 자율적인 경향을 가지려는 노력이 생기는 경우, 즉 구속으로부터 벗어나 자신을 보존하기 위해 외부 자극의 위험을 거부하려는 경향을 가질 때 바로 고통이 발생한다. 고통이란 적극성의 부정적 결과이며(왜냐면 여전히 상대적 구속 아래에 있으므로), 이것이 바로 "감정-주관성"이다. 들뢰즈는 이를 "고통의 계기"라고 부르면서, 이것은 희생의 대가, 즉 "두뇌라든가 의식적 지각과 같은 수동적 활동에 의해 치러진 대가"라고 정의하였다.

다음으로는 기억의 두 가지 양상이 나온다. 그 중 첫 번째는 바로 "회상-주관성"이다. 두뇌는 실재 대상으로부터 기계적이고 물질적인 방식으로 특정 부분을 선택하고, 행동과 반응을 준비하기 위해 이 대상들 사이에 간격을 벌려 놓는다. 즉 선택된 대상들의 모자이크 사이에 틈이 벌어지는 것이다. 이 틈 속으로 회상이라는 내용물이 채워진다. 실재로부터 절단된 물질적 부분들이 결합하여 어떤 하나의 전체로서의 정신적 표상이 만들어지려면, 이 물질적 자극들을 봉합할 수 있는 정신적 아교가 필요하다. 이것이 바로 회상의 행위인데, 회상은 물질적 진동과 자극들 사이에 생긴 간극으로 스며들어 구체화되고 현실화 되는 것이다. 그리하여 구체적 현실이란 두 측면을 갖는다. 한편으로는 물질적이고 상대적인 두뇌 혹은 지각의 질서, 또 한편으로는 정신적으로 절대적인 회상의 질서. 다음으로는 기억의 두 번째 측면을 이루고 있는 "수축-주관성"이 남았다. 수축-주관성은 지각을 주관적 측면에서 보았을 때이다. 지각은 객관적 계열의 측면에서 볼 때는 물질과 본성적인 차이가 없지만, 주관적 측면에서 볼 때 역시 기억과 동일한 계열 위에 있는 것이다. 이때는 지각이 수백만의 순간적 자극과 진동을 내적인 실체로 수축시켜,

대상의 질이 느껴지는 계기로 만든다. 따라서 대상에 대한 지각 주체의 개인적인 의식이 가능해진다. 지식의 주관적 상태를 이루는 것이다.

이렇게 해서 주관성의 다섯 가지 양상이 일원화되어 분류되었다. 그런데 처음의 두 개의 주관성, 즉 필요-주관성과 두뇌-주관성은 순수하게 객관적 계열에 속한다. 필요-주관성은 대상에서 흥미롭지 않은 부분을 제거해버리고, 두뇌-주관성은 미결정된 지대, 즉 망설임의 지대를 설정하는 데 그치기 때문이다. 사물로부터 특정 부분을 빼고, 거기에 비결정적인 간극을 만들어 놓는다고 해서, 최초의 그 대상과 본성상의 차이가 나지는 않는다. 그것은 정도상의 차이만을 가질 뿐이다. 이미 논의했던 바, 들뢰즈에 따르면 객관성 자체가 정도상의 차이만을 갖는 것을 의미한다. 감정-주관성의 경우는 좀 복잡한데, 들뢰즈는 이것이 객관적 계열과 주관적 계열의 교차상태라고 정의한다. 이미 언급했듯이 순수 객관성은 자극의 수용과 절단과 반응이라는 기계적 운동인데, 감정이란 이 상대적 질서 속에서의 저항(고통)이기 때문이다. 감정의 적극성은 순수 주관성의 현존이라고는 볼 수 없고, 다만 순수 객관성에 혼란을 일으키고 그것을 혼탁하게 할 뿐이다. 들뢰즈는 이를 "불순함"이라고 불렀다. 따라서 순수하게 주관적 측면에 속하는 것은 기억의 두 양상, 즉 회상-주관성과 수축-주관성뿐이다. 이들은 객관적 계열에 속하는 운동들처럼 상대적 부동성에 억매여 기계적이고 도식적인 운동으로 정도상의 변화와 차이만을 수반하지 않으며, 감정-주관성처럼 부동성에 대하여 저항이나 혼탁함을 초래하지도 않는다. 이들은 다른 어떤 대상들과도 무관하게, 마치 잠든 상태처럼 그 자체의 절대적 질서를 갖는다.

들뢰즈가 이 현존들을 이렇게 다시 지루하게 분류한 이유는 무엇일까? 바로 기억 즉 과거의 절대성을 말하기 위해서가 아닐까? 그의 분류는 다음과 같은 사실을 환기한다. 즉 과거는 현재와 연결된 지각이나 순간적 절단의 운동을 이루는 두뇌와는 본성적으로 다르다. 주관적 현존은 객관적 계열의 순간적 운동과는 다르게 지속을 내포한다. 이것이 바로 주관성과 객관성의 본성상의 차이이다. 이미 언급했듯이, 지속이란 연속이며 동시에 두 계기의 보존을 의미한다. 두 계기의 보존 혹은 동시적 공존은 기계적 절단 운동의 두 계기 사이에 삽입된 미결정된 망설임이고, 그 망설임 속에서 공간은 순간이 아니라 두께와 용적을 갖는 덩어리 혹은 실체가 된다. 그것은 마치 만화comics의 두 패널panel 사이에 패인 "도랑"gutter에서 독자의 과거와 기억 전체가 작동하여 정지된 그림의 순간들을 하나의 운동으로 변형시키는 과정과도 같다.[2] 도랑의 망설임 지대에 채워지는 우리의 기억은 회상의 운동이든 수축의 운동이든 사물의 순간성을 지속하는 실체로 만드는 그 무엇이다. 이런 식으로 유기체는 지각으로 포착된 무수한 순간적 자극들을 단일하고도 지속적인 실체로서 체험한다. 왜냐하면 미결정된 망설임 속에서 순간적 운동은 매순간 덧없이 지나가다가 머무를 것이고, 그 운동의 머무름의 시간이 바로 힘의 내재적 체험이기 때문이다 ─ 가령, 감정-주관성이 내포하고 있는 고통이란 자신의 경향성의 내재적 동요이다. 다시 말해 흐르고 싶은 욕망이 틀과 유기적 관계 속에서 방해받고 있는 것이다. 그래서 유기체에게 있어 지속이란 그 자신 안에 보존된 잠재적 힘을 그 스스로 체험하는 상태라고 말할 수 있을 것이다. 마찬가지로 그 자신의 힘이 아니라면 존재의 지속이란 불가능하다. 이것이 바로 순수 주관성으로서의 회상이 상대적 질서에 의존하고 있는 객관적 계열의 순수현존과 본성적으로 다른 이유이다. 지속이란 현존의 자기보존을 뜻한다. 따라서 회상이란 그 자신의 힘에 의해 스스로를 보존

---

2. 미국의 만화가 맥클라우드(Scott McCloud)는 『만화이해』(*Understanding Comics*)에서 만화의 동력학적 미학을 설명하면서, "폐합 효과"(closure effect)의 창조적 측면을 소개한다. 그에 따르면 폐합 효과는 사물의 불완전한 구멍들을 채우기 위해 경험과 기억을 불러오는 창조적 행위이다. 그리하여 지각이 구멍을 뚫어 사물을 불완전한 것으로 수용하는 한편, 또 다른 한편에는 정신적 종합으로 사물을 변형시키는 것이다. 만화가 그 좋은 예인데, 만화는 영화에서의 프레임이라고 할 만한 패널들 사이 즉 도랑에서 운동과 시간과 변화가 일어난다는 것이다. 또한 우리는 현상학자들이 말하는 게스탈트(Gestalt)를 생각해 볼 수도 있을 것이다.

한다. 들뢰즈는 회상이 "그 자신 안에 보존 된다"고 여러 차례 반복해서 말하고 있는데 바로 이런 뜻이다.

> …… 두뇌는 전적으로 객관성의 계열에 있다: 두뇌는 물질의 다른 상태와 어떠한 본성상의 차이도 가질 수가 없다. 왜냐하면 두뇌가 결정하는 순수 지각에서처럼, 두뇌 속에서의 모든 것은 운동이기 때문이다(그러나 이때의 운동이라는 용어는 지속하는 운동의 의미로 이해되어서는 안 되고, "순간적인 단면"으로 이해되어야 한다). 그 반대로 회상은 주관성의 계열에 속한다. 뇌를 회상의 저장소reservoir나 기체substrat로 간주함으로써 두 계열을 뒤섞는 것은 말도 안 된다. 더욱이, 두 번째 계열의 검토는 회상이 지속 '안' 이외의 어떤 곳에도 보존될 필요가 없다는 것을 보여주기에 충분할 것이다. 따라서 회상은 그 자신 안에 보존된다. …… 이번에는 두뇌도 그 자신 안에 보존되는 힘을 가질 필요가 있을 것이다. 그래서 우리는 물질의 상태 혹은 심지어 물질 전체의 지속에 대해 부정해 왔던 이 보존의 힘을 부여할 필요가 있을 것이다.(54~55)

인용문 후반에서 제시하고 있듯이, 회상뿐만 아니라 물질조차도 자신의 보존력을 가진다는 점은 본성상의 차이의 발견이라는 베르그송의 주제가 존재의 긍정이라는 개념으로 어떻게 나아가는지를 설명하기 위해 아주 중요한 문제이다(이는 나중에 다시 논의할 것이다). 어쨌든 회상을 통한 내적 체험은 나 자신을 하나의 실체로 수용하게 해 준다. 우리의 의식이 현재적 순간과 동일한 것이 되어 매 순간 흐름의 급류 속에 빠져버린다면 현기증으로 견딜 수 없을 것이다. 실체의 본질은 스스로 지속하는 것이고, 존재의 원인을 그 자신 안에 보존하는 것이다. 우리가 지속하는 존재라면 자신 안에 내재한 존재의 원인(힘)으로 계속해서 기억을 이끌고 현재 쪽으로 나아간다는 것을 의미한다. 스피노자의 문제의식과 다르지 않은 이 논의를 통해, 들뢰즈는 상대적 힘의 질서가 아닌, 그 자신의 절대적 질서 안에서의 지속, 즉 존재하기 위해 다른 힘에 의존하지 않는 회상의 고유한 보존력을 말하고 있다. 그렇기 때문에 회상이 어디에 보존되는가? 와 같은 질문은 처음부터 잘못된 문제설정이고 잘못된 복합물이다. 그것은 이미 회상이 두뇌라든가 아니면 여타 다른 형태의 물질에 보존되거나 그 존재 원인이 있음을 가정한 질문이기 때문이다. 회상과 두뇌 물질의 본성상의 차이의 발견을 통해 우리는 잘못된 복합물을 나누고, 이로부터 회상을(나아가 물질까지도) 긍정할 수 있는 근거가 마련된 셈이다.

잘못된 시간개념 : 과거와 현재의 혼동

시간을 잘못된 복합물로 이해하는 우리의 혼동을 바로잡아야 할 것이다. 회상 즉 과거가 그 자신 안에 보존되어 있는 것이라면, 우리는 더 이상 과거를 "있었다"cétait, it was라고 말해서는 안 될 것이다. 왜냐하면 이것은 현재의 관점에서 제시된 개념으로, 마치 그것이 지금은 존재하지 않는 것처럼 암시된 시제이기 때문이다. 자신 스스로 보존되어 존재한다면, 그 시제조차도 다른 관점이 아닌 그 자신의 것이 되어야 하지 않겠는가? 이런 의미에서 과거는 "있었다"가 아니라 "있다" 혹은 "존재한다"고 말해야 한다. 베르그송에 따르면 우리는 현재적 필요(유용성)의 관점에서, 그리고 그 실현으로서의 직접적 지각의 관점에서 모든 것을 생각하는 경향이 있다. 그래서 회상된 내용조차도 현재와 동일시하거나 현재에 대한 그 무엇으로 이해한다. 따라서 우리는 현재적 지각의 상대적 질서에 따라, 즉 지각의 영역에서 포착되지 않는 과거는 더 이상 존재하지 않거나, 그 존재성을 잃어버렸다고 믿는 것이다.[3]

---

3. 이와 관련하여 아우구스티누스의 시간관은 많은 것을 시사한다. 리쾨르(Paul Ricoeur)는 아우구스티누스의 『고백록』에서 시간의 실재['시간이란 무엇인가?(quid enim tempus?)']에 관한 논의를 담고 있는 제11서를 독해하면서, 시간의 모순을 아우구스티누스가 어떻게 해결해 나가는지를 설명한

그러한 오류는 주로 시간을 순간적 계기들의 결합으로 이해함으로써 발생한다. 우리에게 익숙한 베르그송의 술어들로 다시 돌아가 생각해 보자. 흔히 우리는 선분 위에 그어진 다른 축 선분을 볼 때처럼, 현재를 한 면과 한 면의 순간적 이행으로 공간화해서 생각하는 경향이 있다. 즉 직선에 대한 수학적 점 — 위치만 주어진 — 과 같이 이행의 순간이라고 여기는 것이다. 그리고 이 순간이 지나면 과거가 되고, 또 다른 순간이 다가옴으로써 새로운 현재가 발생한다. 이렇게 우리는 시간을 여러 계기들의 순간적 이행으로 이해하고 시간을 공간으로 환원한다. 우리에게 익숙한 시제tense의 설명방식 — 직선을 긋고 처음과 중간과 끝에 과거 현재 미래를 상징하는 연속적인 점을 찍는 방식 —

다. 시간의 모순이란 우리의 경험과 논리의 모순에 다름 아닌데, 즉 경험적으로는 시간이 무엇인지 우리가 알고 있음에도 불구하고 논리적으로는 비-존재라는 사실이다. 현재는 머무르지 않으며 연장성이 없고 공간을 가지지 않으므로 인식할 수 없다. 또한 미래는 아직 오지 않은 것이며, 과거는 이미 지나가 버린 것이다. 따라서 시간은 실재하지 않는다. 그럼에도 우리는 경험적으로 시간의 길고 짧음을 느낄 뿐만 아니라 이를 언어로 표현한다. 아우구스티누스에 따르면 이러한 모순은 현재를 머무르지 않고 연장도 가지지 않는 순간으로 정의했기 때문에 생긴다. 그는 현재가 순간의 공허가 아니라 세 겹으로 이루어진 '이행'과 '전이'라고 정의함으로써 이를 해결하는데, 우리의 현재적 행동들 속에는 '미래에 속하는 것'(기대, 기다림, 예측), '현재에 속하는 것'(주의력, 긴장), 그리고 '과거에 속하는 것'(기억)이 '준-공간'의 형태로 내재해 있다는 것이다. 그리하여 가령, 미래에 속하는 것은 '이미'(sunt)라는 말을 통해, 그리고 과거에 속하는 것은 '아직'(adhuc)이라는 말을 통해 표현되고 있는 것이다. 이런 이유로 현재는 순간적인 지나감이 아니라 미래적인 것 그리고 과거적인 것과 함께 겹쳐져있는 다양성이다. 리쾨르는 이를 '세 겹의 현재의 변증법'이라고 부르면서, 이는 결국 '정신적 이완'과 연관이 있는 것이라고 지적한다. 달리 말해 사색, 관조, 회상, 예기와 같은 정신적 이완 상태는 현재 안에 과거와 미래를 포함하고 있는 것으로, 잠재적 실재를 여는 지대가 되는 것이다. 이에 대해서는 리쾨르의 『시간과 이야기 1』 28~80쪽을 참고하라. 그러나 아우구스티누스는 과거와 미래를 현재에 속하는 것으로 환원함으로써('미래의 현재', '과거의 현재'), 다양성의 본질이라고 할 수 있는 본성적 차이(과거와 현재의, 미래와 현재의 본성적 차이)를 중화하고 있음을 주목해야 한다. 가령, 그는 과거(기억)를 '이미지-흔적'이라고 하고, 미래(기다림)를 '이미지-징조'라고 함으로써, 과거와 미래를 현재적 이미지 혹은 현재적 의식으로 동질화하고 있는 것이다. 들뢰즈가 고전적 시간론을 비판하는 것도 바로 이 본성적 차이의 중화에 있다. 뒤에 가면 본격적으로 논의하겠지만, 들뢰즈에게 있어 시간의 본성적 차이의 문제가 중요한 이유가 있다. 시간에 있어서 본성적 차이가 없다면, 다시 말해 과거와 현재 그리고 현재와 미래가 차이가 없이 현재 안에 과거가 있고 미래가 있는 것이라면, 우리의 삶은 창조적인 것이 아니라 예정된 것 즉 미리 결정된 그 무엇에 불과하기 때문이다. 삶의 창조라고 하는 들뢰즈의 본질적 테마에 있어 본성적 차이의 개념이 중요한 이유가 여기에 있다.

이 이러한 사고를 예증해 주고 있다. 이것은 마치 귓전에 맴돌고 있는 멜로디의 특정 순간을 잘라서 식별되는 음표들의 전과 후로 배열하여, 이 음계들의 결합이 처음의 그 멜로디라고 생각하는 것과 다르지 않은 발상이다. 실재의 변화와 흐름이 사물-대상으로 둔갑하는 것이다. 그러나 그처럼 순간으로 환원된 현재란 우리의 추상적 정신의 한 측면일 뿐이다. 수학적인 의미에서의 점을 아무리 무한대로 집적한다 해도 실질적인 직선을 만들어내지 못하듯이, 순간으로 간주된 현재들을 가지고는 결코 체험된 것으로서의 실재적 시간을 만들어 낼 수가 없다. 설사 그러한 순간이 있다고 해도 어떻게 그 순간에 선행하거나 지나간 또 다른 순간이 있을 수가 있겠는가? 이것이 바로 고전적 시간관이 피할 수 없었던 시간 — 체험된 것으로서의 시간과 측정 대상으로서의 시간 — 의 모순이다.

　그로부터 또 하나의 혼동이 생기는데, 바로 과거를 이전에 존재했었던 현재라고 생각하는 경향이 그것이다. 우리는 현재가 지나고 난 후에만 비로소 과거가 가능한 것처럼 생각한다. 그래서 과거나 회상을 현재의 찌꺼기라든가, 약화된 지각이라든가[4], 아니면 중화된 감정과 같은 현재의 변용들로 부르기를 서슴지 않는 것이다. 그리하여 과거를 현재의 필요에 따라 재구성할 수 있다고, 혹은 새로 다가올 현재에 의해 대체된 기억이라고 간주함으로써 과거를 현재화한다. 시간에 대한 이러한 사유방식은 시간이 영원한 심연 속으로 사라지는 것이라고, 혹은 그 잔재를 떨어뜨리며 모든 존재를 부패시키는 것이라고, 나아가 모든 존재에게 주어진 공허한 필연이며 부정이라고 이해하는 방식에 다름 아니다. 이러한 편집증적인 사유가 "기억에 관한 모든

---

4. 베르그송은 『물질과 기억』의 제1장에서, 생리학적 관점에서 분류된 주관성의 강도상의 차이들을 열거한다. 가령, 손끝이 바늘로 찔리면 점차 처음의 고통이 약화되면서 사라지거나 기억으로 남는다. 이는 지각에서 감정으로, 다시 기억으로 이행하는 우리의 주관성처럼 보이는 것이다. 강도상의 차이로 주관성을 정의하고 나면, 기억이란 약화된 지각이고, 감정이란 강화된 기억이라든지 하는 식의 주장이 가능해지는 것이다.

심리학적 생리학적 이론의 핵심"을 이루고 있다.(58) 이에 따르면 과거는 지나간 현재이고, 현재는 다가올 현재의 과거이며, 따라서 과거는 현재가 되고, 현재는 과거가 되고, …… 이렇게 용어들의 치환이 얼마든지 가능해진다. 들뢰즈는 이를 "두 개의 현재 사이에서 포착된 과거"라고 표현을 쓰고 있다.(58) 그것은 아킬레스와 거북의 정도상의 차이를 언급하면서 베르그송이 말했던 "두 마리의 거북"처럼, 어떠한 의미에서도 서로 본질적인 차이가 없는 시간을 의미한다.

> [이 망상에 따르면] 회상과 지각 사이에는 정도상의 차이만이 존재한다. 우리는 잘못 분석된 복합물 속에 뒤섞여 버린 것이다. 이 복합물이 심리학적 현실로서의 이미지이다. …… 실제로 이미지는 회상을 현실화하고 구체화하면서, 회상에 속하는 특정 영역에 대한 어떤 것을 가지고 있다. 그러나 이미지는 이 회상을 현실화할 때 마다 현재의 요구에 적응시킨다. 즉 그것은 회상을 현재적인 무엇인가로 만든다. 따라서 우리는 현재와 과거의 본성상의 차이를, 순수 지각과 순수 기억의 본성상의 차이를, 회상-이미지들과 지각-이미지들 사이의 정도상의 차이로 대체해 버린다.(58)

그에 따르면 순수 실존이 이미지로 현실화함으로써, 즉 지각 가능한 것이 됨으로써, 즉 현재적 필요에 따라 존재가 선취됨으로써, 그 실존들 간의 본성상의 차이는 정도상의 차이로 중화된다는 것이다. 이로써 각각 고유의 존재성을 갖는 즉자적 존재로서의 회상-실존과 지각-실존은 회상-이미지와 지각-이미지로 대체됨으로써 뒤섞여버린 것이다. 들뢰즈는 이렇게 과거를 현재의 상대적 존재로 이해하는 시간론은 "존재Etre, Being와 현-존재 être-présent, Being-present의 혼동"에서 비롯된 것이라고 지적한다.(55) 그에 따르면 오히려 현재는 존재하지 않는다. 다시 말해 "현재는 …… 이 아니다" Le présent n'est pas; The present is not 이다. 왜냐하면 현재는 계속해서 매순간 지나가는 것이므로, 그 자체로 언제나 다른 것 즉 이행과 차이 그 자체이기 때문이다. 그것은 여기에 없는 것이므로 "존재하는 것이 아니라 항상 작용하는" 어떤 것이며, 언제나 자신의 바깥에 있는 "순수 생성"이며, 그 자신이 아닌 타자이다. 현재는 행동 혹은 유용함이다. 그래서 역설적으로 현재는 "존재한다"가 아니라 오히려 "존재했다"이다. 대체되거나 재구성되는 것은 과거가 아니라 바로 현재이다.

본질적으로 현재는 주체의 관심이라고 말해야 할 것이다. 현재에 대한 우리의 실제적 태도를 생각해 보자. 그것은 특정 구역이 있는 것도 아니고, 그 한계의 기준이 있는 것도 아니다. 그것은 지금 내가 이 말을 하고 있는 순간으로 정의할 수도 있고, 이 말을 시작해서 끝이 나는 지점일 수도 있고, 요즘일 수도 있고 최근일 수도 있다. 현재의 시간이란 명확하게 어떤 것은 사라지고, 어떤 것은 새로 나오고 하는 식으로 구분해서 말할 수가 없는 것이다. 현재란 이행이며 끊임없는 생성이며 변화이다. 앞서 언급했던 "현재 안에 과거가 보존되어 있다"는 말의 진정한 의미가 바로 이것이다. 분할할 수가 없는 것이다. 더 정확히 말해 그것은 간격의 잠재적 변화를 점유하고 있는, 즉 두께를 가지며 단숨에 일어나는 그 무엇이다. 그리하여 우리의 의지에 따라 넓혀질 수도 있고 좁혀질 수도 있다. 한 문장으로 좁힐 수도 있고, 그 전후의 다른 문장들로 넓힐 수도 있으며, 더 뻗어나가 무한히 확장될 수도 있다. 또한 우리가 과거라고 부르는 것 그 모두를, 우리가 원하는 지점까지 포함할 수도 있으며, 또 그것들을 배제해 버릴 수도 있다. 그럼에도 불구하고 어쨌든 시간은 그렇게 실재한다. 현재와 과거를 분할해서 현재는 살아 있고 과거는 죽었다고 이해하는 관점의 근저에는, 임의적인 것은 아닐지라도, 적어도 생활에 대한 우리의 관심에 따른 특정 영역의 한정과 부정이 암시되어 있는 것이다. 공간화된 시간 — 잘못된 복합물, 가령, 시계로 환원된 시간 — 이란 우리가 원하든가 그렇지 않은가에 따라 되돌릴 수도 있고 뻗어갈 수도 있는 것으로서, 그 필요에 따라 크거나 작은 상대적 질서의 현실화이다. 그것은 마치 우리가 한 걸음을 앞으로 가면 시간이 진행된 것이고, 한 걸음 뒤로 가면 시간도 되돌릴 수 있는 것처럼 상상하는 것과 다르지 않다.[5] 이렇게 이해된 현재란 바로 우리가 필요한 양에 해당하는 특정 공간이며, 그것은 바로 우리의 관심의 방향이다.

반면에 과거는 행동성이나 유용성을 상실한 그 무엇일 뿐만 아니라 우리의 관심과는 무관하게 즉자적으로 거기에 있는 것이다. 그것은 현재적 필요에 적합하지도 않고, 그것을 충족시킬 수 있는 직접적이고도 순간적인 지각의 형식을 취하지도 않았으며, 특정 대상(행동적 대상)을 소유하지도 작용하지도 못한다. 그렇다고 해서 과거가 존재하지 않는 것이 아니다. 그것은 쓸모없고, 무기력하고, 감동도 없지만, 그렇기 때문에 오히려 더욱 확고히 거기에 존재한다. 필요로부터의 해방은 오히려 그 존재(의 고유함)를 확고히 한다.[6] 존재는 필요를 충족시키는 (최대)수행성 혹은 효율성의 가치로 결

---

5. 시간을 공간으로 환원하여 공간처럼 다루는 예는 헐리웃 영화에서 자주 나오는 타임머신을 소재로 한 영화가 좋은 예이다. 거기서는 공간의 이동이 시간의 변화와 한 몸을 이루고 있기 때문에, 한 발자국 앞으로 간 만큼 시간도 한 발자국 간 것이라고 생각한다. 그러나 공간의 이동이 곧 시간의 진행이라는 믿음이 도식으로 확대되어, 뒤로 한 발자국 가면 시간도 되돌리는 것이라고 생각한다. 그리하여 거의 모든 헐리우드식 타임머신 영화는 시간을 원래의 상태로 되돌리기 위해 과거-공간으로 간다고 하는 변형된 상대성 이론으로 점철되어 있다.

6. 이 책의 한 주제 중 하나이기도 한 이 명제는 베르그송이 예술에 관해 언급하고 있는 구절에서도 확인해 볼 수가 있다 : "두뇌는 유용한 기억을 현실화시키고 쓸모없는 기억들은 의식의 보다 낮은 층 속에 간직한다. 지각에 대해서도 같은 말을 할 수 있다. 행위의 보조수단인 지각은 실재 전체에서 우리의 관심을 끄는 부분을 분리시켜낸다. 지각이 우리에게 보여주는 것은 사물 자체가 아니라 우리가 이익을 얻을 수 있는 부분이다. 지각은 미리 분류하고 미리 명칭을 붙인다. 우리는 거의 대상을 보지 않는다. 단지 그 대상이 어느 범주에 속하는가를 알면 족하다. 그러나 때때로 다행스럽게도 그 감각과 의식이 생활과 보다 덜 밀착해 있는 사람들이 나타난다. 자연은 그들의 지각기능을 그들의 행위 기능에 덧붙이는 것을 잊어버렸다. 그들은 사물을 볼 때, 그 사물 자체로 보며 자신들을 통해서 보지 않는다. 그들은 단지 행위를 목적으로 지각하지 않는다. 그들은 지각하기 위해 지각한다 ── 다른 목적은 없다. 오직 즐거움을 위해서다. 그들 자신의 어떤 측면을 통해서, 즉 의식을 통해서건 아니면 감각을 통해서건 그들은 초연히 태어난다. 그 초탈이 어떤 감각의 초탈인가 아니면 의식의 초탈인가에 따라, 그들은 각각 화가가 되고 조각가가 되며, 음악가가 되고 시인이 된다. 따라서 우리가 여러 예술에서

정되지 않는다. 그것은 기능이 아니다. 비유적으로 말해 보자. 현재란 소설에서의 새로운 등장인물처럼, 우리가 선택한 어떤 관심이다. 마치 카메라를 돌려가며 대상을 훑어가듯이 여기저기에 실재하고 있는 인물들 각각에 초점을 맞추는 것이다. 그러나 그 인물은 카메라의 프레임에 등장하기 이전에도, 혹은 새로운 다른 등장인물로 인해 우리의 관심에서 배제된 후에도, 이미 그리고 여전히 거기에 있으며, 우리의 관심과는 무관하게, 그 자체로 자신 안에 존재한다.7 그것은 개인 뿐 아니라 사회의 문제에도 해당될 것이다. 당대의 정치적 관심을 끌지 못하는 사건은 무시될 것이고, 그 사건은 과거에 속하게 되어 역사로 편입될 것이다. 사건의 상태가 느껴지는 한, 그 사건은 언제나 현재가 될 것이다. 그러나 그 사건의 유효성이 느껴지지 않는다고 해서, 그 사건이 사라져버리거나 존재 자체가 폐기된 것은 아니다.

　이미 언급한 바지만, 회상 즉 과거란 두뇌가 만들어 놓은 간격 사이에 들어가서 존재의 한 면을 이룬다. 들뢰즈는 과거가 "존재 그 자체와 뒤섞여 있다"고 써 놓았는데, 바로 이런 의미이다.(55) 나의 존재는 나의 육체이기도 하지만, 동시에 나의 과거의 총체이기도 하다. 과거는 사라진 것이 아니라, 나의 육체적 존재와 뒤섞여 여전히 유효한 어떤 것으로 잔존하고 있다. 이것이

보는 것은 좀더 직접적인 실재의 상(像)이다. 그리고 예술가가 더 많은 수의 사물을 보는 이유도 그가 자기의 지각을 이용하는 데 관심을 보다 덜 갖기 때문이다."(베르그송, 『사유와 운동』, 165~167)
7. 프레드릭 제임슨은 포스트모던 사회에서의 영화를 논의하는 가운데, 다양성이 어떻게 소설의 형식을 어렵게 하는지에 대해, 만조니(Manzoni)의 불평을 인용함으로써 설명한다 : "……동물들을 신속하게 몰아 축사로 한데 모으려 했지만, 허사였다. 어떤 놈이 오른쪽으로 이탈해,버리면, 그 놈을 데려오려고 이 조그만 양돈업자가 녀석을 쫓는 동안, 다른 한 놈은 — 혹은 둘 셋 — 이 왼쪽으로 달려 나간다 — 혹은 사방으로 퍼져나간다. 잠시 참을 수 없어 하다가 그는 녀석들의 방식에 적용하고, 우선 우연히 축사 가까이에 있게 된 녀석들을 안으로 밀어 넣기 시작한다. 그러고 나서 다른 놈들을 데려오려고 나선다. 하나씩 아니면 한 번에 둘 셋씩. 최선을 다해서. 우리는 이와 똑같은 게임을 우리의 인물들과 해야만 한다. 우리는 루시아(Lucia)를 안전한 곳에 데려다 놓았다. 그리고 돈 로드리고(Don Rodrigo)를 쫓아 나간다. 이제 그를 떨구고, 우리의 시야 밖 오른쪽에 있는 렌조(Renzo)를 잡는다"(Frederick Jameson, *The Geo-Political Aesthetic*, 131; Manzio 재인용). 굵은 글씨 강조는 필자가 한 것으로, 저 세 단어는 포스트모더니즘을 요약해 주고 있다.

바로 나의 잠재적인 총체를 이루고 있을 하나의 시간이 아닐까? 들뢰즈가 과거를 잠재적인 것이라고 부르는 이유는, 그것이 지각 가능한 영역에 있지 않기 때문에, 그래서 현실화되지 않은 채 머물러 있기 때문에, 현재적 지각의 외부에 있는 과거라고 부른 것이다. 과거와 잠재태의 상응관계에 대해서는 뒤에 가서 자세히 말하기로 하고, 어쨌든 회상은 지각의 순간성을 지속하는 그 무엇으로 만든다. 그래서 그것은 우리의 육체뿐 아니라, 육체의 주름들 속에 깃든 시간적 존재를 우리 자신 안에 보존한다. 그렇기에 아마도 육체가 시간 속에서 드러내는 질적 변화는 우리 각각이 보존하고 있는 고유한 회상의 길에 따라 접힌 주름들의 굴곡일 것이다. 이것이 바로 과거와 현재의 본성상의 차이이다. 현재는 물질적인 것 혹은 지각된 대상과 정도상의 차이만을 갖는다. 그것은 유용성이며 필요(관심)이며 행동이다. 그렇기 때문에 현재란 우리의 흥미로 인해, 우리의 행동을 준비하기 위한 예비적 행위로서, 지각 가능한 영역으로의 구체화 또는 현실화이다. 그러나 과거는 필요나 유용성에 붙들려 있지 않으며, 그래서 또한 행동과는 관계가 없다. 과거는 필요한 것도 행동하는 것도 아닌, 현재를 기다리며 순차적으로 지나간 현재의 찌꺼기도 아닌, 우리의 직접적인 관심으로부터 벗어나 있기 때문에 지각되지 않는, 그러나 잠재적인 채로 존재하는 그 자체 즉자적 존재이다.

심리학과의 단절로서의 회상

　과거가 스스로 그 자신 안에 존재하여 현재와는 다른 방식으로 "있다"면, 이는 중요한 문제인데, 당연히 과거는 의식의 산물 즉 심리학적 존재일 수가 없다. 들뢰즈는 이렇게 말한다.

베르그송이 "순수회상"이라고 불렀던 것은 심리학적 존재성을 갖지 않는다. 그렇기 때문에 순수회상은 잠재적이고, 비활동적이며, 무의식적이라고 불리는 것이다. 이 말들은 오해의 소지가 있는데, 특히 '무의식적'이라는 말이 그렇다. 왜냐하면, 프로이트 이래로 '무의식적'이라는 말은 [현실적] 효력이 있고 활동적인 심리학적 존재와 구별되지 않게 되었기 때문이다. …… [그럼에도] 베르그송은 "무의식적"이라는 말을 의식의 바깥에 있는 심리학적 실재를 나타내기 위해 쓰지 않았다. 반대로 비 심리학적 실재 — 즉 그 자신 안에 있는 존재 — 를 나타내기 위해 썼다. 단도직입적으로 말해 심리학적인 것은 현재이다. 현재만이 "심리학적"이다. 그러나 과거는 순수 존재론이다. 순수회상은 오로지 존재론적인 의미만을 갖는다.(55~56)

이 구절에서 들뢰즈가 논의하는 주제는 다소 모호해 보인다. 그는 이미 주관적 계열에 대해서 말했다. 그가 위에서 말하고 있는 심리학적 존재와 주관적 계열의 현존들(수축-기억, 회상-기억)을 어떻게 구별해서 말하고 있는지, 즉 그 두 존재를 구별하는 근거가 무엇인지를 명시하고 있지 않은 것이다. 그의 말대로 프로이트가 정의한 무의식이 '의식 바깥의 심리학적 실재'라면, 이것이 베르그송의 '비 심리학적 실재'와 어떻게 다른 것인가? 여기에 바로 주관성의 존재론, 기억의 존재론을 정당화해 줄 근거가 있는 것 같다. 들뢰즈에게 있어 주관성subjectivity은 심리(학)적 문제가 아니라 존재론적 실체의 문제이다. 즉 의식으로 떠올라 현실적 표상이 된 이미지로서의 심리적 주관성이 아니라, 현실적 대상 이전의 잠재적 힘으로서의 존재론적 주관성의 문제라는 것이다. 마찬가지로 프로이트에게 있어 무의식이란 의식적 삶에서 잊혀버린 것이고 기억할 수 없는 것이지만 다른 한편으로는 심리적 실재이다. 왜냐하면 그것은 재-경험의 대상이기 때문이다. 무의식은 현실의 필요라든가 그 원칙에 의해 "억압된 것"das Verdrängte으로서 끊임없이 자신을 내리 누르는 현실의 압력을 뚫고 (반복강박이라는 형태로) 의식 쪽으로 밀고

올라오거나, 어떤 실제적 행동을 통해 그 기운을 발산시킨다.[8] 심리학적 실재는 의식적으로 활성화된 것으로 현실적이든 잠재적이든 현재적 의식과 본성상의 차이가 나지 않는 상태를 뜻한다. 그렇기 때문에 프로이트에게 무의식은 자아 속에서 뒤섞일 수가 있었던 것이다 : "자아의 많은 부분이 그 자체로 무의식이고 특히 자아의 핵이라고 말할 수 있는 부분이 그렇다."(프로이트, 『쾌락원칙을 넘어서』. 27) 그러나 베르그송에게 있어 무의식이란 심리학적 실재가 아니라 그 자체 즉자적 존재이다. 그것은 현재적 필요라든가 소망에 의해 활동하지 않으며, 특정한 언어적 형식의 패턴을 따라 부분대상으로 편집되지 않는다. 따라서 현재적 의식과도 아무런 관련이 없다. 무의식은 인간적 의식의 문제로 환원될 수 없을 뿐만 아니라, 그것과 단절되어 우리가 경험을 하든 하지 않든 인간적 경험 이후의 억압과도 무관하게 그 자신 스스로 존재한다. 그렇기 때문에 그것은 재-경험의 대상이 아니다. 그것은 현재적 관점, 의식, 활동, 필요와는 본성적으로 다르다. 억압이 존재한다면 그것은 회상이 의식으로 현실화되는 과정에 관계함으로써만 그렇게 될 뿐이다. 또한 만일 무의식이 현실화된다면, 그것은 본성적으로 다른 의식적 존재로 창조된다는 것을 의미한다.

경험이란 무엇인가? 그 고유한 의미에서 나의 경험이란 나를 둘러싼 우주 전체의 변화와 운동의 대면 혹은 수용일 것이다. 그 경험은 나의 의식을 넘어서 있으며, 나는 신체를 통해 실재 모두를 수용하고 용해한다. 그래서 위에서 말한 추상적 현실로서의 현재란, 그 실재 전체의 변화 중에서 특정 부분의 절취 혹은 이해 가능한 방식으로의 단순화이다. 그런 식으로 우리는

---

8. 심지어 프로이트는 '의식'과 '무의식'이라는 용어 대신에 '자아'(das Ich)와 '억압된 것'으로 구분함으로써, 무의식을 자아의 영역으로 흡수한다. 그에 따르면 무의식은 자아의 많은 부분을 차지하고 있으며, 특히 자아의 핵심을 이루고 있는 하나의 조직이다. 물론 무의식은 저항하지 않으며, 무시간적인 정신 과정이긴 하지만, "무의식 속에서 리비도 집중은 쉽고 완벽하게 전이, 전치, 압축 될 수 있다." 이 자유롭게 유동하는 '본능적 충동'을 프로이트는 일차적 정신과정이라고 불렀다. 이 논의는 『쾌락원칙을 넘어서』 27쪽 이하를 참고하라.

경험 일반 중에서 필요한 것만을 선취하여, 구체적인 대상으로 혹은 지각 가능한 이미지로 현실화한다. 그러나 경험 그 자체는 그 보다 더 많이 있을 뿐만 아니라, 현실화되지 못한 무수한 실재의 연속과 지속으로 이루어져 있다. 이것이 바로 우리의 현재적 지각이 취하는 관심의 편파적 속성과 능력의 부족 탓으로 놓쳐버린, 그러나 여전히 우리 자신 안에 실재하고 있는 과거 일반이다. 좁은 의미에서 과거 일반이란 우리의 몸속에 깃든 어떤 외부의 자극들, 의식되지 못한 어떤 운동 또는 진동의 양태, 그리고 그들의 지연 retardement일 것이다. 그것들은 매순간 형태와 질을 달리하면서 신체 안에 이런 저런 규모로 주름이나 파선을 만들고, 그 안에 잠재적인 방식으로 남아있으며 의식적 이미지로 만들어지지는 않았지만, 여전히 우리의 존재성에 있어 유효한 어떤 것으로 존속하고 있는 신체적 지속 혹은 정신적 지속의 총체이다. 무의식이라는 용어를 쓴다면 바로 이러한 의미에서만 유효할 것이다. 그것은 바로 우리가 과거라고 부르는 잠재적 실재이다.9 그것이 '잠재적'인 이유는 바로 의식화되지 않았고 현실화되지 않았으며, 따라서 드러나지 않았기 때문이다. 그럼에도 불구하고 그것은 여전히 어떠한 '실재성'을 갖는다. 그것은 특정 현재나 이미지와 조응하는 특정 과거(이미지)가 아니라 순수한 형태의 경험일반 즉 순수 과거이다. 만일에 회상행위가 과거로 도약하는 것이라면, 그것은 다름 아닌 이 잠재적 실재로의 투신投身, 그것의 직접적이고도 내적인 체험이 아니면 안 될 것이다.

바로 이런 이유 때문에 베르그송은 회상 행위가 "현재적 관심으로부터 우리 자신을 분리시키는 고유한 행위"라고 정의했던 것이다. 이때의 회상이란 과거를 의식으로 떠올려서 현재적 관점으로 중화하고, 그것을 현실적 혹은 지각 가능한 이미지(회상-이미지)로 전환하는 행위가 아니라, 오히려 현

---

9. 베르그송은 윌리엄 제임스(William James)의 개념인 "과잉-실재"(hyper-reality)의 해설을 통해, 이 잠재적 실재에 관한 자신의 생각을 정리한 바가 있다. 이에 대해서는 베르그송, 「윌리엄 제임스의 프래그머티즘」, 『사유와 운동』, 252쪽 이하를 보라.

재로부터 분리되어 그 이전에 즉자적으로 존재하고 있는 과거 즉 회상-존재 속으로 뛰어드는 행위이다. 좀 더 정확히 말해, 우리는 회상을 함으로써 무용無用한 것 속으로 파고든다. 그렇기 때문에 회상은 여전히 현실적 효력이 없는 잠재적 상태에 머물 뿐이다. 베르그송은 『물질과 기억』의 2장과 3장에서 순수회상을 설명할 때에, "단번에"at once, d'emblée라는 용어를 자주 쓰면서, 이를 "존재론으로의 도약"이라고 불렀다. 다시 말해 고유한 행위로서의 순수회상은 "단번에" 과거 속으로, 잠재적인 것 내부로 뛰어들어 자리를 잡음으로써 진정한 도약을 수행한다.

> 우리는 사물들을 우리 자신 안에서 지각하지 않는다. 우리는 자신 안에서가 아니라, 또 현재 속에서가 아니라, 그 사물들이 있는 바로 그 곳에서, 과거가 그 자신 안에 있는 바로 그 곳에서 과거를 포착할 뿐이다. 그러므로 특정 현재에 상응하는 특정 과거가 있는 것이 아니라, 마치 존재론적 요소와도 같은, 그 자체 영원하고 모든 시간에 걸쳐있는 하나의 과거, 모든 특정 현재의 "이행"의 조건, 즉 "과거 일반"이 존재한다. 그것은 모든 |특정| 과거들을 가능케 하는 과거 일반이다.(57)

이 논의가 중요한 것은 회상이나 과거에 대한 심리학적 해석으로부터 단절할 수 있는 이론적 토대를 제공해주기 때문이다. 회상은 주체의 현재적 의식에 의한 과거의 재구성이 아니라, 과거 그 자체 즉 고유한 존재성을 갖는 순수 과거(혹은 순수 기억), 즉 "무감동한 존재"impassive Being 속으로의 도약이다 ─ 물론 이 도약이 일어난 후에만 회상의 두 번째 과정인 의식적 현실화, 심리화, 즉 이미지로의 변형이 일어날 것이다. 지각이 물질로의 실제적 도약이고 물질 안에서의 지각이듯이, 회상은 잠재적인 것으로의 실제적 도약이고 과거 안에서의 회상이다.10 그러나 사실 지속의 연속성 혹은 현재

---

10. 들뢰즈는 베르그송의 언어관 역시 이와 마찬가지의 논리로 진행되고 있다고 보고 있다. 그에 따르면 언어란 "들리는 소리나 연상되는 이미지에 기초하여 의미를 재구성 하는 것이 아니라, 단번에 의미의

와 과거의 연속성을 주장하는 베르그송에게 있어 이 도약의 개념은 다소 모순적으로 보인다.[11] 그럼에도 불구하고 그 연속성 속에서 현재와 과거의 본성상의 차이를 말할 수 있는 근거는 이 도약의 개념뿐이다. 단번에 뛰어들지 않고 어떻게 본성적으로 다른 현존으로 이행할 수가 있겠는가? 도약의 개념에 대해 들뢰즈가 주목하는 이유가 바로 이것이다. 현재의 의식에 고착된 상태에서는 결코 과거를 재구성할 수가 없다 : "순수하고 단순한 이미지는, 우리가 찾고 있는 과거 그 자체 안에서가 아니라면, 우리를 결코 과거로 데려다주지 않을 것이다."(58)

베르그송은 언제나 형이상학의 목표가 "관심의 전향"이라고 주장했다. 현재의 필요 때문에 가지게 되는 관심은 사물에 구멍을 뚫고 조각을 내어 그것을 편협하고 부분적인 경험으로 선취한다. 따라서 이제 우리의 관심은 잠재적 실재로 되돌려져야만 한다. 베르그송주의자인 들뢰즈가 그토록 현재적 관심이라든가 심리학으로부터의 단절을 꾀하고, 회상-존재와 회상-행위, 그리고 회상-이미지의 구별을 통해 회상의 가치(긍정)를 논증했던 것도 바로 이 때문이다. 만일에 생활에의 요구로부터 해방되어, 가령 살림살이가 부유해진다거나, 여행을 한다거나, 병상에 누워있다거나 하는 식으로, 삶과 생존에 기울이던 관심이 그 이해관계에서 초탈하게 된다면, 우리는 현실적인 이익이나 합리적 결과에 부합하지 않는 삶에 대해서도 관심을 가지게 될 것이다.[12] 마찬가지로 현재적 관심으로부터 벗어남으로써만 비로소 추억은 되살아날 것이다. "관심의 날카로운 전향"이 일어나는 것이다. 그래서 가령 사소하다고 여겨지는 것들에 관한 섬세한 관심, 과거가 되어 사라지고 없다고

요소들로, 그리고 나서 이 요소들의 영역 안에 자리를 잡는다. 존재로의 실제적 도약, …… 여기에 바로 의미의 초월성 그리고 언어의 존재론적 토대가 있다"고 적는다.(Deleuze, *Bergsonism*, 57)
11. 이 모순에 대해서는 일원론에 관한 논의에서 다시 자세히 언급할 것이다.
12. 이 논의는 행동성을 우선으로 하는 이탈리아 네오리얼리즘 영화들이 행동주의를 우선으로 하는 미국영화와의 차이를 통해 말하고자 했던 주제와도 관계가 있다. 이에 대해서는 이 책 2부의 4장을 보라.

간주된 것에 대한 주의력은, 그 잠재적 실재를 현재적인 것으로, 즉 과거로 사라진 것이 아니라 여전히 (다른 본성으로) 공존하고 있는 현존으로 끌어올리는 행위이다. 도약은 재구성이 아니라 투신이다. 그랬을 때만이 우리는 본성적으로 다른 타자성 안에 위치할 수가 있다. 단숨에 파고드는 도약, 즉 회상은 현재적 필요와는 무관하게 그 자신 안에서 공존하고 있는 잠재적 존재의 긍정을 의미한다. 이렇게 해서 회상은 도약을 통해 본성상의 차이를 긍정하고, 공존하고 있는 잠재적 실재를 긍정함으로써 다양성을 긍정한다.

회상의 현실화

이제 우리는 들뢰즈의 시간이론의 핵심으로 들어온 것 같다. 즉자적 존재로서의 과거는 우리의 소망이나 감정이 요구하는 부름에 응하지 않기 때문에 그것에 직접 파고들지 않으면 안 된다. 또한 우연히 마주치게 된 감각적 인상impression이나 징후sign, symptom를 통해서만 접근할 수가 있다.[13] 그러나 이 즉자적 존재로의 도약을 행하고 나면 이제 그것을 우리에게 친숙하고도 구체적인 대상으로 심리화(현실화) 하는 단계를 수행해야 할 것이다. 그렇지 않다면 과거는 의식적 기억으로 떠올려질 수 없을 것이다. 그러나 의식적이고 심리적 존재인 우리가 과거 일반 즉 잠재적 실재로 도약했을 때, 우리는 헤어 나오기 어려운 어떤 막연함 가운데에서 주춤하게 될 것이다. 왜냐하면 잠재적 실재란 우리의 습관적 지각과는 무관하고, 우리의 현재적 필요에 부응하지도 않으며, 또 그래서 낯선 것이기 때문이다. 본성적으로 다른 절대적 타자 안에 위치한 우리는 의미가 결정되지 않은 망설임의 상태 속에

---

13. 이에 대해서는 이 책 2부의 1장과 5장에서 예술이 어떻게 실재의 본질로 나아가는지의 문제를 다룰 때에 구체적으로 다룰 것이다.

서 허우적거린다. 잠재적 실재는 바로 당혹 그 자체이다. 거기에는 지각과 두뇌의 절단 운동이 마련해 놓은 예측가능한 수적인 단위가 없으며, 따라서 뒤돌아섰다가 다시 되돌아가 반복할 수 있는 동일한 지표 역시 존재하지 않는다. 잠재적 실재에 반복이 있다면 그것은 특정 수준이나 판plane 위에서의 여러 요소나 지표들의 물질적 반복이 아니라[14], 그 판 자체의 반복, 다시 말해 수준 전체가 매 순간 새롭게 갱신되는 마음의 반복이다.[15] 가령, 물질의 계열에서는 부분과 전체가 명료하게 구분되고, 부분들의 병치로 전체를 구성할 수 있으며, 따라서 부분과 전체는 본성상 동일하다. 물질은 부분들의 외면적이고 타성적인 관계에 사로잡혀 있기 때문에, 마치 기계의 작동처럼 부분들의 동일한 반복으로 점철된다. 그러나 잠재적 실재인 지속에 있어 부분과 전체는 명료하게 구분되지 않을 뿐만 아니라 서로 동일하지가 않다. 하나의 흐름 전체로서의 지속은 그 내부의 부분 요소들의 합과 병치가 아니기 때문이다. 그런 이유에서 회상의 형식으로 보존된 순수 과거는 부분 요소로서가 아니라 하나의 전체로서 실재한다. 그것은 자를 수도 없고 기계적으로 외삽할 수도 없으며, 특정 요소가 잘린다고 해도 전체로서의 흐름이 부분으로 나뉘지 않는다. 여기서 미리 결정된 것은 어디에도 없는 것이다.

잠재적 실재 안에 위치하여 당혹스러운 우리는, 그 막연함 속에서 우리의 관심에 상응하거나 우리의 지각이 필요로 하는 어떤 특수한 요소들을 선별하고, 그것들을 구체적인 지각으로 단단하게 하기 위해 응축하는 일, 즉 반복 가능한 심리적 현실로 구체화하는 과정이 필요하다. 그것은 마치 추상화의 캔버스 위에서 사물의 형태를 이루는 윤곽선을 찾는 과정과도 같다. 꿈

---

14. 말하자면 이정표를 세워놓고 동일한 지점으로 되돌아가 공간적으로 반복하는 것인데, 베르그송은 이를 물리적 반복, 사이비반복, 실제적 반복이라고 불렀다.(베르그송, 『사유와 운동』, 111~113)
15. 물질적인 "동일한 반복"과는 다른 이 "마음의 반복"에 대해 들뢰즈는 베르그송이 제시했던 원뿔의 꼭짓점과 순수 회상 사이의 다양한 수준들의 잠재적 과거를 예시한다. 이에 대한 논의는 Deleuze, *Bergsonism*, pp. 59~60을 보라.

이라든가 회상에서처럼 실재가 이완되어 있는 상태라면 우리는 그것을 뚜렷한 상태로 지각할 수 없다. 무엇이든 지각이 가능하려면 뚜렷한 윤곽선과 단단한 형태를 가져야만 한다. 지각은 마치 돋보기의 초점처럼 주변의 모든 것들을 단일하고도 날카로운 어떤 것으로 응축시킨다. 그랬을 때만이 비로소 낯설고 모호한 것들은 구체적이고 친숙한 존재가 된다. 이것이 이른바 우리가 객관적 현실이라고 부르는 것이다. 객관화란 사물을 구체화하기 위한 냉각 과정이다. 예컨대 적절한 거리를 취함으로써 지각은 사물과 주체의 관계를 냉각시키고, 그럼으로써 그것의 공간적 한계를 규정하고, 그 명확한 위치를 결정하여 반복 가능한 상태로 만드는 것이다. 현실성이란 바로 지각 가능한 상태이며, 이는 사물의 공간화를 전제로 한다. 따라서 그것은 사물의 정도상의 차이만을 갖는 관계에 다름 아니다. 잠재성이 심리적 의식의 상태로 현실화하여 효력을 가지게 되는 것은 바로 이 때이다.[16]

> 현실화란 구별된 측면, 단계, 그리고 정도들을 갖는다. 그러나 이 단계들과 정도들을 통해, 심리적 의식을 구성하는 것(만)이 바로 현실화이다. 어느 모로 보나, 베르그송주의는 분명히 혁명적이다 : 우리는 현재에서 과거로, 지각에서 회상으로 이동하는 것이 아니라, 과거에서 현재로, 회상에서 지각으로 이동한다.(63)

잠재적 과거의 결정되지 않은 지대로의 투신, 그리고 거기서 내가 원하거나 필요로 하는 특정한 면을 붙들어 그것을 끌고 나와 지각 가능한 현실로의 구성. 들뢰즈에 따르면 이것이 바로 과거 일반의 심리화, 더 정확히 말해 잠재성의 현실화 과정이며 시간의 전개 그 자체이다. 들뢰즈가 베르그송의

---

16. 이처럼 현실성을 심리적인 것으로 정의하는 들뢰즈의 논리는 얼핏 관념론적인 것이 아닌가 싶지만 결코 그렇지가 않다. 그에 의하면 현실성이란 주관적 현실화를 의미하는 것이고, 그 보다 근원적인 실재성이란 잠재적 '힘-질'(power-quality)과 관련이 있다. 이것은 의식에 의해 현실화되지 않은 무정형의 실체이며, 들뢰즈는 이 또한 긍정하고 있기 때문이다.

혁명적인 측면을 주장했던 것은, 시간이란 지나가는 것이 아니라 나아가는 것임을 그가 통찰했다는 점에 있다. 다시 말해 우리가 흔히 생각하는 것처럼 시간은 현재에서 과거로 혹은 지각에서 회상으로 — 가령, 큰소리의 지각은 점점 작은 소리로 사라져가며 희미한 기억이 된다는 식의 — 사라지는 것이 아니라, 그와는 반대로 회상에서 지각 쪽으로 과거에서 현재 쪽으로 나아간다. 이미 논의했듯이, 시간을 현재에서 과거로의 사라짐이라고 보는 관점은 지각과 기억에 관하여 우리가 심리적 경험 안에 머물러 현재와 과거를 정도상의 차이로만 생각한 결과이다. 순수 과거는 심리적이지 않다.[17] 들뢰즈에게 있어 회상이란 약화된 지각을 떠올리는 퇴행적 행위가 아니다.[18] 회상은 잠재적 실재를 본성적으로 다른 그 무엇으로 현실화 하는 행위, 더 정확히 말해 물질적 지각을 정신적 표상으로 해석하기 위해 회상-존재[19]가 현재 쪽으로 마중을 나오는 행위 같은 것이다 — 베르그송주의에서 회상이 언제나 '창조'라는 술어와 함께 등장하는 이유가 여기에 있다. 이 정의는 현재와 과거가 본성적으로 다르다는 논의라든가, 회상이 지각을 따르는 것이 아니라 지각과 공존하고 있다는 우리의 논의와도 부합된다. 물질과 외연이 같은 지각에 어떤 정신적 표상을 부여해주는 작용, 말하자면 "회상의 보자기로 뒤덮는" 행위가 바로 시간 속에서 펼쳐진다. 혹은 그 행위가 바로 시간 그 자체이다. 그렇기 때문에 과거는 현재를 따르거나 현재가 퇴색되기를 기다리는 것이 아니라, 그

---

17. 베르그송은 이렇게 말하기도 한다. 그것은 "높은 곳에서 내려 왔을 때만이 비로소 의식적이 되며, ……현재 행위의 운동-감각 요소로부터 생명을 부여받아 온도를 취하기 전까지는 의식적이지 않다"(Bergson, *Matter and Memory*, 197). 그러나 이것이 지각에서 회상으로, 혹은 회상에서 지각으로의 이행을 의미하지는 않는다. 그 이행 안에는 본성적으로 다른 차이가 있다.

18. 베르그송은 지각이 회상으로 이행한다는, 즉 회상행위가 퇴행적이라고 생각하는 모든 생리학적 논의를 비판한다. 이 논의에 따르면 지각과 회상은 정도상의 차이만을 가질 뿐이다. 베르그송은 이렇게 덧붙인다. "큰소리를 떠올리기 위해, 작은 소리의 지각을 이용하기도 한다."(Bergson, *Matter and Memory*, 318~319)

19. 여기서 회상-존재라는 용어는 나중에 다시 등장하겠지만, 회상이 의식화된 하나의 이미지인 회상-이미지와 본성적으로 다른 순수 회상을 구별하기 위해 쓴 것이다.

와는 반대로 "과거가 없이는 현재가 지나갈 수 없는 순수 조건으로서 현재의 전제조건이 된다."(59) 우리를 둘러싼 주변의 실재 혹은 우리 자신 안의 무의식적 실존은 드러나지 않은 채 잠재적으로 퍼져있다. 그것은 우리 자신도 의식하지 못하는 하나의 거대한 존재론적 기억이다. 들뢰즈의 말에 따르면 현실성이란 그 잠재적 실재로부터 파생된 하나의 결과이며, 마찬가지로 우리의 의식적 경험이나 지각 역시 그 잠재적인 것들을 토대로 한다는 것이다.

어떻게 해서 잠재적 실재가 현실성의 토대인지, 또 과거가 현재적 지각의 토대가 되는 것인지, 이를 우리의 경험적 사실들을 통해 설명하는 것은 그리 어려운 일이 아니다. 가령, 사물의 두 질서를 생각해 보자. 우리가 지각하고 있는 사물들은 단단한 형태로 있다든가 특정 윤곽선을 띠고 있거나 혹은 특정 상태the state of thing를 이루고 있다. 물은 흐르는 것임에도 불구하고 얼음이나 기체와는 다른 물 특유의 지각 가능한 액체의 상태가 있다. 나무 역시 단단한 형태로 특유의 형태를 취하고 있다. 우리는 그 형태와 상태를 지각하고 파악함으로써, 그것을 물이라든가 나무라고 인지하게 되는 것이다. 그러나 그 상태의 아래에는 그것을 이루고 있는 질료적 실태가 있다. 물을 이루고 있는 물-분자라든가, 나무를 이루고 있는 섬유질이라든가 하는 식으로('물-분자'라든가, '섬유질'과 같은 명칭 역시 사실은 과학적 지각, 공간화된 지각이긴 하지만), 모든 사물들은 지각가능하기 이전 혹은 명명되기 이전의 어떤 질료의 형태를 취하고 있는 것이다. 그 질료를 한 없이 파고들어간다면 무수한 진동과 운동의 잠재적 다양성에 직면하게 될 것이다. 이런 의미에서 구체적 지각으로 결정될 수 있는 사물이란 존재하지 않아 보인다. 상태들과 윤곽선의 이면에는 그 안정된 형태를 불안하게 하고, 동요시키며, 파선과 파동을 내어 흐트러트리는 수준의 또 다른 실재가 내재해 있기 때문이다.[20] 이 실재는 의식적 지각의 형태로 파악될 수 없으므로 현실화되었다

20. 들뢰즈는 영화에서의 클로즈업 혹은 얼굴을 논의하면서, 뵐플린(Heinrich Wolfflin)의 미술사를

고 말할 수가 없다. 현실적으로 드러난 표정이나 행동 혹은 외형과는 달리, 사람의 감정이나 기억은 드러나지 않은 채 잠재적으로만 내재하고 있듯이, 질료적 실태 역시 그 사물의 잠재적 토대로서만 내재하고 있을 뿐이다. 그 무엇에도 저항하거나 동요하지 않고 무감동한 채로 초연히! 마치 저기에 놓여있는 물건의 억눌린 감정이나 나른한 기억이라도 된다는 듯이! 그래서 잠재적 실재는 우리의 지각에 포착된 정상적인 상태를 빠져나가 우리의 구토증을 유발시키는 어떤 비정상적인 상태처럼 보이기도 한다.

　　베르그송에 따르면 우리의 경험은 이 모든 잠재적 실재를 하나도 빠트리지 않고 보존하고 있다. 들뢰즈는 이것이 또한 프로이트식의 심리적 무의식과는 다른 존재론적 무의식이라고 지적 한 바가 있었다. 나무를 경험한다는 것은 그 나무가 취하고 있는 특정 상태라든가 윤곽선이 잡힌 외형만의 지각을 뜻하지 않는다. 나무에 대한 경험이란 그 나무에 내재해 있는 잠재적 실태의 모든 수준들, 혹은 베르그송 식으로 말해 원뿔의 꼭짓점과 맨 상위의 순수 회상 사이에 있을 그 무수한 판plane들, 그리고 그 판 위에 이리저리 잠재해 있는 섬유질, 수분, 분자, 원자, 전자, 양자, 무수한 진동, 빛, 열, …… 뿐만 아니라 그 나무를 그 특정 시간의 그 나무이게끔 해주는 주변의 모든 우주적 실재 전체의 경험! 이것이 바로 경험의 진정한 의미일 것이다. 우리는 나무만을 떼어내어 그 이미지만을 취하는 방식으로 과거를 보존하지 않는다. 우리는 나무의 추상(의식적, 지각적, 무엇보다도 현재적)이 아니라 실재하는 나무를 보존한다. 이것이 들뢰즈가 그토록 강조했던 존재론적 기억, 무의식적 기억이며, 그리고 그가 다른 여러 곳에서 언급하고는 했던 "내재적

요약하는 가운데, 초상화 기법의 두 경향성을 언급한 적이 있다. 초상화는 얼굴 전체를 윤곽선으로 그리는 방식이 있고, 윤곽선을 지우고 얼굴의 부분들을 덩어리처럼 소묘하는 방식이 있다. 그래서 전자의 경우는 생각하는 얼굴의 경향으로, 후자는 강렬한 정념을 드러내는 얼굴의 경향으로 나아간다. 뵐플린은 이를 각각 선적인(linearly) 경향과 회화적인(painterly) 경향으로 나누기도 했다. 이에 대해서는, 그의 책 『시네마』에서 정감-이미지(affection-image)를 논의하는 장을 참고하라.

판"the plane of immanence, 혹은 우리의 조어법으로 시간의 판the plane of time이다. 오늘의 나무와 어제의 나무는 동일한 나무이지만, 동시에 그 둘은 전혀 다른 실재이다. 판이 다른 것이다. 경험이란 바로 그 나무가 아니라, 그 나무를 포함한 판 전체의 문제이다. 그것은 마치 아킬레스가 내 딛는 한 발이 만들어 낸 판 즉 아킬레스 자신과 거북 사이에 있을 우주 전체 수준의 변질과도 같은 것이다. 다르게 말해 우리는 나무의 감정과 시간 전체를 경험한다 — 이 것이 또한 시간의 고유한 의미일 것이다. 그렇기 때문에 그 잠재성은 사물의 토대이지만, 동시에 우리 자신의 존재의 토대이기도 하고, 더욱이 우리의 현재적 지각과 그 현실화의 토대이다. 마찬가지로 우리는 회상 내용의 특정 이미지(나무, 집, 표정, 행위, 상태 등)를 떠올렸다가, 또 다른 과거의 특정 이미지들로 기억을 대체하는 방식으로 회상하지 않는다 : "회상을 호명하는 것 appel au souvenir과 [회상의] 이미지를 떠올리는 것을 혼동해서는 안 된다."(63) 대신에 우리는 나무에 관한 경험 전체, 그 시간의 판 전체를 불러들인다. 다른 대상을 불러와야 한다면 그 판위에 다른 요소들을 바꾸는 것이 아니라, 바로 판 자체를 새롭게 하지 않으면 안 되는 것이다.21 그래서 특정 과거의 요소들이 아니라 과거 일반으로, 잠재적 실재 속으로 투신하지 않으면 안 된다고 말했던 것이다. 회상행위는 지각된 대상의 외형(이미지)을 떠올리는 행위 이전에, 우선적으로 그 내부에 깔려 있는 잠재적 토대로의 투신이다.

잠재적인 것에 이르려면 대상 안으로 파고들어야 한다. 특정 상태를 이루고 있는 단단한 사물로부터 내적이고 본성적으로 다른 실재들을 갈라내야 하는 것이다. 이런 의미에서 잠재성은 일종의 이완 혹은 팽창이라고 말할수가 있다. 물질의 이완된 상태만큼이나 회상의 이완 상태가 있다.22 꿈을

---

21. 이에 관해서는 이미 원뿔의 꼭짓점과 순수 회상 사이에 수많은 수준들이 각각의 고유한 존재를 가진다는 논의, 그래서 이 각각의 수준들이 현실화 될 때, 보다 수축되거나 이완된 다른 수준들을 거칠 필요가 없이, 그 자체로 현실화된다는 점을 논의하는 Deleuze, *Bergsonism*, p. 59 이하를 참고.
22. 베르그송은 물질과 회상이 외연이 같다는 점을 논의한 바가 있다. 이에 대해서는 Bergson, *Matter*

꾸거나 추억을 회상하는 우리 정신의 이완된 상태 혹은 반수면 상태만큼이나 같은 정도의 물질의 수면상태가 있을 것이다. 그러나 이 잠재적인 것을 한꺼번에 수축시켰다고 생각해 보자. 그것은 점차적으로 지각가능한 상태가 될 것이다 — 베르그송은 이완의 가장 극단적 상태가 꿈이라면, 수축의 가장 극단적 상태는 지각과 행동만을 갖는 로봇이라고 지적한 바 있다. 물-분자의 수축이 지각 가능한 물의 상태가 되고, 섬유질의 수축이 지각 가능한 형태로서의 나무이듯이, 수축작용은 실재를 지각 가능한 단단한 외형으로 밀어 넣는다. 수축이란 지각의 조건이며 지각 그 자체의 운동이다. 객관적으로 현실화된다는 것은 바로 잠재적인 것들의 수축을 의미한다. 현실적인 모든 것은 그 자신을 잠식시키고 동요케 하는 잠재적 실태를 단단하게 감싸고 있다. 변증법적 유물론자들의 술어로 존재는 자신 안에 자신의 반-테제가 내재하고 있는 것이다. 또한 이미 언급했듯이 실재가 지각 가능한 것이 되기 위해서는 적당한 거리라든가 냉각과 같은 공간-물리적 운동이 수반될 것이다. 지각은 특정한 거리를 취함으로써 잠재적 흐름을 수축시키고 단단하고 윤곽선을 갖는 구체적 대상으로 만들기이다. 이런 식으로 실재는 이완과 수축을 반복한다. 흩어졌다가 수축되고, 잠재적이 되었다가 다시 지각 가능한 것이 되고, 수분은 섬유가 되고 섬유는 수분이 되는 식으로. 마찬가지로 시간은 마치 고무풍선처럼 점점 부풀어 오르거나 줄어드는 과정을 반복한다. 이런 의미에서 현실이란 하나의 강렬한 응축일 것이다. 넓게 펼쳐진 잠재적 시간 속에서 어떤 특정한 지점으로의 응축. 그리고는 새로운 관심에 따라 다른 곳에서 전혀 다른 형태의 판이 지각을 향해 응축 한다 : "점차로 그것은 응축하는 구름 같아 보인다 : 그것은 잠재적인 상태로부터 현실적인 상태로 이행한다."(Deleuze, *Bergsonism*, 75; Bergson, *Matter and Memory*, 148, 276~7)

들뢰즈는 『베르그송주의』 후반부에서 우리를 당혹케 하는 아주 난해하

---

and Memory, p. 128을 참고.

기 그지없는 텍스트를 제시한다. 그것은 바로 회상-존재가 심리적 이미지로, 즉 의식 현상으로서의 회상-이미지로 떠오르고 있는 과정을 기술하고 있는 부분이다. 그것은 한편의 소설처럼 어떤 존재가 마침내 등장하고야 마는 편력의 과정을 따라가며 소묘하듯 그린다. 베르그송이 복합물들 속에서 순수지각이나 순수회상을 연역해 내듯, 들뢰즈는 회상-존재가 회상-이미지로 현실화되는 과정을 연역하고 있는 것이다. 그것이 난해한 이유는 우리의 경험적 사례를 통해 제시되지 않았다는 데에 있다. 그것은 관념론적 정신-현상의 편력만큼이나 정신-존재의 운동과 현현처럼 보인다. 그래서 그 논의는 마치 정신의 자기 전개와도 같은데, 사실상 이는 시간의 펼침, 즉 회상이 현재적 지각을 해석하기 위해 마중나감으로써 펼쳐지는 시간의 창조 과정에 다름 아니다. 그의 논의 과정을 따라 간략히 요약하여 발췌를 해 보자.

(1) 회상이 현실화하기 위해 현재상태의 요구(지각)에 반응하는 운동은 두 가지이다. 하나는 지각을 만나러가기 위해 그 쪽으로 이동을 하면서 움츠러든다. 이를 "이동-수축"translation-contraction이라고 부른다.(64) 다른 하나는 지각을 해석하고 지각의 요구에 적합하거나 유용한 측면을 제시하기 위해 자신 스스로가 빙빙 돈다. 이를 "선회-지향"rotation-orientation이라고 부른다.(64) 정리하자면, 회상은 지각 쪽으로 이동하면서 수축하고, 동시에 지각과 적합한 측면을 대면시키기 위해 스스로 도는 것이다.

(2) 이동-수축을 하는 회상은 잠재적인 수준에 머물러있는 다른 많은 회상과는 본성적으로 다른 수축을 해야만 할 것이다. 잠재적인 것이 현실화 되려면, 다른 잠재적 수준들과 동일한 정도의 수축으로는 불가능하기 때문이다. 즉 수축의 정도에 따라서는 현실적인 것과 잠재적인 것의 차이를 결정할 수 없다. 따라서 잠재적인 것이 현실화 되려면 현실화 고유의 어떤 운동을 취하지 않으면 안 될 것이다. 아무리 원뿔의 꼭짓점에 가까워진다 해도, 그것이 즉시 현실화된 것은 아니다. 이런 이유 때문에 이동-수축은 회상에 속

하는 고유한 수축 수준과 회상이 현실화하는 운동의 수준을 동시에 포함함으로써, 잠재성과 현실성을 동시에 가지고 있다고 보아야 한다. 그렇지 않다면 잠재성과 현실성 사이의 본성상의 차이가 정당화되기 어렵다[23] : "이동의 운동은 회상이 현실화 되면서 동시에 회상 자신의 수준을 유지하는 운동, ······ 이미지가 되어가는 회상recollection-becoming-image이 현재와의 '융합'에 들어가기 때문에 응축이 있는 것이다."[65] 현실이란 초점이 맞추어진 잠재성의 수축이라고 말할 수 있다.

(3) 회상이 현실화되기 위해 수축하는 과정에서, 그 수축의 수준들을 바꾸어가며, 각 수준들을 통과해서 가장 최고로 수축된 상태에 이르는 방식으로 현실화 되는 것은 아니다. "회상은 그 고유한 수준을 가지고.있기" 때문에, 만일에 꼭짓점에 이르는 동안 수축의 수준들을 바꾸어 간다면, 각 수준의 개별성을 잃어버릴 것이고, 원뿔 안의 모든 과거의 수준들은 의미가 없으며, 본성상의 차이 역시 무화될 것이다. 각 수준들이 존재한다는 것은 그것들이 자신의 고유한 수축성을 가지고 있음을 뜻한다.

(4) 따라서 회상에는 두 가지 유형의 수축이 있는 셈이다. 하나는 그 자체 자신 안에 보존되고 있는 수축이 있다. 들뢰즈는 이를 "강렬한 존재론적인 수축"이라고 불렀다. 다른 하나는 지각과 호응하면서 특정 대상에 관심을 가지며 나아가는 수축이 있다. 이를 "이동하는 심리학적 수축"이라고 부른다. 존재론적 수축에서는, "모든 수준들이 수축되어 있거나 이완된 형태로 잠재적으로 공존"하고 있는 반면, 심리학적 수축은 "회상이 자신의 수준을 유지하면서도, 아무리 이완되어 있다고 해도, 이미지가 되어 현실성을 갖기

---

23. 베르그송이나 들뢰즈는 본성적으로 다른 두 상태들 간의 이행과 변질을 언급할 때마다, 이 동시성의 문제, 동시적 공존의 문제를 주장한다. 지각 안에 물질과 정신이 동시에 깃들어 있다든지, 감정 역시 지각과 정신이 동시에 들어가 있다든지, 여기서 역시 이동-운동은 회상의 수준과 현실적 운동이 동시에 포함되어 있다든지 하는 식으로 본성적으로 다른 두 상태의 혼합에 대해 말한다. 그리고 이 복합 상태를 정당화하기 위해 언제든지 운동을 끌어들이는 것이다. 왜냐하면 운동이란 서로 다른 두 계기의 공존이고 그 자체 복합이기 때문이다.

위해 이행을 해야만 한다."(65) 24

(5) 회상은 현실화되는 과정에서 자기 자신과 현재를 결합하는 이동-수축뿐만 아니라 스스로 회전을 하면서 현재에 적합한 측면을 제시한다. 그러나 여기서 들뢰즈는 아주 모호한 방식으로 이 회전의 본질에 대해 설명한다. 베르그송의 텍스트 어디에도 분명한 설명이 없기 때문에, 들뢰즈의 설명에만 의존할 수밖에 없는데, 그에 따르면 자기 스스로 도는 회전뿐만 아니라, 현재의 주변을 그리고 현재와 아울러 도는 순환circuit에 진입함으로써 지각-이미지로의 이행을 준비한다 : "회상-이미지는 지각-이미지로 되돌려지고, 또 그 반대도 이루어진다."(66) 25

(6) 따라서 잠재적인 것의 현실화, 즉 이미지화는 두 수준의 운동으로 이루어지는 셈이다. 하나는 수축운동이고, 다른 하나는 이완(팽창)운동이 그

---

24. 들뢰즈는 또 이렇게 말한다 : "그러므로 회상은 '의식의 평면들'을 통과함으로써 비로소 실제적 효력을 갖게 된다. 그러나 회상은 매개적인 수준들(회상이 실제적 효력을 갖지 못하게 방해하게 될)을 통과하지 않는다. 따라서 회상이 통과하면서 현실화되는 의식의 **평면**들과, 회상의 잠재적 상태가 그 양상에 따라 다양하게 변하는 과거의 **영역**들, **구역**들, 혹은 수준들을 혼동하면 안 된다."(65) 어떤 식으로든 그의 논의는 잠재성과 현실성의 이원론적 논증으로 귀결되고 있다.

25. 들뢰즈는 『프루스트와 기호들』에서 "살짝 열린 통"과 "막힌 관"이라는 이미지를 이용해서, 잠재성이 어떻게 현실적 지각으로 현실화하는지를 예시하고 있다. 살짝 열린 통의 이미지는, 잠재적인 영혼들이 육체 안에 마치 주름처럼 잠들어 있다가, 특정한 순간에 육체의 움직임과 변화에 따라 그 영혼들이 펼쳐지는 이미지를 뜻한다. 가령, 샤를르가 시간의 변화에 따라 뿜어내는 수많은 여성의 영혼들이 그 예이다. 반면에, 막힌 관의 이미지란, 서로 소통하지 않고 균형을 이루지 않은 채 전체화할 수 없는 다수의 자아들이 복합되어 있는 이미지를 뜻한다. 다수의 부분들은 소통하지 않고 각자만의 폐쇄된 방 안에 갇혀 있기 때문에 막힌 관이며, 이들을 열어보려면 한 번에 하나씩 전혀 다른 광학적 태도를 가지지 않으면 안 되는 것이다. 가령, 알베르틴은 다수의 세계를 펼치고 있는데, 그녀의 그 세계들을 대하려면 그에 상응하는 만큼의 다수의 자아가 필요한 것이다. 들뢰즈가 이 논의를 통해 하고자 하는 말은, 그 무엇도 통일된 동일성으로 전체화할 수 없다는 점을 말하기 위한 것이었다. 그런데 들뢰즈는 마치 꿈에서처럼 하나의 방에서 다른 방으로 막힌 관들을 옮겨 다니는 가운데 전체의 이미지가 생성된다는 점을 언급하는데, 이 때에 모든 "막힌 관들, 모든 닫힌 방들, 모든 유폐된 자아들이 잠든 사람의 머리 주위를 빙글빙글 선회하고" 있다고 적는다. 잠재적 실재는 다수의 부분들로 이루어져 있으며, 그들은 서로 소통하지 않고 잠재적으로만 있을 뿐이다. 이들이 어떤 하나의 전체로 등장하기 위해서는 각각의 부분들을 선회하고 회전하는 운동이 필요한 것이다. 이에 대해서는 Deleuze, *Proust and Signs*, p. 116 이하를 참고.

것이다. 수축 운동의 경우 존재론적 수축과 심리학적 수축이 있으며, 이완 운동의 경우에는 선회와 순환이 있다. 이렇게 해서 수축이든 이완이든, 한편에는 잠재적 수준의 운동이 다른 한편에는 현실적 수준의 운동이 각각 있다. 따라서 주제는 다시 둘로 요약된다. 하나는 회상 그 자체의 잠재성에 관한 것이고, 다른 하나는 현실적 요구에 따라 회상이 회상-이미지로, 또 지각-이미지로 현실화되는 것에 관한 것 ― 이는 또한 절대적 질서와 상대적 질서의 구분이 가능한 지점이 될 것이다.

(7) 회상이 심리화(현실화)되는 과정recollection-becoming-image에서, 그것이 지각-이미지와 공통하는 토대는 바로 운동이다. 다시 말해 이미지들은 운동 속으로 확장(연장)됨으로써 비로소 현실화 과정으로 들어가는 것이다. 운동은 순수 현존들이 융합되는 지점이라고 말할 수 있다. 마치 어떤 프로그램이 현실적 상태가 되기 위해 단말기를 필요로 하듯이, 잠재적 존재가 현실적이 되려면 운동 및 운동체가 필요한 것이다.[26] 베르그송이 "회상의 현실화의 마지막 국면은 행위의 국면"이라고 말했던 것은 바로 이런 의미이다.(67)

(8) 따라서 잠재적인 것이 현실화된다는 것은 육체를 통해 행위로 혹은 물질과 공간으로 전환된다는 것을 의미한다. 마치 미세한 신경세포들의 잠재적 떨림과 정적인 진동이 얼굴판 위에서의 특정한 근육운동에 의해 표정으로 표출되는 것과도 같다. 이를 예증해주는 것이 바로 기능적 장애[27]이다.

---

26. 그러나 들뢰즈는 여기서 운동과 운동체를 명확하게 제시하고 있지는 않지만, 맥락으로 보아 운동의 수준에서만 말하고 있는 것은 아닌 것 같다. 그는 이렇게 인용한다 : "회상이 현실화되려면 운동 보조자가 필요하다." 만일에 운동뿐만 아니라 운동체에 관한 논의를 포함한다면, 이것은 회상이 지각으로 혹은 심리적 현재로 이행하거나 변형되는 것이 아니라, 보조적 표현일 뿐이지 않는가? 완전한 이원론이다!

27. 들뢰즈는 여기서 또한 베르그송이 구분한 바 있었던 습관적 기억(기계적 운동)과 사려 깊은 기억(동력학적 운동)을 두 가지 형태의 장애(기계적 장애와 동력학적 장애)를 통해 논의하고 있다. 습관적 인식, 즉 기계적 운동이란 육체의 각 요소들의 흩어진 운동들을 어떤 필요에 따라, 혹은 어떤 경향에 따라 모으고, 일관된 도식을 취하는 행위를 말하는데, 들뢰즈는 이를 운동-지각-분절이라고 불렀다 (Deleuze, *Bergsonism*, 67). 반면에 사려 깊은 인식, 즉 동역학적 운동은 도식적 분절이나 분해의 문제가 아니라, 대상에 대한 섬세한 판단이나 완전함의 파악의 문제이다. 이를 운동-지각-동력이라

기억상실이나 실어증과 같은 장애들(기계적 장애라든가 동력학적 장애)의 경우, 회상이 파괴되어 사라진 것처럼 보이지만, 실은 회상이 현실화되기 위한 육체적 조건의 손상에 불과하다는 것이 베르그송의 논의이다. 다시 말해 회상의 순수현존과 그것의 현실화는 본성적으로 다른 것일 뿐만 아니라, 현실화되기 위해서는 육체적 조건을 필요로 한다는 것을 뜻한다.[28] 기능장애는 이를 예증해주고 있는 것이다. 그렇다면 육체는 두 수준의 운동을 통해 회상의 현실화에 참여하는 셈이다. 바로 동력학적 운동과 기계적 운동이 그것이다.

(9) 이렇게 해서 회상은 대략 네 단계의 계기를 통해 현실화된다. 첫 번째 계기는 회상이 현재(지각)쪽으로 이동하여 현재와 접촉지점을 확보하는

고 말한다. 만일에 저 두 능력에 장애가 일어난다고 가정해 보자. 가령, "대상의 이름을 기억하고는 있지만, 그 사용법을 모르는 경우"라든가, "들은 말을 정확히 반복은 하지만 자기 식으로 말할 줄 모르는 경우", 혹은 어떤 사람의 이름이나 그를 나타내는 표지(번호, 특징 등)는 기억하는데, 그가 어떤 사람인지, 어떤 성격의 소유자인지를 식별하고 판단하는 능력에 장애가 일어나는 경우가 그것이다. 들뢰즈는 이 두 장애가 일어나는 경우에도 여전히 회상은 살아 있다고 생각한다. 왜냐하면 회상이란 심리학적인 것이 아니고, 소멸 가능한 것도 아니며, 무엇보다도 그 자신 안에 존재하고 있기 때문이다. 따라서 저 두 장애의 경우 환자들이 기억을 떠올릴 수 없는 것은, 기억이 사라진 것이 아니라 기억을 일깨우고 떠올리는 능력, 즉 회상을 회상-이미지 속에서 현실화하는 능력이 사라진 것이다. 다시 말해 회상의 소멸이 아니라, 그것과 관계하는 육체적 기능의 소멸인 것이다. 이런 이유 때문에 들뢰즈는 계속해서 회상의 현실화의 측면(습관적 기억, 기억 이미지)과 기억 자체의 측면(회상-기억, 수축-기억), 혹은 현실화 과정에서의 심리적 태도(이동, 선회)와 육체적 태도(기계적 운동, 역동적 운동)를 혼동하면 안 된다고 말했던 것이다. 이에 대해서는 Deleuze, *Bergsonism*, pp. 69~70을 참고.
28. 그러나 들뢰즈는 여기서도 또한 현실화 운동의 두 수준을 언급한다. 하나는 이동과 선회로 이루어진 정신적 태도이고, 다른 하나는 기계적 운동과 동력학적 운동으로 이루어진 육체적 태도이다. 만일에 감각 운동의 기계적 장애라든가 동력학적 장애가 일어난다면, 그것은 순전히 육체적 태도의 손상이기 때문에, 여전히 회상의 현실화 과정의 정신적 태도 즉 이동과 선회의 운동은 존속한다는 것이다. 들뢰즈는 이렇게 말한다 : "여기서도 역시 회상은 '부주의'(inattentive)하지 않다. 단지 '평형(평정) 상태의 장애'가 일어났을 뿐이다. …… 현실화의 두 정신적 측면ㅣ이동과 선회ㅣ이 존속하고는 있지만, 삽입되거나 결합해야 할 육체적 태도가 부재하므로, 다만 연결이 끊어진 상태로만 존속한다고 이해해야만 할 것이다. 그러나 간혹 이동-수축이 일어나지만, 보충적으로 선회의 운동은 일어나지 않는다. 그러다보니 명료한 회상-이미지는 일어나지 못하는 것이다(혹은 적어도 회상-이미지의 전체 범주는 사라진 것처럼 보일 것이다)"(Deleuze, *Bergsonism*, 70).

단계이다. 이는 일종의 '대상에 대한 관심'이라고 말할 수 있을 것이다. 두 번째 계기는 회상이 현재 속에서 유용한 것을 선별하고, 그것을 이용하거나 해석할 수 있도록 기회를 마련하는 단계이다. 말하자면 '망설임의 계기'이다. 세 번째 계기는 앞의 두 계기들(회상의 이동과 선회)이 조화를 이루며 평형 상태를 유지할 수 있도록 하는 육체의 역동적 운동이다. 말하자면 육체의 '중심잡기의 계기'이다. 네 번째 계기는 현실화의 마지막 단계로서, 현재 속에서 일어나는 감각 운동들을 유용성에 따라 결합하고 그 행위를 준비하는 계기이다. 이는 '운동 도식'을 이루고 있는 단계이다. 이렇게 해서 네 단계의 계기가 정립이 되었다. 이를 한마디로 말해 "과거가 현재에 적응하는 과정, 즉 현재의 차원에서의 과거의 이용을 함축하고 있다. 베르그송은 이를 '삶에의 관심(주의)'이라고 불렀다."(71)

(10) 그런데 들뢰즈는 이 네 단계의 현실화 과정에 또 다른 하나의 계기를 덧붙인다. 지금까지 과거는 현재와 동시적으로 공존하는 것으로 간주되었다. 과거는 자신과 공존하는 현재 쪽으로 가서 그것과 호응하고, 이미지가 되어 도식적 관계가 형성되는 것이다. 그러나 현재는 끊임없이 지나가고 새롭게 변한다. 다시 말해 회상이 꼭짓점에 도달하여 현재의 지각과 접촉하는 순간, 그 현재는 이미 지나가버리고 새로운 현재에 의해 구체화되어야 할 것이다. 들뢰즈는 이를 현실화의 다섯 번째 측면인 치환displacement이라고 불렀다. 이 치환으로 인해 '회상과 지각의 오차지점'이 발생한다. 이 단계와 관계하는 기능장애가 바로 기억착오paramnesia, déjà vu일 것이다. 즉 기억착오에서는 새로운 현재에 의해 회상이 치환되는 것이 아니라, 여전히 그 회상이 새로운 현재를 붙들고 있는 것이다.

시간의 의미 : 삶의 창조

이렇게 해서 우리는 베르그송의 혹은 들뢰즈의 시간론을 정리하였다. 우선 그들에 따르면 과거와 현재는 연속적으로 이행하는 특정 계기들이 아니라 동시적으로 공존하는 두 요소이다. 즉 과거는 현재의 뒤를 따르는 공허한 지나감이 아니라, 현재와 공존하는 잠재적 실재이다.[29] 시간은 잠재성과 현실성의 공존에 의해 정의되는 것이다. 이 공존은 또한 그 수준들, 과거와 현재의 본성적인 차이를 내포하고 있다. 즉 현재는 매 순간 지나가는 것으로서, 혹은 지각의 형식으로 나타나는 순간적 수축으로서, 언제나 그 자신 밖에서 일어나는 상대적 질서에 속한 것이라면, 과거는 그 자신 안에서 그 자체 스스로 존재하는 절대적 질서에 자리 잡고 있다. 그것은 현재와 그 형식인 지각과는 본성적으로 다르고, 따라서 현실적이거나 객관화된 심리학적 존재에 한정되지 않는다. 들뢰즈는 베르그송의 이 같은 기억의 이론이 무엇보다도 맨 먼저 정위해야 했던 문제는, 바로 심리적 의식에 종속된 것으로 간주되었던 과거 즉 잠재적 실재의 고유함을 긍정하는 일이었다고 주장한다.[30] 기억은 순간적이고도 현재적인 필요의 산물이 아니라 그 자체 존재한다. 살아 있는 생명은 이 존재의 기억으로 스스로 지속한다. 기억이 아니라면 존재는 순간적 물질의 계기들 속으로 분산되어, 그 흐름의 급류에서 허우적거리며 자신을 보존할 수도 지속할 수도 없을 것이다. 그렇기 때문에 기억은

---

29. 시간이 과거로부터 현재의 지각으로 이동한다는 표현이 오해의 소지가 아주 많은 이유는, 우리가 현재와 과거라는 용어를 쓰는 순간 이미 시간이 현재에서 과거로의 퇴행과정이라고 간주하기 때문이다. 그래서 우리는 이를 바로잡기 위해, 그 용어를 각각 '잠재적 실재'와 '현실화'라는 용어로 치환했던 것이다.

30. 들뢰즈는 유럽의 현대 영화들, 가령 네오리얼리즘이나 누벨바그 계열의 영화들을 논의하면서, 그 계열의 작가들이 시간을 고전적인 개념 — 운동에 종속됨으로써만 위상을 가질 수 있는 시간 — 에서 이해하지 않고, (운동에 종속되어 있던) "경첩으로부터 빠져나가버린" 시간 고유의 이미지를 찾기 위해 노력했다는 점을 논증한다. 가령, 네오리얼리스트 — 로셀리니, 안토니오니, 비스콘티, 펠리니 — 의 "순수 시지각 이미지", "텅 빈 공간", "몽환적 이미지"라든가, 오즈 야스지로의 "정물" 혹은 "베게샷", 혹은 고다르의 "점프컷"과 같은 형식 등은 모두가 시간이 현재적 지각이나 감각이나 운동에 종속되지 않고, 시간 그 자체의 이미지를 직접적으로 드러내는 것들이다. 이에 대해서는 Deleuze, *Cinema 2*, pp. 1~24를 참고하라. 또한 이 책 2부의 4장 전체는 이 주제를 다루고 있다.

약화된 지각으로 환원되어서는 안 될 것이다. 나아가 심리학적으로 억압된 무의식으로 부정할 수도 없다. 그와는 반대로 기억은 과거의 형식으로서 과거 전체를 짊어지고 현재적 지각을 해석하기 위해, 또 지각의 물질적 순간들 사이에 스며들어 거기에 고유한 시간을 부여하고 현실화하기 위해 계속해서 현재 쪽으로 나아간다. 삶이 창조의 과정이라는 말은 바로 이런 의미이다.

　물질이란 순간들의 반복으로 환원할 수 있기 때문에 수학적인 법칙들로 얼마든지 파악할 수가 있다. 지성은 이 순간들의 운동이나 위치 혹은 방향등을 계산함으로써 어떠한 미래 상태라도 예측 가능한 것으로 결정한다. 불활성不活性 상태의 세계란 바로 지각 가능하고 예측되는 변화로 측정되는 반복, 더 정확히 말해 사이비 반복quasi-répétition으로 이루어진 세계이다. 베르그송은 이를 시계추에 비유한다. 시계추의 왕복운동은 현재에서 과거로 혹은 한 순간에서 다른 순간으로 끊임없이 지나가는 시간의 전개에 대한 양적인 표현이다.[31] 이렇게 동일한 반복 속에서 시간은 그것이 과거이든 현재이든 미래이든 어떠한 본성상의 차이도 존재하지 않으며, 현재로 과거를 치환한다거나 미래를 연역한다고 해도, 마치 부채가 접히고 펼쳐지듯이 그 수준들은 본성적으로 다르게 변하지 않는다. 그러나 구체적이고도 체험된 실재는 살아 있는 것이고, 또한 기억의 존재를 포함하고 있으며, 이는 그 순간적 물질들 사이에 스며들어 그 물질들을 지속하게 하고 지속 안에서 질적인 변화를 수반한다. 한 마디로 말해 살아 있는 존재는 본질적으로 지속하는 것이다. 지속은 존재가 본성적으로 다른 새로운 것을 끊임없이 제작하는 과정 그 자체라고 말할 수 있다. 그렇기 때문에 과거가 현실화되는 과정을 논의하면서 계속해서 말하지 않으면 안 되었던 술어들, 가령 관심이나, 선택, 선별, 탐구, 모색, 결정 등의 행위들이 필요했던 것이다. 시간이 우리 자신과는 무관

---

31. 베르그송은 또한 이를 부채가 펼쳐지는 과정에 비유한다. 부채(의 그림)는 이미 결정된 계기들이 펼쳐졌다가 다시 응축되는 과정을 반복함으로써 동일한 반복, 즉 사이비 반복의 전형이다.

하게 이미 결정된 어떤 계기들의 펼쳐짐이라면 저러한 술어들을 필요로 하지 않을 것이다.

만일에 시간이 시계추나 부채와 같은 것이라면 왜 그것은 한꺼번에 펼쳐지지 않는가? 또 우리는 그 펼쳐지는 시간을 어째서 한 없이 기다려야만 하는가? 왜 우리는 태어나서 죽음을 기다리지 않으면 안 되는가? 세계가 미리 결정된 것이라면 빨리 그 결정된 무엇이 도래하지 않고 어째서 시간을 끌고 있는 것인가? 이런 시간 속에서의 삶이란 무의미한 것이 아닐까? 이것이 베르그송과 들뢰즈가 시간론을 통해 궁극적으로 질문했던 것이다. 시간이 우리에게 주어진 선험적 형식이라면 그것은 왜 한꺼번에 우리를 사로잡는 메시아적 순간으로서 도래하지 않는가? 베르그송에 따르면 시간이란 바로 존재가 그 자신의 존재를 현실화하기 위해 기다리거나 주춤하지 않으면 안 되는 망설임 그 자체이다. 우리는 머뭇거리는 행위를 통해, 도식적인 운동이나 물질적 감각의 반복운동을 기능정지 시킴으로써, 비 결정 지대 속에서 의미가 될 만한 어떤 것을 찾아 현재 쪽으로 나아가 미래 쪽으로 끌고 나온다. 시간이 망설임의 행위가 아니라면, 가령 우리가 생각하듯 모든 존재를 부식시키고 우리를 지나가버리는 공허한 상태가 시간이라면, 그것은 그 무엇도 되지 못할 것이다. 베르그송이 스펜서 철학에서의 시간이란 아무런 기여도 하지 않고 거기서는 아무 일도 일어나지 않는다고 말했던 것도 바로 이 때문이었다.(베르그송, 『사유와 운동』, 112~113) 그와는 반대로 체험된 실제의 시간이란 무엇인가가 작용하고 있는 시간이며, 존재로 하여금 무엇인가를 하도록, 그럼으로써 무한히 변화하도록 추동하는 그 무엇이다. 시간이 수행하는 일이란 바로 모든 것이 예측대로 동일하게 반복하는 것을, 혹은 모든 것이 한꺼번에 일거에 주어지고 펼쳐지는 것을 방해하는 것이다. 시간은 세계를 지연시키고 주춤하게 한다. 더 정확히 말해 그것은 우리를 힘들게 하는 그 무엇이며, 동시에 그 힘겨운 지속 안에서 우리 자신을 스스로 펼치게 하는 그 무엇이다. 그것은 지연retardement 그 자체이다. 왜냐하면 시간을 통해 우리가 하는 일은 우리의 삶의 제작이고 창조이고 의미의 결정이기 때문이다. 실체의 본질은 지속이다. 즉 자기 자신 안에서 자신의 원인을 갖고, 자신을 보존함으로써 끊임없이 시간으로 나아간다. 우리는 미리 주어진 시간 속에서 살아가는 것이 아니라, 미결정된 잠재적 실재 속에서 우리에게 적합한 혹은 우리의 관심에 상응하는 어떤 것을 선택하고, 망설이고, 구체화함으로써 삶의 시간을 창조한다. "시간이 존재한다는 것은 곧 삶이 비결정적임을 뜻한다. 시간은 그 자체가 비결정성"이다.(113) 베르그송에게 있어 실재의 시간이란 체험된 시간일 뿐만 아니라, 만들어가는 시간을 의미한다.

4장

하나이며 다수인 잠재적 실재

들뢰즈는 베르그송의 이론에서 한 가지 중대한 모순을 문제제기한다. 베르그송의 이론에는 본성적으로 다른 순수 현존들을 발견하는 것으로서의 이원론이 있고, 다른 한편에는 이 순수 현존들이 현실화 과정 속에서 서로 수렴하고 통합하는 일원론이 있다. 이 두 측면이 서로 대립적인 관계에 있다는 것이다. 가령 베르그송은 현재와 과거의 연속성을 주장하면서, 그 둘이 분할할 수 없는 하나의 단일한 흐름이라고 즉 한 몸이라고 말한다. 그러나 또 한편 그는 현재와 과거의 본성상의 차이에 대해 말한다. 이 모순을 어떻게 설명해야 할까? 들뢰즈가 이를 문제제기하는 방식과, 또 이 모순이 베르그송의 이론에서 어떻게 정당화되어 해소되는지를 생각해 보아야 할 것이다.

『물질과 기억』에서 베르그송은 그 유명한 '옷과 못의 비유'를 통해 자신의 이원론적 입장을 주장한 바가 있다. 그의 이원론은 물질과 기억을 정도상의 차이로 이해하는 유물론과 관념론을 비판하기 위한 한 과정이었다. 우리는 그 이원론에 이끌려 직관의 방법에 의해1, 본성적으로 다른 다양한 주관성의 계열들이 갈라지는 과정을 목격한 바가 있다 : 대상과 주체, 지각과 회상, 물질과 기억, 현재와 과거, 나아가 지각의 두 측면(순수지각, 주관적 지각), 지각과 감정, 회상의 두 측면(수축과 회상), …… 이 모두는 베르그송의 이원론적 기획 내에서 그 고유한 존재성을 가지게 되어, 각각 자신의 기원으로부터 그 자신의 고유한 지속을 갖는다.

그러나 이 순수현존들은 우리의 경험적 현상을 넘어서 있는 것이었다. 즉 그들은 현실적 경험의 내재적인 조건을 이루고 있는 것이긴 하지만 의식될 수 있는 것은 아니다. 들뢰즈에 따르면 연장과 비연장, 양과 질, 기억과 물질 등 본성적으로 다른 것들의 현존을 나누는 것만으로는 충분하지 않다. 왜냐하면 그것은 우리의 경험적 표상을 완전히 설명해 주는 것은 아니기 때문이다. 우리는 경험으로 되돌아와야 하며 우리가 지각하는 바를 다시 취하지 않으면 안 된다. 그래서 경험의 조건을 이루고 있는 그 순수현존들이 어떻게 복합물이 되는지를 설명하지 않으면 안 되는 것이다. 직관은 경험의 나눔의 행위뿐만 아니라 그것을 하나의 총체로서 음미하는 행위에 까지 나아가야 한다. 이렇게 해서 베르그송의 직관은 두 갈래의 길을 따라 나아간다. 우선 직관의 방법에 의해 뒤섞인 복합물을 이루고 있는 순수 현존이라는 경험의 조건을 나누는 단계(이원론)가 있다. 그러나 이 단계는 완전한 것이 아니며 경험 자체이기 보다는 원리상으로 연역된 가설일 뿐이다. 그것은 경험을 그 순수한 가설적 조건 또는 경험의 근거로 밀고 나아간 것에 불과하다. 본성상의 차이의 발견은 다양성의 긍정이지만, 그 길을 따라 나누었던 차이의 순수 현존은 지각가능한 수준으로서의 실제적인 경험이 아니므로, 경험을 설명하기 위해 우리는 그 복합물로 되돌아와야만 할 것이다. 들뢰즈는 베

---

1. 『물질과 기억』에서 베르그송의 글쓰기는 마치 내면으로 파고들어 정신적 현상의 변화를 자동기록 하듯이 진행된다. 그는 첫 장에서 이미지와 육체의 관계를 설명하기 위해 "나는 ……" 이라는 인칭을 사용한다.

르그송의 이원론이 다시 그 수렴하는 지점으로 되돌아가는 문제에 대해 언급하고 있다 : "진정한 통합지점은 경험의 전환점의 다른 쪽에서 복합물을 설명해야만 한다."(Deleuze, *Bergsonism*, 74) 따라서 그것은 이전의 혼탁한 뒤섞임 속에서가 아니라, 즉 경험 내부에 머문 단계에서가 아니라, 그 저편에서 혹은 그 외부에서 설명되어야만 한다. 그래야만 우리는 그 복합물의 진정한 결합지점을 알 수 있을 것이다. 들뢰즈가 일원론을 말하기에 앞서 다원론의 가능성에 대해 논의했던 것은 이 때문이다. 복합물로 되돌아가지만 이전의 복합물이 아니다. 혼탁한 단일성이 아니라 그 원인이 인식된 단일성에 도달해야 하는 것이다. 이것이 들뢰즈가 베르그송의 다원론으로부터 일원론적 논의를 도출하고 있는 요지이다.

그러나 이들이 경험적으로 현실화하려면 불가피하게 그 본성상의 차이가 중화되지 않으면 안 되었다. 우리의 심리적 표상은 언제든지 혼탁한 복합물 속에서 형성되어 사물의 정도상의 차이만을 구별할 수 있기 때문이다. 가령 순수 회상은 의식적 현실이 되는 과정에서 지각과 뒤섞여 본성상의 차이를 잃어버리게 된다. 그런 식으로 회상-현존은 회상-이미지가 되고, 지각-현존은 지각-이미지가 되어 서로가 정도상의 차이만을 갖는 심리적 존재가 된다. 물론 들뢰즈는 일원론으로 나아가는 과정을 수축-이완의 모델을 통해 설명하였다. 잠재적인 것이 현실화 단계에 이르러 단일한 존재성을 갖는 그 지점에서, 다시 말해 그 원인이 인식된 복합물 속에서 본성상의 차이들이 교차하는 지점에서 수축 또는 이완이 일어나는 것이다. 들뢰즈는 이렇게 말한다.

베르그송은 회상-이미지와 지각-이미지 간의 정도상의 차이만이 있음을 말하는 것으로 만족하지 않는다. 그는 훨씬 더 중요한 존재론적 명제를 제기한다. 즉 과거가 그 자신의 현재와 공존하는 반면, 그리고 다양한 수준의 수축 위에서 그 자신과 공존하는 반면, 우리는 현재 그 자체가 오로지 과거의 가장 수축된 수준임을 인식해야 한다. 그래서 이를 보면 순수 현재와 순수 과거, 순수 지각과 순수 회상 그 자체, 순수 물질과 순수 기억이 단지 팽창과 수축의 차이만을 갖고 존재론적 단일성을 회복한다. 그러나 회상-기억의 핵심에서 보다 심오한 수축-기억을 발견하면서, 우리는 새로운 일원론의 가능성의 기초를 다져놓은 것이다.(74)

회상(과거) 속에서 수축의 발견을 통해 현재를 설명하거나, 나아가 잠재적인 것 안에서 현실적인 것을 도출하는 이 내재적 설명 방식은, 물질과 기억뿐만 아니라 베르그송이 나누었던 모든 본성적 차이를 존재론적으로 묶는다. 가령, 이미 충분히 논의 했듯이, 과거는 현실화되기 위해 매순간 현재 쪽으로 이동하며 수축한다. 또한 감각은 무수한 진동들을 신경판의 표면에서 수축시키고, 그로부터 그 물질적이고 양적인 진동들을 부피와 용적이 있는 질로 느껴지게 한다 : "질이란 수축된 양 외에 그 무엇도 아니다."(74) 그 진동들이란 말하자면 연장extension이며 곧 물질이다. 정신이 물질로 삽입되어 물질 자체로 뛰어드는 통로는 수축밖에 없다.

지성은 물질과의 면식acquaintance이며, 물질에 대한 우리의 적응을 나타내주며, 물질을 본뜬다. 그러나 그것은 다만 정신 또는 지속의 힘을 빌어서, 물질을 지배하도록 허용하는 긴장(수축)의 지점에서, 물질 속에 자리를 잡음으로써만 그렇게 한다.(88)

따라서 본성적으로 다른 순수 현존들이 교차하는 지점에는 수축이라고 하는 현실화 운동이 있으며, 이것은 베르그송의 이원론을 일원론으로 내재적으로 묶어주는 형식이 된다. 이 형식에 따라 현실적 존재란 다름 아닌 잠재적인 것의 응축의 정도라고 말할 수 있게 되었다. 그러나 수축은 또한 그 반대의 형식을 예시해 준다. 저 인용문은 우리에게 수축 외에 다른 것, 즉 이완의 형식을 예시해 준다. 회상이 현재적 지각의 이완된 상태인 것과 마찬가지로, 물질 그 자체 역시 이완된 상태가 될 것이다. 이미 논의한 바 있지만, 우리는 순수 회상으로 갈수록, 즉 우리의 주의력을 현재적 지각으로부터 멀어져 보다 심층화하여 회상으로 내려갈수록 잠재적 실재에 보다 더 근접하게 된다. 또한 잠재적 실재란 바로 물질의 무한한 이완 상태의 반영 혹은 그 자체에 다름 아니다 : "물질과 꿈은 자연적 친화성을 가지고 있으며, 이 둘은 모두 우리의 안과 밖에 있는 이완 상태를 표시해주고 있다."(86) 『물질과 기억』의 2장에서 맨 처음 등장하는 휘어진 삼각뿔 모형을 통해 베르그송은 무한하게 팽창된 회상과 마찬가지로 물질 역시 무한한 이완 상태임을 암시하고 있다.2

B', C', D'의 경우, 이들은 점차 깊어지는 심층의 근거들이며, 대상object의 배후에서 대상 그 자체에 잠재적으로 주어진 것으로, 주의력이 깊어짐에 따라. 지각된 대상뿐만 아니라 깊어진 주의력과 관계하는 폭넓은 체계도 새로워지는 것으로 보일 것이다; 그래서 순환을 이루는 B, C, D는 기억의 더 높은 수준의 팽창을 나타내고, 그들은 B', C', D' 안에서 실재의 보다 깊어지는 층위에 도달한다.(Bergson, *Matter and Memory*, 128)

이렇게 해서 수축은 현재와 과거 그리고 양과 질의 이원론을 극복하고. 이완은 물질과 정신 혹은 연장과 비연장을 일원화한다. 이것은 지속이 우리 자신에게만 있는 것이 아니라, 물질에도 있다는 사실을 말해준다. 들뢰즈는

---

2. Bergson, *Matter and Memory*, p. 128에서 제시한 그림은 오른쪽과 같다.

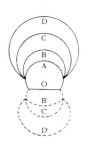

『물질과 기억』의 중요성이 바로 이점이라고 지적한다. 『시간과 자유의지』에서는 지속이 다만 의식과 자아에 속한 것처럼 간주되었다. 물질적 사물에도 지속이 있는지 없는지에 대해서 베르그송은 모호한 입장만을 취했던 것이다. 그러나 수축과 이완의 일원론적 모델은 지속 안에서 물질을 그리고 물질 안에서 지속을 발견하게 해 준다. 어떤 경우든지 수축과 이완의 모델은 베르그송의 이원론 속에 이미 일원론적 기초가 상정되어 있음을 나타내고 있는 것이다.

그런데 이미 언급했던 바, 들뢰즈는 이와 같은 수축-이완의 모델이 본성상의 차이를 가르는 베르그송의 이원론과 근본적이고도 치명적인 모순이 있는 것이 아닌가 하고 질문을 던지는 것이다. 왜냐하면 본성상의 차이의 발견은 바로 정도의 차이 혹은 강도의 차이를 비판하기 위해 제시된 것이기 때문이다. 그에 따르면 정도와 강도의 차이는 결국 모순과 부정이라는 모든 잘못된 문제들로 귀결되어 우리를 잘못된 복합물 속에서 혼란하게 하는 것이었다. 그런데 수축-이완의 모델은 현재와 과거, 물질과 지속과 같은 본성상의 차이를 다시 수축과 이완이라는 정도상의 차이로, 즉 잘못된 복합물로 퇴행시키고 있는 것이 아닌가?[3]

베르그송의 프로젝트, 즉 본성상의 차이인 차이Difference가 부정적인 것(타락으로서의 부정뿐만 아니라 대립으로서의 부정)과는 관계없이 그 자체 독립해서 이해될 수 있고 또 이해되어야 함을 보여주려는 시도는 어떻게 되는 것인가? 그의 체계의 핵심에 가장 최악의 모순이 도사리고 있는 것 같다. 정도, 강도, 대립, 이 모든 것들이 다시 도입되고 있다. …… 이 문제를 제쳐두더라도, …… 지속은 그 자신에게 영향을 주는 정도, 강도, 이완, 그리고 수축의 차이들 속으로 흩어져 버

---

3. 들뢰즈는 베르그송이 이처럼 양적인 차이의 주제로 다시 되돌아가는 문제를 입증하기 위해 다양한 텍스트에서 그 증거들을 나열하고 있다. 이에 대해서는 Deleuze, *Bergsonism* 4장에서 들뢰즈의 각주 6번을 보라.

리기 때문에, 우리는 도리어 일종의 양적인 다원론quantitative pluralism에 **빠져버**리게 된다.(Deleuze, *Bergsonism*, 76)

이렇게 해서 중요한 문제는 바로 지속이 하나인가 아니면 다수인가를 아는 것으로 요약 할 수가 있다. 이원론을 극복하여 참된 일원론에 도달한 것인지, 아니면 수축과 이완의 양태에 따라 혹은 심리적 자아뿐만 아니라 물질적 사물들까지로 확장되는 양적인 다원론에 **빠져버**린 것인지.

다원론에서 일원론으로 : 세 개의 텍스트

들뢰즈는 저 질문에 대해 세 단계의 텍스트를 제시하고 있다. 그리고 그 세 단계는 각각 베르그송의 서로 다른 저작들 속에서 크거나 작게 논의되고 있는 주제들이다. 우선 『물질과 기억』에서는 지속 내에서의 다양한 리듬들의 공존뿐만 아니라, 주체 내부의 심리학적 지속으로부터 벗어나 존재론적 지속으로 다양화된다. 우주는 그 자체 끊임없는 생성과 변화로써 그 자신을 지속한다. 지속은 "보편적 변이의 세계"로 확장되어, 주체의 심리 안에서만이 아니라 외부에도 즉 물질적 사물들과 우주 전체에도 존재하는 것으로 정의된다. 그래서 이 정의에 따라, 우리 자신조차도 다양하게 공존하는 지속들 중 하나일 뿐이다. 들뢰즈는 이를 "일반화된 다원론"이라고 적는다.

『물질과 기억』에서는 지속의 근본적인 복수성을 가장 멀리까지 밀고 나아간다. 즉 우주는 긴장과 에너지가 변용되고, 요동치며, 변하는 것 외에 그 무엇도 아니다. 게다가 베르그송은 지속의 리듬들의 복수성에 대해서도 말한다. …… 각각의 지속은 절대적이며, 각각의 리듬은 그 자체가 하나의 지속이다. …… 심리학적 지속, 즉 우리의 지속은 이제 다른 지속, 다른 지속의 무한성 중에서 선택된 단

하나의 사례에 불과하며, …… 심리학은 이제 존재로 가는 출발일 뿐이며, 존재 내에 "위치"하기 위한 발판일 뿐이다. 그러나 우리가 그곳에 위치를 잡자마자, 우리는 존재가 다양하며, 매우 수많은 지속이며, 우리 자신의 지속은 보다 분산된 지속들과 보다 긴장되어 있고, 보다 강렬한 지속들 사이에 붙들려 있음을 감지하게 된다.(77)

그런데 지속이 주체의 의식 또는 기억에만 있는 것이 아니라, 모든 물질적 사물들 즉 우주 전체로 확장되어야 한다면, 과거의 다양한 수준들의 공존(잠재적 실재)이라는 회상의 개념 역시 이제 우주 전체의 수준으로 확장되어야 할 것이다.

따라서 마치 우주가 하나의 거대한 기억처럼 보인다. …… 잠재적 공존이 무한하게 많은 특수한 지속들로의 이러한 확장은 『창조적 진화』에서 분명하게 드러난다. 거기서 생명 그 자체는 하나의 기억과 비교되고, 이 생명의 기억이 공존하는 정도들에 따라 유genera나 종species이 결정된다. 따라서 우리는 하나의 일반화된 다원론을 내포하는 것처럼 보이는 존재론적 비전을 갖게 된다.(77)

다음으로 『창조적 진화』에서는 또한 지속의 다수성에 한계를 설정하고 있다. 들뢰즈는 이를 "제한적 다원론"이라고 적는다. 『물질과 기억』에서 말해졌던 다수의 지속들은 하나의 전체와의 관계 속에서, 말하자면 전체에 열려 있는 한에서만 지속하는 것이다.

만일에 사물들이 지속한다면, 그 자체 내에서 혹은 절대적이기보다는, 그 사물들이 인위적으로 구별되는 조건 하에서 참여하고 있는 우주 전체와의 관계 속에서 그렇다. 따라서 설탕조각은, [내가] 자의적으로 잘라낸 것임에도 불구하고, 하나의 전체로서의 우주로 열려져 있기 때문에, 우리는 그것이 녹기를 기다려야만 하

는 것이다. 이런 의미에서 사물은 더 이상 그 자신만의 지속을 갖지 않는다.(77)

이렇게 해서 들뢰즈는 두 가지의 다원론을 일별하였다. 일반적 다원론 혹은 절대적 다원론, 즉 모든 지속들은 자신만의 고유한 리듬을 가지며 서로 다른 본성상의 차이를 내포한 채 다양하게 공존하고 있다. 이 다원론 안에서는 시간의 근본적인 다양성이 있다. 그리고 제한적 다원론 혹은 상대적 다원론, 즉 모든 지속은 자신만의 고유한 리듬을 가짐에도 불구하고, 그것은 여전히 전체에 열려 있으므로, 전체로서의 우주와 관계하고 그것에 참여함으로써, 다른 지속들과의 상대적 관계 속에서 지속한다. 그것은 전체의 리듬에 종속되어 다른 지속을 기다리지 않으면 안 되는 것이다.

그런데 『지속과 동시성』에서는 저 두 갈래의 다원론을 다시 반복적으로 언급하면서, 절대적 다원론과 상대적 다원론의 한계를 지적하고4, 나아가 "하나의, 보편적인, 비개인적인, 단일한 시간"이라는 일원론의 가설을 주장한다. 다시 말해 의식적 존재들 각자만의 폐쇄된 고유한 시간도 아니고, 또 존재들 간의 기다림이나 부정 혹은 대립과 같은 상대적 관계 속에서 체험된 공통의 시간도 아닌, 그 모든 존재들이 참여하고 있는 절대적 시간, 심리적 의식을 갖는 존재뿐만 아니라 물질적 사물들 까지도 포함하고 있으며, 그 존재들 안에 내재하고 있는 '하나의 시간'을 주장하고 있다는 것이다. 들뢰즈는 『지속과 동시성』에 나타난 이러한 일원론이 베르그송 전체의 이론에 있

---

4. 가령, 절대적 다양성의 경우 즉 다른 어떤 것에도 구속되지 않고 자신만의 지속을 가지는 것은, 인간이라든가 "상대적인 폐쇄계를 이루고 있는 생물체들"처럼 심리학적 존재들에만 국한된다는 것이다. 왜냐하면 모든 지속이 존재 그 자신만의 절대적 다양성이라면, 비심리학적이고 불활성의 물질세계로까지 연장된다는 근거를 확실히 결정할 수가 없기 때문이다. 제한적 다원론 역시 한계가 있는데, 서로 다른 지속들 간의 상대적 질서 속에서 드러나는 전체는, 그 본성이 무엇인지 그리고 그 전체가 우리와 어떤 관계가 있는지 여전히 알려져 있지 않다. 물질적 사물들은 상대적 질서에 의해 구별되고, 특히 그것들을 상대화하는 우리 의식의 지속이나 시간이나 질서에 의해 구분된다. 그렇지만 그 고유의 본성과, 우리와 맺는 관계의 본질에 대해서는 여전히 풀리지 않는 신비이다. 베르그송 이론이 간혹 신비주의로 오독되는 이유도 여기에 있을 것이다.(Deleuze, *Bergsonism*, 78)

어 아주 놀라운 것이었음을 지적한다. 왜냐하면 그의 이론의 핵심에는 지속이 있고, 지금까지 지속은 다양성으로 정의되어 왔기 때문이다. 그것이 절대적 다양성이든 아니면 상대적 질서에 의한 다양성이든, 베르그송의 이론은 오히려 다원론으로 정의를 내려야 하지 않는가 하는 것이 바로 들뢰즈가 의아해 하는 점이다. 이것은 최악의 모순이며, 베르그송이 지금까지 논의해 왔던 모든 문제들을 스스로 부정하는 주장이기 때문이다. 여기서 제시하고 있는 들뢰즈의 질문은 그의 이론에 있어 아주 근본적인 것 같다. 언제나 삼부 모델의 형식으로 문제를 풀어가는 들뢰즈는 여기서도 역시 궁극적인 시간, 참된 시간의 가능성을 모색하고 있다.

상대성 이론에 대한 비판 : 시간과 공간의 혼동

들뢰즈는 베르그송의 이러한 변화가 아인슈타인의 상대성 이론과의 대면 이후에 생긴 것이라고 지적한다. 이 대면은 불가피한 것이었는데, 왜냐하면 베르그송이 논의하는 주제들, 가령 시간과 공간의 문제라든가, 그 긴장이나 수축과 같은 논의들이 상대성 이론에서 중심적으로 다루고 있는 개념들과 같았기 때문이다. 특히 상대성 이론에서는 시간과 공간에 있어서의 다양성Multiplicity의 개념이 핵심적인 사안으로 등장하게 되면서, 베르그송으로 하여금 상대성 이론을 언급하지 않을 수 없도록 하였다.

베르그송은 『지속과 동시성』 초반부에서 상대성 이론의 생성과정을 여러 물리적 실험결과들을 예를 들어 소개하고 있다. 로렌츠는 마이클슨-몰리Michelson-Morley의 실험(빛의 왕복운동을 관찰함으로써, 빛의 매질인 에테르의 존재를 증명하려는 시도)을 해석하여 공간과 시간의 상대적 관계를 증명한다. 그는 상대성 이론에 있어 기본적인 전제, 즉 공간의 수축, 시간의 연장, 그리고 동시성의 파괴를 상정하였다. 가령 움직이지 않는 어떤 체계 S가 있고, 이 체계와 동일하지만 등속 운동을 하고 있는 체계 S'가 있다. 그에 따르면 운동 중에 있는 체계 S'는 자신이 운동하고 있는 방향 쪽으로 그 공간(길이)이 수축한다.[5] 이를 로렌츠 수축이라고 부르는데, 이는 마이클슨-몰리 실험에서 예시했던 바처럼, 시간을 빛의 왕복운동과 어떤 물체의 운동 거리의 관계로 환원한 결과이다. 따라서 로렌츠가 증명한 공간의 수축은 상대적으로 시간의 변화를 야기한다. 공간의 수축은 빛이 왕복 운동을 하는 거리의 속도를 다르게 할 것이고, 속도의 변화는 시간의 변화를 초래할 것이다(우리는 운동의 속도를 시간당 거리로 계산한다). 따라서 공간과 시간의 비례관계에 있는 물리적 체계 내에서, 공간의 수축은 시간의 단위량의 축소를 낳고, 나아가 같은 거리의 운동에 대해 시간의 흐름은 상대적으로 느려질 것이다. 그것은 마치 공간과 시간이 한 몸으로 결합되어, 공간이 수축하면 시간이 늘어나고, 공간이 늘어나면 시간이 수축하는 식의 고무풍선과도 같은 모습을 하고 있는 셈이다. 이렇게 해서 정지되어 있는 상태의 체계와는 달리, 운동하고 있는 체계 내의 공간과 시간은 각각 수축하고 이완한다. 그런데 이러한 논리에서는 근대물리학이 상정해 왔던 절대적 시간, 즉 어떠한 체계의 다양성에서도 변하지 않는 근원적인 양으로서의 시간(흔히 t로 표시되는) 개념이 파괴된다. 왜냐하면 체계의 다양성에 따라(가령, 운동량의 다양성) 시간은 각각의 다양한 양태를 갖게 되고, 따라서 시간의 동시성이란 무효화되기 때문이다. 한마디로 말해 정지된 체계와 운동하는 체계는 그 공간뿐만 아니라 시간이 서로 동일하지 않은 것이다. 한 가지 더, 로렌츠 이론에 있어 공간의 수축과 시간의 연장은 운동하고 있는 그 체계 내에서는 관찰될 수가 없고, 다만 그 체계의 밖에서, 즉 정지된 체계에서만 관찰될 수 있는 것이었다. 다시 말해 그에게 있어 동시성의 파괴(시간의 다양성)란 정지된 체계(혹은,

---

5. 이에 관한 물리 수학적 증명은 Bergson, *Dureé et Simultanéite*, p. 4 이하를 보라.

절대정지 상태의 에테르) 속에 있는 관찰자라고 하는 기준계에 대해서만 그 상대성이 성립 가능한 것이다. 이것은 완전한 상대성이 아니라 절대적 체계가 가정된 상대성인 셈이다. 베르그송은 이를 '반 상대성'demi-relativité 또는 '일방적 상대성'relativité unilatérale이라고 불렀다.

그러나 특수상대성 이론에 이르면 이러한 절대적 기준체계 자체가 사라져 버린다. 반 상대성은 절대적 체계 S가 기준으로 제시되어 있으므로, 운동하고 있는 서로 다른 다양한 체계들, 가령 S' 라든가 S"는 기준계 S에 **대한** 상대적 운동을 표현하고 있다. 따라서 S'나 S"에 속한 운동성은 기준계 S에 대해서만 상대적일 뿐, 그 체계 각각은 고유의 운동성을 가지게 될 것이다. 그런데 이 절대적 기준계가 사라져 버린다면, 각각의 체계에 고유한 운동성 역시 무의미해진다. 이런 식으로 체계 S'의 운동성은 S"에 상대적 운동성이 되고, 또 마찬가지로 S"의 운동성은 S'의 상대적 운동성이 된다. 베르그송은 이를 "완전 상대성"relativité compléte 혹은 "쌍방적 상대성"relativité bilatérale이라고 불렀다. 완전 상대성 이론에서 모든 운동은 상대적인 것으로 간주되어, 관계하고 있는 체계들 간의 운동 양태에 따라 그 만큼의 다수의 시간과 공간의 변화가 일어난다.[6] 한 마디로 말해 모든 다양한 체계들에 대한 동일한 관찰자(신의 관점과 같은)가 소거됨에 따라, 체계들에 상응하는 서로 다른 관찰자의 관점에 의해 시간과 공간이 다양해지는 것이다. 베르그송은 이를 그 유명한 삐에르Pierre와 폴Paul의 예를 통해 설명하고 있다.[7] 지구에 머물러 있는 삐에르에 비해 광속으로 우주여행을 하고 돌아온 폴의 시간은 훨씬 더 느리

---

6. 이 특수상대성 이론이 내포하고 있는 공간의 수축과 시간의 지연 그리고 동시성의 파괴의 문제는 민코프스키(H. Minkowski)에 의해 수학적으로 도식화 되었는데, 이것은 관찰자의 운동에 따라 그가 관찰하는 사건의 시간과 공간의 관계율이 전혀 다른 것일 수 있음을 정식화 한 것이다. 이에 대해서는 *Dureé et Simultanéite*, p. 140 이하를 보라.

7. 이 예는 원래 랑쥬벵(L. Langevin)이 제시한 것을 베르그송이 재수용한 것이다. 이에 대해서는 L. Langevin, "L'évolution de l'espace et du temps", *Revue de Méta Physique et de Morale*. 1911. pp. 455~456(*Dureé et Simultanéite*, pp. 185~187 ; Langevin 재인용)을 참고하라.

게 갔을 것이다. 왜냐하면 폴은 운동 중인 체계 내에 있었고, 상대성 이론에 따라 우주선에서는 공간의 수축과 시간의 지연이 일어났을 것이기 때문이다. 따라서 지구에 머물러 있던 삐에르는 폴에 비해 나이가 훨씬 더 들었을 것이다.[8] 그러나 완전 상대성에 따르면 모든 운동은 상대적이다. 다시 말해 폴의 광속 운동은 삐에르의 관점에서 기술된 운동이었으며, 반면에 폴의 관점에서는 삐에르가 광속 운동을 한 셈이 된다. 이렇게 본다면 삐에르의 관점에서 볼 때는 자신이 폴보다 훨씬 더 나이가 많아져 먼저 죽게 될 것이고, 반대로 폴의 관점에서는 자신이 삐에르보다 나이가 훨씬 더 많아져 먼저 죽을 것이다. 어느 모로 보나 이것은 완벽한 모순이 아닐 수 없다. 상대성 이론에서의 이러한 시간의 모순을 어떻게 설명해야 할까?

베르그송은 저러한 모순의 원인은 우리가 실재의 시간과 허구의 시간을 혼동하기 때문이라고 말한다. 같은 속도로 운동을 하고 있는 서로 다른 두 체계 사이에는 완전한 상호성이 존재한다. 따라서 피에르에 '대한' 폴의 운동은 마찬가지로 폴에 '대한' 피에르의 운동으로 얼마든지 치환해서 기술할 수가 있다. 즉 피에르의 관점에서 기술된 폴의 운동과 폴의 관점에서 기술된 피에르의 운동은 각각 당사자 고유의 실질적인 운동이 아니라 상대적 관계에 의해 표상된 허구적 운동 혹은 상징적 운동에 불과하다. 마찬가지로 표상된 운동에 따라 기술된 시간(의 지연) 또한 실제로 체험된(살아진) 시간이 아니라 수와 양으로 계량된 허구에 불과한 것이다. 이렇게 수학적으로 표기됨으로써 발생하는 운동과 시간은 베르그송의 의미로 실재가 아니라 규약이다. 그것이 상징적 규약이기 때문에, 다시 말해 허구로서의 수학적 시간에 체험으로서의 실재의 시간과 동일한 실재성을 부여했기 때문에, 그것은 피에르의 시간이든 폴의 시간이든, 어느 누구에게도 본성적으로 차이가 없다.

---

8. 상대성 이론에 따르면 광속으로 운동하는 체계 내에 있던 폴은 삐에르에 비해 100배의 시간이 지연된다고 한다. 가령 폴의 시간이 2년이 지났다면 삐에르의 시간은 200년이 지난 셈이다.

따라서 피에르는 폴보다 느린 시간 속에 있으며 동시에 빠른 시간 속에 있는 존재이다. 마찬가지로 폴 역시 피에르보다 느리며 빠르다. 수는 무차별적이기 때문에, 피에르나 폴 모두에게 동일한 본성을 부여한다. 이는 마치 그림을 그릴 때 멀리 있는 대상과 가까운 대상을 서로 다른 크기로 그리는 것과 같다.9 원근법에 따라 우리는 멀리 있는 대상 A는 작은 크기로 소묘하고, 가까이에 있는 대상 B는 크게 소묘한다. 그러나 반대로 B가 멀리에 있고 A가 가까이에 있다면, 소묘의 크기 또한 그 반대가 될 것이다. 이렇게 상대적 관계 아래에서는 관점과 주의력에 따라 사물을 마음대로 그렸다가 지울 수가 있다. 그러나 실제로 우리는 그 대상의 실질적 변화가 일어난 것은 아님을 경험적으로 잘 알고 있다. 그래서 우리는 A와 B가 원근법에 따라 다양하게 소묘된다고 해도 그들의 크기의 차이가 대상 그 자체의 실제적 크기의 변화라고 간주하거나, 그 둘에 동일한 실재성을 부여함으로써 그들을 혼동하지는 않는다. 다만 우리가 세워놓은 가상의 공간 질서 속에서 표상적 대상으로만 그릴 뿐이다. 그 때의 변화는 상징적인 규약이고 외견상의 차이에 불과하므로 실질적인 변화 즉 '유효적 차이'를 갖지 않는다. 우리는 이미 표상적 지각을 넘어서 직관을 이용해 실재성의 본성적인 차이를 구별하고 있는 것이다. 그러나 상대성 이론에서 본 바처럼, 과학은 거리의 변화라든가 공간의 변량에 따라 달라지는 대상에 동일한 실재성을 부여하여, 실질적 시간과 상징적 시간을 구분하지 못한다. 상대성 이론에서는 존재의 유효성이나 절대성 즉 자기 자신 안에서의 운동과 변화가, 외연적 변화(A에 대한 B 또는 B에 대한 A의 변화)로만 기술될 수 있을 뿐이다. 과학은 실재의 운동으로부터 순수 운동성을 빼고, 그것이 낳은 결과 즉 운동의 공간적 궤적만을 결합하여

---

9. "나는 화가이고 쟝(Jean)과 쟈끄(Jacque) 두 사람을 그린다. 쟝은 내 옆에 있고, 쟈끄는 내게서 20~30m 떨어져 있다. 나는 쟝을 본래의 크기로 그릴 것이고 쟈끄는 작게 그릴 것이다. 쟈끄 옆에서 나와 같은 그림을 그리는 나의 친구는 쟈끄를 원래의 크기로 그릴 것이고, 쟝은 작은 키로 그릴 것이다. 나와 내 친구는 모두 옳은 그림을 그린 것이다"(Bergson, *Dureé et Simultanéite*, 75).

운동성을 대신한다. 마찬가지로 시간으로부터 그 실제적 체험은 빼고, 그 체험의 양적 표상으로 대신함으로써 시간을 공간화한다. 이러한 시간은 살아가고 있는 어느 누구에 의해서도, 지구의 피에르에 의해서도 우주선의 폴에 의해서도 체험된 바가 없는 허구의 시간이다.[10] 베르그송은 수학적 실재와 경험적 실재의 이와 같은 혼동을 설명해주는 예로, 데카르트Rene Descartes의 상대적 운동성에 대한 모뤼스Henry Morus의 비판을 제시한다 : "나는 앉아있고 다른 사람이 나로부터 천 보를 걸어 나가면서 힘이 들어 얼굴이 붉어졌다면, 운동한 것은 바로 그 사람이고 나는 쉬고 있는 것이다."(Bergson, *Dureé et Simultanéite*, 29; Morus 재인용) 이렇게 해서 물리학자의 두 가지 시간이 있는 셈이다. 하나는 직접 경험하는 의식적 존재로서의 시간이 있고, 그 물리학자가 사유 속에서 허구적인 것으로 측정한 시간이 있다. 상대성 이론은 이 두 시간에 동등한 실재성을 부여하고 그들의 외연적인 차이에 의해 발생하는 다수의 시간을 말하고 있는 것이다. 그러나 이것은 과학 언어의 한계이기도 하다. 이것이 바로 피에르와 폴의 시간에 있어 다수성이 갖는 모순의 요체였던 것이다.

따라서 우리는 다시 베르그송의 근본적 주제인 두 차원의 시간 즉 다양성을 구분하는 문제에 들어와 있다. 시간은 지속이며 다양성이다. 하지만 더 근본적인 문제는 그 다양성이 어떤 종류의 다양성인지를 구분하는 것에 있을 것이다. 이렇게 해서 들뢰즈는 다시 두 수준의 다양성을 구분한다. 하나는 "수적이고 불연속적이며 현실적인 다양성"actual multiplicities that are numerical and discontinuous이다.[11] 존재는 불연속적으로 개별화되어 다수多數, plural를 이

---

10. "간단히 말해, 그 다른 시간이란 바로 피에르에 의해서도 혹은 폴에 의해서도 살아지지 않는, 혹은 피에르가 상상하고 있는 폴에 의해서도 살아지지 않는 무언가이다. 그것은 다름 아닌 순수 상징으로서, 살아질 수 있는 것을 배제하고, 단지 그와 같은 체계가 하나의 기준점으로 작용한다는 사실만을 가르쳐줄 뿐이다."(Deleuze, *Bergsonism*, 84)
11. 다양성의 두 수준에 관해서는 이미 2장에서 논의하였다. 이에 대해서는 Deleuze, *Bergsonism*, p. 40 이하를 참고하라.

루며, 양적인 공간 속에서 상대적 다양성을 이루고 있다. 이들은 가상적이며 변하기 쉬운 다양성이다. 왜냐하면 그 자신 안에서의 다양성이나 운동성에 의해서가 아니라, 그것을 바라보는 타자에 의해 표상된 다양성이기 때문이다 : "체계 외의 관찰자에 의해서 그 사건 위에 단순히 도금된 것이다."(93) 이 같은 간접적인 측면 때문에, 만일에 서로 다른 개별적 존재들이 서로 동시간적인 상태에 있다면, 그것은 수학적 동시성 즉 시계의 규준에 의해 일치된 순간의 동시성일 뿐이다. 그러나 한편에는 또 다른 다양성이 있다. "연속적이고 질적이며 잠재적인 다양성"virtual multiplicities that are continuous and qualitative 이다. 이는 수가 아니기 때문에 다수多數가 아니라 "다중"多重, multiple이라고 말해야 할 것이다.12 달리고 있는 아킬레스의 얼굴이 붉어지고 땀이 흐르듯, 다중성은 사건들 자체에 내재하는 것으로 타자적 표상이 아니라 실재적이며 직접적인 자기 원인을 갖는다. 따라서 그것은 그 자체 내의 어떤 것을 설명하고 절대적이다. 아킬레스의 운동은 거북에 의해서도 궤도상의 변화에 의해서도 표상되지 않는다. 그의 운동은 표상 이전에 이미 그 자신의 땀과 근육의 내재적 변화 그 자체이기 때문이다. 만일에 여기에 동시적 시간이 존재한다면, 그것은 바로 베르그송이 상대성 이론을 비판하면서 궁극적으로 말하고자 했던 바, 단일한 행위에 의해 이루어지는 직관적 동시성 즉 실재적 흐름의 동시성이 될 것이다.

베르그송의 비판은 만일에 상대성 이론에서 시간의 다양성(동시성의 파괴)을 제시했다면 그것은 바로 첫 번째 부류의 다양성에 속한다는 것이었으며, 나아가 본성적으로 다른 두 수준의 다양성을 단일한 하나의 공간으로 단순화시켰다는 것이다. 베르그송은 과학이 짊어지고 있는 혐의에 대해 반복적으로 언급한다. 과학은 실재를 단위들의 측정으로 파악하고 운동을 단순

---

12. 다수(多數, plurality)와 다중(多重, multiplicity)의 용어법이 정확히 일치하지는 않지만, 다양성의 두 수준에 관하여 논의하고 있는 문맥으로 보았을 때 아무런 문제가 없다.

한 궤적으로 환원하여 실재성을 잃은 순간들의 병치로 이해하였다는 것이다. 그것은 흐름으로서가 아니라 흘러가버린 간격들과 흔적의 극단으로 파악된 실재이다. 이로써 운동은 빠르거나 느리거나 혹은 다양한 경향을 갖는 문제가 아니라 하나의 일반적 수로서 동일한 비율로 인식된다. 과학의 이러한 혐의를 상대성 이론 역시 벗어날 수 없었다. 베르그송의 상대성 이론에 대한 비판은 그것이 지속과 공간을 잘못된 복합물로 뒤섞어 지속을 공간으로 환원해 버렸다는 것이었으며, 그 결과 상대성 이론에서의 시간과 변화의 흐름은 부채처럼 이미 펼쳐진 결정론적 공간에 다름 아니라는 것이다 : "베르그송이 아인슈타인을 비판하는 요체는, 그가 두 유형의 다양성을 혼동했으며, 그 결과 시간과 공간의 혼동을 부활시켰다는 점이다."(Deleuze, *Bergsonism*, 80)

직관적 흐름의 동시성, 절대적이고 단일한 시간

서로 다른 체계들 간에는 시간을 동시적으로 규준 할 수가 없다고 말했을 때에(동시성의 파괴), 아인슈타인이 의미하는 시간은 체계의 가변성에 종속되어 있는, 다시 말해 순간으로 공간화한 시계의 시간이다. 그러나 베르그송에 의하면 이 시간과는 전혀 다른 수준의 시간이 있으며, 따라서 시계가 일치하지 않아도 동시간적 경험이 존재한다. 베르그송은 과학의 표상적 시간이 오히려 우리의 내적이고 경험적인 지속의 연속에 의존한다고 주장한다. 연속된 흐름을 불연속적 순간들의 병치juxtaposition로 추상하거나, 지속을 공간으로 냉각 혹은 박제하고, 생성 중에 있는 것becoming을 하나의 상태state of thing로 마음대로 표상할 수 있는 것은, 어떠한 공간적 표상에도 보존되어 있는 지속이 우리 내부에 있기 때문이라는 것이다 : "아이들이 한 단어를 단번에 읽을 때 그들은 이미 단어의 모든 글자들을 잠재적으로 하나씩 읽고 있는 것이다."(Bergson, *Dureé et Simultanéite*, 154) 베르그송에 따르면 상대적 체계가 서로 다르고, 그 결과 상징적 현실이 일치하지 않아도, 우리의 지각은 하나의 흐름 속에서 이미 동시간적 경험을 한다. 이미 지적했듯이 — 쟝과 자끄의 예 — 원근법의 서로 다른 체계에 따라 한 대상의 크기가 다르게 보이는데도 불구하고, 그 대상의 실제적 크기를 혼동하지 않고 지각하게 해 주는 단일한 시간이 존재한다. 이렇게 시간의 직접적인 일치는 시계 눈금의 일치가 아니라 지각의 단일성, 더 정확히는 직관적 동일성에서 나온다는 것이다.

다시 그의 지속에 대한 설명으로 돌아가 말해 보자. 나는 내 관심과 주의를 무한히 수축시켜 현재의 관점을 하나의 순간으로 만들 수도 있고, 점차 그것을 나의 주변으로 이완시켜 내가 경험했던 최근의 시간대로 넓힐 수도 있다. 또한 여기에 국한되지 않고 현재를 우주 전체로 확장시켜 태곳적부터 지금까지 전 우주에 걸친 현재의 시간이라는 관념을 가질 수도 있다. 이것이 가능한 이유는 우리의 직관이 순간적인 지각뿐만 아니라 우리의 주의를 분할하지 않고도 다양한 흐름에 분배할 수 있는 지속의 가능성 때문이다. 그것은 마치 음악의 멜로디를 듣는 것과도 같아서, 음악은 우리의 의지에 따라 다수의 음계로 분절되어 지각될 수도 있고 단일한 하나의 흐름이 될 수도 있다.[13] 그러나 우리가 아무리 상징적 음계를 다른 방식으로 표현한다고 해도 흐르는 멜로디 자체를 불연속적 계기들로 실제로 자를 수는 없다. 그 음계는 우리의 사유가 특정 관심 혹은 수축에 의해 가상적으로 상징화해 놓은 순간들의 표현이고 현실화된 공간에 불과하기 때문이다. 그 공간은 상대적 체계로 되어 있으며 하나가 다른 하나의 가변성에 따라 달라지는 체계이다. 우리의 주의력과 수축에 따라 아무리 다양한 변용이 가능해도, 거기에는 하나의 전체로서의 멜로디처럼 단일하고도 보편적이며 비개인적인 시간이 내재해 있다.

---

13. 들뢰즈가 베르그송의 영화관을 비판할 때 썼던 논법이 바로 이것이었다. 영화에서 우리는 커트 단편들이 아니라 그 전체의 흐름을 보는데, 이것은 불연속적 단편들 사이에서 나오는 흐름으로서의 이미지의 생성에 기인한다는 것이다. 이에 대해서는 이 책 2부 3장을 보라.

이것은 개인의 삶의 경우도 마찬가지이다. 유년기 시절의 나 자신과 지금 현재의 나 사이에는 셀 수 없이 많은 경험이 축적되어 있으며, 그로 인해 내 안의 무형無形의 경향성은 다양한 갈래나 마디들로 나뉘어져 특정한 형태의 성격들로 표출된다. 그 경험들 각각은 나 자신을 전혀 다른 인격으로 만들어, 내 안에는 본성적으로 다른 성격들이 다양하게 도사리고 있다. 나 자신은 다양체 그 자체이다. 그럼에도 불구하고 나는 여전히 단일한 하나의 인격체로서 지속한다. 단일한 하나의 인격이 다양하게 재분배되고 변질되는 예는 특히 소설이나 예술 작품의 인물들 속에서 많이 발견할 수 있다. 프루스트가 좋은 예이다 : "샤를뤼의 노화는 젊었던 시절에 샤를뤼가 눈을 돌려 사람들을 바라보거나 멋진 목소리를 낼 때 그 속에서 이미 엿보였던 그의 수많은 영혼들의 재분배일 뿐이다."(Deleuze, *Proust and Signs*, 116) 한 개인은 다른 것으로 환원할 수 없는 다양한 속성과 성격을 가지고 있다. 성격이란 생명의 최초의 단순한 경향성이 폭발하는 포탄처럼 그 "내적 폭발력"으로 인해 다양하게 분화하고 진화하면서, 물질적 조건이나 환경과 대면하는 가운데 만들어진 내부의 주름들에 따라 반복하는 흐름의 특정 결과이다. 그러나 그 성격들은 만들어진 하나의 결과로서만 우리(타인)에게 비춰진다. 우리는 생성된 과정 자체보다는 습관적으로 그 결과를 통해 개인을 보기 때문에, 그것들이 단일하고도 연속적인 시간 속에서 생성된 것이라고 생각할 수 없으며, 심지어는 한 개인 안에서 여럿으로 분화하여 형성된 성격들이 융합을 이루며 공존하고 있다는 사실조차 믿으려 하지 않는다. 수십 년이 지난 후 오래된 친구의 변해버린 얼굴에 당혹스러워 하고, 간혹 변해버린 모습 때문에 알아볼 수 없는 사람이 있듯이, 우리는 생성과 변화로부터 빠져나와 실재를 외부에서 객관적으로 관찰하고는 그 변화를 불연속적인 상태들의 이동이라고 오해한다. 잠재성이란 언제든지 우리의 손가락 사이로 빠져나가는 그 무엇이다. 그러나 현실적으로 드러난 결과이고 지각 가능한 상태로서의 그 여러 성격들은 그 친구가 살아가면서 겪는 매순간의 생성과 끊임없는 변화 그 자체로서의 하나의 시간에 속해 있는 것이다. 나의 성격이 아무리 다양하게 변해도 나에겐 단일한singular 하나의 인격체가 지속한다. 나의 지속은 다수이면서도 하나이다. 이와 마찬가지로 나의 지속이 참여하고 있으며 내가 마음대로 어찌해 볼 수 없는 하나의 우주적 시간은 존재한다. 동시대성이라는 관념은 직관적 경험을 수축시키거나 무한히 이완시켜도 달라지지 않고 여전히 하나의 체계 혹은 여러 체계들 간에 내재해 있는 보편적인 시간을 의미한다.

아인슈타인에 대한 베르그송 비판의 본질이 바로 여기에 있다. 실재는 하나의 보편적인 시간을 상정하고 있다. 과학적(혹은 상징적) 동시성은 직관적 동시성 즉 실재적 흐름의 전제 위에서만 성립 가능한 개념이며, 오히려 동시성이라는 개념 자체가 이미 직관적 행위를 전제하고 있다는 것이다.

> 저 상대적 크기, 상대적 시간은 실제하고 있는 실질적 시간과 크기를 전제로 하지 않으면 존재할 수가 없다. 관점과 체계에 따라 동시성이 파괴됨으로써 각 시간이 달라지고 다양해진다고 하는 동시성의 파괴, 즉 시간의 다수성은 단일한 시간으로서의 실재적 시간을 파괴한 것이 아니라, 오히려 그것을 전제한다.(Bergson, *Dureé et Simultanéite*, 76)

공간적 거리에 따라 대상의 크기가 다양해지고 상대적 체계에 따라 운동과 시간이 다변화되는데도 불구하고, 우리가 그 대상의 실제적 크기와 시간을 혼동하지 않는 것은 공간적 좌표 혹은 표상체계들에 내재하는 절대적 시간, 즉 단일하게 흐르는 불변의 시간에 대한 우리의 직관적 통찰에 기인한다. 그러한 보편적 시간에 대한 통찰이 아니라면 우리가 어떻게 서로 다른 체계, 서로 다른 상징, 상대적으로 다른 수들을 실재성과 혼동하지 않고 지각할 수가 있겠는가? 동시성의 두 수준을 구분하고 있는 베르그송으로 돌아가 말해 보자. 우리는 하나의 사건을 시계로 규준한다. 사건의 발생과 시계의 눈금을 일치시키는 것이다. 그러나 사건과 시계의 동시성을 일치시키는 행위 이전에, 우리는 이미 직관적 행위를 통해 사건과 시계를 포함하고 있는 우리 의식과의 동시성을 일치시키고 있다. 사건과 시계의 동시성을 표상하기 위해 우리는 제3의 시간으로 도약하지 않으면 안 된다. 그렇지 않다면 우리는 체계들의 다수성 속에 빠져들어 그 무엇도 동시화할 수 없을 뿐만 아니라 상대적 차이조차 감지할 수 없을 것이다. 이것은 상징적 시간이 이미 직관적 시간에 의존하고 있음을 보여준다. 동시성을 둘로 구분해야 한다고 베르그송이 주장했던 것은 바로 이런 이유 때문이다 : "과학적 동시성에는 다른 이름을 부여해야 한다. …… 우리는 그것을 동시성이라고 부르면서 과학적 동시성에 실재성을 주입시키고 있는 것이다."(96~97) 사건들 간의 동시성이 있고, 그 사건들과 그들을 일치시키는 시계의 동시성이 있고, 그 사건과 일치하는 나의 지속이 있으며, 그 사건을 규준하는 시계와 내 지속간의 동시성이 있다. 우리가 시간의 간격을 잰다고 할 때에는, 시계와 사건간의 외적인 두 운동의 동시성을 말하는 것이지만, 그것이 동시적인 측정이 되려면 바로 사건들의 순간과 내 지속의 순간, 그리고 시계와 내 지속이 서로 동일한 흐름 속에서 일치하지 않으면 안 된다. 나의 지속을 빼고 순수하게 사건과 시계의 동시성만을 말할 수는 없는 것이다. 그것은 어느 누구에게도 살아지지 않은 "순수상징"으로서의 시간에 불과하기 때문이다. 두 계기의 동시성을 말할 때 우리는 이미 직관적 흐름의 동시성을 이용하고 있는 셈이다. 아인슈타인의 상대성 이론에 의하면 피에르와 폴은 서로 다른 체계에서 서로 다른 시간 속에 존재한다. 그러나 아인슈타인은 피에르와 폴의 시간의 불일치를 언급하면서, 실은 그들로부터 초월하여 하나의 단일한 시간 속에서 사유하고 있는 것이 아닌가? 베르그송의 질문이 이것이다. 피에르와 폴의 시간이 다르다고 했을 때의 그 '다른' 시간이란 어떤 시간인가? 그 시간은 피에르의 관점에 의해서도 혹은 폴의 관점에 의해서도 말해질 수 없는 시간이다.[14] 서로 다른 관점에서 기술된 시간 내부에서는 동시성이라든가 차이 자체가 언급될 수 없다. 아이러니하게도 차이는 초월적인 하나의 시간 속에서만 볼 수 있을 따름이다. 피에르와 폴 각각의 시간 속에서는 차이의 규준이 존재하지 않으므로, 그들 서로간의 시간의 차이는 오로지 그들의 외부에서만 유효하다. 이와 같이 아인슈타인은 상대적 시간으로부터 벗어나 하나의 단일한 시간 속에서 피에르와 폴의 동시성의 불일치를 파악하고 있었다. 상대성 이론은 시간의 다수에 대해 논증하면서, 실은 단일한 시간의 존재를 전제하고 있었던 것이다.[15] 그렇기 때문에 다수의 시간이 갖는 모순은 그 상대적 모순을 언명하는 상대성 이론 속에서 이미 설명이 되었던 것이다. 상대성 이론에서의 과학적 동시성이란 직관적 행위의 가상적 효과이다. 가변적 체계 속에서 현실화된 우리의 지각은 절대적이고 단일한 하나의 시간을 전제한다 : "상대성 이론의 동시성의 파괴는 이미 직관적 동시성의 절대성을 전제하고 있다."(49)

현실적인 공간들 사이에는 모든 개별적인 것들을 포함하고 감싸고 있는 잠재적 실재가 내재한다. 사물들이 특정한 지속의 속도와 수축의 경향을 띠고 현실적인 것이 되어 서로 상대적 체계를 이루는 것은 바로 그 잠재적 실재가 있기 때문이다. 잠재적 실재는 바로 그 현실화의 조건이며 모든 현실적 존재들은 잠재적 실재의 단일성 속에서 공존하고 있다. 피에르의 시간, 폴의 시간, 또 그들을 바라보고 있는 물리학자의 시간, …… 이들은 각각 개별적인 흐름들로 다양한 지속을 이루고 있지만, 그럼에도 이들은 모두가 하나의

---

14. "간단히 말해, 그 다른 시간이란 바로 피에르에 의해서도 혹은 폴에 의해서도 살아지지 않는, 혹은 피에르가 상상하고 있는 폴에 의해서도 살아지지 않는 그 무엇이다. 그것은 다름 아닌 순수 상징으로서, 살아질 수 있는 것을 배제하고, 단지 그와 같은 체계가 하나의 기준점으로 작용한다는 사실만을 가르쳐줄 뿐이다."(Deleuze, *Bergsonism*, 84)

15. 상대성 이론에 대한 베르그송의 비판에 대해 아인슈타인은 객관적 실재성(시간)과 심리적 실재성(시간)을 나눔으로써, 개인의 심리와는 독립적인 객관적 사건과 그 사건들 자체의 동시성의 존재에 대해 언급한다. 그리고 이 동시성은 정신적 구성물, 즉 논리적 존재에 불과한 것이라고 말함으로써 물리적 시간과 심리적 시간의 차이를 언급하는 것으로 대답을 대신한다. 이에 대해서는 Hervé Barreau, "Bergson et Einstein", *Les études Bergsoniennes*, vol. X., PUF, 1973, pp. 95~96을 참고.

흐름 속에서 공존하고 있으며, 또 그랬을 때만이 비로소 각각의 개별적 흐름이 가능해진다.

> 나는 나의 의식에 대해 하나이면서도 다른 둘인 두 흐름을 '동시대적'이라고 말한다. 그것은 만약 내가 그 흐름에 나의 주의의 불가분적인 한 행위를 주고자 한다면 유일한 흐름으로서 전체를 지각할 수 있고, 반대로 그들 사이에 자신의 주의를 분배하고자 하면 상세히 나누어지고, 또한 자신의 주의를 나누지만 둘로 자르지 않고자 한다면 그것은 하나이면서 동시에 다른 것이기 때문이다. 나는 두 순간적인 지각을 '동시성'이라고 말한다. 그것은 유일하고도 동일한 행위 속에서 잡혀지는 것이고 여기서 주의는 여전히 두 순간적 지각을 마음대로 하나로도 또는 둘로도 할 수 있는 것이다.(49~50)

동시성에 관한 베르그송의 이 텍스트는 다수의 지속이 어떻게 다양성 속에서 공존하고 있는지를 존재론적으로 해결하고 있다. 이것이 바로 베르그송의 이론에서 보게 되는 다원론과 일원론의 모순을 설명해 준다. 이미 언급했던 바, 들뢰즈는 그 모순의 문제를 "지속은 하나인가 다수인가?"라는 질문으로 집약하였다. 그리고 그 대답을 베르그송의 텍스트로부터 해석하였다. 그 대답은 바로 '흐름의 동시성과 현실적 존재들의 잠재적 공존'을 요약해줄 수 있는 다음의 명제로 정리해 볼 수 있을 것이다 : "지속은 여럿이지만 동시에 그것은 하나이다." 이것이 바로 들뢰즈가 베르그송의 모순을 설명하면서 언급했던 "잠재적 실재의 독특한 일원론의 요체"이다.

지금까지 들뢰즈는 베르그송의 지속 이론을 세 단계의 텍스트를 통해 설명하였다. 우선 『물질과 기억』에서 주로 상정했던 "일반적 다원론" 혹은 "절대적 다원론"이 있다. 모든 존재는 그 자신의 지속과 흐름과 기억과 시간을 갖는다. 이들은 각각이 본성적으로 다르고 나아가 보편적 다양성을 이루고 있다. 가령 내가 강둑에 앉아 있을 때, 하늘로 날아오르는 새의 비상, 물의 흐름, 배의 미끄러짐, 그리고 내 의식의 내면은 모두가 자신만의 시간 속에서 흐르고 있다. 이들은 각각 그들 사이에 건널 수 없는 심연에 가로놓인 하나의 섬이다. 다음으로 『창조적 진화』에서 부분적으로 언급했던 "제한적 다원론" 혹은 "상대적 다원론"이 있다. 모든 존재는 그 자신만의 지속과 흐름과 기억 속에서 살지만, 서로간의 실재적 참여 속에서 흐름의 관계를 형성한다. 그래서 나는 임의로 설탕의 한 조각을 잘라낼 수는 있지만, 설탕물을 마시기 위해서는 내 마음대로 할 수 없고 설탕이 물속에서 녹기를 기다리지 않으면 안 된다. 기다림 그 자체는 각각의 존재가 서로 다른 내적 지속에의 참여를 통한 공존과 흐름의 동시성을 보여주는 실존적 근거가 된다. 그러나 일반적 다원론과 제한적 다원론은 어떤 점에서는 닫힌 체계 혹은 폐쇄된 회로를 이루고 있다. 제한적 다원론의 경우, 흐름의 공존은 수동적 경험 속에서 우연적으로 형성된 공존에 불과하다. 왜냐하면 설탕이 녹기를 기다리는 행위는 지속에의 참여이긴 하지만, 여전히 나 자신 안에 머물러 있는 상태일 뿐만 아니라 그 참여와 공존의 본성이 무엇인지 설명할 길이 없이 단지 우연적인 경험에 머물 뿐이기 때문이다. 그래서 다음에 나오는 『지속과 동시성』에서 주장했던 "비개인적이고 절대적이며 단일한 시간의 일원론"이 중요한 것이다. 베르그송은 상대성 이론이 주장했던 동시성의 파괴(특권적 체계의 부정)를 비판하면서, 상대성 이론은 공간과 시간을 수number로 혼동함으로써 체험되지 않은 상징적 시간을 전제했다고 주장했다. 그리고 그와 같은 수학적 시간을 넘어서는, 오히려 그것을 가능케 하는 실재적 시간에 대해, 그리고 모든 지속을 하나의 단일성으로 묶어주는 비개인적 시간의 존재론적 가능성에 대해 말했다. 들뢰즈의 텍스트는 다원론에서 일원론으로 나아가는 과정을 밟는다. 그것은 마치 "보편적이고 절대적이며 단일한 하나의 시간"으로의 여행과도 같다.

들뢰즈는 『지속과 동시성』에서 논의했던 "독특한 일원론", "다원론적 일원론"의 중요성을 두 가지 측면에서 지적한다. 흐름의 동시성에 관한 베르그송의 텍스트를 보자.

> 내가 강둑에 앉아 있을 때, 물의 흐름, 배의 미끄러짐 혹은 새의 비상, 내 깊은 내적 삶의 끊임없는 소리는, 내가 어떻게 주의력을 집중하는가에 따라, 나에게는 세 개의 서로 다른 흐름이 되기도 하고, 단일한 하나의 흐름이 되기도 한다. (Deleuze, *Bergsonism*, 80; Bergson, *Dureé et Simultanéite*, 52, 67)

여기서 베르그송은 지속에 내재한 "분할과 연속의 힘"을 언급하고 있다. 지속은 단일한 하나의 흐름이면서 동시에 다수의 흐름들이다. 따라서 "그것은 나눌 수 없는 연속이 아니라, 공간과는 전혀 다른 형태의 나눔"이다. 그것은 존재를 공간적으로 혹은 양적으로 나누지 않고도 분할 할 수 있는 힘, 나누어짐에도 불구하고 여전히 단일한 하나의 흐름이 되는 즉 하나이면서 여럿일 수 있는 능력이다. 물의 흐름, 배의 미끄러짐, 새의 비상, 내 의식의 흐름들은 나의 직관과 주의력의 수축과 이완의 정도에 따라 단일한 하나의 흐름이 되기도 하고, 각각이 본성적으로 다른 여럿의 흐름들로 분할되기도 하는 것이다.[16]

그러나 들뢰즈는 여기서 더 나아가, 베르그송이 지속에 부여한 분할과

---

16. 그러나 여기서 간과할 수 없는 것은, 본성적으로 다른 것으로의 지속의 나눔과 우리의 주의력의 관계이다. 베르그송에 따르면 지속은 본성적으로 다른 것들로 나뉜다. 하지만 이 나뉨은 우리의 의식이 마음을 먹고 나눔을 적절히 행했을 때만이 비로소 현실화된다는 것이다. 그렇지 않다면 나뉘지 않는다. 가령, 독서를 생각해 보자. 공간을 점유한 물질로서, 공간으로서의 책이 있지만, 우리는 그것을 읽으며 본성적으로 다른 수많은 잠재적 흐름들로 끊임없이 나눈다. 그럼에도 불구하고 그것은 여전히 물질과 공간으로서의 책으로 남아있다. 만일에 우리가 나눔을 행하지 않은 위치에 자리를 잡는다면, 거기에는 오로지 잠재적이고 단일한 하나의 시간만이 있을 것이다. 마찬가지로 나와 새의 비상, 아킬레스의 발걸음과 거북의 발걸음, 물의 흐름은 하나의 단일하고도 보편적인 시간으로 흐를 것이다. 그러다가 우리가 갑자기 나눔을 행하게 된다면 본성적으로 다른 흐름들로 나뉘어져, 가령 아킬레스의 흐름과 거북의 흐름으로 갈라지고, 나의 흐름과 물의 흐름으로 나뉘고, …… 이렇게 본성적으로 다른 두 개 혹은 다수의 흐름들로 나뉠 것이다. 이것은 본성적으로 다른 질적 변화를 의미한다.

연속의 힘보다 더 심오한 힘에 대해 언급한다. 그것은 바로 "자기 자신을 감쌀 수 있는 힘"the power to encompass itself이다. 그는 이를 흐름의 삼중성triplity으로 설명한다.(Deleuze, *Bergsonism*, 80) 베르그송이 제시한 흐름의 세 가지를 생각해 보자. 내가 강둑에 앉아 있을 때, 앞에는 강물의 흐름이 있고, 그 위에는 새가 비상을 하고 있으며, 강둑 위에 있는 내 삶과 의식의 소리(흐름, 지속)가 있다. 이들은 내 주의력의 수축과 관심의 정도에 따라 각각 세 가지의 흐름을 형성하지만, 내가 주의력을 이완시킴으로써 그것들은 하나의 흐름으로 지각되기도 한다. 그런데 이 세 가지 흐름이 단일한 하나의 흐름이 되려면, 나의 흐름이 나머지 흐름들 속에 속해 있어야 하고, 나아가 무엇보다도 나의 흐름이 다른 나머지 두 흐름을 포함하고 감싸 안아야만 한다.

> 어째서 두 흐름만으로는 안 되는가? 가령, 나의 지속과 새의 비행만으로는 왜 안 되는가? 왜냐하면 두 흐름은 세 번째의 다른 흐름 안에 포함되지 않으면 공존한다거나 동시적이라고 말해질 수 없기 때문이다. 새의 비행과 나의 지속이 동시적이 되려면, 나의 지속이 둘로 나뉘어져야 한다. 그래서 분할된 또 다른 지속이, 새의 비상을 포함하고, 동시에 나의 원래 지속도 포함함으로써, 분할된 지속 안에서 원래의 지속이 반성(영)되어야만 한다 : 따라서 흐름들의 근본적인 삼중성이 있다.(80)

지속은 본성적으로 다른 흐름들이지만, 또한 분할과 연속의 힘으로 자신 안에 다른 지속을 포함한다. 다른 지속을 포함할 수 없다면 공존이란 가능하지 않을 것이다. 각각의 지속은 자신의 고유한 리듬을 가지면서 동시에 다른 지속을 포함하고 반영하고 있기 때문에 서로 공존하는 것이다. 공존은 다양성을 의미하지만, 동시에 그것은 단일한 시간 속에서만 가능한 다양성이다. 그것은 '제3의 비개인적 시간에 의한 통일'에 의해서만 등장할 것이다. 그렇기 때문에 나의 지속과 새의 흐름은 새를 바라보는 나 자신만의 관점이나 폐쇄적 좌표계 내에서는 공존한다고 말해질 수 없다. A의 흐름과 B의 흐름만으로는 공존을 형성할 수 없다. 또한 A의 흐름과 B의 흐름이 아닌 다른 C의 흐름에 의해서도 공존한다고 말할 수가 없다. 왜냐하면 이 경우 C는 A와 B가 붙들고 있지 않기 때문에, 체험한 것이 아니라 단지 순수상징으로서만 — 아인슈타인의 경우처럼 — 존재하기 때문이다. A의 흐름과 B의 흐름의 공존은, 그 두 흐름 속에 속해 있으며 동시에 속해 있지 않은 또 다른 흐름에 의해서만 완성될 것이다. 이런 이유 때문에 A는 자기 자신과 분열하지 않으면 안 된다. 서로 다른 두 개의 흐름을 동시에 붙들고 포함하고 있는 세 번째 흐름, 즉 새의 지속과 나의 지속을 둘 다 포함하고 있는 분열된 또 하나의 제3의 지속이 내 안으로부터 나올 때만이 비로소 나와 새는 공존하게 된다. 들뢰즈가 지속을 일종의 코기토Cogito와 같은 것이라고 말했던 이유가 바로 여기에 있다. 내가 새와 공존하기 위한 조건은, 내가 나 자신과는 다른 낯선 존재가 되어야만 한다. 자신으로부터 낯설어진다는 것은 말하자면 내 좌표계의 전면적인 단념이고 포기이다. 따라서 이 삼중구조는 본성적으로 서로 다른 다수의 지속과, 그들이 하나의 지속 안에서 단일성을 취한다는 모순을 화해시킨다. 들뢰즈가 흐름의 동시성을 삼중성으로 요약하는 요체가 바로 이것이다. 다양성의 공존이란 바로 비개인성에 도달하는 문제, 제3의 길로서의 단일한 시간, 혹은 내부적 외부로 나아가는 힘에 도달하는 문제이다.

> 우리는 흐름들이 매번 본성상의 차이를 가지며, 수축과 이완의 차이를 가지며, 그 차이들의 조건이 되는 단일하고도 동일한 하나의 시간 안에서 소통하고 있음을 보게 된다. …… '오로지 하나의 비개인적인 시간만이 있게 될 것이다. 그리고 그 안에서 모든 사물들은 흐르게 될 것이다.'(82)

지속은 다른 지속을 열어 젖혀 그 본성적인 차이가 구분되기도 하고, 다른 지속을 포함하여 하나의 시간으로 단일화하기도 하며, 나아가 자기 자신조차도 하나의 요소로 포함하여 무한해지기도 한다. 바로 이런 식으로 베르그송의 다원론과 일원론의 모순은 지속의 독특한 일원론, 즉 분할과 연속의 힘, 그리고 무엇보다도 지속의 자기 자신을 포함하는 힘에 의해 해소된다. 그래서 이완과 수축이라고 하는 현실적 정도들의 다양한 공존과, 그 모든 다양성들을 포함하는 단일한 하나의 시간은 모순적이지 않다. 마찬가지로 서로 다른 무수한 흐름들과 개별적인 리듬들의 잠재적 공존, 그리고 이 다수의 리듬들이 참여하고 있는 하나의 흐름이라는 관념 역시 모순적이지 않다. 뿐만 아니라, 지속과 공간의 본성적 차이와, 하나의 시간 속에서의 그들의 잠재적 공존이라는 관념 역시 모순적이지 않다. 모순은 사물에서 시간과 변화, 지속을 떼어내고, 모든 것을 순간적인 것들의 병치로 이해할 때, 나아가 하나의 관점에 고착된 이해에서 비롯되는 관념이다. 베르그송이 그토록 비판했던 모든 모순들, 가령 운동에 관한 제논의 모순, 체계를 달리하는 피에르와 폴의 모순, 아킬레스와 거북의 모순 등은 모두가 본성적인 차이에 대한 이해와 다양성의 개념을 간과했기 때문에 생긴 것들이 아니었나? 모순이란 사물로부터 지속과 다양성이 제거된 사유의 결과이며, 따라서 지성에 의해 표상된 실재의 흔적이다. 오로지 지속과 변화의 관점을 통해서만 모순적인 항들은 공존할 것이다.

그러므로 이제 진정한 다양체의 모습을 그려야 할 것이다. 들뢰즈는 베르그송이 전혀 다른 원리로 이루어진 다양체를 제시하고 있다고 지적한다. 들뢰즈는 이를 이완과 수축의 다원론적 일원론으로 제시한다. 그것은 마치 마이크로 광학기계를 들이대어 지속과 물질의 주름과 펼침을 바라보고 있는 듯하다 : 이완과 수축의 다양한 지속의 정도들이 있고, 이 모든 정도상의 차이는 잠재성 안에서 서로 공존하고 있다. 지속의 가장 극단적인 이완 상태가 있는데, 그 한편에는 꿈과 회상이 있으며, 다른 한편에는 물질이 있다. 물질과 회상은 우리의 내부와 외부에서 자연의 가장 무심한 두 극단적 이완 상태를 반영하고 있다. 그런 점에서 이 둘은 자연적 친화성이 있다.[17] 물질은 아직 공간이 될 만큼 이완되어 있지는 않을 것이다. 그러나 끊임없이 순간에서 다음 순간으로 연장되어 "무한히 나뉠 수 있는 연속체continuum로 펼쳐지려는 경향"을 띠며 무한하게 팽창할 것이다. 이 팽창의 운동을 그 한계에까지 밀고 나가면, 수축이 무화되어 순간들이 완전히 개별성을 가진 상태가 나올 텐데, 그것이 바로 공간이다. 공간 속에서는 더 이상 지속과의 결합은 존재하지 않으며, 거기서 지속은 완전히 배제될 것이다. 들뢰즈에 따르면 "공간은 물질이 아니라, 물질의 구도schema"이다.(87) 공간은 물질의 연장성이 그 한계에 도달한 지점, 즉 물질의 팽창을 마치 덮개처럼 외부에서 감싸고 있으며, 팽창운동이 끝나는 지점(한계)을 표현하고 있는 물질의 윤곽선이다. 그렇기 때문에 "공간 속에 물질이 있는 것이 아니라, 오히려 공간이 물질 내부에서 물질의 구도를 이루고 있다"고 보아야 할 것이다. 물질의 다양성이란 바로 팽창과 이완의 방식의 다양성이며, 이 다양성에 따라 윤곽선의 형태뿐만 아니라 그 질적인 이행들의 다양성이 있으며, 이 다양성은 공간적 구도로 들어가면서 비로소 무화될 것이다. 이 모든 일들은 마치 보편적 우주를 이루고 있는 하나의 구도가 다양한 주름들의 복합체인 것처럼 일어난다. 우리의 주의력에 따라 무한한 양태의 수축이 일어난다. 그러나 다양체의 긴장은 또한 무한히 이완되어 펼쳐지고, 거기에는 하나의 목소리를 갖는univocal 일원론적 시간이 있다. 주름은 그 정도에 따라 다양하게 수축되지만, 이 정도들은 하나의 시간, 잠재적 시간 안에서 공존하고 있다.

다원적 · 발생적 일원론 : 이원론과 일원론의 조화

---

17. 이에 대해서는 Deleuze, *Bergsonism*. p. 86의 들뢰즈 주 27을 보라.

지속의 주관적 계열뿐만 아니라(2장에서), 물질에서 공간에 이르는 객관적 계열을 하나의 시간 즉 일원론적 평면도로 정당화하는 가운데, 우리는 수축과 이완에는 하나의 상관적相關的 관계가 내재하고 있음을 발견한다. 이는 베르그송이 『물질과 기억』 첫 장에서 유물론과 관념론을 비판하면서 제기했던 '내재적 발생론'의 이론적 근거가 될 만한 것이다. 들뢰즈는 이렇게 적는다.

> 수축된 것이 아니라면 무엇이 팽창하겠는가? 또 연장된 것, 팽창된 것이 아니라면 무엇이 수축을 하겠는가? 이런 이유 때문에 언제나 우리의 지속 안에는 연장성이 있고, 물질 안에는 지속이 있다.(87)

지각이란 외부에서 가해 오는 수백만의 진동들을 일정한 틀로 수축시키는 행위이다. 진동들은 수축됨으로써 더 이상 순간이기를 그치고 두께와 부피를 갖는 어떤 덩어리로 수용될 것이다. 바로 이 덩어리 안에서 질quality이 탄생한다. 그러나 이렇게 수축된 덩어리는 다름 아닌 바로 물질이며 물질의 다양한 연장이다. 이런 이유 때문에 감각-주관적 질 속에는 물질적 연장성이 있다는 것이다. 우리의 내부에서 느껴지는 모든 질적인 것에는 물질의 팽창과 부피가 내재해 있다. 또한 이 팽창과 부피의 스타일에 따라 혹은 수축된 양식에 따라 느껴지는 질들이 다양하게 존재하게 된다. 질은 우리의 내부에 속하는 문제일 뿐만 아니라, 외부에도 즉 물질에도 속하는 문제이다. 질은 물질 내부에 있으며, 그렇기 때문에 우리의 지각은 다름 아닌 사물 내부에서 형성된다. 또한 질은 무수한 물질적 진동들, 다르게 말해 수數에 의해 탄생한다. 질 속에 감싸인 수들이 있으며, 지속 안에 포함된 정도들이 있다. 질 속에서의 양의 인식! 이것이 바로 수축과 이완, 양과 질의 다원론적 일원론의 개념적 정당화이다. 이번에는 지속의 관점에서 생각해 보자. 지속은 물질 내부에서 혹은 물질 사이에서 물질의 연속성을 지탱하고는 있지만, 물질과 단절하여 스스로 현실화할 만큼, 혹은 물질의 연장성으로부터 독립하여 스스로 팽창될 만큼 응축되어 있지는 않을 것이다. 그것은 다른 존재의 장애물이 되거나 빠져나갈 수 없을 만큼 단단하지는 않다. 하지만 우리의 현재적 지각(베르그송이 제시했던 원뿔의 이미지에서 바로 그 꼭짓점)은 바로 지속의 가장 수축된 지점을 나타내고 있다. 그 수축은 우리의 주관성이 물질과 첨단에서 대면하고 있는 지점이다. 따라서 지속의 수축이란 바로 무한하게 이완 상태 혹은 무기력 상태에 있는 물질로의 삽입과 파고듦을 의미한다. 이런 식으로 수축된 지속은 이완된 물질로 이행하고, 이완된 물질은 수축된 지속으로 이행한다. 하나가 수축하면 다른 하나는 연장하고, 하나가 연장하면 다른 하나는 수축되고, 지속 내부에서의 연장 그리고 물질 내부에서의 지속, 수축 속에 팽창이 있고 팽창 속에 수축이 있다.[18] 마치 "말린 양말"[19]처럼 지속과 물질은 하나의 시간, 하나의 평면 안에서, 응축과 팽창의 정도에 따라 다양하게 공존하는 자연 안의 두 절대이다.

---

18. 들뢰즈는 다양한 방식으로 이 내재적 발생론을 환기하는 언급을 한다. 가령, 토마스 만(Thomas Mann)의 소설을 영화로 만든 비스콘티(Lucino Visconti)의 〈베니스에서의 죽음〉(Death in Venice)에서 고전주의에 내재해 있는 낭만주의의 발견이라는 주제에 대해 언급한다(Deleuze, *Cinema2*, 94~96 참조). 아울러 주관성과 객관성의 다원론적 일원론을 언급하는데, 그는 운동-이미지를 "주관성의 물질적 순간이며 동시에 객관성의 정신적 순간"이라고 정의한다(Deleuze, *Cinema1*, 60 이하 참조).

19. 벤야민(Walter Benjamin)은 유년시절의 한 경험 — 안으로 말려있던 양말 속의 내용물이 결국 그 양말 자체였음을 깨달은 경험 — 을 떠올리며 문학에서 내용과 형식의 내재적 발생론을 말한 바가 있었다 : "나는 그것을 점점 밖으로 당겼다. 결국 그 '지참물'을 뺐지만, 더 이상 그 안에는 아무것도 존재하지 않는 그냥 '주머니'였다. 이 과정을 충분히 시험해 볼 수 없었다. 다만 그것이 내게 가르쳐 준 것은, 형식과 내용, 베일과 그것이 숨기고 있는 것은 바로 하나라는 것, 같은 것이라는 사실이었다. 그것은 나로 하여금 문학으로부터 진리를 빼내게 하였다"(Jameson, *Geopolitical Aesthetic*, 144; 각주 11에서 Benjamin 재인용). 흥미로운 것은 제임슨이 벤야민의 이 예를 들면서 논의했던 주제가 바로 후기 자본주의의 미디어가 구축해 놓은 어떤 전체성의 질서인데, 그는 이 예를 다음과 같은 술어들, 가령 "도시적 동시성"(urban simultaneities), "잠재적 코기토"(a virtual cogito), "상호 배타적 동시발생성"(mutually exclusive synchronicities), "역설"(a paradox) 등이 여기저기 흩어져 있는 중간쯤에 배치하고 있다는 점이다.

지성은 물질과의 대면이며, 물질에 대한 우리의 적응을 표시해 주며, 물질을 본뜬다. 그러나 그것은 오로지 정신 혹은 지속의 힘으로만 그럴 수 있을 뿐이며, 물질을 지배하도록 허용하는 긴장의 지점에 맞닿은 물질 안에 위치함으로써만 그럴 수 있을 뿐이다. …… 한 걸음은 물질로, 또 한 걸음은 지성으로 : 물질이 지속 안에서 팽창되는 것과 마찬가지로 지성은 물질 안에서 수축된다.(88~89)

베르그송이 『물질과 기억』에서 이미지의 개념을 설정하여, 정신의 범주 안에서 물질의 발생을 설명하거나(관념론), 미리 결정된 물질의 근거 위에서 정신을 정당화하는 방식(유물론)의 단순한 발생론을 비판하는 이유가 바로 여기에 있다. 그들 역시 현존들을 부정의 방식으로 결정함으로써, 다양성의 공존을 잘못된 복합물론 뒤섞어 버렸다는 것이다.[20]

우리는 본성상의 차이를 나누는 이원론(혹은 다원론) 그리고 양-질, 수축-이완, 연장-비연장을 단일화하는 일원론을 어떻게 조화시킬 수 있는지를 정당화하였다. 우리의 경험은 다양한 현존들의 혼탁한 복합물로 이루어져 있다(단순 일원론). 실재를 정도상의 차이로만 이해하는 세계관은 본질적인 측면, 즉 본성적이고도 질적인 차이를 놓친다. 따라서 경험적 복합물을 본성적으로 다른 현존 혹은 경향들에 따라 나누어야만 한다. 직관은 공간과 지속, 물질과 기억, 현재와 과거와 같은 본성적인 차이를 그 마디에 따라 나누어, 경험의 저편으로 우리를 데려다준다(순수 이원론). 그러나 본성적으로 다른 이 현존들은 차이의 정도를 이루고 있다는 관점으로 나아간다. 즉 두 경향들 중 한쪽은 본성적이고 질적인 차이의 경향을 띠고 있으며(지속, 과거, 기억), 다른 한 쪽은 정도상의 차이의 경향을 가짐으로써, 순수 현존들로 나누었던 이원론이 차이의 관점으로, 즉 차이의 정도의 관점으로 자리를 옮기게 된다(수정된 이원론 혹은 양적 이원론). 그러나 베르그송의 이원론적

---

20. 이미지의 내재적 발생론에 관한 구체적인 논의는 운동-이미지와 영화에 관한 논의를 다루고 있는 2부의 3장을 참고하라.

직관은 결국 일원론으로 되돌아오지 않으면 안 될 것이다. 그것만이 사물의 충족 이유, 경험적 복합물의 충족 이유, 즉 어떻게 해서 이 순수현존들이 서로 합류하게 되었는지 그 근거를 보여줄 수가 있다. 이원론은 하나의 계기일 뿐이며, 그것은 일원론으로 재형성되어야 할 것이다. 이원론에 따라 복합물은 두 비탈길을 따라 한편에는 지속의 길로, 다른 한편에는 공간의 길로 나아가지만, 이것은 결국 실재의 두 측면이었다. 본성상의 차이를 갖는 지속은 공간적이고 양적인 비율상의 차이들로 제한되어 현실화한다. 결국 지속과 공간은 공존하는 두 양태이다. 우리는 둘 모두를 긍정하지 않으면 안 된다. 그러나 긍정은 무엇으로 가능한가? 직관! 직관은 실재를 부정의 방식으로 결정하지 않는다. 그것은 실재의 다양성을 긍정하는 방식이다. 따라서 실재의 서로 다른 수준과 정도와 차이에 따라 직관적 방법의 서로 다른 계기들이 있다. 어떤 경우에는 본성을 강조하고, 또 어떤 경우에는 정도를 강조한다. 그러나 다양한 깊이와 수준의 차원 안에서 모두가 공존하고 있는 다양한 계기들이 있다. 직관은 움직이면서 관찰하는 방식이다. 그렇기 때문에 사물은 실질적 흐름 속에서 절단되어 추상되지 않고도, 혹은 반대로 흐름의 혼탁한 환경에 내맡기지 않고도, 직관에 의해 그 실상이 드러난다. 직관이란 바로 흐름 속에서 본성적으로 다른 것을 사유하는 능력이다. 그것은 추상하지 않고도 유일한 것을 보는 능력이며, 개체individual가 아니라 분할체dividual를 보는 능력이다.[21] 오로지 직관의 방법만이 다양성의 공존을 긍정할 수가 있다. 그랬을 때만이 비로소 모든 모순이 해소 될 것이다. 그것은 현미경이 아니라 천체 망원경을 통해 바라보는 성운들의 질서와도 같다. 들뢰즈는 파편들로 조각난 것들이 어떤 유기적 질서 아래에서가 아니라, 그들만의 다중적 관계를 이루며 독특한 법칙과 질서들을 가지고 있을 때, 그 파편들의 잠재적 질

---

21. 에이젠슈타인의 영화 이미지, 그리고 개인과 집단을 넘어서는 새로운 리얼리티로서, 그리고 질적 변화를 뜻하는 것으로서의 "분할체"에 관한 논의는 Deleuze, *Cinema1*, pp. 91~92, 98~99를 참고하라.

서와 그 변화를 하나의 시간 속에서 파악하고 해석할 수 있는 것은 현미경이라든가 돋보기가 아니라 바로 망원경뿐이라고 말한다.[22] 직관의 방법을 말하는 것이다. 직관의 방법의 계기가 달라지고, 자리를 다르게 함으로써, 다수의 현존들이 하나의 시간 속에 포함된다. 나아가 차이의 다양한 정도들은 하나의 비개인적인 시간 즉 모든 것을 포함하는 능력을 가지고, 실재에 내재되어 있는 잠재성 속에서 공존한다(발생적 일원론). 또한 팽창과 수축의 모든 정도와 수준들이 공존하면서 하나의 전체를 형성한다. 그러나 그 하나의 시간이란 다름 아닌 다수의 현존에 내재되어 있는 잠재적 시간, 모든 개별적인 것들이 붙들고 있으며, 또 그들을 포함하고 있으며, 또한 그것들 속에 흩뿌려져 있는 순수한 잠재성이다. 이 잠재적 실재는 현실적인 수들과 부분들을 그 자신 안에 포함하고 있다. 놀랍게도 들뢰즈는 이를 스피노자의 술어들로 해석하고 있다.

> 그 둘(본성적인 차이와 정도상의 차이) 사이에는 차이의 모든 정도들 혹은, 다른 말로 차이의 모든 본성이 존재한다. 지속은 다만 물질의 가장 수축된 정도이며, 물질은 지속의 가장 팽창된 정도이다. 그러나 지속은 능산적 자연과 같고, 물질은 소산적 자연과 같다. 정도상의 차이들은 '차이'Difference의 가장 낮은 정도이고, 본성상의 차이는 '차이'의 가장 높은 본성이다. 본성과 정도 사이에는 더 이상 어떠한 이원론도 존재하지 않는다. 모든 정도들은 단일한 하나의 '자연'Nature 안에서 공존하며, 그 자연은 한편에서는 본성상의 차이로 표현되고, 다른 한편에서는 정도상의 차이들로 표현된다. 이것이 바로 일원론의 계기이다 : 모든 정도들은 하나의 단일한 시간 속에서 공존 한다. 그리고 그것이 바로 자연 그 자체이다. …… 팽창과 수축의 모든 수준들은 하나의 단일한 시간 속에서 공존하고, 하나의 총체성을 형성한다 ; 그러나 이 전체, 이 하나는 순수한 잠재성이다.(93)

22. 로고스가 없는 다양체의 잠재적 질서를 파악하기 위해서는 현미경이 아니라 천체 망원경이 필요하다는 것은 들뢰즈가 프루스트의 작품을 천문학에 비유하면서 썼던 개념이다. 이에 대해서는 Deleuze, *Proust and Signs*, pp.142~144를 참고하라.

모든 전개, 모든 펼침, 모든 설명에 선행하는 근원적인 상태를 가리키기 위해서 몇몇 신플라톤주의자들은 복합complication이라는 심오한 단어를 사용했다. 복합은 일자l'Un 속에서 다자le multiple들을 전개시키고, 다자들을 일자 속에 정립한다. 그들은 영원성을 변화의 부재 혹은 무한히 계속되는 현존으로 보지 않았다. 영원성은 그들에게 시간 자체의 복합적인 상태이다. 신의 말씀이란 모든 것이 복합된 것이고 모든 본질을 포함하며, 최고의 복합, 모순들의 복합, 불안정한 대립 등등으로 정의되어 왔다. 표현적인 우주의 관념 …… 이 우주는 내재적 복합의 정도에 따라, 그리고 하강하는 펼쳐짐explication의 질서에 따라 조직된다.(Deleuze, *Proust and Signs*, 76~78)

잠재적 실재는 개체를 포함하는 일반성(유, 종과 같은)이 아니다. 일반성은 외적인 통일이기 때문에 개체들 각각의 삶과는 무관한 관념이다. 잠재적 실재의 단일한 하나의 시간이란 자연 내재적이다. 그렇기 때문에 모든 존재들은 자신의 자율성과 본성적인 차이를 가지고 있지만, 이들이 기다리거나 참여하지 않을 수 없고 거부할 수 없는 자연의 흐름과 변화이다. 그것은 우리가 망설이는 동안에도, 생각을 하는 동안에도, 눈을 감고 있는 동안에도, 마치 영화에서의 쁠랑-세깡스처럼 모든 대상들의 움직임이 소멸된 후에도 변질 그 자체로서 이미 작동하고 있는 시간이다. 그래서 우리의 주변에 퍼진 대기를 타고 우리가 숨을 쉴 때마다, 피부로, 폐부로, 때로는 많게 때로는 적게 파고들어 우리의 주변을 떠돌며, 마치 바람처럼 우리의 배후에서 이미 가동되고 있는 시간이며 세계를 전제하고 떠받치고 포함한다. 베르그송의 일원론이 스피노자와의 친화성이 있다면 바로 이점일 것이다.

5장

삶의 창조와 자유

흔히 들뢰즈를 차이와 긍정과 창조의 철학자라고 말한다. 그러나 차이와 긍정 그리고 창조가 서식할 수 있는 환경이란 어떤 것일까? 다시 말해 그 근본적 조건이란 무엇인가? 들뢰즈는 그것이 바로 잠재성이라고 말하고 있는 것이 아닐까? 이것이 베르그송의 논의를 통해 우리가 알게 된 것이다. 들뢰즈는 잠재성의 철학자이며, 그의 이론은 잠재성을 토대로 하고 있다. 우리는 베르그송의 텍스트를 읽으며 잠재성이란 바로 지속이고 기억이며 과거 전체임을 배웠다. 어떤 점에서 잠재성은 근원적 에너지이다. 그것은 "단순한 일자"the Simple or the One이지만, 동시에 다자the Multiple가 내재되어 있는 일자이다.(Deleuze, *Bergsonism*, 100) 잠재성 속에서 일자와 다자는 모순 없는 다양성으로 공존한다. 서로 간에 단절되어 일정한 공간을 점유하고 있는 현실적 대상들을 통해서만 사유하는 지성의 질서로는 이해할 수 없는 공존이 잠재성 안에는 있다. 잠재성이 실재성을 갖는 이유는 그것이 다자와의 대립이거나 부정이 아니라는 점에 있다. 그것은 실재성을 갖기 위해 변증법적 반테제나 초월적 힘을 필요로 하는 수학적 의미의 점이나 상징이 아니다. 그것은 이미 실재적이며 실재성의 모든 정도와 수준을 포함하고 있는 "기원적 동일성"the original identity, 즉 현실화된 모든 사물들 각자가 자신 안에 내포하고 있는 동일한 기원이다.[1] 그것은 마치 생명의 배아와도 같아서 다수의 시간으로, 다수의 종으로, 다수의 현실태the actual로 분화하는 과정에도 여전히 내재해 있는 근원적 통일체이다. 배아로서의 잠재적 실재에는 수축과 팽창의 다양한 정도와 수준들이 "단일한 시간"a single Time에 감싸여 "하나의 단순한 통일성"a simple Totality 속에서 "잠재적으로 공존"a virtual coexistence한다.(94) 우주는 "하나의 거대한 기억, 거대한 우주적 원뿔"이라고 말했던 것은 이런 의미이다. 들뢰즈에 따르면 이것이 바로 베르그송주의의 "잠재적 다중성virtual multiplicities 이론의 궁극적인 의미"이다.(100)

따라서 생명의 다양한 계열들로 갈라지는 과정으로서의 분화differentiation는 매순간 갈라질 때 마다 자신 안에 내재되어 있는 그 단일한 시간을 전제한다. 이원론이 일원론적 시간을 함축하고 있듯이, 다양하게 분화된 모든 생명의 계열들, 가령 동물과 식물로 갈라지고, 또 동물이 본능과 지능으로 분할되는 매 순간 그 안에는 배아로서의 단순한 총체가 있다 : "그 과정은 마치 갈라지지 않은 기원을 증명하면서 무리를 이루고 있는 성운과도 같다. 따라서 지성 안에는 본능의 후광이 있고, 본능 안에는 지성의 성운들이 있다."(95) 이 다원론적 일원론을 통해 자연 안의 잠재성은 다양한 계열들로 현실화하고, 또한 현실화한 존재들 안에는 잠재적인 것이 내재하고 있다. 이와 마찬

---

1. 가령 베르그송은 동식물을 관통하는 공통의 시간인 생명의 비약과 충동 속에는 세 가지 상이한 실재가 공존하고 있다고 말한다. 하나는 "식물적 무감각 상태"(vagetative torpor, la torpeur végétative), 그리고 "본능"(instinct, l'instinct), 그리고 "지성"(intelligence, l'intelligence)이 그것이다. 그는 이 세 가지 실재의 차이는 위계나 등급의 차이가 아니라 서로 본성적으로 다른 것이라고 주장한다. 자연 철학자들은 항상 "식물적 생명", "본능적 생명", "이성적 생명"을 동일한 경향이 연속적으로 세 단계로 발전해 왔다고 주장한다. 그러나 이들의 차이는 강도의 차이도, 정도의 차이도 아니다. 그 차이는 본성적으로 다른 것이다. 이에 대해서는 Bergson, *Creative Evolution*, p. 149를 참고.

가지로 "식물들 안에는 동물의 징후가, 동물들 안에는 식물의 징후"(95)가 복합을 이루고 있으며, 물질 안에는 영혼의 흔적이, 지속 안에는 물질의 흔적이 중층을 이룬다. 물론 변증법에도 이와 유사한 현실화 또는 구체화 운동이 있다. 어떤 점에서 자연은 상반적이고 대립적인 것들의 투쟁 속에서, 그리고 각각의 항은 자신 안에 대립물을 포함하면서, 정신과 물질, 인간과 자연, 계급들, 그 밖에 모든 대당항들의 자기 전개처럼 하나의 의식적인 존재로 현실화한다. 그러나 베르그송주의의 다원적 일원론이 이해하는 현실화 과정이란, 변증법처럼 구멍이 큰 모순적 허구의 헐렁한 옷에 의해서가 아니라, 실재성을 갖는 잠재태의 수축 혹은 분화의 모든 형식에 의해 뉘앙스의 차이가 구체화된 결과이다 : "분화는 언제나 실제적으로 갈라지는 선을 관류하고 있는 잠재성의 현실화 과정이다."(95)

잠재성과 진화

그렇다면 들뢰즈에게 있어 잠재적 실재에 관한 논의의 본질은 무엇일까? 즉 잠재적인 것의 현실화 과정을 논의하면서 들뢰즈가 궁극적으로 말하고자 하는 것은 무엇인가? 이 질문은 베르그송주의 이론의 핵심에 도달하는 문제이며, 처음부터 들뢰즈가 던졌던 명제, 즉 "지속은 곧 자유"라고 하는 테마를 다시 불러들이게 될 것이다.[2] 들뢰즈는 베르그송의 그 유명한 개념인 "약동"élan vital을 세 가지 용어로 정의하고 있다 : "현실화하고 있는 잠

---

2. 사실 이 명제는 들뢰즈가 베르그송 연구의 중간 부분에서 기억에 관한 논의를 시작하면서 던졌다 : "지속은 본질적으로 기억이며, 의식이며, 자유이다. 그것은 우선적으로 기억이기 때문에 의식이고 자유이다."(Deleuze, *Bergsonism*, 51) 그러나 들뢰즈의 논의는 처음부터 지속이 필연적으로 자유와 맺는 관계를 제시하면서 시작했다는 점을 잊지 말아야겠다. 그의 책 『베르그송주의』의 1장에서는 여러 차례에 걸쳐서 "자유"라는 용어가 등장한다(Deleuze, *Bergsonism*, 15~17, 19). 그리고 이 용어는 베르그송과 맑스의 친화적 관계를 설명해 주는 지점이기도 하다.

재성"a virtuality in the process of being actualized, "분화하고 있는 단순성"a simplicity in the process of differentiating, "나누어지고 있는 총체성"a totality in the process of dividing up.(94) 이 정의에 따르면 근원적 에너지로서의 잠재적 실재는 본질적으로 둘로 갈라지고 분해되며, 수축이나 팽창을 감행함으로써, 어떤 구체적이고 세밀한 형태의 계열들로 나아간다. 이것이 바로 개체라든가 종으로 분화되면서 취하게 되는 생명의 적극적인 이원론positive, genetic dualism이다.3 베르그송에 따르면 생명이 이렇게 여러 갈래로 갈라지는 것은, 생명이 근원적으로 가지고 있는 두 계열의 공존의 실재성에 기인한다. 한편으로는 물질(혹은 무기질)로부터 받는 저항이 있으며, 다른 한편에는 생명이 그 자신 안에서 끊임없이 새로워지는 불안정한 경향들로 인해 내재된 폭발력이 있다.4 이것이 자연의 근원적 힘으로서의 지속이 가지는 두 형식, 즉 차이와 반복을 이룬다.

생명은 스스로 뻗어나가기 위해 우선 물질의 장애를 해결하지 않으면 안 되었을 것이다. 베르그송에 따르면 생명은 먼저 겸손해짐으로써 그 장애를 극복했다.5 가령 위축되기도 하고, 느려지기도 하고, 물리적 혹은 화학적 힘에 자신의 지속력 혹은 폭발력을 적용시키고, 물질의 습성을 받아들여 차츰 그것을 어떤 다른 방향으로 끌고 가는 것이다. 이런 식으로 최초의 생명은 무기물질과 구분할 수 없을 정도로 단순한 것이었으며, 거의 분화되지 않은 작은 원형질 덩어리였을 것이다. 이 유기물질은 그 내부에 생명의 추동력을 가지고 있으므로 더 크게 성장하고 뻗어나가기 위해 어떠한 노력을 했을 것이다. 그러나 그것은 물질적 한계를 가지지 않을 수 없었으므로, 무한히

---

3. 들뢰즈는 경험을 본성적으로 다른 두 현존으로 나눔으로써 잠재태를 육체와 공간으로부터 해방시키는 과정을 반성적 이원론(reflexive dualism)이라고 부르고, 단순한 총체로서의 잠재적 실재가 복잡한 계열들로 분화하고 현실화되어 갈라지는 과정을 발생적 이원론(genetic dualism)이라고 부르면서, 이 둘은 엄연히 다르다고 주장한다. 들뢰즈의 저작들은 이 두 과정을 구현하는 방식으로 진행된다. 『베르그송주의』 5장에서는 후자의 과정을 구현하고 있다.

4. 동물과 식물 등의 잠재적 폭발력과 작용에 의한 분화과정에 대한 논의는 Bergson, *Creative Evolution* 에서 pp. 128~129, 133, 268, 277 등을 보라.

5. 이에 대해서는 Bergson, *Creative Evolution*, p. 109 이하를 참고하라.

팽창하는 대신에 마치 파편으로 분할되는 포탄처럼 어떤 점에 이르러서는 분열했을 것이다. 이러한 길을 따라 지속은 분화하여 생명과 물질로 나뉘고, 생명은 다시 동물과 식물로 나뉘고, 다시 동물은 본능과 지성으로 나뉘고, 나아가 본능과 지성은 각각 다양한 종과 다양한 양태들로 갈라졌을 것이다. 잠재적 실재로서의 지속은 물질-장애와 대면하는 상황에 따라, 그것이 나아가면서(연장하면서) 취하게 되는 무기질의 특정 성질에 따라, 수축하거나 이완되는 양태에 따라 그에 적합한 방식의 분화가 일어난다. 그런데 이렇게 생명의 분화를 이해하는 과정에서 우리는 베르그송이 생명과 물질의 외재적 부정의 관계 혹은 반테제의 관계 — 서로 싸우고 적응하고 타협하고 지연하는 사회적 방식처럼 — 를 상정하고 있는 것이 아닌가 하는 느낌을 지울 수가 없다. 다시 말해 생명이 물질과의 대면에 의해 구체화되는 과정은, 의식이 외적 조건과의 부정적 관계에 의해 즉자적 상태에서 대자적 상태로 구체화되는 것과 동일한 메커니즘을 상정하고 있는 것처럼 보이는 것이다. 그리하여 물질의 저항은 오히려 처음이었다면 고요하게 잠을 자고 있었을 잠재적 실재를 일깨운다. 물질은 오히려 생명의 장애이기 보다는 잠재적 지속의 힘을 증명하고, 근원적 힘의 흔적을 간직하며, 생명이 소모하는 모든 역량을 비축하고 집중시키는 것처럼 보인다. 결국 생명 자체의 팽창력이 물질에 의해 방해를 받는 것은 사실이지만, 그럼에도 물질은 생명이 현실화하는 데 있어 근본적인 요인 혹은 약동의 발판처럼 보이는 것이다.

　　그러나 들뢰즈는 분화의 진정한 원인은 물질에 대한 '부정의 계기'에 있지 않음을 강조한다. 바로 여기에 베르그송주의의 적극적 이원론이 다른 여타 반성적 이원론에 안주하는 사유들과 근본적으로 다른 면모가 있다. 물론 생명과 물질의 외재적 부정의 관계가 있다. 진화 과정에는 물질화 과정이 있고, 물론 분화는 외견상 물질적 실현이다. 하지만 물질적 저항을 넘어서서 고통으로부터 존재 이상의 것을 끌어내고, 자기 자신 너머로 비상할 수 있도록 하는 것은 물질이 아니다. 생명의 진화에는 물질의 배후에 숨어 있는 보다 근원적 힘이 있는 것이다. 베르그송주의에 따르면 물질은 진화의 원인이 아니라 단지 계기일 뿐이다. 물질적 장애가 분화의 계기라고 해서 그것이 원인이라고 말할 수는 없다. 물질-장애에 대한 부정의 계기를 통해 생명의 진화를 설명하는 것은 베르그송이 그토록 비판했던 기계론이나 진화론의 환상에 빠지는 길이다. 본질적인 것은 외견상의 물질이나 육체가 아니라 그 "내적 폭발력", 즉 자기 자신 안에 깊고 심오하게 품은 채, 무한하게 흩어지는 파편들을 터트리며 "부채꼴로 퍼져나가는 유탄과 같은 폭발력"이다.(Bergson, *Creative Evolution*, 109) 진화과정이란 바로 그 내적 경향성이 물질적 장애와의 우연적인 마주침 속에서, 그 저항으로부터 발생하는 자극과 고통을 피하거나 능가하기 위해, 물질에 대해 겸손해지고, 때로는 느려지고, 또 때로는 적응하거나 외면하는 행위들의 일련의 과정을 의미한다. 그것은 마치 예술가가 사물들로부터 받은 인상과 징후들symptoms, signs을 해석하고, 해독하고, 번역하고, 그 의미와 본질을 찾아내고 설명하는 과정과도 같다. 생명의 분화와 진화는 예술가의 작업과도 같은 창조활동 그 자체이다. 그렇기 때문에 그것은 장애물의 부정으로 환원할 수 없으며, 물질의 반테제로 폄하해서도 안 되는 것이다. 그것은 오히려 생명 그 자체의 경향성에 기인한다. 비유적으로 말해, 새에게 날개가 있기 때문에 새가 날고자 하는 것이 아니라, 정반대로 새가 날고자 원하기 때문에 날개를 가지게 된 것이다.6 진화를 창조의 관점에서가 아니라 적응이나 환경의 요인의 관점에서 보는 모든 진화론과 변증론자들에 대해 베르그송이 끊임없이 비판했던 것도 바로 이 때문이다.

진화를 물질적 환경에의 적응으로 보면 진화의 근본적인 원인을 놓쳐버리게 될 것이다. 가령 길은 오르막길도 있고, 내리막길도 있고, 기복이 심한 곳도 있고, 평지도 있다. 그래서 길을 가는 사람은 그 길에 적응을 해야만 한

---

6. 이에 관한 논의는 Jankélévitch, *Bergson*, p. 137을 참고.

다. 그러나 지면의 기복과 경사는 그 사람이 길을 가는 근본적인 원인은 아니며, 더욱이 그가 길을 가는 방향을 결정해 주지도 않는다. 또 그가 길에 적응하는 행위의 결과는 그 길과 동일한 형태 또는 목표를 가지지도 않는다. 오히려 그는 길에의 적응 자체를 위한 수단을 그 자신에 적합한 방식으로 창조할 것이다. 진화의 원인뿐만 아니라, 적응론은 진화 과정에서 발생하는 개체들의 근본적인 차이조차 설명할 수가 없다. 우리는 베르그송의 훌륭한 비유를 보게 된다.

> 만일에 같은 유리잔에 물과 술을 차례로 부으면, 그 두 액체는 잔에서 똑같은 모양을 취하게 될 것이다. 그래서 모양의 동일성은 내용물이 그 잔에의 적응의 동일성에 기인할 것이다. 여기서 그 적응은 기계적인 조정을 의미한다.(65)

베르그송이 주장하는 요체는 바로 적응론이 잠재적인 것을 보지 못한다는 것이다. 그리하여 기계론의 한 변용인 적응론은 생명이 물질적 환경에 적응한 결과 즉 유리컵의 형태로 물이나 술을 구별하듯이 현실화된 결과들만을 가지고 실재의 변화를 설명한다는 것이다. 이러한 관점에서 보면 하나의 종에서 다른 종으로의 진화는 환경의 우연적인 조건에 의해 결정되고, 마치 물과 술의 본성적 차이가 그들이 적응한 술잔의 형태에 따라 정도상의 차이로 분류 되듯이, 존재들의 차이가 외적이고 우연적인 것으로만 이해될 수 있을 뿐이다. 이렇게 해서 적응론은 생명이 진화하는 과정을 현실적인 결정들의 선택과 이행으로 간주해 버리는 것이다. 들뢰즈는 이것이 진화론에 있어 완성론preformism의 오류라고 지적한다.(Deleuze, *Bergsonism*, 100)

들뢰즈가 가능성possibility의 개념을 비판했던 이유 또한 이와 마찬가지이다.7 그의 논의에 따르면, 가능성이란 현재적 관점에서 바라본 미래 또는 과

---

7. 가능성 개념의 비판에 대해서는 이미 1장에서 논의했다.

거이기 때문에 실재적이지 못하다. 가능성은 "있을 법한 일" 혹은 "개연성이 있는 것"을 의미하는데, 있을 법한 일을 사유하는 것은 현실적으로 경험한 것 즉 현실화되어 이미 그 결과가 드러난 상태나, 이미 실현된 것을 통해 미지의 시간이나 과거를 유추하는 방식이다.[8] 그것은 잠재성으로부터 출발한 사유가 아니라, 현실적으로 결정된 상태들로부터 도출된 사유이다. 들뢰즈는 가능성의 개념을 통해 활동하는 사유는 실재와 시간을 항상 "유사성(닮음)"과 "제한(더하거나 빼기)"의 규칙으로 환원한다고 적는다.(98) 간단히 말해 있을 법한 일을 상상하는 것은 현재와 닮은 어떤 것을 마음속으로 그리는 행위이다. 또한 일어날 가능성이 있는 것의 실현이란 이미지로 떠올릴 수 있는 것과 닮은 그 무엇이다.[9] 그런데 이렇게 가능성이 현실적 이미지와 닮아 있다면, 아주 많은 가능성이 있었던 그 "있을 법한 일들" 중에서 실현될 수 있는 것은 한두 가지로 제한되어야 할 것이다. 가능한 것들 중에서 어떤 것은 떨어져 나가고, 또 어떤 것은 실재로 이행하여 실현된다는 식으로 말이다. 잠재적 역량이 이미 알려진 이미지들 몇몇으로 제한되고 축소되어 예측

---

8. 가능성으로 사유하는 정신을 잘 요약해주는 것이 바로 "회고적 환상"(l'illusion retrospective)과 "전미래적 환상"(l'illusion de futur antérieur)이다(Jankélévitch, *Bergson* 61). 회고적 환상이란 과거에 선택했던 것과는 다르게 선택할 수도 있었다고 회고적으로 회상하는 것을 말한다. 이러한 환상은 현실이 여러 가지 가능성 중에서 선택의 결과이기 때문에, 우리는 마음대로 취사선택하고, 망설이고, 되돌리는 것이 가능하다고 보는 방식이다. 전미래적 환상이란 현실은 과거에 그럴 수밖에 없는 이유가 있었다고, 원인의 결정론을 가지고 현실을 정당화하는 방식이다. 이것은 이미 벌어진 일을 사후적으로 설명하면서, 그 설명이 마치 벌어졌던 일의 원인이라도 된다는 듯이 생각하고 있는 것이다. 이 두 사유방식의 공통적 문제점은 기계론적이고 목적론적 인과율에 지배되어 있다는 점인데, 이들 모두는 생명과 진화에 적용됨으로써 '모든 것이 미리 결정되어 주어져 있다'는 결론으로 나아간다.
9. 베르그송은 지성이 파악하는 유사성의 세 종류를 언급한다. 우선, 생물학적 유사성(les ressembla-nces biologique)이 있다. 이것은 "유"(le genre)와 "종"(l'espce)과 같이 현실적 결정들의 유사성으로 생물을 분류하는 방식이다. 다음은 기하학적 유사성(l'identité géométrique)이 있다. 이것은 모든 대상을 수학적인 것으로 만들어 편리하게 정리하는 방식이다. 이러한 사유는 심리학도 물리학처럼 설명하고, 화학도 물리학처럼 설명하여, 모든 학문이 마치 수학의 위상학과 같은 형태로 환원되는 방식이다. 세 번째는 공작적 유사성(les ressemblances fabricant)이 있다. 이것은 어떤 모형이나 도상적 이미지에 맞게 도구를 만들고 그 틀에 따라 사물들을 환원하는 방식이다. 플라톤의 이데아론이 그 예이다. 유사성의 분류와 그 구체적인 논의는 베르그송, 『사유와 운동』, 58~64쪽을 보라.

가능한 미래의 어떤 것이 되거나 되돌려 번복할 수 있는 과거의 어떤 것이 되는 것이다. 과거는 현재와 닮아 있고, 마찬가지로 미래 또한 현재와 닮아 있고, 나아가 실재 전체는 유사한 것들의 전시장이 될 것이며, 따라서 어느 것을 선택해도 그 본성에 있어 다르지 않다.[10] 가능성의 개념은 결과를 가지고 원인을 유추하거나(전미래적 환상), 결과를 되돌려 그 원인을 새롭게 할 수 있다는 믿음이다(회고적 환상). 이 환상과 믿음에는 실재성이 없으며, 실재적이라 해도 어느 것이든 잠재성과 경향성을 빼앗긴 실재성, 오로지 사물의 상태의 유비관계 혹은 대상관계 속에서만 유추된 실재성만이 있다. 진화가 그러한 식이라면 그것은 실제적 변화라기보다는 상태들 간의 이행에 지나지 않으며, 그것은 마치 "지도 위에서 행군하는 군대"(Bergson, *Time and Free Will*, 180)의 가상훈련에서 생기를 빼앗긴 목각인형들의 움직임처럼, 그것을 움직이게 하는 다른 누군가의 의도에 따라 마음대로 조각처럼 분석되고 공간적으로 결정된 변화일 뿐이다. 여기서 모든 행위와 진보는 실제적 흐름 속에서 파악되는 것이 아니라 완성된 결과 속에서, 행위보다 앞서서 그 행위를 설명하고 지시하는 환상 속에서, 생명의 실제적 진화보다도 앞선 것으로 간주된 생명의 문법과 규칙 속에서, 그리고 얼마든지 원인과 결과가 전도될 수 있는 가능성 속에서 파악된다. 들뢰즈는 "가능성의 개념은 잘못된 개념이고, 잘못된 문제의 원천"이라고 말한다.(98) 왜냐하면 그 개념에서는, 가령 원숭이가 인간으로 진화했다든지, 물고기가 파충류로 변형되었다든지 하는 식으로, 하나의 현실적 존재에서 다른 현실적 존재로, 그 유비관계에 있는 존재들의 교환과 이행으로 모든 변화를 설명해 버리기 때문이다. 이는 결국 "실재가 이미 만들어져 있는 것, 미리 형성되어 그 자체 미리-존재하는 것으로 간주"한 결과이다.(Deleuze, *Bergsonism*, 97) 그럼으로써 실재를 예측 가능한 것이라거나, 다른 것을 선택할 수도 있었을 여러 가지 가능성의 하나로 믿어

---

10. 우리는 이미 1부 3장에서 현재와 과거의 본성상의 차이를 논하는 들뢰즈의 시간론을 살펴보았다.

버린다. 마치 영화에서 필름 조각들의 기계적인 병치로 운동을 재현하듯이, 혹은 아킬레스와 거북의 동질적 관계를 근간으로 두 마리 거북을 설정하듯이, 차이와 변화를 외연적인 것으로만 생각하면서, 우리는 다시 한 번 육체와 지속을 뒤섞어 혼란스러운 상태를 떠올리는 것이다.[11]

> [술이든 물이든] 내용물이 스스로 적응했던 그릇의 모양은 이미 거기에 만들어진 채로 있었고, 그릇은 자신의 모양을 내용물에게 강요하였다. 그러나 유기체가 살아가기 위해 주변 환경에 적응하는 문제에 있어, 그 내용물을 미리 기다리고 있는 모양이 어디에 존재한단 말인가? 환경(조건)은 생명이 그 안으로 들어가 그 환경의 형태를 받아들이는 어떤 주형이 아니다. 그렇게 생각한다면 비유에 완전히 속은 것이다. 환경은 아직 특정 모양을 갖추지 않았다. 그래서 생명은 자신에게 주어진 환경에 알맞도록, 스스로 모양을 창조해 나가야만 한다.(Bergson, *Creative Evolution*, 65)

따라서 베르그송주의의 대답은 이러하다. 생명이 진화하는 데 있어 그 직접적 원인은 그 자신 안에 내재되어 있는 힘 때문이다. 물론 외적인 원인의 영향을 배제할 수는 없다. 하지만 그것은 진화를 느리게 하는가 빠르게 하는가와 같은 부차적 역할에 머물 뿐이다. 또한 진화는 불가피하게 환경에의 적응의 형태로 나타날 수밖에 없음도 부정할 수 없다. 주어진 외적인 원인 혹은 생존조건에 적응하고 그것을 극복하지 못했을 때, 존재는 당연히 소멸하게 될 것이다. 그러나 그 또한 진화의 근본적 원인은 될 수 없다. 적응론이나 기계론의 경우처럼, 변화와 차이를 외적 요인에의 적응이나 부정의 결과로 이해하는 것은 존재의 근원적 약동과 잠재성을 무시했기 때문이다. 만일에 진화가 단순히 환경에의 적응이었다면, 가령 실루리아기의 유공충류와 같이, 환경의 변화에 무심한 현상과 같은 예외들은 설명할 수 없을 것이

---

11. 가능성 개념의 비판에 대해서는 Deleuze, *Bergsonism*, pp. 97~98을 참고하라.

라고 베르그송은 적는다.[12] 그의 말은 생명 자체가 자신 안에서 약동을 감행하지 않으면, 아무리 환경의 변화가 강렬해도 생명의 잠재성은 수면상태에서 깨어나지 않을 것이라는 사실이다. 생명의 진화나 사물의 질적 변화는 외재적 차이가 아니라 내적인 차이이다. 그렇기 때문에 "변화하려는 경향"은 우연적인 것이 아니며, "변화 그 자체가 이미 그 경향 안에서 내적인 원인을 갖는다. 즉 변화는 필연적으로 그 자신 안에서 일어난다."(Deleuze, *Bergsonism*, 100) 잠재적 실재가 분화하여 특정한 상태의 현실태가 되는 것은 그 자신 안에서 본성적으로 다른 그 무엇이 되는 과정이다. 잠재성이 현실화되기 위해 일부가 제거되고, 일부를 선택하고, 병치시키고, 되돌리고 하면서, "하나의 현실적 항에서 다른 하나의 현실적 항으로 이동하는 것이 아니라, 잠재적 항에서 다른 이질적 항으로", 어느 하나도 제거되지 않은 채, 마치 저 심원한 원뿔의 가장 밑바닥으로부터 그 무엇도 소멸되지 않은 채 응축 또는 이완되어 있는 다양한 회상의 수준들이 물질과 대면하기 위해 점차 꼭짓점으로 파고들듯이, 잠재적 실재 전체에 질적 변화가 일어나는 것이다.

잠재적 실재와 자유

그렇기 때문에 그것은 어떤 계획의 실현일 수 없다. 물론 진화가 우연적인 적응이 아니라 필연적인 힘의 구체화이긴 하지만, 미리 주어진 틀과 계획의 실현은 아니다. 계획이란 미리 결정되어 주어지는 것이다. 그것은 실질적인 차이 이전에 표상될 수 있다고 가정하고, 미래를 이미 알려져 있는 현재

---

12. 베르그송은 진화가 생명 자체의 약동이 없으면 아무리 환경이 달라져도 진화하지 않는다는 사실에 대한 생물학적 사례로 유공충류를 들고 있다. 실루리아기 이후 유공충류는 전혀 진화하지 않았는데, 환경의 변화에 전혀 동요나 적응을 하지 않고 고생대시기 그대로 여전히 남아있다는 것이다. 이에 대해서는 Bergson, *Creative Evolution*, p. 113을 보라.

의 개념과 용어를 이용하여 예견한다. 그러나 질적 변화란 현재적인 모든 것을 뛰어넘는 것이다. 그렇지 않다면 어떻게 변화 이전과 이후가 본성적으로 다르다고 말할 수 있겠는가? 그것이 현재성과 현실태를 넘어서는 것이기 때문에, 미리 알려진 현재의 용어로는 변화의 윤곽조차 그릴 수가 없다. 만일에 진화가 마치 엔지니어의 설계 도면처럼 목적과 계획의 실현이라면, 그것이 계속될수록 점점 그 목적이 구체성을 띠고 윤곽선이 분명해져야 할 것이다. 그러나 생명은 갈수록 복잡해지고, 그 유기적 구조가 섬세하게 분화되어, 단순한 통일성으로부터 점점 멀어져 목적의 실현과는 무관해 보인다. 베르그송에 따르면, 통일성과 조화란 생명이 도달하게 될 약속이 아니라 과거 즉 회상에 속한 문제이다. 그러나 그 뿌리의 공통성은 이제 되돌릴 수 없는, 되돌아갈 수 없는 상실된 낙원이다. 생명은 단순한 총체 안에 감싸여 있었다. 그리고 이것은 그 내적 경향성에 의해 유탄처럼 다발적인 약동으로 분화하였다. 그리고는 무한한 방향으로 흩어진다. 그러나 베르그송에 따르면 생명이 물질과 갈라지고, 지성과 본능으로 갈라지고, 무수한 종과 양태들로 갈라지는 동안에도 여전히 최초의 힘은 보존한다. 우리는 일자 안의 다자뿐만 아니라, 다자 안의 일자 또한 논의한 바가 있다. 생명의 진화에서 통일과 조화의 힘은 바로 그 최초의 충력衝力을 의미하는 것이지, 모든 진화단계의 현상들이 종국적으로 이끌리는 인력引力을 의미하는 것이 아니다. 목적론의 오류는 그 힘을 비실재적인 미래로 투사했다는 데 있다. 살아 있는 존재는 점점 나아가면서 분할하고 흩어진다. 파편화되었음에도 불구하고 거기에 어떤 통일이나 조화 혹은 상호보완적인 흔적이 있다면, 그것은 그 힘의 기원적 동일성 때문일 것이다. 그러나 그 파편들은 점점 서로를 외면하게 될 것이며, 마치 막힌 관처럼 각자들의 세계 속에 닫혀 공존하기를 그칠 것이다.[13]

---

13. 막힌 관의 이미지는 기호들의 체계와도 관계가 있는데, 들뢰즈는 이를 『프루스트와 기호들』 2부 2장에서 보여주고 있다. 여기서의 주제는 바로 전체는 주어지지 않는다는 것이고, 목적과 계획 역시 미리 결정되어 있지 않다는 점인데, 이 주제를 가장 잘 예시해 주는 것이 바로 살짝 열린 통과 막힌 관

전체는 잠재적으로만 있기 때문에, 이미 현실화되어 자신 안에 갇힌, 자신을 닫은 현실적 부분들을 끌어 모아 전체가 될 수는 없다. 어떻게 개별화되어 단절된 것들이, 어떠한 지속의 흐름도 공유하고 있지 않은 것들이 통일된 전체를 이룰 수 있겠는가? 생명은 분화하고 현실화함으로써, 제 각각 개체들의 시간 속에 갇힌다 : "현실태 속에서는 살아 있는 생명체들의 수만큼이나 많은 다수의 세계, 즉 모두가 그 자신 안에 '닫힌' 세계로 가득한, 환원 불가능한 다원론이 지배한다."(104) 생명의 분할은 돌이킬 수 없는 차이화의 과정이다. 그런 식으로 어떤 종은 도중에 멈추기도 하고, 또 어떤 종은 탈선하기도 하고, 뒤로 물러나기도 한다. 점점 무질서가 증대하는 것이다. 우리의 생각과는 다르게 자연은 어떤 전체적인 계획에 의해 나아가지도 않고, 그 계획을 구체적으로 실현하지도 않는다. 따라서 "전체는 결코 주어지지 않는다."(104) 14 전체는 형태도 윤곽선도 없이 잠재적일 뿐이다. 그래서 그것은 과녁이 될 수 없고, 목적지도 아니며, 최종지점도 될 수 없다. 오히려 그것은 창조를 가능케 하는, 창조적 행위가 써 나가야 할 무형의 재료이다. 잠재적 실재는 갈라지거나 수축하는 양상에 따라 현실화된다. 그러나 현실화된 것은 결코 잠재적 전체를 닮아 있지 않다. 그것은 완전히 새로이 창조된 것이다. 생명체들은 우주적 전체가 현실화된 것들이지만, 그들은 결코 전체와 유사하거나, 전체로 회귀하지 않는다. 전체는 열린 것이고, 따라서 생명체들이

───────────────

의 이미지일 것이다. 이에 대해서는 이 책의 2부 5장을 보라.

14. 그런데 들뢰즈는 베르그송의 시간관, 즉 전체는 주어지지 않지만, 그것은 공간적 차원에서의 전체가 주어지지 않고, 시간적 차원에서 하나의 전체가 형성된다는 베르그송의 시간관과, 프루스트의 "간극 없는 간격들"(distances sans intervalles)이라는 개념을 통해 개진된 조각들의 분할은 다른 것이라고 언급한다. "전체란 주어질 수 없는 것이다. 그런데 여기서 이 말이 뜻하는 바는 베르그송이 이해한 것과 다르며, 또 전체화를 향한 행진을 주장하는 변증법 논자들이 자기들 편의대로 이해한 것과도 다르다. 즉 여기서 이 말은 [공간과는 다른 차원, 정확히는 시간적 차원 속에서 전체가 형성된다는 것을 뜻하지 않는다는 것이다. 그 까닭은 바로 궁극적 해석자, 궁극적 해석하기인 시간이 [전체를 정립하는 것이 아니라] 조각들을 동시에 정립하는 이상한 힘을 지니고 있기 때문이다. …… 시간은 바로 모든 가능한 공간들의 횡단선이며, 이 가능한 공간들 가운데는 시간의 공간들도 포함되어 있다."(Deleuze, *Proust and Signs*, 199~200)

목적성을 갖는다면, 그것은 열린 전체로 향하는 한에서만 그렇다. 물론 유사한 것들로 짝이 지어진 현실적인 종들이 있으며, 이들은 동일한 구조나 동일한 형태의 육체들을 소유하고 있다. 또한 자연 안의 모든 삶은 어떤 경향성을 가지고 예정된 길을 따라 늙어간다. 그러나 이와 같은 현실적 상태들 아래에는 전혀 다른 운동이 일어나고 있으며, 현실태들은 이 잠재적 운동을 닮지 않았다. 삶의 방향은 필연적으로 존재하므로 "목적성"은 존재한다. 그러나 "목표"는 존재하지 않는다.(106) 간단히 말해, 삶과 진화는 미리 주어진 형태를 가지지 않은, 미결정된 잠재적 시간으로부터의 창조 활동이다.

> 그러나 만일에 생명의 진화가 우연히 주어진 환경에의 일련의 적응의 과정 이상의 그 무엇이라면, 마찬가지로 생명의 진화는 어떤 계획이라고 말할 수 없다. 계획은 미리 주어지는 것이다. 그것은 어떤 것이 실현되기 이전에 표상될 수 있고, 최소한 표상 가능하다. 계획의 완벽한 실행은 아마도 먼 미래로, 혹은 무한히 연기될 것이다. 그럼에도 불구하고 그 생각은 현실적으로 주어진 용어들을 가지고, 현재에 공식화할 수 있다. 이와 반대로 만일에 진화가 끊임없이 갱신되는 창조라면, 그것은 생명의 모양의 창조일 뿐만 아니라, 지성이 생명을 이해할 수 있도록 해줄 관념의 창조일 것이며, 그것을 표현하게 해줄 용어들의 창조일 것이다. …… 생명의 진화 앞에, 미래의 문은 활짝 열려있다. 그것은 최초의 운동에 힘입어 끊임없이 나아가는 창조이다. 이 운동은 유기적 세계의 통일을 구성한다. ― 풍요로운 통일, 무한한 풍요의 통일, 지성이 꿈꾸는 그 어느 것 보다도 우월하다. 왜냐하면 지성은 다만 그 통일의 한 국면이거나, 그 통일이 생산한 산물들 중 하나에 불과하기 때문이다.(Bergson, *Creative Evolution*. 114~116)

여기서 바로 들뢰즈가 처음에 논의했던 주제들이 귀환한다. 근원적 에너지로서의 생명의 경향성은 결정되어 있지 않고, 잠재적 실재 역시 미리 결정된 전체가 아니기 때문에, 살아 있는 존재는 물질-장애와의 만남 속에서 그 자신의 육체와 형식을 스스로 생산해야만 한다. 그는 물질을 넘어서기 위해 도구조차도 스스로 발명하고, 도구의 발명 그 자체가 그에게는 일종의 문제의 제기이며 문제의 해결이다 : "가령, 눈의 형성은 우선 빛의 관점에서 제기된 문제의 해결이다."(Deleuze, *Bergsonism*, 104) 들뢰즈는 베르그송주의와 맑스의 유비관계를 언급한 적이 있는데15, 그것은 맑스처럼 인간의 역사를 스스로 창조하는 노동이나 사회적 행위로 규정한 것에 머물지 않고, 그 보다 더 근본적인 것으로서의 생명의 진화 자체의 창조성을 논의하기 위해서였다. 그것은 주어진 문제 속에서 미리 상정된 해답을 찾는 과정일 수 없고, 그와 유사하게 있을 법한 해답의 실현도 아니다. 살아 있는 존재는 언제나 그 자신을 어떤 한계에 직면하게 하는 장애를 겪으며, 이전의 자신과는 전혀 다른 존재를 창조한다. 들뢰즈에 따르면 이것은 단순한 유사물의 발견이나 재생산이 아니라 하나의 발명이다.

삶의 창조

따라서 통일된 전체가 미리 주어져 있지 않다는 사실은 우리를 좌절시키지 않는다. 오히려 우리의 삶을 새로운 자유의 가능성 속에서 운용하게 한다. 베르그송주의가 그토록 끊임없이 추구했던 주제, 즉 정도상의 차이와 본성상의 차이를 구분하는 이유가 바로 여기에 있다. 시간과 공간을 혼동하고, 과거와 현재를 뒤섞고, 운동을 육체에 종속시켜 동질화하는 지성은 우리로 하여금 실재가 미리 결정되어 주어지는 것으로 사유하게 한다. 시간을 공간화함으로써, 혹은 공간의 또 다른 차원이라고 동질화함으로써, 마치 조각난 퍼즐처럼 시간을 되돌릴 수 있고, 얼마든지 예측 가능한 것이라고 말이다.

---

15. 이에 대해서는 Deleuze, *Bergsonism*, p. 16을 보라.

그것은 자유가 아니라 자유의 환상일 뿐이다. 우리에게 삶은 전체가 이미 제시되어 펼쳐지는 부채처럼 동일한 것의 반복에 불과한 것으로 간주될 때 바로 이러한 환상이 출몰한다. 정도상의 차이로 사유하는 정신은 과거와 미래를 현재의 관점에서만 바라보며, 운동과 변화를 고정된 자아의 관점에서만, 판에 박힌 도식적 구도를 통해서만 바라본다. 그것은 나아가 모든 존재를 위계와 서열과 등급과 비교의 환상으로 퇴행할 것이다. 왜냐하면 정도상의 차이란 잠재적 변화의 특정 결과일 뿐이며, 이미 현실화된 것과 상태들만을 보는 것은 실재를 불활성의 사물로 이해하는 것이며, 생명 내부의 질적 생성과 변화를 빼고, 비교와 부정의 외재적 질서로 보기 때문이다. 가능성에 대한 비판 역시 이러한 맥락에서 제기된 것이었다. 복합물(시간과 공간의 복합, 과거와 현재의 복합, 잠재성과 현실태의 복합 등)은 모든 것을 윤곽선이 분명하여 지각 가능한 것들의 이행과 교환으로 파악하며(객관주의), 이미 만들어진 상태나 형태로서 측정 가능한 것으로 다루며(기계론), 인과율이나 메커니즘에 의해 예측이 가능한 것으로 망상한다(목적론). 그러한 환상은 우리의 자유가 아니라 무능력과 절망을 예증해 줄 뿐이다. 실재의 본성적 차이를 놓치는 순간 우리는 자유를 박탈당한다! 왜냐하면 그러한 사유는 삶을 창조가 아니라 계시된 명제들의 반복학습이나 받아쓰기에 불과한 것으로 전락시킨 결과이기 때문이다. 그렇기 때문에 잠재적 실재로서의 과거와 회상과 시간, 그리고 현실적 실재로서의 현재와 지각과 공간의 두 계열을 그 본성상의 차이에 따라 나누어야만 했던 것이다. 중요한 것은 윤곽선이 분명하고 지각 가능한 구체적 현실이 아니라, 그러한 현실이 만들어지기 위해 상상조차 할 수 없는 규모로 스스로 달라져 가는 잠재성, 가령 먹이를 찾아 장소를 이동하는 동물의 신체적 잠재성(허기 상태, 근육의 운동 등 모든 신체상의 질적 변화)뿐만 아니라, 그를 둘러싼 대기와 우주 전체의 질적 변화, 그 잠재적 근원으로 되돌아가는 문제이기 때문이다.

분화가 결코 부정이 아니라 창조이며, 차이가 결코 소극적이지 않고, 본질적으로 적극적이며 창조적이라는 사실을 알기 위해서는 현실적 항들을 생산하는 운동 속에, 그 현실적 항들을 되돌려서 그 안에서 현실화된 잠재성으로 되돌아가야만 하기 때문이다.(103)

　　본성적인 차이의 발견이라고 하는 베르그송주의의 주제는 차이를 잠재성 속에서 발견하고자 하는 의도에서 출발했다. 그것은 자연의 부단한 변화가 만들어 놓은 하나의 결과로서의 특정 순간 혹은 상태, 가령 나무, 하늘, 물, 비, 푸른 바다와 같이 우리가 명명할 수 있는 모든 대상들이 아니라, 그것들이 명명되기 이전의 생성과 변화의 타나토스Thanatos 즉 순수 부정의 시간으로 들어가려는 노력이다. 생명의 분화란 차이의 생산에 다름 아닌데, 베르그송주의에 따르면 그것은 부정이 아니라 창조이고, 거기서의 차이는 소극적이고 양적인 대상들 간의 차이가 아니라 적극적이고 질적인 차이이다. 그러나 질적인 차이로서의 잠재성, 지속, 생명이 물질적 대상이나 공간과 혼동되는 순간, 우리의 삶은 미리 결정되어 주어진 공간과 대상적 기능들로 축소된다. 공간과 대상에는 스스로 달라지는 요소란 어디에도 없기 때문이다. 들뢰즈의 논의를 생각해 보면, 베르그송주의는 삶을 기능과 공간으로부터 해방시키는 과정이다. 그리하여 실질적 변화의 자취로서의 공간적 환상에 종속된 것이 아니라, 그 자신 안에서 스스로 존재하는 삶의 가능성을 찾아내는 것이다. 공간과 본성적으로 다른 것으로서의 지속이 어째서 자유의 문제인지, 모든 존재가 본성상 다르다는 것을 밝히는 문제가 어째서 중요한지 그 이유가 여기에 있다. 결국 지속은 자유이고 창조이다. 그것은 잠재적이며, 잠재성이란 미결정적인 시간을 연다. 이것이 베르그송주의의 궁극적인 테마이다 : "시간의 유효성 혹은 긍정성이 있는데, 그것은 바로 시간은 사물들의 '망설임'이고, 이런 식으로 세계 속에서의 창조와 동일하다는 점이다."(105)

2부 잠재 예술론

1장

내부의 역설 : 친구조차 불신하는 저녁 시간

지성은 다양하고 무한한 실재의 변화로부터 지식을 도출하기 위해 공간적 구도를 짜는 능력이다. 달리는 동물에 좌표를 설정하여 그 동물의 이동거리, 위치, 위상을 포획하듯이, 아킬레스를 거북으로 혹은 거북을 아킬레스로 환원하듯이, 지성은 운동과 공간 혹은 질과 양을 동일한 것으로 뒤섞어 실재를 소유의 대상으로 취한다. 지성의 방법은 자신 안에서 미리 마련된 가능성(허구적 실재성)만을 실재에 투사하여 바라보기 때문에, 그것이 도출한 지식은 자신 안에 있는 명시적인 의미 혹은 규약적인 의미에 사로잡힌다. 그리하여 지성은 있을 법한 일만을 상상한다. 지성의 질서 안에서는 달리는 것은 정지되어 지각 가능한 것이어야 하고, 과거뿐만 아니라 다가올 미래는 현재와 닮은 것으로 예측 가능한 것이어야 하며, 진실은 정해진 의무나 선의지에 의해 그리고 주체의 임의적이고 자발적인 노력에 의해 발견될 수 있어야 한다. 이것이 직관의 방법을 통해 지성의 고착화된 능력을 비판했던 베르그송의 바로 그 테마였다.[1]

들뢰즈에 따르면 지성의 이러한 활동은 철학적 사유의 근간을 이룬다. 그는 지성에 호소하는 철학은 진리를 찾으려는 의지를 가진 친구들의 공모와도 같은 것이라고 비판한다. 이미 확립된 가치와 미리 결정된 개념들을 가지고 진리를 만들어 내기 때문이다. 철학적 공모 속에서 실천하는 약속과 다짐은 실재의 진실이 아니라 자아의 투영된 그림자만을 보여줄 따름이다. 그것은 오래된 친구를 만나며 느끼는 친근함이나 호감을 가지고 지적 문화적 계약관계 속에서 나누는 공유된 담론이다. 그렇게 발생한 지식과 진실은 어느 것에도 위협적이지 않고, 그 무엇도 전복시킬 수가 없으며, 어느 누구도 움직일 수가 없다. 왜냐면 그 진실은 이미 우리가 알고 있고 모두에게 알려진 진실이고, 우리 내부의 믿음 외에는 그 무엇도 아니기 때문이다. 들뢰즈는 프루스트의 문학에 관한 텍스트에서 배움의 과정, 즉 진실을 찾아가는 과정이 어떤 길이어야 하는지에 대해 풍요로운 주석을 제시한다.[2] 그것은 진실의 탐색이 어디서부터 출발해야 하는지에 관한 긴 논평이었다. 그에 따르면 진리는 그것을 추구하는 주체가 선천적으로 가진 자발적 의지의 산물이 아니며, 주체가 진리와 맺는 친화적 관계도 아니다. 진리는 우연적인 만남으로부터 터진다. 실재가 가해 오는 가혹하고도 폭력적인 징후들에 의해 비로소 주체는 사유하기 시작하고, 또 그것이 진리를 드러내기에 참되다고 할 수가 있다. 들뢰즈는 임상의학의 진화가 증후군의 구체적인 차이를 세분화하는 과정에 있다고 언급한 적이 있었다. 증후들의 복합체, 즉 증후군을 분류하고 그 차이들을 세분화하여 질병을 결정하고 명명하고 치료를 예비하는 것이다. 그러나 이때의 의학에 있어 진리란 의학 내부의 산물이 아니라, 알려지지 않은 외부의 실재가 발산하는 증후로부터 시작된 것이 아닌가? 미리

---

1. 운동의 공간화, 상상적 정지 및 가능성(possibility)의 개념에 관한 비판에 대해서는 1부의 1장과 5장을 보라.
2. 실재로부터 의미를 찾고 진실을 이해해 가는 배움의 과정은 바로 『프루스트와 기호들』의 1부 전체의 주제이기도 하다.

준비된 개념이나 공통의 합의로는 결코 진실에 도달할 수 없다. 알려지지 않은 실재와의 우연적인 만남 그리고 실재적 징후들의 강요를 겪지 않고는 그 어떤 지식도 실재적이지 않다. 들뢰즈는 프루스트의 말을 빌려, 어떤 구체적인 경험 속에서 의미를 찾는데 실패하고, 그 절망과 좌절이 우리로 하여금 더욱 더 의미와 진리를 찾도록 박차를 가하는 사물의 어떤 폭력에 직면해서야 비로소 우리는 진리를 찾아 떠난다고 말했다. 또 그랬을 때만이 우리의 지식은 진정하다는 것이다. 예컨대 프루스트의 작품에는 '벨 에포끄'la belle époque를 배경으로 귀족과 부르주아의 사교계가 등장한다. 사교계에 처음으로 발을 들여놓는 신참내기는 그곳에 드나드는 인물들이 자아내는 이해할 수 없는 표정과 몸짓들 그리고 거기서 부딪치는 모든 인상들을 해석해야만 할 것이다. 사랑에 빠진 사람 역시 애인의 모든 말과 몸짓에서 나오는 이해할 수 없는 징후들이 안겨주는 고통을 극복하기 위해, 그 징후가 무슨 의미를 갖는 것인지 해석하지 않으면 안 될 것이다. 마르셀이 그랬듯이 우리 또한 과자의 맛이 어째서 우리를 기쁘게 하는지, 어째서 그 맛이 우리를 어떤 고향으로 혹은 어떤 마을이나 고장으로 데려가는지를 찾지 않으면 안 될 것이다. 이렇게 우리는 자연과 실재의 다양한 징후들로부터 배우고자 하며, 그 미로와도 같은 징후에게서 어떤 진실을 찾고자 한다.

자연은 하나로 요약할 수 없는 다양체로서 무한한 자극과 진동들을 내뿜는다. 우리는 그 무수한 자극들로부터 어떤 법칙을 발견하기 위해 그들을 어떠한 징후로서 읽고 해석한다. 징후는 한 아름다운 여인이 내게 보내는 미소처럼 나를 찌르는 무엇이다. 그것은 내가 계획하여 일부러 찾아가거나, 그것이 오기를 기다리거나, 나를 마중 나와 언젠가는 내 앞에 도래하게 될 필연적인 계시가 아니다. 실재의 무한한 다양성 앞에서 나는 내 갈 길을 예비하지 않은 채 실재로부터 갑작스럽고 느닷없는 징후들을 대면한다. 그리하여 표본실의 생물표본이 아니라 실제의 섬으로 나가 전혀 새로운 생물체를 연구하듯 징후를 해석하기 위해 밖으로 나간다. 이때에 주체가 미리 준비한 방법이란 존재하지 않으며 준비된 방법 또한 별 효과가 없다. 주체에게 있어 징후는 우연히 맞닥뜨린 피할 수 없는 상처 같은 것이다. 말하자면 그것은 바르뜨Roland Barthes가 섬세하게 말했던 "푼크툼"punctum이다.3 푼크툼이란 작가나 저자가 자신의 작품을 통해 의도하지 않고 말해지지 않은 어떤 흠집이나 얼룩과도 같다. 작가는 자신의 작품이 의도된 대로 읽혀지기를 원하면서, 그 의도를 암시하는 몇 가지 명시적이고 가시적인 의미 ─ 바르뜨는 이를 "스투디움"studium이라고 불렀다 ─ 를 작품 속에 집어넣는다. 작품의 주제라든가, 공동체의 역사라든가, 작가 자신의 철학이라든가, 이 모든 기획된 스투디움은 작품에서 의기양양하게 자리를 잡아 작품 전체의 담론을 형성하고, 우리는 그들을 소재로 토론을 벌인다. 그러나 스투디움에 익숙한 정신의 의미 담론으로는 말해질 수 없는 어두운 영역이 작품 속에는 드러나지 않은 채 존재한다.(Barthes, *Camera Lucida*, 31~33) 예컨대, 아주 작은 물건이나 그냥 지나쳐 버리고 말아버릴 조그마한 제스처가 한 인간의 과거 전체를 불러오는 경우가 그것이

---

3. 바르뜨는 여러 사진 작품을 해석하면서 작가의 의도나 작가의 담론을 발견하는 대신에, 작가가 의도하지 않은 어떤 작은 물신들에 관심을 갖는다. 가령 그는 제임스 반 데르 제(James Van der Zee)가 1926년에 찍은 흑인의 가족사진을 보며, 흑인들에 관련된 사회적 혹은 역사적 정치적 담론에는 관심이 없다. 대신에 그가 관심을 두었던 것은 사진 속에 서 있는 한 여인의 "큰 허리띠"와 "끈 달린 신발"이었다. 또 다른 예로, 케르테즈(A. Kertez)가 찍은 사진(1921)을 보며, 바르뜨는 울퉁불퉁한 땅을 딛고 서 있는 악사의 신발에 시선을 집중한다. 또 다른 예로 윌리엄 클라인(William Kleine)의 1954년 작품인 〈이탈리아 거주 지역〉에서 한 소년의 썩은 치아에 관심을 갖는다. 또 듀안 마이클(Duan Michael)의 1958년작 〈Andy Warhol〉에서는 얼굴을 가린 앤디 워홀의 깡마른 손끝의 넓적하고도 굳은 오른쪽 손가락, 혹은 루이슨 하인(Lewis H. Hine)의 1924년 작 〈어느 학교의 지진아들〉에서는 한 소년이 입고 있는 옷의 옷깃과 소녀의 손가락에 감싸인 붕대에 관심을 갖는다. 바르뜨는 이와 같은 작은 징후들과 물신들이 그에게 연민과 감동을 준다고 말하면서, 그것을 '찌른다'는 의미의 "푼크툼"(punctum)이라고 명명한다. 그에 따르면, 징후로서의 푼크툼은 사진의 주제나 역사 혹은 작가의 의도가 아니라, 사진 속의 인물 자체로 접근하게 해주고, 이러한 접근은 필히 독자 자신의 기억을 더듬게 한다. 그렇게 해서 발견된 진리란 가장 진한 형태의 경험이 될 것이다. 이에 대해서는 Roland Barthes의 *Camera Lucida : Reflections on Photography* (1981) pp. 30~33; 47~49 등을 보라.

다. 작은 손버릇 하나가 한 사람의 어린 시절 전체를 환기하거나, 자기도 모르게 던진 한 단어가 그의 타락의 세월 전체를 불러들이거나, 그의 손목에 걸쳐진 시계가 그의 취향 전체를 말해주는 식이다. 이러한 푼크툼은 말해지거나 알려지지 않은 자연의 잠재적 영역을 드러낸다. 정확히 말해 푼크툼은 우리가 살아가는 현실적·사회적 의미의 토대 즉 실재적 시간을 지시한다. 바르뜨가 그랬듯이, 푼크툼을 대면하는 주체에게 그것은 우연적인 사건이지만, 그는 이 흠집을 통해 존재의 표피 너머에 무엇이 있는지를 엿볼 수 있고 그 후면을 포착할 수 있는 시간을 갖는다.⁴ 그것은 의식을 넘어서서 무의식적 실재로 들어가는 통로이자 징후, 다시 말해 그 우연적 만남으로 인해 진실의 필연성이 보증되는 "진정성의 징후"the sign of authenticity이다.(Deleuze, *Proust and Signs*, 16)

그렇기 때문에 진실을 찾아 나서는 자는 철학자가 아니라 오히려 "애인의 거짓말 때문에 고통스러운 질투에 빠진 남자", "찾아 나설 것을 강제하고 우리에게서 평화를 빼앗아가는 어떤 징후의 폭력"에 맞닥뜨린 사람이다.(15) 지적이고 분별이 있는 사람은 언제나 명확하고 객관적인 의미를 제시한다. 또한 자연으로부터 윤곽선이 뚜렷한 형태를 갖는 대상을 자신의 지식으로 취한다. 거기서 운동과 변화는 특정 위치를 점유하는 점으로 혹은 특정 상태를 표상하는 형상으로 포화할 것이다. 그러나 지식이 만들어지는 또 다른 길이 있다. 지성이 만들어 낸 단조로운 진리 말고도 우리는 다른 풍요로운 방식으로 즉 사물의 징후로부터 출발하여 진실에 도달할 수가 있다. 지적이고 위대한 사람보다는 결점들이 감추어지지 않은 평범한 사람들이 더 많은 징후를 가지고 있으며, 그것이 그의 존재를 더욱 풍요롭고 충만하게 해 주는

---

4. 들뢰즈는 자파티니(Cezare Zavattini)를 인용하면서 이탈리아 네오리얼리즘 영화를 "우연적 만남의 예술"(art of encounter, art de la rencontre)이라고 정의한다.(Deleuze, *Cinema 2* 1) 그의 논의는 물론 우연적 만남에서 맞닥뜨리는 예기치 못한 상황이 망설임과 사유를 불러온다는 것이었다. 그러나 더 심오한 차원에서 네오리얼리즘 영화의 그 우연적 만남은 이미지의 잠재적 영역을 열어 제친다. 이에 대한 구체적 논의는 이 책 2부의 4장을 보라.

데, 또한 이들이 뿜어내는 그 징후들 덕분에 예술가들은 풍족해진다. 마찬가지로 지성의 노동과 사명을 가지고 세계에 뛰어들어 노력하는 학자들보다는, "헛되이 시간을 낭비하며 인생을 보내는 사람들, 특별한 직업도 없고, 그렇다고 예술을 할 만한 능력도 없는 실망스러운 인간"이 더욱 더 징후에 있어 풍요로운 진실에 도달할 수가 있다. 가령 프루스트의 "잃어버린 시간"이란 허송세월을 보낸 시간을 의미한다. 쓸모없이 보내버린 시간 즉 훌륭한 사람을 만나 진지한 대화를 하거나 지적인 모임에 나가 무엇인가를 배우는 것이 아니라, 사교계에 드나들며 사람들과 노닥거리고 여인들과 사랑에 빠지고 감각적 경험에 사로잡혀 봄으로써, 오히려 우리는 사람과 풍경과 이 세계에 대한 진실을 배운다. 예술로부터 우리가 발견하는 진정성은 무엇인가를 잃어버리지 않으면 배움에 도달할 수 없다는 사실이다. 우리는 완전하고도 이상적인 오브제 보다는 오히려 불완전한 인간들과 비틀린 물질적 감각에 매료된다.[5] 또 결함 없는 위대한 한 인물 보다는 평범한 여인을 통해 인간과 세계의 근원적 진실에 도달할 수가 있다. 우리 사유의 지적인 활동이 강렬해져서 대상들로부터 본질을 발견하고 세계의 진실에 도달하는 것은, 우리가 그 비틀리고 비균형적인 경험에서 규정하기 어려운 징후들의 난입에 직면하기 때문이다. 자연은 우리에게 규정되지 않은 무엇인가를 끊임없이 던진다. 새로운 경험에 맞닥뜨린 우리는 살아가기 위해 그 무규정적인 징후들을 직접 풀어내고 해석해야만 한다. 그러나 그로부터 도출된 답은 오래된 친구들이 모여 합의한 것과는 판이하게 다른 해답이 될 것이다. 어떤 여인과 사랑에 빠지고 그 여인에게서 의미를 발견한다면, 그것은 나와 그녀의 매끈한 소통이나 합의된 대화에 이르렀기 때문은 아니다. 오히려 그 의미가 무엇인지 그 진실이 어디에 감추어져 있는지 알지 못한 채, 그녀가 발산하는 낯선

---

5. 인상주의 화가 르느와르(Pierre Auguste Renoir)는 아름다움이란 "변칙성(irregularity)"으로부터 나온다고 보았다. 변칙성이란 사물의 변화의 징후이기 때문이다. 이에 대해서는 Stephen Kern, *Eyes of Love*, p. 33을 보라.

징후들을 해석하기 위해 나 자신을 잃어가며 시간을 낭비해가며 맨몸으로 달려드는 직관능력 덕분일 것이다. 마찬가지로 선생님이 제시한 문제들 속에서는 본질적인 그 무엇도 배울 수가 없다. 의무에 사로잡힌 배움으로 얻은 진실이란 "필연성이 결여"되어 있기 마련이다.(23) 억압과 부정에 기반을 둔 반성적 노동이 만들어낸 진실은 추상적이고 인위적일 뿐이다. 그 진실은 그것을 배우는 나 자신과는 무관한 진실이며, 따라서 이렇게 말해도 저렇게 말해도 되었을 법한 임의적 다짐에 불과하다.

> 우리는 선생님이나 부모님이 물려준 사전들을 가지고는 절대로 배울 수 없다. …… 우리는 어떤 사람처럼 해서는 절대로 배우지 못한다. 배우려면 우리가 배우고 있는 것과 전혀 닮지 않은 누군가와 함께 해야만 한다.(22)

> 사유하도록 강제하고 폭력을 행사하는 어떤 것이 없다면 사유는 아무것도 아니다. 사유보다 더 중요한 것은 '사유로 이끄는 어떤 것'이다. 마찬가지로 철학자보다는 시인이 더 중요하다. …… 시인은 본질적인 것은 사유의 바깥에 있음을, 사유하도록 강제하는 것 속에 있음을 배운다. 되찾은 시간의 라이트모티브는 바로 강제라는 낱말이다. 즉 우리에게 응시하라고 강제하는 인상들, 우리에게 해석하라고 강제하는 우연한 만남들, 우리에게 사유하라고 강제하는 표현들.(95)

필연적 진실이란 정다운 대화 속에서가 아니라 참을 수 없는 폭력 속에서 발생한다. 고통과 갈증과 욕구는 의미와 진실을 찾기 위해 문 밖을 나서게 하는 추동적인 힘이다. 진리를 사랑한답시고 고통도 없이 달려드는 얼뜨기 속물 학자로부터는 그 무엇도 배울 것이 없다. 그 보다는 오히려 애인의 얼굴에서 거짓말의 징후를 간파하고 질투에 빠진 남자가 참된 것을 본다. 그 속물 학자로서는 결코 자신에게 가해오는 인상들에 아프지도 않고, 그것을 해석해야 할 어떠한 필연적 운명적 책임도 느끼지 못하는 반면, 질투에 빠진 남자는 인상과 징후들의 폭력에 맞서 그 누구보다도 민감해지기 때문이다. 질투의 고통만이 애인의 거짓말과 사랑의 진실을 찾아 나설 힘을 준다. 그런 의미에서 진실이란 사회적 소통 속에서가 아니라 근원적인 것에 대한 질문과 회의와 질투에서 나온다. 그렇기 때문에 한 사회의 지배계급은 그 사회의 진실에 접근할 수가 없는 것이다. 어떤 놀라운 경험으로 인해 우리의 기억이 작동하듯이, 고통은 지성으로 하여금 진리와 의미를 찾으라고 강제한다. 지성은 알려지지 않은 새로운 경험적 실재의 징후들로부터 폭력을 당하고, 이것인가 저것인가를 선택할 수 있는 자유를 빼앗긴 채, 모든 도구와 무기와 갑옷을 벗은 맨 몸으로 새로움에 대면해야 한다. 그리고 나서야 비로소 지성은 두 번째로 등장하게 될 것이다(들뢰즈는 물론 지성을 비판해야 한다고 말하지만, 또한 지성을 넘어설 수 있는 것은 다름 아닌 지성 그 자신이라고 보았다. 지성 안에서 지성을 비판할 수 있는 또 다른 능력을 불러들여야 한다는 것이다).

> 우리가 사랑했던 사람들은 하나씩 차례로 우리에게 고통을 주었다. 그러나 그들이 형성한 부서진 사슬은 지성의 즐거운 볼거리이다. 그러니 우리는, 지성 덕분에, 처음에는 알 수 없었던 것, 즉 우리가 시간을 헛되이 낭비한다고 생각하고 있을 때, 우리는 이미 징후들의 견습생이었음을 발견하게 된다. 우리는 깨닫는다. 우리의 게으른 삶이 바로 우리의 작품을 만들고 있었다는 것을. '내 전 생애가 …… 하나의 천직이다.'(24)

> 상상력은 없지만 예민한 감성의 소유자 역시 놀라운 소설을 쓸 수 있을 것이다. 남이 주는 고통, 그 고통을 미리 내다보려는 노력, 그 고통과 잔인한 사람이 만드는 갈등 — 이 모든 것은 지성에 의해 해석되어, 한 권의 책의 내용을 이룰지도 모른다. …… 상상으로, 발명된 것만큼이나 아름다운 …….(73)

마치 스펀지가 머금고 있는 수분처럼 혹은 경우에 따라 육체로부터 배어나오는 증기처럼, 징후는 단숨에 일어나는 지성의 인지 대상이 아니기 때문에, 또 시간이 지나서야 서서히 퍼지는 것이기 때문에 잠재적이다. 예술가들은 징후에 민감할 뿐만 아니라 사물의 표면 아래 굳지 않은 지대로 파고들어 거기서 잠재적인 것을 끄집어낼 만큼 기다림에 익숙한 사람들이다. 징후가 존재의 본질을 드러내는 통로라면, 그것이 시간과 지속의 산물이기 때문일 것이다. "우리는 폭력을 당한 후에 오로지 시간 안에서만 진리를 찾는다."(97) 예술가가 아닌 평범한 우리들은 사물을 대하는 우리의 성마르고 급한 습관 때문에, 그 동안 확립해 온 삶의 편의에 안주하여 징후와의 대면을 외면해 버리기 일쑤이다. 살아가기 위해 의존하지 않을 수 없는 이미 확립된 가치 안에서 그 징후들은 육체와 행동의 거칠고 무딘 질서에 묻혀 지리멸렬한 자취들로 사라져 버리고 말 것이다.

사람들은 친구나 연인이 보내는 미소, 침묵, 혹은 몸짓을 해석한다. 사람들은 사물로부터 경험하는 감각적 쾌락의 의미를 그들이 가고 싶어 하는 길을 따라 혹은 이미 알고 있는 길을 따라 판단한다. 징후를 그렇게 무의미한 소멸로 이끌어 진실로부터 멀어지게 하는 수많은 오류들이 있다. 베르그송이 그토록 비판했던 오류들, 즉 우리는 징후를 담아 운반하고 있는 육체-대상과 그 질적 징후 자체를 혼동하여 동일시한다. 지각은 질을 공간으로 수축시키고, 감정은 물질과 주관성을 뒤섞어 혼탁해지며, 지성은 습관에 빠져 보수적이고 퇴행적인 자존심에 사로잡혀 있다. 그럼으로써 징후들을 단단한 육체에 귀속시켜 그 둘을 함부로 뒤섞는다. 들뢰즈가 프루스트의 입을 빌어 객관주의objectivism를 비판했던 것은 바로 이런 이유 때문이었다.

우리는 징후를 방출하는 '대상' 자체에 방출된 징후의 비밀이 있다고 생각한다. 우리는 대상을 유심히 관찰하고, 거기서 징후를 해독하기 위해 대상으로 되돌아간다.(27)

애인이 내게 보내는 미소에 나는 동요한다. 하지만 그 미소가 무엇을 의미하는지, 그 미소의 본질이 무엇인지 알지 못하여, 그 미소를 담고 있는 그녀의 얼굴 자체가 미소의 원인 혹은 본질이라고 생각한다. 마찬가지로 "칼끝의 날카로움" 자체를 우리는 "칼의 육체"와 혼동한다.(Deleuze, *Cinema 1*, 102) 왜냐하면 "미소"나 "날카로움" 같은 비물질적인 징후는 반쯤은 얼굴-육체 그리고 칼-육체라고 하는 객관적 상태에 속해 있고, 또 반쯤은 그 징후를 바라보고 느끼는 우리의 주관적 상태에 의존해 있기 때문이다. 객관적 상태로서의 육체는 식별(지각)이 가능한 윤곽선이 있고, 쉽게 파악할 수 있는 형태를 가지고 있기 때문에, 직접 만져보고 맛을 볼 수도 있으며 어려움 없이 그것을 확인할 수가 있다. 그것은 우리에게 즉각적이고도 실제적인 즐거움과 기쁨을 안겨주기 때문에, 성급한 우리의 습관에 비추어볼 때 아주 좋은 대상이며 바람직한 환경이라고 할 수 있다. 심지어 그것은 아름답다. 그러나 다루기 쉬운 객관적 상태에만 안주한다면 존재는 완전함 속에서 경험될 수 없다. 우리는 무엇인가를 외면하는 것이고, 진실의 또 다른 측면을 놓쳐버리는 것이다.

> 우리는 사물들을 인지recognize, reconnaître 한다. 그러나 결코 그것들을 알지는 못한다. 우리는 징후가 의미하는 것을 징후가 지칭하고 표시하는 사람이나 대상과 동일시한다. 우리는 가장 아름다운 만남들을 놓쳐 버린다. 우리는 그 만남이 발산하는 강요들을 피해 버린다. …… 그 우연한 만남을 탐구하기 보다는 손쉬운 인지를 더 선호한다.(Deleuze, *Proust and Signs*, 27)

『국가론』의 어떤 구절에서, 플라톤은 두 종류의 서로 다른 사물이 이 세상에 있다고 말한다. 정신을 활동하지 않은 채로 내버려 두거나, 정신에다가 그저 구실에 불과한 활동이라는 외양만을 씌워 두는 사물들이다. …… [이러한 사물은 인지의 대상들이다. 모든 능력들은 이 인지의 대상에 대해 실행된다. 그러나 [능력들의] 우발적 실행들 속에서, 그것은 가령 '저것은 손가락이다', 그건 사과다, 그건

집이다 등과 같이 말하도록 한다.(100~101)

그렇게 우리는 어떤 사람의 독특한 느낌을 그 사람의 육체와 동일한 것으로 간주한 후에, 그 사람을 육체적으로 소유하거나 결혼을 하거나 이름을 부르거나 고백을 함으로써, 그 느낌을 지배하고 가질 수 있다고 생각 한다. 우리는 사랑을 고백한다. 하지만 고백이란 대상이 뿜어내는 징후의 매력을 감당할 수가 없어서, 더 정확히는 그것이 무엇인지 알지 못해서, 그것을 그 대상에게 되돌려주고 다시 귀속시킴으로써 자신의 사랑을 육화하려는 행위일 뿐이다. 이런 식으로 우리는 욕망을 특정 대상으로 환원하여 여행지나 특정 인물이나 물건으로 대체한다. 그리고는 육체를 자세히 묘사하고, 사물의 윤곽을 그리고, 관찰 가능한 모습과 이름과 장소들을 언급함으로써, 표현할 길 없는 징후에의 대면과 그것이 주는 즐거움이나 고통의 원인을 거머쥐었다고 자신한다. 삶이 그렇듯이 예술 역시 소유를 충족시켜줄 또 하나의 기능으로 만족하는 것이다. 프루스트가 푸념하면서 고백했듯이 우리는 징후와 대상을 구별할 능력이 없기 때문에, 결국은 기대했던 비밀이나 의미를 얻지 못한데서 오는 실망 때문에, 그리고 그 육체들을 자세히 관찰하고 묘사하는 능력이 없기 때문에 예술에는 소질이 없다고 절망에 빠진다. 들뢰즈는 예술에서의 객관주의에 대한 프루스트의 비판을 다음과 같이 지적한다.6

[객관주의적 환상이 여전히 예술에 남아] 우리는 대상을 들을 줄 알고, 볼 줄 알고, 묘사할 줄 알며, 그 대상에게 말을 걸어야 하고, 분해하고 분석해서 그로부터 진

---

6. 예술에 있어 이러한 객관주의를 대표하는 것은 사실주의라든가, 대중예술이라든가, 예술에 대한 역사주의적 접근 등이 그 예일 것이다. 들뢰즈는 프루스트가 이러한 예술관에 대해 대단한 혐오감을 가지고 있었음을 지적한다. 특히 진실의 발견을 "대화"나 "한담"으로 만족하는 생트뵈브(Sainte-Beuve), 인물이나 사실 혹은 사물들을 분석하고, 구조를 분해하고, 사물의 윤곽선과 도안을 그려 나갔던 공쿠르 형제(le Goncourt) 등이 그 예일 것이다. 이에 대해서는 Deleuze, *Proust and Signs*, pp. 32~33 [한국어판, 『프루스트와 기호들』]을 보라.

리를 뽑아내야 한다고 계속해서 믿는다.(32)

…… 그는 먼저 그녀[베르매의 재능을 알아보려고 애쓰고, 그 재능을 훑어보고, 명확히 명명하려고 따로 떼어내 보기도 한다. …… 그러나 그 무엇도 실망을 막지 못한다. 왜냐하면 이 억양은 다만 식별 가능한 가치만을 가질 뿐이며, 단지 지성과 노동의 열매일 뿐이기 때문이다.(35)

들뢰즈는 객관주의뿐만 아니라 주관주의에 대해서도 비판을 한다. 그것은 베르그송이 『물질과 기억』에서 실재에 대한 유물론적 관점과 관념론적 관점 모두를 비판했던 것과 같은 길을 따라 나아가는 것처럼 보인다. 사물의 객관적인 상태 속에서 의미와 본질을 발견하려는 노력이 좌절을 겪으면, 우리는 이를 주관적인 방식으로 보상하고자 한다. 육체-대상으로부터는 아무 것도 얻을 수 없으므로 관념 연상 작용이 이를 대체하는 것이다. 즉 육체의 자세한 관찰의 실패는 관념-이미지들의 교환으로 보상되어야만 하는 것이다.

우리는 징후들을 베르마라는 사람과 연관지음으로써, 그 징후들을 맛볼 수도 해석할 수도 없게 되었다 ― 아마도 그 의미는 다른 곳에서 찾아야할 것이다. 페드르 안에도 베르마 안에도 없는 연상들associations 속에서 말이다. 그래서 베르고트는 주인공에게 가르쳐 준다. 베르마 특유의 몸짓은 그 배우 자신도 미처 볼 수 없었고, 틀림없이 라신Racine 역시 생각하지 못했던, 고대 동상의 몸짓을 떠올리게 한다고.(35)

지성이 구가하는 명료한 의미, 완벽한 억양, 의미 전달 등, 이 모든 "지성과 노동의 열매들"은 계획된 것이고, 미리 결정된 의도에 따라 지성 내부에서의 기호들이다. 그렇기 때문에 주체는 그것을 보상하기 위해 다른 이미지들을 연상함으로써 기쁨을 대신한다. 배우의 몸짓을 보며 고대 동상의 몸짓을 떠올리고, 연주가의 음악을 들으며 어느 숲에서의 산책을 떠올리는 식이다. 예술은 이렇게 우리를 새로운 육체-대상들로 옮겨주기 때문에 우리를 기쁘게 한다. 또 관념의 연상 작용은 무한히 계속될 수 있다. 연상 속에서는 그 무엇도 떠올릴 수 있으며, 주체의 능력에 따라, 기억에 따라, 감수성에 따라, 무수하게 많은 대상들을 한꺼번에 풀어내고 결합시킬 수가 있다. 어떤 육체는 우리가 경험한 다른 육체를 연상하게 하고, 그들 간의 유사성은 우리를 과거로 데려다 주기도 하며, 한없는 꿈속으로 펼쳐놓기도 한다. 하나의 대상이 다른 대상과 비슷한 모양으로 떠올려지거나, 우리가 가지고 있는 기억과 비슷한 형태로 만들어 질 때, 그 연상 작용에서 발생하는 말할 수 없는 즐거움이 있다. 프루스트의 마들렌 과자는 과거의 어떤 곳으로 우리를 데려다 주어 즐겁고, 마찬가지로 예술 작품이나 배우의 몸짓은 우리를 다른 어떤 육체로 옮겨다 주기에 황홀한 것이다.

> 이런 관점에서 볼 때, 우리는 예술이 주는 즐거움과 마들렌 과자가 주는 즐거움 간의 본질적인 차이를 찾아낼 수 없을 것이다. 도처에 지나간·과거의 인접성의 행렬이 있다. …… 예술 작품의 특질을 마들렌 과자의 맛으로 환원함으로써, 우리는 스스로 그것을 이해할 수 있는 길을 영원히 포기해 버리고 만다.(36~37)

> 혹은 우리 자신의 사적인 미술관을 축조한다. 그 미술관에서는 마들렌의 맛과 부는 바람의 특질이 어떠한 아름다움보다도 우월하다.(37)

그러나 주관적 연상의 보상으로는 충분하다고 볼 수 없다. 어째서 그러한 연상이 생기는지 그 까닭을 알 수 없으며, 단지 예술 작품에서의 관념연상을 마들렌의 그것과 같은 것으로 만족함으로써, 해석을 영원히 미루어 버리거나 포기해 버리고 만 것이기 때문이다. 주관적인 보상은 징후에 대해 그리고 예술에 대해 올바른 해석과 진실을 주지 않는다. 다만 예술 작품을 "연상의 사슬들 속의 한 매듭"으로 만드는 데 안주하고 만다. 하나의 대상을 다른 대상으로, 하나의 육체를 다른 육체들로 이동한다고 해서, 가령 저 몸짓은 나무의 슬픔을 떠올리게 하는군! 혹은 저 그림 속에는 내 어린 시절의 고향이 있어! 라고 깨닫는다고 해서, 예술 작품이 우리에게 주는 즐거움을 근원적으로 해명해 주지는 못한다. 물론 징후들은 반쯤은 육체에 감싸여 있고, 또 '반쯤은 주체의 관념 속에 사로잡혀 있다. 그렇기 때문에 우리는 때로는 육체로부터 해답을 찾으려 하고, 또 때로는 우리 자신의 주관성 속에서 본질을 발견하고자 하는 것이다. 하지만 징후들과 그 총체로서의 본질은 육체로 환원할 수 없고, 또 주체의 주관적 환경으로도 대신할 수 없는 것이기 때문에, 그 무엇도 본질의 기쁨을 열게 해 주지는 못했다. 아킬레스의 운동이 그 자신의 육체나 거북의 육체, 심지어는 거북의 운동-질과 근본적으로 다르듯이 말이다.

예술에 존재하는 외재적 실재에 대한 객관주의적 믿음과 주관주의적 관념 연상의 혼란은 바로 지각과 지성의 습관적인 고집스러움이 언제나 겪는 일이다. 지각은 공간적이고 감각적인 대상인 육체를 좋아하며, 지성은 반복적이고 객관적인 것을 좋아한다. 또 그렇기 때문에 지성은 확립된 질서 내에서 소통할 수 있는 객관적이고 명료한 의미들을 추구한다. 지각과 지성의 이러한 객관주의적 (혹은 물신주의적) 경향은 실재에 대한 잘못된 믿음, 즉 가시적이고 의미화 되어 말로 표현이 가능한 대상을 실재 전체라고 믿고 있는 단순함에 기인한다. 지성이 대상에 종속된 것으로서의 진실을 추구하는 한 본질은 언제나 손가락 사이로 빠져나가는 그 무엇이 될 것이다. 객관화의 믿음 속에서 우리는 징후와 관념을 공유하고 교환하고 이동시켜 대화와 합의를 꿈꾼다. 그렇게 악순환은 계속될 것이다. 육체-대상에 사로잡힘으로써 교환과 합의를 도출하고, 또 합의와 대화를 함으로써 우리는 다시 육체-대상으로 되돌아간다.

들뢰즈는 프루스트의 중요성을 철학적 사유와의 관계 속에서 요약한다. 그것은 사유의 새로운 방식에 관한 것이었으며 기존 철학의 사유 방법에 대한 비판이었다. 그 요체는 우리가 사유를 통해 구체성을 가질 수 있는가의 문제가 아니라, 그 보다 더 근본적인 질문 즉 사유가 도출해낸 진실이 무엇으로부터 발생하는가에 관한 질문이다. 이러한 질문 없이 진실은 추상적 믿음에 머물러 버릴 것이다.

> 철학자는 미리부터 전제한다. 정신으로서의 정신이, 사유자로서의 사유자는 진리를 원하고, 진리를 사랑하거나 욕망하고, 으레 진리를 찾기 마련이라고. 처음부터 그는 사유의 선의지를 가정하는 것이다. 그래서 그의 모든 탐구는 '미리 생각된 결정'premeditated decision에 근거한다. 이 미리 생각된 결정으로부터 모든 철학적 방법이 나온다.(94)

들뢰즈가 사유의 선의지를 비판하는 요체는 진리는 이미 확립되어 있는 지식이나 그 지식의 진실 여부를 밝히려는 주체의 의지 또는 자발적인 의식에 의해서가 아니라, 비자발적이고 우연적이며 무의식적인 징후로부터 발생한다는 것이다. 예컨대 유럽의 전후 다큐멘터리 영화작가들이 그랬듯이 진정한 영화를 찍기 위해 모든 것이 갖추어져 있는 스튜디오가 아니라 아직 결정되지 않은 야외 로케로 떠나는 것이다. 들뢰즈는 그랬을 때만이 비로소 관념들의 진정성에 도달할 수 있다고 생각했다. 어째서 우정으로 만들어진 철학이 진정한 사유가 될 수 없는지 그 이유가 여기에 있다. 친구들은 눈을 감아주는 사람들이다. 그들은 서로의 결점과 오류들을 이해해 준다. 친구는 내가 보고 싶지 않고 듣고 싶지 않은 나 자신의 실상을 들추어내거나 따져 묻지 않는 자이다. 그는 나를 덮어주고 망을 보아주고 곁에서 시름과 고통의 위안이 되어주며 나를 편안하게 해 주는 고마운 사람이다. 우정은 사랑처럼 나를 특별한 존재로 만드는 일은 없지만, 아니 오히려 특별한 존재가 되는 것을 싫어하지만, 애인으로부터의 배제나 질투와 같은 사랑의 고통을 견딜 수 없을 때 위안을 받기 위해 찾아가는 환상의 귀의처이다. 그리하여 우정은 우리를 고립되지 않은 존재, 고독감을 떨쳐버리게 해 줄 존재, 대면하고 싶지 않은 나 자신의 가장 무시무시한 상태와 맞닥뜨리지 않아도 세상을 사는 데 별 문제가 없음을 일깨워 주는 존재, 한마디로 우리를 사회적 존재이게끔 해 준다. 그리하여 사회 속에서 사회인으로서 고립되지 않고 잘 어울릴 수 있도록 도와준다. 우정은 우리의 고립과 외로움을 편안한 관용으로 덮어준다. 그러나 이렇게 형성된 진실이란 무슨 쓸모가 있단 말인가? 우리의 사이 좋은 우정과 조화로운 통일로 만들어진 진실이 도대체 무슨 효력이 있단 말인가? 나의 무능력을 치유하고 위로해 줄 친구의 그 칭찬 한마디는, 그의 위로가 실연의 고통을 잊게 해주지는 못하듯이, 오히려 나를 더욱더 화나게 할 뿐이다. 그것은 너무나 초라하고도 왜소한 진실이다. 들뢰즈에 따르면 우정의 철학이란 바로 협잡과 합의의 철학이다. 그것은 진실을 제대로 보지 않고 애써서 그것을 외면하는 길임을 뜻한다. 진실은 가혹하지만 엄밀한 어떤 것이지 않으면 안 될 것이다. 우리는 그 무엇도 걸치지 않고 맨몸으로 나가야 할 시간을 피할 수 없다. 이것이 베르그송이 직관의 비판능력이라고 말했던 것, 소크라테스의 신 다이몬이 귓가에 속삭이며 우리를 아포리아aporia의 상태 속으로 밀어 넣는 무시무시한 시간이다. 실재와 그 징후는 난입하는 그 무엇이다. 그것은 우리의 지성을 강요하고 지성의 잘못을 질책함으로써 지성의 굳은 몸체들을 대기 속으로 흩뿌리는 그 무엇이다.

고통은 새로운 것의 진정한 탄생을 예시해 준다. 베르그송에 따르면 고통이란 외부로부터 가해오는 동요와 혼란으로부터 자신을 보존하려는 정신적 노력이다. 그것은 외부와의 싸움이며 그 속에서 우리의 가장 보수적이면서도 진보적인 본성이 나온다. 그 적극성으로 인해, 고통은 정신과 생명의 한 징후라고 말할 수 있을 것이다. 그런데 고통에는 그 보다 더한 어떤 의미가 있다. 고통을 느끼는 순간이란 바로 우리 자신이 견딜 수 있는 식역의 한계 지점에 도달했음을 의미한다. 고통은 우리를 하나의 극단으로 치닫게 함으로써 우리로 하여금 선택할 수 있는 힘을 박탈한다. 그것은 넘어서지 않으면 안 될 어떤 한계인 동시에, 그 한계에 직면한 주체로 하여금 자신의 능력을 최대로 함으로써 겪게 되는 초과의 경험 같은 것이다. 바따이유Georges Bataille는 이 초과의 경험을 죽음과 에로티시즘이라는 술어들로 설명했지만, 무엇보다도 이를 가장 잘 보여주었던 예는 바로 칸트의 그 유명한 숭고체험 속에서 벌이는 능력들(이성과 상상력)의 싸움일 것이다. 자연으로부터 엄청난 어떤 것(무형이나 기형의 막대한 힘)에 직면했을 때 상상력은 그 대상을 총괄할 수 있는 능력의 한계에 직면한다. 상상력은 부분대상들을 "포착"하는 능력에 있어서는 한계가 없지만, 그 부분들을 동시에 "총괄"하고 통일하고 그로부터 일반적 관념을 도출하는 데 있어서는 한계가 있음을 실감한다. 이로써 그 엄청난 대상은 즐거움보다는 고통을 줄 것이다. 그런데 상상력을 무기력하게 하는 그 막대함을 하나의 통일된 관념으로 전체화하는 것은 이성이다. "상상력은 자신의 능력의 한계에까지 밀어 넣고 자신의 모든 능력이 하나의 관념에 비하면 아무것도 아님을 인정하도록 강요하는 것이 바로 이성임을 깨닫는다."(Deleuze, *Kant's Critical Philosophy*, 51) 문제는 이성과 그 이념에 대해 상상력이 품게 되는 존경심이 아니다. 들뢰즈는 숭고체험이 이성과 상상력의 불일치된 상호주관적 관계를 의미한다고 적는다. 숭고체험은 무형이나 기괴한 형태의 엄청난 경험에 직면하여 상상력이 이성의 요구 즉 역할 규정에 대해 자신의 능력의 한계를 경험하면서 이성과의 불화 속에서 경험하는 통각 즉 고통이다. 다시 말해 그들의 견고한 합목적적 우정은 파괴된다. 숭고체험 속에서 상상력은 더 이상 이성의 주관 하에 규정된 감각적 경험 내부에 있지 않다. 자신의 내부로부터 벗어나 초감각적 영역으로 나아갈 것을 강요받는 것이다.

상상력이, 모든 측면에서 그 자신을 뛰어넘는 어떤 것으로 인해, 자신의 한계에 직면했을 때, 그것은 틀림없이 소극적 방식으로, 이성적 관념에 접근할 수 없음을 자신에게 드러내고, 심지어는 이 접근불가능성을 감각적 자연 속에도 현존하고 있는 어떤 것으로 만듦으로써, 자기 자신의 한계를 넘어선다.(51)

들뢰즈의 논의를 유추해 볼 때 그 한계에 직면하는 고통 속에 희열의 가능성이 있다. 능력이 그 자신의 족쇄로부터 벗어나는 지대는 한계의 고통 외부이기 때문이다. 물론 감각 가능한 영역을 넘어 더 이상 의지할 그 무엇도 없음을 깨닫게 되었을 때의 엄청난 공포가 있을 것이다. 그러나 통각의 심층에는 규정된 능력의 경계선을 밀어붙임으로써 발생하는 무한한 해방이 있다 : "이 경계의 제거는 무한의 현시이다. …… 그것은 정신을 '확장'시킨다."(51) 들뢰즈는 이 감정이 미리 결정된 일치나 조화 즉 임의적인 가정에 의해 제정된 공통감각common sense이 아니라고 주장한다. 그것은 합의된 규정에 의해 종속된 통일이 아니라, 차이와 불일치 속에서 일치된 진정한 발생이며, 상호주관적 충돌 속에서 발생한 실제적 통일이며, "능력들의 미결정적인 초감각적 통일"이라는 것이다.(51) 숭고 체험에서 상상력과 이성은 감각 가능한 영역을 넘어선다는 점에 있어 서로 일치한다. 그들은 무한 속에서 공존하는 것이다.7

들뢰즈는 칸트의 숭고미 분석에서 그 "발생"의 개념을 중요하게 생각했다. 그의 질문은 다음과 같이 요약된다. 새로운 것은 어떻게 탄생하는가? 합목적성은 어디서 생겨나는가? 혹은 도덕법칙과 세계의 일반성은 무엇으로부터 발생하는가? 진실은 단지 우리에게 우연히 주어진, 신이 우리에게 떨어뜨린 축복 혹은 계시 아니면 자연재해인가? 무신론적 정신은 그러한 계시

---

7. 아름다움이라는 감각의 발생, 즉 "능력들 사이의 우연적 일치"에 대해서는 Deleuze, *Kant's Critical philosophy : The Doctrine of the Faculties*, p. 52 [한국어판, 『칸트의 비판철학』] 이하를 참고하라.

와 재해를 인정하지 않을 것이다. 진정한 새로운 것 나아가 모든 자연은 어떻게 생겨나는가? 이것이 들뢰즈가 발생의 개념을 통해 구했던 질문이었다. 그가 진리와 통일성을 주장했다면 그것은 합의라든가 자연재해처럼 미리 주어진 일치와 통일이 아니라, 통일을 준비하고 통일을 거부하고 스스로 통일을 향해 노력하는 상호주관적인 관계 속에서 피어난 그러한 우연적 통일과 일치였다. 본질적인 것에 접근하게 해주는 진정성의 징후로서, 고통만이 새로운 것의 실제적 탄생을 말해줄 수 있다. 칸트의 말년의 저작에 찬사를 보내야 한다면, 그것은 칸트가 자신의 텍스트들 속에서 공을 들여 쌓아놓았던 '능력들의 일치'와 그들의 '규정적 한계들'을 그 저작이 한꺼번에 무너뜨렸기 때문일 것이다.[8] 들뢰즈에 따르면 『판단력 비판』에서의 심성능력들은 임의적으로 확립된 초월적 규정에 종속되지 않고, 경험 즉 실재의 징후로부터 추동력을 받아 싸우고 후퇴하고 전진하면서 자신들의 한계를 넘어 활동한다.[9] 그렇기 때문에 진실이란 자기 자신 안으로의 안주도 친구와의 협잡도 될 수 없다. 협잡꾼들은 언제나 친구가 많으며 그들 간에 공통하는 합의된 진리를 많이 소유한 자이다. 창문 밖으로 외출한 진실, 내가 마음대로 할 수 없는 절대적 타자의 진실만이 삶의 진정성을 가져다준다. 오로지 창밖의 바람만이 내 땀의 근원을 식혀줄 것이다.

우리는 삶 전체에 걸쳐 잠깐 동안이나마 진실에 닿을 기회 혹은 초인이 될 기회를 몇 차례 갖는다. 그 시간은 어느 날 홀연히 불쑥 찾아왔다가 우리가 어떤 두려움 때문에 자기 자신을 외면하는 순간 머릿속에서 혹 하고 꺼져

---

8. "여기서 심성의 모든 능력들은 그 한계를, 칸트가 자신의 원숙한 책들을 통해 그토록 세심하게 명시해놓았던 한계들조차 뛰어 넘는다."(G. Deleuze & F. Guattari, *Qu'est-ce que la philosophie?*, 8)
9. 칸트에 관한 논의에서 들뢰즈가 언급한 "능력들의 초재적 실행"(transcental exercise of faculties)과 이를 근간으로 하는 "초월적 경험론"(transcendental empiricism)에 대해서는 Deleuze, *Difference and Repetition*, pp. 129~167 [한국어판, 『차이와 반복』] 여기저기를 보라.

버린다. 그 시간은 우리의 삶을 지속시켰던 신념과 가치들에 대해 근본적인 물음에 맞닥뜨린 순간이며, 우리 자신의 '내부의 역설'을 만나게 될 기회 같은 것이다. 가령 우리는 그 시간에 이렇게 말하곤 한다 : '내 삶을 이루고 있는 모든 신념, 그것이 없다면 삶이 불가능한 도덕과 가치들, 이 모든 것들이 잘못된 것은 아니었을까?' 내부의 역설이란 말하자면 한 우아한 영혼으로서 내가 나 자신에게 던지는 근본적인 질문이다. 그것은 말이라든가 그 밖에 모든 표현들이 사라지고 난 후에도 남아 있는, 그래서 오로지 그 시간에 직면한 자신만이 알고 있는, 표현과 묘사 이전의 시간이다. 우리는 그 섬광과도 같은 한 줄기 빛을 따라 우리 자신의 진정성으로 돌아간다. 우리가 사회적 존재로서 소유하고 있는 여러 가지 합의의 찌꺼기들을 가지고는 이해 불가능한 시간. 스타일이라든가 문체라든가 하는 것들은 그다지 문제가 되지 않는 시간. 그래서 그 앞에서는 더 잘 말할 수도 있었다고 후회할 필요가 없는 시간. 기도 중에 있는 독실한 한 사제의 뇌리에 스치는 강렬한 의구심 같은 시간. 『판단력 비판』에서와 같이 사슬이 풀어헤쳐진 시간. 소크라테스의 신 다이몬이 활동하는 부정의 시간. 실재의 다양성과 근본적 대면상태에 처한 지성으로 하여금 '이해 불가능'이라고 속삭이는 직관의 시간. 말하자면 중독자의 무시무시한 금단의 환각. 우리를 주춤하게 하는 막다른 길. 자신이 낯설어지는 어느 날. 가차 없이 비판했던 자에게 느꼈던 혐오감이 불쑥 내게 되돌아온 시간. 대낮의 소란한 환락 이후 엄습해 오는 고요한 저녁시간. 여행자인 우리는 이 너무도 무시무시한 시간 때문에 고개를 숙이며 왔던 길을 되돌아가, 우리 자신이 믿고 있는 것을 아무런 의심 없이 받아들이고 거기에 안주한다. 그리고는 우리의 나약과 겸손을 인정할 것을 설파한다. 그러나 그것은 모순이 아닌가? 나약하고 불완전한 존재인 우리가 어떻게 우리 자신이 믿고 있는 바를 확신할 수가 있을지, 우리가 의지하고 있는 객관적 신념과 나아가 신학적 신념에의 안주는 오히려 오만이 아닌지, 우리가 나약하므로 겸손해야 한다면, 맨 먼저 해야 할 일은 우리의 믿음을 찾아 안주하는 일이 아니라 오히려 자신이 믿고 있는 것을 의심해 보아야 하는 것은 아닌지, 그 믿음이 우리를 오히려 더 나아가지 못하게 붙들고 있는 것은 아닌지 말이다. 직관적으로 맞닥뜨리는 어떤 질문에 대해 우리가 고작 해대는 일이란 더 이상 질문을 중단해 버리고 우리 자신의 실재를 외면해 버리는 일이다. 그리고는 결국 내밀한 자아의 묵인 하에 점점 늙어간다. 그렇게 우리 대부분은 생애를 통틀어 한 번도 진정한 질문 하나 해 보지 못하고 그 시간을 미루며 죽어간다. 그럼에도 불구하고 '스스로를 이해하는 데 실패하는 사유들만이 참되다.'

2장

증후학적 큐비즘 : 망치와 모루

아직은 약간의 변증법적 냄새가 가시지 않아 대립적 혹은 상반적 개념 들이 서로 마주보고 있는 것처럼 보이는 이분법, 즉 주관성과 객관성 혹은 양적인 것과 질적인 것을 나누는 베르그송의 방식을 넘어서, 베르그송주의 자 들뢰즈는 절대적인 나눔의 방식으로 나아간다. 그랬을 때만이 비로소 존 재는 그 온전한 의미에서 긍정될 것이며, 나아가 다양성의 테마들은 더욱 완 전해질 것이다. 이미 여기저기서 언급한 바이지만, 들뢰즈의 대부분의 저작 들은 차이를 분류하고, 그럼으로써 존재를 긍정하고, 결과적으로 다양성을 실천하는 방식으로 짜여 있다. 영화 이미지들을 그 순수현존의 계열 — 운동, 지각, 감정, 행동, 충동, 시간 등 — 에 따라 나누어 분류한 『시네마』가 그 좋은 예 일 것이다. 베르그송이 『물질과 기억』의 서문에서 말한 그 유명한 명제, 즉 '자연 안의 모든 것은 이미지'라고 말했을 때, 들뢰즈가 생각하고 있었던 것 은 그 이미지들 각각을 본성적인 차이에 따라 나눌 수 있는 '일관된' 혹은 '내 재적' 논증 방식이었을 것이다. 그의 방식은 물론 직관에 의한 차이(문체 혹은 스타일)의 발견이었다.[1] 들뢰즈는 이를 일종의 징후학symptomatology이라고 불렀다.

그는 마조흐의 소설인『모피를 입은 비너스』Venus in Furs의 긴 서문에서 징후학의 방식 혹은 잠재적 원근법의 모범을 보여준다. 서문에서 들뢰즈는 마조히즘과 사디즘을 본성상의 차이에 따라 나눈다. (서두에서도 밝히고 있듯이) 변태성을 구성하는 다양한 요소들을 솎아내고 그 섬세한 차이들을 선별함으로써 정신분석이 뒤섞어 놓았던 잘못된 복합물, 즉 사도-마조히즘이라는 개념을 바로잡는 것이다. 이것이 마조흐의 작품에 대한 '경의'의 표현으로서 들뢰즈가 서문에서 기획한 것이었다. 정신분석은 사디즘과 마조히즘이라는 두 변태성이 서로 연관성이 있다고 가정하였다. 한편에는 고통을 가함으로써 쾌감을 느끼고, 다른 한편에는 고통을 받음으로써 쾌락을 느끼는 것은 겉으로 보기엔 서로 상반성의 원리 아래 활동하고 있는 동일한 존재의 두 측면처럼 보이기 때문이다. 그래서 정신분석은 사도-마조히즘이라는 개념으로 두 변태성을 종합하고 전체화한다. 가령 사디스트는 마조히스트를 필요로 하고, 마조히스트는 사디스트를 필요로 한다는 식의 상호보완적 기제가 형성되는 것이다.[2] 그러나 들뢰즈에 따르면 이것은 서로 다른 두 변태성에 대한 막연한 부정이며, 결국 사디즘과 마조히즘 그리고 사드와 마조

---

1. 베르그송은『창조적 진화』의 2장에서 생명의 분화(차이화) 혹은 들뢰즈의 용어로 말해 극화 (dramatization)의 여러 계열들을 분류한다. 여기서 그는 수리물리학적 엄밀성에 사로잡힌 생물학자들이 동물과 식물의 객관적 구분이 가능하지 않다는 기계적 견해를 비판하면서, 동식물이 각각 이미 '소유하고 있는 특성들'을 가지고 그들을 구분할 것이 아니라, 그들이 점차 강화되어가고 있는 '경향성'을 고려해야 한다는 점을 지적했다 : "집단은 일정한 특징들의 소유에 의해서가 아니라, 그 특징들을 강화하려는 경향성에 의해 정의되어야 한다."(Bergson, Creative Evolution, 118) 들뢰즈가 마조흐와 사드를 그 경향성 혹은 스타일에 따라 분류하려는 시도 역시 베르그송의 이 방식에 대한 천착인데, 이를 위해서는 문학적, 예술적, 극적인 직관의 광학이 요구되는 것이다. 이러한 잠재적 경향성에 대한 관심이 바로 그가 말했던 징후학, 더 정확히 말해 잠재적 큐비즘(virtual cubism)의 관점이다.
2. 이는 마조흐의 실제 삶을 바라보는 관점에도 반영되어 있다. 마조흐의 작품과 개인사는 그의 아내 완다(Wanda)에 의해 세상에 알려졌는데, 많은 평자들은 마조흐의 아내 완다가 사디스트일 것이라는 추측이 지배적이었다.

흐라는 작가의 고유한 질적 차이를 상반성의 원리에 따라 양적 혹은 상관적 차이로 환원한 것에 불과하다.

> 증상들은 전이轉移 되어야만 한다고, 마조흐와 반대되는 본능은 사드일 것이라는 상반성과 종합의 원리를 따르는 것이 보편화되어 왔다 …… 사디즘과 마조히즘의 종합이라는 주제와 사도 마조히즘적 실체의 개념은 마조흐에게 커다란 불이익으로 작용 하였다. …… 그의 작품이 잊히는 것뿐만 아니라, 보완성과 변증법적 종합으로 사드와의 관계를 정리하려는 불공정한 가정들 때문에 정당한 대우를 받지 못했다.(Deleuze, *Masochism*, 13)

따라서 복합물로부터 본성적인 차이를 나누어야만 한다. 들뢰즈는 사도-마조히즘이 실재적인 증상이기 보다는 증상들이 통계적으로 군집을 이루는 현상의 하나의 장소라고 보았다. 말하자면 의학에서 "징후"와는 엄밀히 구분되고 있는 "증후군"과 같다는 것이다. 징후란 어떤 질병의 존재를 드러내는 실재적인 기호 혹은 신호이지만, 증후군은 서로 다른 여러 가지의 근원을 갖는 징후와 기색들이 다양한 문맥 안에서 서로 만나고 교차하는 장소이다. 따라서 서로 다른 기원들이 모여 이질적인 총계를 이루고 있는 증후군 자체의 개념으로는 존재의 질적 차이를 분간하기 어렵다. 질병을 파악하는데 있어서의 추상화된 개념(복합물)은 그 치료의 방법을 결정할 것이고, 나아가 마조흐와 사드의 예술을 바라보는 관점에도 편협한 영향을 미칠 것이다. 따라서 복합물은 그것을 이루고 있는 고유한 것들로 나누어야 한다. 사도-마조히즘은 일종의 증후군으로, 환원할 수 없는 근본적인 실재로 나누어 인과적 연쇄고리들로 계열화되어야 한다.(14) 이는 본성적 차이가 발견되는 지점을 따라 분류하고 경계선을 가르는 작업이 될 것이다. 이런 점에서 들뢰즈는 마조흐의 소설과 사드의 소설을 비교하고 대조하면서, 그들의 작품뿐만 아니라 그들의 변태성의 환원할 수 없는 요소들을 논증하고 증명한다. 그들은 각자 테크닉이 다르며, 문제의식, 관심사, 경향들이 완전히 다르다는 것, 정신분석이 확립한 사도-마조히즘이라는 상반성과 종합의 막연한 원리는 이 둘에게 적용될 수 없다는 것, 따라서 "사도-마조히즘으로 알려진 그 실체의 개념" 자체에 문제를 제기해야 한다고 말이다.

들뢰즈는 두 존재의 본성적인 차이를 밝히는 것은 문학(예술)적 접근방식이 아니면 안 된다고 생각했다. 즉 증상들은 작품들 속에서 판별되어야 한다는 것이다. 이미 정신분석에서 명명된 사디즘과 마조히즘이 문학 작품으로부터 출발했기 때문이기도 하지만, 무엇보다도 예술은 질적인 것의 미묘한 차이를 드러내고, 그 무엇으로도 환원할 수 없는 즉자적 존재 즉 자그마한 실재적 징후를 발견하고 표현하는 영역이기 때문이다. 그에 따르면 본성적 차이의 발견이 보다 섬세해질수록 보다 세련된 징후학이 가능해진다.[3] 징후학은 질적 차이의 육화인 예술적 접근방식을 통해서만 완성될 것이다 : "징후학은 언제나 예술의 문제이다."(14) 하나의 원리를 상정하고 그 원리에 따라 모든 징후들을 종합하는 것이 아니라, 오히려 자리를 옮겨 다니며 얼굴 표정을 읽고, 문맥에 따라 다양한 원리들을 발명하는 것이다. 우리는 들뢰즈가 쓴 서문을 읽으며 마조흐와 사드 각각의 표정을 여러 관점에서 읽게 된다. 결국 그들은 서로 소통하지 않으며 서로 다른 기원들을 가진 독립적인 존재로서 분리되고 있음을 확인하게 될 것이다. 상이한 작가들을 제대로 보기 위해서는 최소한 두 가지의 기원 모두를 다루어야 한다.

따라서 이제 정신분석이 확립해 놓은 복합물인 사도-마조히즘을 들뢰즈가 어떻게 비판하고, 나아가 사디즘과 마조히즘 혹은 사드와 마조흐의 절대적 차이를 그가 어떻게 일별하는지를 몇 가지로 추려서 따져보는 일이 필요하다.

---

3. "역병과 나병이 과거에 보다 보편적이었던 것은 …… 지금이라면 따로따로 분류될 질병의 다양한 유형들을 집단화하는 경향이 있었기 때문이기도 했다."(16)

사도-마조히즘, 하나의 복합물

사드의 문학과 마조흐의 문학은 많은 부분에서 서로 유사한 특징과 본질을 공유한다. 가령 이들 모두에게 문학은 "뒤틀린 거울로 자연과 세계를 반사하는" 기능을 하며(37~38), 역사적 현실 속에서 형성된 모든 전통과 제도는 이들에게 부정과 파괴의 대상으로 간주된다. 따라서 이들에게 역사적 시간은 언제나 혁명적 사태들에 와서야 끝이 난다(사드의 경우 1789년 프랑스 혁명, 마조흐는 1848년 오스트리아 제국의 혁명). 또한 이 두 작가는 작품들 속에서 쾌감을 도출하는 방식에도 상반적이고 대칭적인 유사함을 볼 수 있다. 폭력과 악행을 행함으로써 얻어지는 쾌감과 그것들을 감내해 가며 얻어지는 쾌감간의 미묘한 관계는 경험을 통해서 어렵지 않게 도출할 수 있는 도식이다. 이 두 변태성은 서로 만나기도 하며, 어떤 방식으로든 연결되어 서로 보완적 관계를 갖는 것처럼 보인다. 실제로 마조흐와 사드의 작품들에는 이러한 도식을 입증해 줄만한 풍부한 예들이 나온다. 가령 사드의 주인공들의 난폭한 행위들은 결국 마조히즘적인 방향전환을 하기도 하며, 마조흐의 주인공은 마지막에 사디즘적 경향을 보여주기도 한다. 그러나 들뢰즈는 이러한 몇 가지 공통점을 통해 이 두 작가를 연결 지을 수는 없다고 주장한다. 이들이 상반성이나 동일성으로 묶이려면 특별히 요구되는 관점이 필요하다. 예컨대 저항문학의 역사에서 드러난 두 작가의 삶의 형태 등과 같은 특정한 관점에 의해서만 잠시 연결될 뿐이라는 것이다. 두 실체간의 보다 본질적인 파악을 위해서는 각각의 실체가 안고 있는 그들만의 기원 ─ 목적, 방식, 심지어는 악행의 동기조차도 서로 다른 ─ 으로 되돌아갈 필요가 있으며, 이들의 상반적 연결에 대해 근본적인 회의가 필요하다.

들뢰즈는 사도-마조히즘이라는 실체를 통해 두 변태성을 정의할 경우, 불가피하게 이 둘을 연결 지을 고리를 필요로 한다는 점을 지적한다. 사실 프로이드나 다른 여타 연구자들 — 들뢰즈는 크레프트 에빙Crafft-Ebing, 엘리스 Havelock Ellis 그리고 페레Féré를 든다 — 에 의해 정의된 사도-마조히즘은 변태성의 과정을 '속죄'나 '양심' 혹은 '죄의식'이라는 도덕적 관점에서 마련된 틀이다.(38) 이러한 관점은 자연스럽게 쾌락과 죄의식의 상호 관계를 통해 변태성을 이해하게 된다. 사디즘과 마조히즘을 마치 쾌락에 대한 처벌의 심리적 운용으로 요약할 수 있는 것처럼 말이다. 사디즘의 악행은 곧바로 그 죄의식 때문에 마조히즘으로 변형되고, 처벌을 받은 마조히스트는 죄의식을 해소하고는 또 다시 사디즘의 악행으로 돌아간다는 생각이 사도-마조히즘적 개념에서 가능한 것이다. 어느 경우든지 이러한 추측은 죄의식과 처벌이라는 도식 안에서 형성된다. 그러나 들뢰즈는 이 두 변태성은 결코 죄의식과 처벌의 전개과정으로 이해될 수 없으며, 오히려 이들의 변태성은 악행과 쾌락으로 형성된다고 주장한다. 가령, 마조히즘의 마지막에서 볼 수 있는 사디즘적 경향4은 마조히스트가 처벌의 고통을 감내하고 난 이후에 스스로 금지했던 악행을 허용한 것으로 보아야 한다는 것이다. 바꿔 말해 마조히스트는 금지된 악행의 쾌감을 인가받기 위해 처벌의 고통을 예비적으로 스스로 원한 것이지, 쾌락에 대한 죄의식을 속죄하기 위해 처벌을 감내하는 것이 아니다 : "일단 처벌과 고통이 수행되고 나면, 처벌과 고통들이 금지했던 악의 실행을 허용하고 있는 것이다."(39) 또한 사디즘의 마지막에 나타나는 마조히즘 역시 죄의식과 속죄라는 메커니즘으로 이해해서는 안 된다. 자신의 악행에 대한 죄의식과 속죄로서 마지막에 마조히즘적 고통을 견디기 보다는, 오히려 자신의 악행을 스스로 맛봄으로써 자신의 악이 얼마나 완벽하고 성공적이었는가를 확인하는 것이다.

그것은 사디스틱한 행위의 절정이며, 자신의 영광스러운 불명예를 인가해 주는

---

4. 가령, 『모피를 입은 비너스』에서 세베린(Severine)은 모루에서 망치로 변했다고 스스로 선언한다.

대관식이다. 사디스트는 자신이 행했던 방식으로 다루어지는 것을 두려워하지 않는다. 그가 받는 고통은 궁극적인 쾌락으로 경험한다. 그것이 죄의식이나 속죄의 필요성을 만족시켜 주기 때문이 아니라, 그로 하여금 양도 불가능한 힘을 확인시켜주거나 절대적 확신을 심어주기 때문이다.(39)

이런 이유로 마조히즘에서 나타나는 사디즘과 사디즘에서 나타나는 마조히즘은 죄의식과 속죄로 인해 상반된 변태성으로 변형된 것이 아니라 오히려 자기 고유의 변태성을 극대화하는 쾌락의 절정인 셈이다. 두 변태성의 경우 모두에서 우리는 속죄와 처벌의 메커니즘을 본질적인 요소로 간주할 수 없다.

두 변태성의 본성상의 차이를 주장하는 들뢰즈에 따르면, 마조히스트가 보여주는 사디즘은 사디스트가 보여주는 사디즘과 동일하지 않으며, 또한 사디스트가 보여주는 마조히즘은 마조히스트의 마조히즘과 다르다. 그들은 상보적인 짝이 될 수가 없다. 사실 고통을 가하는 것에서 쾌감을 느끼고, 고통을 받는 것에서 쾌감을 느낀다는 점은 이들이 상호보완적이라는 주장에 결정적인 증거가 된다. 이들은 서로 어울리는 한 쌍처럼 보인다. 그러나 실상은 그렇지가 않다. 가령, 마조히스트가 사디스트에게 때려달라고 요구한다면 사디스트는 거절할 것이다. 사디스트는 고통을 쾌락으로 즐기는 피해자를 원하지 않기 때문이다. 피해자가 자발적으로 고통을 즐긴다면 사디스트의 입장이 난처해질 뿐만 아니라, 피해자의 고통스러운 모습을 통해 쾌감을 도출하는 사디스트로서는 자신의 목적과는 다른 상황에 처하게 된다. 마조히즘의 경우에도 사정은 마찬가지이다. 마조히즘의 중요한 요소 중 하나는 교육과 설득 — 가령, 모피를 입어야 한다든지 하는 식으로 마조히스트는 가해자 여성이 취해야 할 역할을 계약이나 설득을 통해 지시한다 — 인데, 사디스트를 교육하고 설득한다는 것 자체가 난센스이기 때문이다. 상대 여성에 대한 교육과 설득을 통해 그가 원하는 것은 자신의 쾌락을 위한 마조히즘적 상황을 만들어 내는 일이다. 그렇기 때문에 마조히스트를 매질하는 여성의 역할은 사디즘적 자아의 발견이 아니라 마조히즘적 환상의 한 요소에 불과하다. 왜냐하면 "그 여성이 보여주는 '사디즘'이 진짜 사디스트에게서 발견되는 사디즘이 아니기 때문"이다.(41) 들뢰즈는 변태성에서 "주체"와 "요소"를 구별해야 한다는 점을 강조하면서, 마조히즘에서의 박해자 여성은 능동적인 역할을 하는 척 하면서 실은 자신이 처한 마조히즘적 상황으로부터 벗어나고자 한다고 설명한다. 『모피를 입은 비너스』에서 완다는 세베린이 원하는 것 이상으로 사디스틱한 면이 있다. 그러나 이는 마조히즘적 상황을 벗어나기 위한 반어적 행위이지 결코 사디즘을 즐기는 것이 아니다. 매질하는 여성의 사디스틱한 면은 결코 본질적인 요소가 아니라 부수적인 요소로만 기능한다. 그녀는 "마조히즘의 반영 내지는 분신"일 뿐이다.(41) 마조히스트가 진정으로 원하는 것은 사디스트가 아니기 때문에 사디즘의 성향을 가진 여성에게서는 아무런 반응을 보이지 않는다는 것은 그리 놀라운 일이 아니다. "변태성의 주체가 원하는 것은 상반되는 다른 변태성의 주체가 아니라, 같은 변태성을 가진 사람의 어떤 특정한 요소인 것이다."(43) 이것은 사디즘의 경우도 마찬가지이다. 사디스트에게 고문을 당하는 여성은 마조히스트가 아니라 사디즘적 상황의 한 요소이다. 두 변태성에는 쾌감을 도출하기 위한 한 과정으로서 상반되는 모습을 가지는 어떠한 요소를 필요로 한다. 마조히즘의 주체는 마조히스트이다. 그는 사디즘이 아니라 사디즘적 가학을 필요로 한다. 또한 사디즘의 주체는 사디스트이다. 그 역시 마조히즘이 아니라 마조히즘적 고통을 필요로 할 뿐이다.

두 가지 상이한 본능이 하나의 메커니즘 안에 공존하면서 서로 전이되고 변형되는 것으로 간주되는 사도-마조히즘에는 몇 가지 특징적인 가설들이 내재한다. 들뢰즈는 프로이트가 이 가설을 세 가지 범주 속에서 다루고 있다고 요약한다.

우선, 동일한 한 인물 속에서 상반된 본능이나 충동이 나타날 수 있다는 "상반성의 가설"이다.(44) 이에 따라 고통을 줌으로써 쾌감을 느끼는 개인은 고통을 경험하면서도 쾌감을 느낄 수 있으며, 사디스트는 동시에 마조히스트라는 주장이 가능해진다. 그러나 들뢰즈는 이 가설이 상반적인 두 영역을 연결해 주는 만족스러운 고리를 제시하지 못하고 있다고 비판한다. 즉 고통을 유발하는 행위와 고통을 느끼는 행위로부터 어떻게 유사하고 동일한 쾌감이 도출될 수 있는지 설명할 수 없다는 것이다. 그는 프로이트의 가설 어디에도 이에 대한 설명이 없다고 적는다. 물론 정신분석이 제시했던 바, 처벌을 자발적으로 받음으로써 경험하는 고통이 죄의식을 해소할 수는 있다. 하지만 이것은 도덕적 쾌감과 같은 이차적이고 예비적인 쾌감일 뿐이다. 그보다는 고통과 쾌감의 연결 관계를 설명하기 위해서는 마조히즘이나 사디즘 각각이 가지는 특유의 "성감"erogenicity과 같은 "물질적 토대"를 제시해야 한다는 것이다.(105) 그러나 들뢰즈에 따르면 정신분석은 물리적 고통으로부터 어떻게 성적 쾌감이 발생하는지 해명하지 못한다.5

다음으로, 공격적이고 지배적인 사디즘이 마조히즘적 고통을 경험한 후에만 사디즘적 쾌락이 가능하다는 "경험의 동일성" 가설이다.(44) 이는 프로이트가 사디즘을 두 단계로 구분한 것에 기인한다. 하나는 공격적이고 거친 사디즘이고, 또 하나는 순수하게 쾌락지향적인 사디즘이다. 이 두 사디즘은 서로 독립된 경험이 아니라 연속성을 띠고 있는데, 프로이트에 따르면 이 연속성은 마조히즘이라는 상반된 경험으로 유지된다고 한다 : "사디스트가 고

---

5. 이를 위해 프로이트는 "성본능 교감 흥분"(libidinal sympathetic coexcitation)의 가설을 제시한다. 즉 자극이 일정한 양적인 한계에 이르면 관능적으로 돌변한다는 것인데, 들뢰즈는 이 가설이 오히려 마조히즘을 환원 불가능한 존재로 인식하게 한다고 지적하면서, 이로 인해 프로이트는 결국 마조히즘을 사디즘의 변형이라고 설명한 자신의 견해에 만족하지 못했다고 적는다. 이에 대해서는 Deleuze, *Masochism*, p. 105[한국어판, 『매저키즘』]를 참고하라.

통을 줌으로써 쾌감을 얻을 수 있는 것은 과거에 그가 체험한 고통과 그에 따른 쾌감간의 관계를 경험해 보았기 때문에 가능하다."(43) 즉 타인의 고통으로부터 쾌감을 경험하는 것은 이미 자신이 그 고통과 쾌감 사이에 어떤 연관성이나 연결고리 혹은 상관성을 경험해 보아야 한다는 것이다. 이것이 바로 두 사디즘 사이에 마조히즘적 경험이 필요한 이유이다. 사디즘이 단순한 폭력(첫 번째 사디즘)에서 고차원적 쾌감을 추구하고 망상하는 단계(두 번째 사디즘)로 승화하기 위해서는 마조히즘이라는 고통의 경험이 상관적으로 매개되어야 하는 것이다. 이로써 프로이트의 이 가설은 하나의 연속성으로 이루어지는데, 우선 "단순한 공격적 사디즘"(43)에서 "자신에게로 역전된 사디즘"(44)으로 이행하고, 이것은 "마조히즘적 경험"(44) 즉 고통으로부터 쾌감을 거친 후에 "쾌락 지향적 사디즘"(44)으로 변이되는 것이다.6 이 변이과정은 "투사와 퇴행"으로 유지된다. 사디스트는 자신이 경험했던 마조히즘적 쾌락을 자신의 대상(피해자 여성)에게 투사하고, 그럼으로써 다시 사디즘으로 되돌아가는 퇴행적 연결고리가 성립하기 때문이다. 이 연속성 속에서 사디즘의 피해자는 당연히 마조히스트가 되어야 한다. 왜냐하면 사디스트가 제공하고 있는 그 고통은 피해자에게는 하나의 기쁨이 되어야 하기 때문이다 : "사디스트는 자신이 영향을 받았던 것과 똑같은 방식으로 쾌락의 대상을 감동시키고 있다고 상상한다."(44) 이런 이유 때문에 이 가설에서 사디스트의 피해자는 바로 마조히스트이다. 하지만 이미 들뢰즈가 앞서 논증했듯이 타당성이 없었다.

　세 번째로, "목적과 대상에 따라 성 본능들이 서로 합치거나 변형"된다는

---

6. 들뢰즈는 나중에 이를 본능의 이중성(성본능과 자아본능)으로 설명하기도 한다. 프로이트에 따르면 본능은 언제나 대상을 상정해 놓고 그 목적을 이루기 위해 공격적이다. 그러나 이 공격적 본능은 어떤 경우에 주체 자신에게 향하게 된다. 그것은 사랑을 잃어버릴 것에 대한 두려움 때문일 수도 있고(성기기 이전 단계), 아니면 초자아의 형성과 관련된 죄의식 때문일 수도 있다(외디푸스). 이에 대해서는 Deleuze, *Masochism*, pp. 103~104을 참고하라.

변형가설이다.(44) 들뢰즈는 이 가설과 관련하여 프로이트의 논의는 혼란스럽다는 점을 지적한다. 프로이트는 본능을 커다란 군群들로 분류했는데, 들뢰즈의 말에 따르면, 이 본능 군의 요소들은 서로 간에 직접적으로 변형될 수 없다. 요소들의 직접적인 변형이 가능하다면, 본능의 구분은 무의미해질 것이다. 그래서 프로이트는 본능들의 변형가능성을 이분법적으로 제한하고 있으며("에로스"와 "타나토스"), 이 제한 때문에 직접적인 변형의 가능성이나 변형의 다양성을 배제하는 결과를 초래했다는 것이다. 따라서 변태성에 있어 목적과 대상에 따라 반대성향의 본능으로 역전하거나 혹은 원래 자신의 본능으로 회귀하면서 성 본능들이 서로 합치되거나 변형된다는 논의는 모순적인 결과를 낳는다. 그래서 결국 "프로이트는 질적으로 전혀 다른 본능들(에로스와 타나토스)에 속한다는 이유로 인해 사랑과 미움 사이에 직접적인 변형이 이루어진다는 가설을 완전히 포기하고 있다."(44) 이런 맥락에서 프로이트에게 사디즘과 마조히즘은 제한적 변형에 의해 외적이고 양적인 차이만을 가질 뿐이다. 하나의 실체로부터 부정적이거나 상반적인 매개를 통해 양적인 변형만이 일어나는 것이다. 들뢰즈는 이것이 변태성을 "고착과 퇴행"의 기제로 이해하는 것과 관련이 있음에 주목한다.(44)

> 고착과 퇴행의 핵심적 개념은 조푸르와Geoffroy의 기형학(발달의 정지와 퇴보)에서 유래되어 직계를 이룬다. 조프루와의 관점은 변형에 의한 모든 진화를 배제한다.(44)

이렇게 볼 때, 변태는 진정한 변형이 불가능하며, 개인의 발달단계에서 이미 잠재하고 있는 한 지점에 남아있거나 퇴행하는 단계에 불과하다 : "변태로의 변형becoming 보다는 단지 유아기의 변태적 단계를 벗어나지 못했을 뿐이다."(44) 그러므로 "단지 가능한 유형이나 형태의 계층들이 있을 뿐이며,

이 계층들 속에서 발달이 다소 초기의 단계에서 멈추어지거나 '퇴행'이 다소 심하게 나타날 뿐"(45)이라고 말하는 조프루아의 개념과 "두 가지 유형의 본능들이 서로 복잡하게 결합하여 전체적인 어떤 형태들의 계층을 이루어내며, 개인들은 이 중 어느 한 계층에서 고착되거나 퇴행한다"(45)는 프로이트의 논의가 완전히 일치한다. 프로이트는 이렇게 고착과 퇴행의 단계적 변화와 발달에 따라 개인을 설명하지만, 또 변태성을 특징짓는 다른 부분에서는 "진화와 직접적 변형 가능성들을 가진 다형적 체계를 인정하는 듯하다. 그러나 또한 신경계와 문화적 구성체의 영역에서는 수용되기 힘들다고 간주한다."(45) 들뢰즈 말마따나 일관성을 잃어버린 것이다.

이렇게 본능들의 복합을 상정하는 사도-마조히즘적 종합의 원리에는 몇 가지 특징이 발견된다. 대립적이고 상반적인 두 요소들의 연속적 관계, 두 요소를 포함하는 상위의 종합적 실체, 그리고 이 요소들의 변형 가능성의 제한이 그것이다. 상반성과 복합 그리고 제한적 변형의 가설들은 모두가 기원의 동일성을 상정하고 있으며, 이는 사디즘과 마조히즘이라는 질적으로 전혀 다른 두 신경장애의 메커니즘을, 마치 고통과 쾌감의 상관적 메커니즘을 상정하는 "고통-쾌감 콤플렉스"(45)처럼, 하나의 술어로 연결하여 공통적인 하나의 물질로부터 파생된 제한적인 변형의 부산물로 환원하는 것과 다르지 않다. 연속적인 진화의 드라마를 연출하는 과정에서 본성적 차이는 하나의 원리로 제한된다. 베르그송식으로 말해 개별적 존재들의 질적 차이가 헐렁한 옷 속에서 강제적으로 뒤섞이는 것이다. 주체들 간의 경험은 동일하지 않으며, 각자에게 적합한 특수한 개별적 메커니즘을 갖는다.

> 사도-마조히즘, 복합본능 …… 등은 성적 활동 유형의 특이성을 간과한다. ……
> 주체의 사용 가능한 모든 에너지가 그의 특정한 변태성을 위해 동원된다는 사실
> 을 간과 …… 사디스트와 마조히스트는 완전히 자족적이며 개별적인 드라마를

연출한다. …… 내적으로 외적으로 이 양자의 의사소통은 불가능 …… 공통적인 리비도 물질이 여기저기 형태를 바꾸어 흘러 다니는 것으로 착각해서는 안 된다. …… 두 개의 다른 기관들이 서로 유사해도 반드시 그 사이에 진화론적 연관성이 존재하는 것은 아니다. …… 연속적인 것처럼 보이지만 근본적으로는 서로 상이한 요소들로 구성된 단일한 일련의 연속적 결과들을 연결시키면서 '진화론'에 빠져서는 안 된다. …… 사디즘과 마조히즘이 같은 기원을 가지며 동시에 병존한다는 생각은 근본적으로 유추에 근거할 뿐이다.(45~46)

논증과 변증법

구체적인 동작이나 표정 혹은 행위를 '요구(명령)'하고 '지시'하는 것, 그리고 그 행동이나 동작에 대하여 세밀하게 '묘사'하는 것, 이것이 포르노그라피를 특징짓는 전형적인 틀이다. 만일에 이처럼 "명령과 외설적 묘사"가 포르노그라피의 특징적 요소라면, 사드와 마조흐의 모든 언어는 포르노그라피의 틀 안에서 설명이 가능할 것이다. 사드의 작품들 속에 자주 등장하는 사변적 논증이나, 마조흐의 작품에서 볼 수 있는 계약과 제휴들(가령, 편지, 광고, 계약서들)은 포르노그라피의 저러한 면모를 잘 말해주는 요소들이다. 그러나 들뢰즈는 묘사의 기능이나 외설의 본질이 이 두 작가들에게 있어서는 전혀 다른 방식으로 진행된다고 주장한다. 사드의 경우, 작품 속의 난봉꾼들은 피해자 여성에게 폭력을 가하기에 앞서, 예비적 쾌락으로서 혹은 다른 어떤 이유에서 사변적인 논증을 해댄다. 그러나 들뢰즈는 그의 명령들이 논증의 형태를 띠고는 있지만, 논증의 내용을 피해자와 공유하거나 소통(설득)을 하기 위해서가 아니라고 주장한다. 반면에 마조흐의 경우, 작품 속의 주인공(마조히스트)은 계약이나 협약을 통해 여성(박해자)으로 하여금 동작을 반복하도록 요구한다.7 이는 사드와는 전혀 다른 형식으로서, 소통과 설득을 전제로 한 계약으로 이루어진 것이다. 묘사가 가지는 기능에 대해서도 이 두 작가는 전혀 다르다. 사드의 작품에서 행위들의 묘사는 외설적이지만, 마조흐의 경우는 그렇지 않다. 이와 같은 차이들을 볼 때, 두 작가를 포르노그라피의 전형적 틀 — 명령과 외설적 묘사— 이라는 단순한 기준으로 포섭하기는 어려울 것이다.

들뢰즈에 따르면 사드에게 있어 논증은 허울에 불과하며, 그의 논증은 설득을 지향하지 않는다. 난봉꾼에게 설득이란 성립하지 않기 때문이다. 사드는 이성의 논증을 모방함으로써, 논증 그 자체가 폭력임을, 이성 자체가 하나의 폭력의 형식을 취하고 있음을 보여주기 위해 이성의 논증을 이용한다. 그에게 폭력의 쾌감이나 논증의 결과들은 피해자와 공유될 필요가 없다. 논증 자체가 폭력임을 보여주는 것으로 충분한 것이다. 그는 폭력에 집중한다.[8]

> 피해자에게 가해지는 폭력의 행위들은 논증이 증명하거나 조회하는 폭력의 고차원적 형식의 반영일 뿐이다. 이성적이고 논증적인 박해자는 자신의 고독과 독특함이라는 해석학적 순환에 빠져있다. 이 점이 마조히스트의 '교육'과 다르다.(19)

한편 사드의 논증들은 난봉꾼 개인의 취향이나 특수한 폭력을 드러내는 것에만 머물지 않고, 보다 고차원적이고 비개인적인 관념으로 나아가는 경향을 띤다. 그가 추구하는 관념은 "순수이성의 이데아로서 비개인적 폭력과

---

7. 가령, 모피를 입어야 한다든가, 채찍을 들어야 한다든가, …… 마조히즘적 쾌락을 추구하기 위해 마조흐가 여성들과 맺은 계약 내용에는 지켜야 할 여러 가지 규칙과 조항들이 있다. 이에 대해서는 Deleuze, *Masochism*, pp. 277~279를 참고하라.

8. 따라서 여기에는 상당한 아이러니가 있다. 뒤에서 계속 논의하겠지만 사드의 언어가 가지는 역설적 면모는 이 폭력과 관련해서 나오게 된다. 사드에게 폭력에 대한 대상 집중은 이중적인 효과를 갖는다. 폭력이 그에게는 자신을 표현하는 수단이기도 하지만 동시에 비판의 대상이기도 하다. 이것이 사드의 언어가 지니는 아이러니한 성격이다. 사드는 아이러니로 말함으로써 아이러닉한 효과들을 발산하고 있는 것이다. 폭군으로서 자연과 신에 대한 증오와 흉내의 아이러니에 관련한 내용은 Bataille, *Literature and Evil*, p. 110 [한국어판, 『문학과 악』]을 참조.

동일시된다."(20) 그러나 또한 사드는 비개인적 관념을 구체적인 행위를 통해 실현하거나, 외설적인 묘사들 속에서 재현하는 방식으로 폭력을 재현한다. 이론적 논증이 완결된 후, 사디스트는 자신의 이데아를 피해자의 구체적인 실행들 속에서, 그들의 고통스러운 몸짓 속에서 구현하려 한다 : "이론적으로 보여줬으니까 …… 이제 그것을 실행해 보자구."(19) 이러한 구체적 행위들 속에서 관념을 현실화하려는 욕망 때문에, 사드의 언어를 지배하고 있는 명령과 묘사들은 난봉꾼의 개인적 취향을 내포하는 특수한 행위들을 반복한다. 사디즘의 힘은 순수 이성의 논증에서 나오는 힘이며, 이 힘은 이성적 이데아를 경험적으로 실행하려는 욕망을 통해 행위들의 반복이라는 형식으로 지속된다. 들뢰즈는 사드의 이 논증과 반복이 그를 스피노자와 가깝게 만든다고 적는다.

> 사드에게서 스피노자와의 놀라운 친화성을 보게 된다. …… 수학적 영혼으로 고취된 자연과학적, 기계주의적 접근의 시도 …… 따라서 이는 끝없는 반복과 반복되는 설명들의 복수적인 양적 팽창과정과 피해자를 증가시키고, 계속해서 수많은 환원 불가능한 고독한 논증들의 순환을 되풀이 한다. …… 순수하게 비개인적인 요소가 그의 도착에서 보인다. 그러나 반면에 이러한 유형의 대부분의 개인들은 힘의 감정을 특정한 사람들과의 관계 속에서 경험한다. 사드는 지리적 수학적 패턴을 띤다.(20)

그러나 마조흐의 경우엔 이와 다르다. 사드의 명령과 묘사가 논증적이고 제도적이며 소통을 부정한다면, 마조흐의 그것은 '설득'과 '교육'의 형태를 취한다. 마조흐는 동의와 제휴를 필요로 한다는 것이다. 들뢰즈는 이것이 마조흐에게서 "광고의 언어가 중요한 이유"라고 적는다.(20)

마조히스트는 계약을 선호하며, 사디스트는 이것을 혐오하고 파기한다. 사디스트는 제도가 필요하며, 마조히스트는 계약적 관계가 필요하다. …… 사디스트는 제도화된 소유를 통해 사고하며, 마조히스트는 계약적 제휴나 동맹을 통해 사고 한다. …… 소유는 사디스트 특유의 광기이며, 계약은 마조히스트의 광기이다. 그는 여성의 사인이 필요하다.(20~21)

사드는 순수 이성의 관념을 반복적인 행위와 논증 ─ 유물론적 팽창 ─ 을 통해 현실화하고자 하지만, 마조흐의 경우엔 다르다. 그는 육체적 관능적 쾌락을 체험하기 전에 종교적 감정이나, 이상적 경험에 휩싸이는 것이 보통이다. 그래서 물질적이며 감각적인 자연의 경험 이전에, 평면적이고 상징적인 이미지로만 남아있는 물신들로 되돌아간다. 들뢰즈에 따르면 이것은 마조히즘이 가지고 있는 물신숭배Fetishism의 근본적인 목적으로, 정신적인 것을 통해 물질적인 것을 정당화하거나, 자신의 쾌락에 대해 "역사적 문화적 비준을 얻으려"는 노력이다.(21) "인간의 신체에서 예술 작품으로의 상향, 예술 작품에서 이데아로의 상향은 채찍의 그늘 아래에서 일어난다. 마조흐는 변증법적 정신으로 활동한다."(22) 현실적 고통 ─ 가령, 상실의 고통 ─ 에 직면할 때에, 이데아로 날아오름으로써 고통을 쾌감으로 전환하기 때문에, 마조히스트는 이데아로 가기 위해 고통을 원한다. 그에게 있어 고통은 오히려 쾌락의 조건으로 기능하는 것이다.

또한 마조히스트는 폭력의 피해자임에도 불구하고 가해자의 입을 통해 말한다. 노예가 되기 위해 광고를 내고, 채찍을 맞는 계약을 체결하고, 매질의 방법에 대해 가해자가 될 여성을 교육시켜야 하고, 계약서의 이행을 위해 그녀를 설득해야 한다. 들뢰즈는 이것이 마조흐의 작품들 속에서 주로 나타나는 역할전이 ─ 가령, 주인과 노예의 역할전이, 박해자와 피해자의 역할전이 등 ─ 의 테크닉을 통해 그가 변증가로서의 탁월한 면모를 보여주는 것이라고 지적한다.

마조히즘의 주인공은 권위적인 여성에 의해 교육받고 변형되는 듯하지만, 기본적으로 그녀를 교육시키는 것은 그이다. 그녀에게 옷을 입히고 거친 말을 하게 하며, 그를 가학하도록 하는 것은 바로 그 자신이다. 이것은 자신도 포함해서 가해자의 입을 통해 말하고 있는 피해자이다. 변증법은 단순히 담론의 자유로운 교환을 의미하는 것이 아니라, 이처럼 입장의 전이나 치환을 의미한다.(22)

마조흐와 사드의 언어는 서로 다르다. 사드는 비개인적인 순수이성의 이데아를 경험적 자연 — 사드에 따르면, "이차적 자연" — 과 신체에 구현하고자 하며, 마조흐는 경험적 현실을 통과하거나 거부(부인)9 함으로써 이상화된 이데아로 상승하려 한다. 그러나 이 두 변태성에는 모두 비개인성이라고 하는 초월적 요소가 있다. 즉 자신의 언어가 한계에 직면할 때, 이들의 언어는 스스로 분열하면서 이 한계를 넘어서 초월적 전환을 추구 한다. 다만 사드의 경우 그것은 경험적이고 개인적인 요소 위에 관념을 육화하려는 망상으로 드러나며, 마조흐는 경험적이고 개인적인 것을 부인하는 과정을 통해 이데아에 도달하려는 환타지로 드러난다. 이런 점에서 "사드의 경우 언어의 명령적 묘사적 기능은 스스로를 초월하여 순수한 논증적 제도적 기능을 지향하며, 마조흐의 경우 변증법적 신비적 설득적 기능을 지향한다."(23)

외설과 상상

논증과 변증법이라는 상이한 언어운용은 자연스레 두 작가의 묘사의 차이를 자아낸다. 둘 모두 순수 이데아의 망상을 목적으로 하지만, 사드는 외

---

9. 여기서 '거부'의 의미는 부정과 억압의 의미와는 다르다. 마조히스트가 고통을 거부하는 것과 고통을 원하는 것(즉 고통을 자신의 쾌감의 요소로 끌어들이는 것)이 서로 양립할 수 없는 모순이라고 볼 수는 없다. 그가 고통을 끌어들이는 목적은 고통 자체에 있는 것은 아니기 때문이다. 그에게 고통은 쾌락으로 가기 위한 단계에 불과하다.

설적 묘사가 반복되는 반면, 마조흐는 외설적 묘사가 거의 안 보인다 — 가령, 매질이나 굴욕의 절정에 이르러서는 장면 전환을 통해 육체적 요소들을 피한다. 마조히스트의 목적은 육체적 고통이나 굴욕 그 자체에 있지 않고, 전혀 다른 것에 집중해 있기 때문이다 : "자신의 굴욕적인 상황으로부터 '이차적인 이익'을 이끌어내고 있으며, 이는 바로 마조히즘의 전형적인 특징이다."(27) 흔히 고통이나 굴욕을 견뎌낸 이후의 해방감이 마조히즘의 쾌락을 설명할 수 있을 것 같지만, 들뢰즈에 따르면 이는 사실과 다르다. 마조히스트는 굴욕에 처했을 때, 그것을 '부인'denial하는 방식으로, 다르게 말해 플라톤적 상상력으로 쾌락이 도출된다는 것이다. 그렇기 때문에 그의 묘사는 외설적이거나 육감적인 대상을 노골적으로 드러낼 필요가 없으며, 오히려 초월적 묘사를 통해 암시한다. 그러나 사드의 경우는 대단히 외설적이고 관능적이다. 들뢰즈는 그 이유가 바로 사드가 운용하는 '부정'negation에 있다고 설명한다.

사드는 자신의 망상을 부정 — 폭력과 논증의 형식 — 을 통해 실현하는데, 그의 부정은 두 수준에서 나타난다. 하나는 경험세계의 영역, 즉 인과관계와 필연의 법칙에서 완전히 자유롭지 않은 자연(이차적 자연)에서 일어나는 "제한적 부정"이고, 다른 하나는 관념의 수준에서만 일어나는 총체적인 이데아(일차적 자연)로서의 "절대적 부정"이다. 이차적 자연은 에로스와 일치하는 것으로, 쾌락원칙의 지배를 벗어날 수 없다. 사디스트는 이러한 자연을 부정하고 파괴하여 절대적이고 제도적인 악을 실현하고자 하지만, 생명의 법칙과 쾌락원칙의 지배 안에서만 가능한 제한적 부정에 머물 뿐이다. "파괴는 단지 창조와 변화의 역迹일뿐이며, 무질서는 또 다른 형태의 질서이고, 죽음에 의한 해체는 생명의 구성과 동일시된다. 모든 곳에 부정적인 것이 스며들어 있지만 그것이 보여주는 죽음과 파괴는 단지 부분적인 과정일 뿐이다."(27) 이러한 자연 안에서 사디스트는 자신의 망상을 실현할 수 없다. 이 자연 안에는 생명을 보존하고 유지한다고 하는 경제의 원리가 지배하고 있기 때문에, 절대적 악을 실현하고 제도화하겠다는 사디스트의 망상은 언제나 실패하게 되어 있다. 사디스트는 "완전범죄의 불가능성"을 경험한다.(27) 사드의 실망은 심지어는 타인에게 가한 고통으로부터 얻은 쾌감조차도 이차적임을 깨닫는 데 까지 나아간다. 경험적 수준의 자연에서는 철저히 개인적이고 육체적인 대상들 속에 갇혀 버림에 따라, 그가 실행하는 악의 차원은 절대적 순수성에는 도달하지 못하는 것이다. "이러한 자연에 직면할 때, 사디스트는 실망감을 감추지 못한다. 어느 것도 그를 만족시키지 못한다."(27) 반면에 일차적 자연은 경험적 사실 속에서는 주어지지 않는, 관념의 수준에서만 영위가 가능한 "원초적 망상"이다.

> 일차적 자연은 …… 모든 통치권과 모든 법을 초월하는 순수부정의 자연이며, 창조와 개인화 혹은 보존의 필요로부터도 자유롭다. 순수부정은 기반이 불필요하며, 모든 기반을 초월한다. …… 이차적 자연만이 경험의 세계를 구성한다. 부정은 다만 부정적인 것이라는 부분적 과정으로만 주어진다. 따라서 근원적 자연은 필연적으로 순수 이데아의 대상으로만 가능하다. 또한 순수부정은 망상이다. 그러나 또한 이것은 이성 자체의 망상이기도 하다. …… 그것은 오히려 그가 망상의 관념을 전개하고, 이성의 특권인 과대망상을 전개시키는 데서 오는 내적 필연성이다.(27)

일차적 자연에 대한 들뢰즈의 이 같은 설명은 그것이 에로스와 구별되는 파괴적 자연으로서, 쾌락원칙 내에서의 파괴본능과도 구분되는 근본적인 부정으로서 타나토스를 지칭하고 있음을 알 수 있다 ─ 그는 이를 제한적 죽음본능the death instinct과 구별하기 위해 대문자the Death Instinct로 표기한다. 일차적 자연의 부정은 부분적 과정으로 제한되지 않는 근원적 토대의 부정이다. 그것은 무nothing 그 자체이며 경제를 초월하는 부정이다. 이 자연의 언어느 경험 세계에서는 주어질 수 없는 것이며, 오히려 경험세계를 지탱하고 경험 세계의 근거가 되는 "지반 없는 심연"(115)이다 — 이 심연으로부터 특정 자극들이 부정되고, 그것이 도덕적 윤리적 의지와 결합하게 되어 자아라든가 초자아가 탄생할 것이다. 일차적 자연은 "절대적 침묵"(30)으로 유지되는 무시무시한 힘이다. 여기에는 투쟁의 원리도, 지배권도 없으며, 합리주의도 들어설 자리가 없다. 이 자연 안에서 개인화되는 요소들은 아무것도 없다. 유지되고 보존되어야 할 어떠한 개인이나 요소들을 가지고 있지 않기 때문에, 모든 고통은 절대적 극한 속으로 스며들면서 고통과 쾌락의 경계가 불분명해진다. 그러나 일차적 자연이 침묵으로 유지되고 있음에도 불구하고, 모든 사물을 결정하는 기원적 토대가 된다 : "모든 것이 이 침묵에 의존한다. …… 우리는 이에 대해 논증과 신화의 술어들을 통해서만 말할 수 있다."(30) 이것이 사디스트가 악의 반복적인 실행들(논증과 폭력) 속에서 보여주고자 하는 절대적 악의 제도화인 것이다. 그러나 사디스트의 망상은 필연적으로 실패하도록 운명 지어진 것이다. 인간에 대한 자신의 폭력적인 행위들로는 결코 무차별적이고 막대한 자연의 부정(파괴)을 흉내조차 낼 수가 없다. 잠을 자고 있는 동안에도 작동하는, 하나의 제도로서의 악은 자신의 왜소한 부정행위들을 통해서는 실현될 수 없는 것이다. 왜냐하면 그의 망상 속에 있는 대상은 경험적으로는 존재하지 않는 "부재하는 대상 즉 악의 개념"이기 때문이다.(31) 경험세계에서는 주어질 수 없으므로, 그것은 당연히 끊임없는 논증의 대상이 된다. 들뢰즈는 이러한 그의 실망이 언제나 새로운 폭력과 가학의 기제들을 반복하게 해 주며, 강화시키는 촉매로 작용한다고 적는다. 절대적 악을 구체화하고 육화시키기 위해, 그는 끊임없이 고문하고, 사지를 절단하고, 폭언과 욕설을 퍼붓는다. 또한 악이 무엇인지, 폭력이 무엇인지, 신과 자연의 무차별적 시간이 무엇인지를 끊임없이 논증하고자 한다(그러나 마조히스트는 이데아를 논증하지 않으며 상상한다). 그는 심지어 이차적 자연에 갇혀있는 자기 자신까지도 부정(고문)하는 단계까지 나아간다. "그가 꿈꾸고 있는 것은 범우주적인 것이며, 비개인적인 범죄이며 …… 영속적인 유효perfetual effective이다."(28) 그러나 그의 논증은 한 번도 그를 만족시키지 못한다. 그는 매번 자신이 이차적 존재라는 사실만을, "악의 허위"만을 확인하고는 분노한다. 왜냐하면 그의 일차적 자연은 어쩔 수 없이 부수적이고 경험적인 이차적 자연과 연관된 실행을 거치지 않으면 안 되기 때문이다. 그는 단지 "부분적인 귀납과정"만을 되풀이 할 수 있을 뿐이다 : "그가 할 수 있는 것은 부분적인 폭력의 몸짓을 강화하거나 응축할 뿐이다."(29) 들뢰즈는 사디즘의 반복적인 논증과 폭력 속에는 강화와 응축이라는 두 개의 극단적인 형식이 내재해 있다고 적는다. 폭력의 강화 속에서 피해자들의 고통의 강도는 더욱 격렬해지고, 폭력의 응축은 사디스트의 "냉정함" 속에서 재현된다. 폭군의 냉담함과 자기통제는 열정과는 대조적인 것이다. 사디스트는 열정을 경멸한다. 따라서 그에게 악은 기쁨이나 즐거움으로 묘사되지 않으며, 다만 냉담함으로 묘사될 뿐이다.

폭력은 영감이나 충동에 따라 낭비되어서는 안 되며, 폭력이 주는 쾌감에 부속되어서도 안 된다. 이러한 쾌감은 난봉꾼을 여전히 이차적인 자연의 상태에 머무르게 하기 때문이다. 그러므로 폭력은 냉정함 속에서 이루어져야 하며, 응축은 바로 이 냉정함, 즉 논증적 이성의 냉정함에 의해 비로소 가능해진다. …… 물론 이러한 냉담성은 강렬한 쾌감을 제공해 준다. 그러나 궁극적으로 그것은 자아가 이차적인 자연에 참여하여 얻게 되는 쾌감이 아니라 반대로 자아의 내부와 외부에서 동시에 자연을 부정하는 쾌감이며, 나아가 자아 자체마저 부정하는 쾌감이다. 즉 논증적 이성의 쾌감인 것이다.(29)

사디스트는 망상을 현실화하기 위해 자연적 대상들(육체, 관능, 쾌감)에 대한 영향력을 강화하고 증대하지만, 그 열정과 집착은 끝없는 실망만을 안겨주기 때문에, 고통의 강화를 보여주는 외설적인 묘사들 속에서도 냉정함을 잃지 않아야 한다. 열정과 냉정함이라는 이중적 기제의 반복 속에서 우리는 사드의 글이 지니는 단조로움을 발견하게 된다.

그러나 마조히즘적 자아는 사디즘과는 완전히 다른 방식을 취한다. 그는 '거부' 혹은 '부인'함으로써 자신의 망상을 실현한다. 이것은 부정의 차원과는 전혀 다른 것이다. 거부와 부인에서는 존재의 유무 자체가 논의의 대상이 되기 때문에, 들뢰즈는 그것이 더욱더 급진적인 면모를 가진다고 보았다.

> 거부는 아마도 부정으로도 심지어는 파괴로도 구성되지 않는 새로운 운용의 출발점으로 이해되어야 한다. …… 그것은 오히려 존재나 현존하는 것의 유효성 혹은 적합성validity을 급진적으로 검토하는 것으로 구성된다. 그것은 신념을 지연시키고 주어진 것 즉 즉자를 중화한다. 즉자적인 것을 넘고 자리바꿈 하는 식으로 새로운 지평을 연다.(31)

거부와 부인의 메커니즘에 관한 예는 프로이트가 제시한 물신숭배의 경우에서 찾아볼 수가 있을 것이다. 물신은 어머니 또는 여성에게 페니스가 결여되어 있다는 사실을 아이가 깨닫기 직전에 마지막으로 본 대상물(가령, 신발, 스타킹)이다. 그래서 물신은 아이의 마음속에 남아있는 일종의 "여성 남근의 이미지 혹은 대체물"인데, 물신숭배자는 이 물신을 통해 "여성이 페니스가 없다는 사실을 반박"할 수가 있다.(31) 즉 그는 현실적인 경험 속에서 가지게 되는 의심들(어머니에게 남근이 있는가 없는가?)을 확인하기 위해, 혹은 그 현실적 발견이 초래할 불쾌한 결과들(가령, 충만한 이자적 관계의 상실)을 잠재우기 위해, 이 "출발지점"으로 반복해서 되돌아간다 : "아니, 여성은 페니스를 결여하고 있지 않아!"(31~32) 그래서 "물신은 하나의 상징이 아니다. 그것은 얼어붙은, 체포된, 이차원적 이미지이며 한 장의 사진"이며, "여전히 신념이 가능했던 마지막 지점"이다.(31) 물신숭배자는 자신을 방어

하고 보호하기 위해 물신을 이용해서 현실적 사실들을 효력정지 또는 중화시키고, 반대로 자신의 신념을 여전히 유효한 것으로 대체하는 것이다. 그런데 들뢰즈는 물신숭배가 보여주는 거부와 지연 그리고 중화의 과정이 마조히즘과 정확히 일치한다고 말한다. 그것은 현실원칙에 대한 두 도착의 상반된 태도에서 알 수 있다. 사디스트에게 이차적 자연의 현실적 결과들은 부정(혹은 파괴)을 통해 논증적 이성의 열매인 일차적 자연으로 극복해야 할 하나의 필연적 단계인 반면에, 마조히스트는 자신의 이상으로 꿈처럼 날아올라 현실적 결과들로부터 움츠러들고 그 유효성을 지연시키고 중화한다. 마조히즘에서 이차적 자연은 이데아에 도달하기 위한 필연적인 과정이 아니다. 그는 꿈속으로 도약할 뿐이다. 마조히즘에서 이데아는 마조히스트가 현실과 대면하는 모든 순간들 속에서 하나의 이상적인 "환타지"Fantasy로 남아 얼어붙어 버린다 — 들뢰즈는 이것이 마조흐의 작품들 속에서 서스펜스가 감도는 이유라고 적는다. 현실을 부인하고 지연시킬 수 있기 때문에 그는 굴욕에서도 정당성을 확보할 수 있으며, 이차적인 이익을 도출할 수가 있는 것이다.(32) 들뢰즈에 따르면 마조히스트는 "완벽한 세계"를 제도화하기 위해 부정하고 고뇌하는 사디즘적 이상화를 의심한다. 그에게 완벽한 세계란 아무 의미가 없으며, 그가 집중하는 것은 오로지 "날개를 달고 꿈의 세계로 도약"하는 것이다. 그는 자신이 선택한 이상(물신)을 보호하고 방어하기 위해, 이를 위협하는 현실세계를 무효화하고, 그것의 도래를 지연하는 일에만 관심을 가질 뿐이다.

> 그 자체로 환타지 속에서 지연되고 있는 하나의 이상을 보호하기 위해, 하나의 순수한 이상적 실재를 창조하기 위해, 그가 질문하는 것은 현존하는 실재의 타당성, 적합성, 유효성이다.(33)

물신주의와 마조히즘에서 나타나는 유사한 운용법칙은 현실에 대해 판단을 유보한다는 특징으로 나타나고, 현실을 미결정된 상태로 지연시키는 목적을 내포하고 있다. "한쪽에서 주체는 현실을 잘 알고 있지만 이 앎을 지연한다. 다른 한쪽에서 그는 자신의 이상에 억매여 있다."(33) 결국 현실을 지연하고 이상을 유보함으로써 마조흐의 예술은 긴장을 극대화하는 효과를 산출해 내고 있으며, 들뢰즈는 이 긴장의 효과로 인해 마조흐의 예술이 "신비적 관조" 속에서 오히려 더욱 더 강렬한 정서를 자아낼 수 있다고 본다.(33) 사디즘이 강화와 응축의 메커니즘을 반복한다면, 마조히즘은 긴장(서스펜스)을 반복한다. 마조흐의 소설에서는 결정적인 순간에 화면은 정지되며, 모든 움직임들은 갑자기 얼어붙는다. "주인공은 목을 매거나, 십자가에 박히거나 교수형 당한다. 또한 고문하는 여자가 자신을 하나의 상태, 그림 혹은 사진과 동일시하는 자세"를 취하면서 얼어붙는다.(33) 움직이던 형상들이 결정적인 순간에 취하게 되는 이러한 창백하게 정지된 화면 속에서 숨 막힐 듯한 서스펜스의 심미적 효과가 드러나는 것이다. 들뢰즈는 서스펜스가 마조흐의 예술에서 빼놓을 수 없는 효과 중 하나라고 지적하면서, 이러한 이유 때문에 그의 소설들 속에서 외설적 묘사들이 중화되거나 정지되는 가운데서도 커다란 효과를 낼 수 있었다고 지적한다.

> 아무도 점잖음에 대해 이렇게 거의 공격하지 않으면서 지금까지 효과를 거두지는 못했다. 이러한 점에서 그는 또 다른 예술의 측면을 보여준다. 그는 분위기 소설의 대가이며, 암시의 예술가이다.(34)

사드는 논증과 부정에 의해 망상을 제도화하고자 하며, 이 과정에서 폭력의 강화와 응축이라는 구체적 실행들이 나온다. 이는 외설적 묘사들을 통해 실현된다. 반면에 마조흐는 "신비적 상상"과 "변증법"을 통해 이데아를 품으며(35), 현실세계와 이차적 자연은 부인된다. 이 거부의 순간 현실세계는 중화되거나 지연되어, 서스펜스의 암시적 효과를 자아내며 얼어붙는다.

이상화 과정의 차이

마조흐의 소설들 속에 등장하는 수많은 박해자 여성들을 모두 마조히즘의 이상적 여인이라고 말할 수 있을까? 또한 사디즘과 마조히즘이 추구하는 이상은 서로 어떻게 다른가? 들뢰즈는 마조히스트에게 고통을 주는 박해자 여성이 두 수준에서 존재한다고 적는다. 하나는 역사적이고 현실적인 경험 속에서 나타나는 여성의 모습이며, 다른 하나는 환상과 망상 속에서 나타나는 여성의 모습이다. 이들은 소설들 속에서 다양하게 묘사되어 있지만, 몇 가지 중요한 특징들을 공유하고 있다 : "모피를 입고, 채찍을 휘두르며, 남자를 노예처럼 다루고, …… 진정한 사마리아 여인Sarmatian woman의 모습을 하고 있다."(47) 그러나 들뢰즈는 이들이 공유하는 특징들 속에서 두 개의 극단적인 전형을 찾아낸다. 그에 따르면 마조흐의 여인들은 "그리스적 여인"의 이미지로 나타나기도 하고, 때로는 "사디스틱한 여인"으로 나타난다는 것이다.(48) 마조흐의 작품들 속에서 그리스적 여인의 모습은 언제나 초반부에 등장한다. 『비너스』, 『이혼한 여자』, 『세이렌』등에서 초반부에 등장하는 여인들의 모습은 한결같이 그리스적 여인의 모습이다.(48) 이들은 현대적 여성의 모습으로 나타나고, 이교도적이며 관능적이다. 또 제도 안에 안주하여 살 수 없는 존재로서, 제도에 저항하거나 질서를 전복하고 싶어 한다. 이들은 남성과의 동등함과 여성의 독립을 주장한다. 또한 제도로서의 결혼을 거부하고, 가부장제를 파괴하며, 여성의 지배를 확신하는 자웅동체이다. 이들이 표현하는 본질은 혼돈으로서, 기독교와 제도 안에서는 언제나 사악한 마녀 혹은 창녀의 이미지로 간주된다. 이들은 "현대적이며, 결혼, 도덕, 교회, 국

가등과 같은 남성의 산물을 비난한다."(48)

그러나 소설의 후반으로 갈수록 그리스적 여인의 이미지는 사디스틱한 여인의 이미지로 변한다. 마조히스트와의 대화나 계약을 이행하면서 여인들은 점점 사디스틱한 이미지로 변형되고 있는 것이다. 이들은 사냥을 좋아하게 되거나 고문을 즐기게 된다. 가학행위로부터 삶의 해방을 느끼는 지배자의 모습으로 변형되면서, 어떤 면에서 이들은 마조히즘적 자아가 요구하는 이상적 여인의 역할을 하는 듯 보인다. 그러나 이들의 사디스틱한 면모는 독립적으로 일어나지 않는다. 마조흐의 소설에는 "그리스인, 아폴로 …… 등으로 불리는 제3자가 등장"하는데, 여성들은 새로 등장하는 이 남성의 지배하에서 혹은 이 남성의 매개를 통해서만 사디즘을 실행한다. 그들은 제3자를 필요로 하고 있으며, 남자에 의해 고무되고, 남자와 연대함으로써만 사디즘적 관능성을 추구하는 것이다 ―『젊음의 샘물』에서 나다스디Elizabeth Nadasdy 백작부인, 『파우스타의 하이에나』에서 클라우어Anna Klauer, 『영혼의 낚시꾼』에서 드라고미라Dragomira와 같은 여인들은 모두 자신의 새로운 애인 혹은 제3의 남성과의 연대 속에서만 사디즘적 행위를 드러낸다.(48) 그들의 사디즘적 행위의 본질은 남성의 지배 안에서, 가부장제의 법 안에서만 드러날 뿐이다. 그 여인들은 때로는 남성의 피해자로서, 때로는 사랑 받는 존재로서, 전형적인 "외디푸스 어머니의 모습"을 취하고 있다.

그런데 들뢰즈는 이 두 극단적인 여성의 이미지는 마조히즘의 이상적인 여인의 이미지가 아님을 강조한다. 왜냐하면 그리스적 이미지의 여인과의 대면에서는 아직 마조히즘적 행위나 환타지가 나오지 않았고, 사디스틱한 여인과의 대면에서는 마조히즘이 사라져 버리기 때문이다. 『모피를 입은 비너스』에서 완다는 초반부에는 스스로를 그리스 여인으로 소개하지만, 후반부로 가면서 점점 사디스트로 변모한다. 그녀는 "고통 없는 쾌락, 그리스인의 고요한 관능성 …… 을 이상으로 추구하며, 기독교와 현대적 영혼에 의해 교육되는 사랑을 믿지 않는다"(49)고 단언한다. 그녀는 현대적인 여성으로 묘사된다. 또 제도와 기독교를 불신하고 여성의 독립을 원하는 자웅동체적인 여인으로 스스로 확신한다. 그녀는 남성의 산물인 기독교는 부패하고 있다고 믿으며, 더 이상 남성의 지배를 묵과하지 못한다고 말한다. 그러나 여기서는 아직 세베린의 마조히즘은 등장하지 않는다. 반면에 후반에 나타나는 완다의 사디스틱한 면모는 마조히즘 환타지의 본질적 요소로 등장하기보다는 새로 등장한 사디스트인 그리스인의 지배 아래 이루어진다. 완다는 이 3자로 하여금 세베린을 처벌하도록 요구하지만, 이때 세베린은 두려움을 느끼며 마조히즘적 환타지는 사라져버린다. 왜냐하면 사디스트와의 대면에서 이미 "마조히즘의 존재이유"(50)는 상실되어 버렸기 때문이다. 이렇게 소설에 등장하는 여인들은 동일한 박해자 여성으로 보아서는 안 되며, 마조히즘의 동질적 요소로 보아서도 안 된다. 사실 처음과 끝에 등장하는 여인들은 마조히스트가 계약에서 요구하는 역할을 충분히 실행하고 있다고 보기 힘들다. "여성 박해자들은 이 극단 속에서 두려움과 혐오감과 유혹을 느낀다. 왜냐하면 처음의 그 역할을 유지할 능력이 있는지가 의심스럽기 때문이다. ……그들은 원시적 창녀 혹은 사디즘과 같은 반대적 극단으로 빠져버리는 것을 두려워하고 있다."(50) 이들이 극단적인 사디스트로 변하는 것은 오히려 두려움의 결과로 보아야 할 것이다 : "완다가 사디스트로 변한 것은 더 이상 세베린이 부여한 역할을 제대로 수행할 수 없었기 때문이다."(50)

들뢰즈는 마조히즘에서 본질적인 요소로 기능하는 여인은 이 두 극단이 아니라 오히려 그들 사이에 있다고 한다.

『이혼한 여자』에서 평등주의적 이교도 여인은 주인공이 아니며 ……『세이렌』에서 창녀 제노비아Zenobia는 결국 젊은 나탈리Natalie에 의해 패배당하며 ……『영혼의 낚시꾼』에서 사디스트인 드라고미라 역시 솔틱Soltyk과 연대하여 사디스트

가 되지만 …… 결국 젊은 아니타Anitta에 의해 패배당하고 죽음을 맞는다.(49)

이 작품들 속에서 마조히즘의 이상적 요소로 기능하는 여인은 오히려 젊은 나탈리나 아니타라고 볼 수 있다. 그렇다면 이 중간지점의 새로운 요소, 마조히즘의 본질적 요소, 즉 창녀와 사디스트 사이에 있는 매개적 여성의 유형은 무엇인가? 들뢰즈에 따르면 이들의 형태는 양면성이 결합된 형태로 나타난다. 이들은 경험적 세계에 존재하는 현실적이고 역사적인 모습이기보다는 하나의 환타지 안에서만 가능한 존재들이다. 이런 이유 때문에 들뢰즈는 마조흐의 이상이 현실세계에서는 주어지지 않는 중화된 이미지로만 제시될 뿐이라고 말한다. 이들에게서는 따뜻함과 냉정함이 공존하고, 온화한 마음과 잔혹한 본능이 공존하며, 사디스트적이면서도 냉혹하지 않으며, 오히려 이성적이고 친절하며 섬세하고 감성적이다. 또한 점잖고 쾌활하면서도 동시에 완고한 모습이다 ―『추함의 미학』에서 어머니의 이미지나 마르샤Martscha에 대한 묘사들 그리고 로라Lola의 양면성, 『신의 어머니』에서 마도나Mardona와 바라노프Niera Baranoff 등이 그 예이다.(50~51) 이들은 마조흐의 이상이면서 동시에 대자연의 이미지이기도 하다. 이들의 양면성에는 한편에는 얼음처럼 차갑고 엄격하고 가혹한 특질이 있으며, 다른 한편에는 따뜻하고 모성애적인 감성이 자리 잡고 있다 : "마조흐가 꿈꾸는 삼위일체는 '냉정함-모성애-엄격함', '차가움-감성-잔혹함'으로 요약할 수 있다."(51) 중요한 것은 극단적 관능성을 보여주는 초반과 후반의 여성 이미지들이 바로 이 매개적 여성의 중화된 이미지로 대체된다는 점이다. 그리스적 여인의 관능성과 혼돈은 이상적 여인의 냉정함과 감성으로 혹은 엄격한 질서로 대체되고 있다. 즉 현실적이고 경험적인 두 극단적 여성의 관능적 파토스는 "초감각적 감성"으로 치환되어 드러나는 것이다.(51)

이상화된 여인의 초감각적 감성은 두 가지 사실을 말해주고 있다. 하나는 마조히즘이 사디즘과는 완전히 다른 이상화 과정을 밟는다는 점이며, 다른 하나는 마조히즘이 새로운 형태의 사랑과 쾌감을 도출한다는 점이다. 들뢰즈는 사디즘과 마조히즘에 깃들어 있는 중요한 특질로서 차가움과 냉정함을 들고 있다. 사드의 경우 이를 냉담성apathy이라고 불렀고, 마조흐의 소설들 속에서는 얼어붙은 이미지들로 묘사되었다는 것이다. 이 둘 모두 차가움의 요소가 있으며, 이는 두 변태성이 공통성이 있음을 말해준다. 그러나 들뢰즈는 마조히즘에서 이상화된 이미지(대자연의 모습)의 초감각적 감성을 내세워 마조흐의 차가움이 사디즘의 차가움과는 질적으로 다르다는 점을 지적한다. 사디즘에서 냉담성은 이차적 자연의 존재성에 대한 혐오와 부정으로 등장한다. 절대적 악은 감정에 휩싸여서도 안 되며 열정에 사로잡혀서도 안 된다. 순수 악의 실현이란 반드시 현실적이고 경험적인 존재성을 초월해야 하며 이차적 자연으로 떨어져서는 안 되기 때문이다.

> 사디스트의 냉담성은 감정feeling 그 자체를 향하고 있다. 모든 감정 심지어는 악을 행하는 데서 오는 감정까지도 비난의 대상이다. 왜냐하면 그것들은 모두 방탕함을 가져오는 위험이 있기 때문이다. 방탕함은 에너지의 응축을 막으며, 비개인적이고 논증적인 관능성sensuality의 순수한 요소로 침전해 가는 것을 막기 때문이다. …… 모든 열정은 이차적 자연에 머물며, 우리 내부의 선함에 머물기 때문에 비난받아야 한다.(51)

사디즘의 본질적 요소로 기능하는 이상화된 이미지는 개인을 넘어서는 순수한 관능성이다. 이것은 이차적 자연에서는 볼 수 없는 일차적 자연 그 자체이다. 일차적 자연의 비개인적인 순수 관능성은 이차적 자연에 대한 냉담성으로 유지되고 도달된다. 그러나 마조히즘에서의 차가움은 이차적 자연의 파토스나 감정 그 자체에 향해 있지 않다. 오히려 마조히스트는 관능성 자체를 거부하고 있다 : "그는 감정을 부정하는 것이 아니라 관능성을 거부하고 있는 것이다".(52) 여기서 그리스적 여인의 관능성과 사디스트적 여인의 수동성(혹은 천박함)은 이상화된 여인의 초감각적 감성과 엄격함에 의해 거부되어 대체된다. 마조히즘에서 얼어붙은 이미지는 관능적 쾌감이 중화된 육체 없는 감성sentimentality이다. 사디즘의 이상화 과정에서 본질적인 요소가 비개인적이고 논증적인 관능성이라면, 마조히즘의 본질적 요소는 감성이다.

> 관능성은 우리로 하여금 특수성 속에 가두고 이차적 자연의 불완전함에 가둔다. 마조히스트적 이상의 기능은 냉정함의 힘으로 차갑고 냉정한 감성의 승리를 확신하는 것이다. 여기서 냉정함은 말하자면 이교도적 관능성을 억압하고 사디스트적 관능성을 다가오지 못하게 하는 데 사용된다. 관능성은 거부된다.(52)

그런데 마조히즘이 사디즘과 다른 방식으로 이상화 과정을 밟음으로써, 또한 새로운 형태의 사랑과 쾌감을 도출하고 있음을 알 수 있다. 들뢰즈는 그것이 육체적이고 관능적인 사랑이 존재하지 않는, 다시 말해 "성적인 사랑이 결여된 새로운 인간의 탄생을 공언"할 수 있는 것이었다고 적는다.(52) 마조히즘에서 볼 수 있는 얼어붙은 이미지들은 바로 이 독특한 형태의 사랑을 감싸고 있다. 사디즘적 남성지배의 관능적 이상에서 새로운 형태의 모계적 이상으로의 전환은 바로 이 얼음과 같은 차가움에 기인한다.

> 이 냉정함 아래에는 초관능적 감성이 매장되어 있으며, 이것은 모피로 보호되고 있다. 이 감성은 얼음을 통해 빛을 발하며, 새로운 질서의 생성 원리로서 기능하며, 특정한 분노이며 특정한 잔혹성이다. …… 그것은 초관능적 감성을 내적 삶으로서 보호하며, 외부적 질서로 표현하며, 분노와 엄격함으로 표현한다.(52)

냉정함 속에는 잠재성이 응축되어 있다. 들뢰즈에 따르면 이것은 "변증

법의 전화" 지점을 말해준다. 하나의 단계에서 다른 하나의 단계로 전이되는 단절의 지점에서, 마조히스트는 고통을 쾌감으로 전화한다. 거기에는 숨 막히는 서스펜스와 질식의 순간이 내재한다. 따라서 모피는 현실적 여인들의 관능적 미숙함과 남성이 지배하는 기독교적 천박을 차갑게 냉각시킴으로써 초래될지 모를 빙하기의 파국으로부터 이상적 여인을 보호하기 위한 "실용주의적 기능"(53)을 부여받는 것이다 : "관능성의 억압과 엄격함의 승리 …… 얼어붙은 기독교 왕국 …… 그리스 세계를 삼키는 빙하기의 파국 …… 그리스 여성과 |기독교| 남성의 지배는 약화된다."(54)

아버지와 어머니

들뢰즈는 마조히즘과 사디즘을 외디푸스 콤플렉스의 관점에서 논의한다. 도착을 속죄나 처벌과 관련지어 정의하는 정신분석에 따르면, 마조히스트는 아버지에 대한 저항에서 출발하여 속죄와 처벌의 단계로 이행하는 외디푸스적 존재이다.

마조히즘은 아버지의 자리를 차지하고 그의 권위를 훔치려는 욕망에서 시작한다(사디스트의 단계). 다음에 죄의식이 나오고, 그로부터 거세의 공포에 사로잡혀 능동적 목적을 포기하고 어머니의 자리를 차지하여 아버지의 사랑을 구걸하게 된다. 그러나 수동적 역할이 발생시키는 죄의식과 거세 공포의 새로운 발생을 피하기 위해, 이제는 아버지로부터 사랑받기 위한 욕망을 '매를 맞으려는 욕망'으로 대체한다.(57~58)

마조히즘에 관한 정신분석의 설명은 아버지의 역할을 그 중심에 놓는다. 이는 사디즘에서 지배적이었던 아버지의 역할을 마조히즘에도 적용하려는 의도 때문이다. 반면에 어머니는 부수적이거나 준-원인으로 설정되어 아버지를 보조해주는 요소에 머물 뿐이다. 아버지의 자리를 차지하고 권위를 훔치려는 공격적 본능(성본능)이 양심(속죄)이나 사랑으로 이행되는 과정에서 어머니의 역할이 나오지만, 반항과 처벌이 애정관계로 대체된다는 점을 제외하고는 마조히스트의 처벌과 고통의 전 과정의 핵심은 아버지와의 관계구도로 형성된다. 사디즘에서 아버지의 절대적 권위의 테마는 마조히즘에서 변형된 형태로 다시 재현되고 있을 뿐이다.

그렇다면 한 가지 의문이 생긴다. 어째서 마조히스트를 매질하고 처벌하는 사람이 남자가 아니라 여자인가? 즉 왜 아버지가 아니라 어머니인가? 들뢰즈는 이를 설명하는 정신분석의 가설을 몇 가지 열거한다.(58) 첫 번째, 박해자 역할을 남자로 설정했을 경우, 마조히즘에서 겉으로 드러나는 노골적인 동성애의 구도를 피하기 위해서이다. 두 번째, 욕망과 처벌을 접목시켜 둘 모두를 충족하기 위해, 즉 성적 욕망의 대상인 어머니와 처벌의 주체로서의 아버지를 동시에 취하는 것이다. 따라서 이 경우에 마조히스트를 때리는 사람은 어머니가 아니라 아버지이다. 세 번째, 마조히스트 자신의 욕망을 어머니에게 투사하여, 마조히즘 전체의 전후 관계를 아버지에게 보여줌으로써 일종의 시위 혹은 탄원의 효과를 위해서이다 : "보세요! 아버지의 자리를 뺏으려는 사람은 제가 아니라, 나를 때리고 거세하고 상처 주는 어머니라구요!"(58) 이 같이 정신분석의 가설들은 아버지를 중심적인 인물로 세운다. 어머니는 기독교 윤리에 따라 동성애를 피하기 위한 수단으로, 혹은 성적 욕망과 속죄라는 두 가지 이익을 도출하기 위한 유보로, 혹은 아버지에 대한 탄원의 근거 혹은 속죄의 구실로 나타날 뿐이다. 이런 이유로 들뢰즈는 라이크Reik를 인용하면서, 정신분석은 "구타하는 여자의 이면에는 아버지 혹은 그 대리인을 발견하게 된다"(58)고 말할 수 있었다고 지적한다.[10] 이는 사디즘에

_____

10. 그러나 들뢰즈는 라이크(Reik)가 마조히즘의 과정에서 여전히 풀리지 않는 의심스러운 문제를 간

서의 자연의 개념과도 맥락을 같이 한다. 우리는 이미 사디스트의 자연이 둘로 나뉜다는 점을 지적하였다. 들뢰즈는 사디즘에서의 두 자연이 실은 아버지와 어머니의 구별과 일치하는 것이라고 적는다.

사드에게 어머니는 이차적 자연 즉 부드러운 분자들과 창조의 법칙에 종속되거나, 보존하고 재생산하는 이차적 자연의 법칙에 매여 있으며, 아버지는 사회적 보수주의만을 제외하고는 일차적 자연 즉 모든 질서를 초월하고 거칠고 야만스러운 분자들 혹은 무질서와 독재라는 일차적 자연에 속한다. …… 사디스트적 환상은 궁극적으로 가족을 파괴하는 아버지의 테마이다. 그는 딸을 끌어들여 어머니를 고문하고 살인할 것을 부추긴다. …… 가족이라는 제도와 법률은 모계적 특징을 가지는 이차적 자연에 의해 결정되기 때문에, 아버지는 다만 법을 초월하고 가족을 해체하며 그 구성원들에게 매춘을 강요함으로써만 아버지로서 자리를 유지할 수 있는 것이다. 그는 원시적이고 독재적 힘을 재현한다. 법을 파괴하고 이차적 존재를 넘어서는 원천적 상태를 회복함으로써만 획득되는 힘을. 사디스트의 궁극적 목적은 모든 출산과 생식에 효과적인 종결을 맺는 것이다. 왜냐하면 그것은 일차적 자연에 거스르기 때문이다. 사드의 여자 주인공들을 사디스틱하게 하는 것은 이와 같이 어머니에 대항하는 소돔의 계열, 즉 아버지와의 근본적인 동맹관계인 것이다. 사디즘은 모든 측면에서 어머니에 대한 능동적인 부정이며, 모든 법을 초월하는 아버지의 고양인 것이다.(59~60)

이렇게 아버지의 자연이 지배하고 있는 사디즘은 능동적 과정이고, 마조히즘은 수동적 과정에 해당된다. 능동적 과정에서 아이는 자신을 아버지와 동일시하고, 수동적 과정에서 아이는 동일시 대신에 어머니의 자리를 차지하여 아버지의 사랑을 받으려 한다는 것이다. 이런 식으로 외디푸스 콤플렉스에서 사디즘과 마조히즘은 모두 아버지의 테마를 전제로 하며, 이는 결

과하지는 않았다고 적는다 : "환상과 행위로서 마조히즘의 가장 오래된 층위는 역사적 실제와 관련하여 결국 어머니-아이의 관계로 퇴행하는 것이 아닌가?"(59)

국 마조히즘에서 매질을 하는 인물이 아버지라는 것으로 귀결된다.

그러나 들뢰즈는 마조히즘에서 아버지의 결정적인 역할이라는 외디푸스 테마가 어머니의 역할 전이와 변형을 하나의 사디즘적 연속성으로 설명하려는 시도 속에서 형성된 "사도-마조히즘적 실체라는 미리 결정된 개념의 결과"(59)가 아닌지를 의심해 보아야 한다고 비판한다. 이미 우리는 마조히즘의 이상화 과정이 기독교와 가부장제를 효력정지하고 빙하기의 파국으로 몰아 감성의 승리를 확신하는 것이라고 살펴본 바가 있다. 들뢰즈는 마조히즘에서 표면적으로 보이는 수동성 — 속죄나 사랑받으려는 욕망 — 안에는 새로운 형태의 능동성이 있는 것이 아닌지를 질문한다. 사실 마조히즘을 아버지와의 관계로 설명하는 것은 결국 마조히즘이 양심과 속죄의 산물이며, 나아가 처벌을 받음으로써 죄의식을 해소하는 과정으로 이해하는 것이다. 들뢰즈는 양심과 속죄가 초자아의 형성과 관련이 있다고 보는 프로이트의 논의를 언급한다.[11] 프로이트에 의하면 초자아의 형성은 양심과 죄의식을 불러와 외디푸스 콤플렉스의 해결을 의미한다. 초자아의 형성은 대상(어머니)에 대한 아이의 성본능의 공격적인 성향을 자아에게 방향 전환 — 처벌(거세)에 대한 두려움으로 — 하게 한다. 즉 초자아는 자아의 성적 본능(아버지를 죽이고 어머니를 빼앗으려는)을 억압하는 기제로 작용하고, 욕망의 좌절로 인해 생긴 양심으로 인해 처벌(혹은 사랑)을 바라게 된다. 따라서 마조히즘은 바로 자신에게 되돌려진 사디즘적 공격성에 다름 아니다. 그런데 초자아와 양심이 형성되어 리비도적 공격성이 자아 자신에게 되돌려지려면, 탈성화 dexexualization 즉 성적인 목적을 포기하지 않으면 안 된다. 성본능이 중화되지 않는다면 양심은 나오지 않을 것이다. 프로이트가 사디즘의 "공격적 성본능"이 자아에게 방향을 바꿔 "반성적 자아본능"으로 전환한 것이 마조히즘이라고 주장했던 것은, 마조히즘이 성적인 목적을 포기하거나 성적인 욕망

---

11. 이에 대해서는 Deleuze, *Masochism*, p. 104 이하를 참고하라.

이 없는 것으로 간주하게 하는 요인이 된다. 그러나 들뢰즈는 이를 부정한다. 그에 따르면 마조히즘은 틀림없이 외디푸스적 욕망을 가지고 있으며, 특유의 성적인 목적이 있다. 또한 이 논의는 마조히즘을 사디즘과는 다르게 수동적 단계로 규정한 것과도 배치된다. 들뢰즈는 마조히스트가 초자아와 양심으로 인해 스스로를 처벌하고자 하는 것은 일종의 "반성적 단계"로 보아야 한다고 주장한다.("나는 스스로 벌을 주고 있어!") 그러나 마조히즘은 수동적 단계를 내포하고 있다.("나는 벌을 받고, 매를 맞고 있어!") 왜냐하면 그는 스스로 자신에게 벌을 주기 보다는, 박해자 여성 혹은 어머니에게 투사하여, 그 대리인을 통해 벌을 받고 있기 때문이다. 초자아와 양심의 형성이 반드시 마조히즘적 도착을 필요로 하지는 않는다. 마조히즘에서 매질의 주체는 마조히스트(자아이든 초자아이든) 자신이 아니라 외부의 대리인이다. 마조히스트는 스스로 처벌을 가하지 않으며, 투사된 이미지와 인물들로 하여금 자신을 처벌하도록 계약한다. 또한 정신분석이 이 투사의 메커니즘을 마조히즘에 적용했을 때, 실은 마조히스트가 처벌을 받으려 하기 보다는 오히려 처벌을 회피하고자 한다는 점을 드러낸 것이 아닌가? 정신분석의 가설들로 되돌아가 보자. 첫 번째, 어머니와 동일시하면서 즉 죄의식을 어머니에게 투사하면서 아버지의 성적인 대상으로서 사랑을 받으려 한다는 가설("나는 당신의 적이 아니라 연인이라구요!"). 이는 양심이나 속죄가 아니라 욕망이 아닌가? 두 번째, 거세에 대한 불안이 점점 커져서, 사랑이라는 소극적 방식 대신에 능동적으로 매 맞기를 선택한다는 가설. 여기서 매를 맞는 것은 탈성화된 속죄가 아니라 처벌에 대한 두려움의 결과이며 처벌의 회피가 아닌가? 세 번째, 노골적인 동성애의 구도를 피하기 위해 매질하는 자를 어머니의 이미지로 투사한다는 가설. 이는 처벌이 목적이 아니라 사랑이 목적이 아닌가? 네 번째, 매질당하는 자신을 나쁜 어머니와 동일시(투사)해서 결국은 어머니를 비난한다는 가설("아버지를 죽이려는 자는 내가 아니라 바로 어머니라구요!"). 그리고 다섯 번째, 자신을 피해자로 투사하거나 치환해서 어머니와의 동일성을 부정한다는 가설("거세된 자는 아버지가 아니라 바로 저라구요!"). 이 모든 점들을 고려해 볼 때, 마조히스트는 반성적 단계에 있기 보다는 오히려 수동적 태도로 벌을 받고 있으며, 더욱이 (나쁜 어머니에게)투사를 함으로써, 자발적으로 벌을 받기 보다는 처벌을 회피하고 있다는 점을 알수 있다. 이런 이유 때문에 들뢰즈는 마조히즘이 탈성화된 반성적 단계가 아니라 오히려 재성화된resexualization 투사의 메커니즘을 운용하며, 강렬하게 성적인 목적을 추구하고 있다고 주장하는 것이다.12 따라서 마조히즘이 양심으로 인해 자아로 방향 전환된 사디즘이라고 하는 규정은 적절하지 못하다. 사디스트 못지않게 마조히스트 역시 재성화되고 있으며, 사디즘과는 전혀 다른 방식의 성적 목적을 가지고 있다. 공격성의 양상은 유사할 수 있으나 그 목적이 다르며 내용이 다르다는 것이다. 마조히스트는 그 자신만의 특유한 방식으로 성적 쾌락을 추구한다. 마조히스트는 "죄의식으로 특징지을수 없으며", 오히려 "처벌받으려는 욕망"으로 보아야 한다.(104) 재성화가 일어나지 않고는 마조히즘적 쾌락은 가능하지 않다는 것, 따라서 마조히스트는 속죄와 처벌을 통해 아버지로부터 사랑을 추구하는 외디푸스적 존재가아니라는 것이 들뢰즈의 주장이다.

　　나중에 논의하겠지만, 들뢰즈는 마조히즘이 죄의식에 따른 속죄나 아버지로부터 사랑을 추구하는 행위가 아니라, 오히려 처벌이라는 의례와 계약을 통해 죄의식과 불안을 해소하고, 성적 욕망의 쾌락을 누릴 수 있는 자격을 얻는 행위라고 주장한다. 즉 마조히스트는 외디푸스적 존재가 아니라는

---

12. 들뢰즈는 이 투사(projection)가 마조히즘에서 어머니의 역할을 설명하기 위해 정신분석이 끌어들인 개념이라고 적는다 : "정신분석이 어머니-이미지에 의해 수행되고 있는 역할을 설명하려는 것은 이 투사의 차원에서이다. 이 이론에 따르면, 마조히스트의 목적은 아버지에 대한 저항과 위반의 결과(즉 처벌)를 회피하려는 것이므로, 그는 어머니와 자신을 동일시하면서 스스로 아버지에게 성적 대상으로서 자신을 제공하게 된다."(106)

것이다. 심지어 그는 아버지에게 도전하거나 투쟁조차 하지 않는다. 그와는 반대로 마조히즘에서 아버지의 법은 이미 효력이 정지되었으며, 오히려 승리한 어머니에 의해 매를 맞으며 처벌을 받고 있는 것은 다름 아닌 아버지이다.

그러나 실제로 누가 맞는가? 아버지는 어디에 숨었는가? 학대를 받는 사람 안에 있는 것은 아닐까? 마조히스트는 죄의식을 가지고 있다. 그래서 그는 때려주기를 원한다. 속죄하는 것이다. 그러나 왜? 그리고 무슨 죄로? 그것은 소형으로 제작되어 매를 맞는, 그리고 우스꽝스럽고 모욕을 받는 그의 안에 있는 정확히 아버지의 이미지가 아닌가? 그가 벌을 받으려는 것은 그의 아버지와의 닮음이 아닌가? 혹은 그의 안에 있는 아버지다움이 아닌가? 마조히즘의 공식은 모욕을 받는 아버지이다. 따라서 아버지는 때리는 자가 아니라 매 맞는 자이다. 세 어머니의 환타지에서 가장 중요한 점은 세 개로 겹쳐진 여성의 모습으로 모든 부성적 기능이 상징적으로 전이되거나 재분배된다는 것이다. 여기서 아버지는 배제되고 완전히 무효화된다. 마조흐의 작품에서 이상적인 여인이 동물들을 사냥하고 그것으로부터 모피를 약탈하는 장면들은 상징적으로 해석하자면, 여성의 남성에 대한 투쟁이며, 거기서 승리를 경험하는 것이다. 그러나 이것은 잘못이다. 왜냐하면 여성은 이미 마조히즘이 시작되면서 승리했기 때문이다. 곰이나 모피는 이미 배타적으로 여성적인 의미와 함께 사냥된 것이며 걸쳐진 것이다. 그 동물은 원시적인 창녀 어머니, 탄생 이전의 어머니의 자리를 차지한다. 동물과 모피는 이미 사냥이 완결된 상태이며, 구강 어머니의 자리를 위해 희생되는 것이다. 재탄생이라는 목적을 위해, 즉 아버지가 완전히 배제된 단성 생식적 재생 parthenogenetic second birth을 위해서.(61)

들뢰즈가 마조히즘에서 환타지의 중요성을 여러 차례 언급하는 이유가 여기에 있다. 환타지는 마조히즘을 사디즘과 본성적으로 다르게 하는 요소이다. 마조히스트는 환타지를 통해 자신의 사디즘적 본능을 중화하고, 그것을 행위가 아닌 꿈으로 대체한다. 그럼으로써 자신의 특유한 긴장과 지연의 형식으로 쾌감을 도출해내는 것이다. 환타지 속에서 아버지는 이미 배제되었으며, 마조히즘은 그렇게 승리한 어머니들이 이상적 어머니에게 권좌를 내어주는 하나의 예식(의례)이다.[13] 이는 소설의 후반부에서 제3의 남자의 등장에 대한 마조히스트의 반응에서 잘 나타난다. 소설의 마지막에 가서 여인들은 사디스틱한 남자와 동맹관계 — 『젊음의 샘물』에서 엘리자베스와 이폴카 Ipolkar, 『영혼의 낚시꾼』에서 드라고미라와 보그스라프Boguslav, 『모피를 입은 비너스』에서 완다와 그리스인"(61) — 로 등장하는데, 이 때 마조히스트의 환타지는 곧바로 중단되어 버린다.[14] "플라톤의 형상Forms처럼, 마조히즘은 자신의 반대인 사디즘과 결합하거나 단결하기 보다는 스스로 후퇴하고 파멸된다."(61) 환타지를 통한 아버지의 거부와 효력 상실이 바로 마조히즘과 사디즘의 근본적인 차이이며, 그때 비로소 어머니의 상징적 신화가 탄생할 수 있는 것이다. 들뢰즈에 따르면 마조히스트의 환타지에는 본질적으로 어머니의 왕국이 내재해 있다. 단순히 아버지와의 투쟁에서 승리한 어머니의 왕국이 아니라, 이미 승리한 어머니의 왕국, 즉 나쁜 이미지를 가진 두 어머니 — 남성과 동맹하는 외디푸스 어머니, 그리고 남성과 투쟁하는 창녀 이미지의 어머니 — 를 굴복시키고 이상적인 "구강 이미지의 어머니"가 권위를 실현하는 왕국이 있다. 환타지는 두 개의 현실적 까칠함(혹은 극단)을 중화하고 아득히 날아오르는 것으로 절정에 이른다 — 이것이 또한 환타지 일반의 구조이다.

    들뢰즈는 매음과 매춘에 대한 마조히즘적 독특함 — 실제로 마조흐는 부인인 완다로 하여금 매춘을 설득하고 권유한다 — 에 대해 언급하면서, 그것이 사디스

---

13. "선한 어머니의 존재는 상징계에서 아버지가 폐지되었음을 알려주는 간극과 공백의 존재를 분명히 해주는 열쇠이다"(109).
14. 가령 『모피를 입은 비너스』에서 완다는 세베린과의 사랑을 포기하고 그와의 계약을 더 철저하게 지킴으로써 그가 원하는 바를 들어주고자 한다. 그녀는 자신을 대신하여 사디스트적인 모습의 그리스인으로 하여금 세베린을 매질하도록 요구한다. 그리스인이 매질을 하려하자 세베린은 극도의 공포와 분노감 그리고 굴욕감을 느끼고 마조히즘적 환타지는 사라지고 만다. 마조흐에게 있어 제3자가 필요한 이유는 그 자체로서가 아니라, 그를 중화하여 이상적 여인으로 승화하려는 목적이 있기 때문이다. 그렇기 때문에 제3자가 승리할 경우 마조히즘은 곧바로 중단되는 것이다.

트가 보여주는 매춘의 강요와 동일한 것으로 볼 수 없다고 주장한다. 들뢰즈의 생각에 그 매춘행위는 마조히즘에서 이상화된 어머니의 왕국이 어떤 과정으로 실현되는지를 잘 보여주고 있기 때문이다. 그에 따르면 매춘은 바로 나쁜 어머니들의 이미지와 역할의 전이(혹은 중화)를 통한 이상적인 어머니의 왕국의 실현을 설명해 준다. 마조히즘에서 이상적 어머니는 선한 어머니이고 순수함을 가진 어머니이다. 따라서 그녀는 모든 기능들을 수행할 수 있는 존재이다. 그녀가 나쁜 어머니의 이미지를 자신의 이상으로 재수용하려면, 잔혹함(냉정함)을 직접 실행함으로써 외디푸스 어머니의 사디스틱한 이미지를 변형하고 승화하듯이, 창녀 어머니를 위해 남겨진 매춘의 기능조차도 자신의 것으로 취해야만 한다는 것이다.[15] 반면에 사디즘에서 매춘은 외디푸스 어머니를 파괴하기 위해 창녀 어머니의 기능 — 여기서 딸이 공범자가 된다 — 을 끌어들이는 과정 같은 것이다.

매춘은 두 변태성을 연결시키는 공통적 모습으로 간주되어서는 안 된다. 매춘은 완전히 다른 의미로 작동한다. 사드에게서 매춘의 보편적 꿈은 "객관적 제도"로 구체화되어 어머니(이차적 자연)를 파괴하고 딸을 격상시키는 것이다(어머니는 폐물이 되고 딸은 동반자가 된다). 마조흐에게 매춘의 이상적 형태는 "은밀한 계

---

15. 루드윅 2세와의 경우가 이를 잘 보여주고 있다. 마조흐와 루드윅은 각자가 동일한 목적을 가지고 있었지만, 서로 다른 계획 때문에 약속이 어긋나고 만다. 마조흐는 완다를 내세워 나쁜 어머니(창녀 이미지의 어머니와 외디푸스 이미지의 어머니)의 역할을 하게하고, 그 극단적인 이미지를 제3자인 루드윅(아나톨)으로 하여금 중화하고자 했다. 처음에 마조흐는 루드윅이 여자였으면 하고 바랬지만, 혹시라도 그가 남자일 경우를 대비해서, 루드윅을 제3자로 설정하여 완다를 중화하는 역할을 생각했던 것이다. 그러나 루드윅은 마조흐가 짜놓은 각본(즉 완다와 대면시키려는 의도)을 피하면서, 오히려 자신의 곱사등이 사촌을 끌어들여 제3자로 설정하고, 마조흐의 의도와는 달리(마조흐는 루드윅이 완다를 중화시켜 주기를 기대 했지만), 이 사촌으로 하여금 완다를 중화하고자 한다. 그러나 결국 완다와는 아무런 관계를 가지지 않고 불쾌감만을 표시한다. 이 일화의 코믹한 상황은 바로 이 약속의 어긋남에 있다. 어쨌든 이 사례를 통해 우리는 마조히즘이 선한 어머니를 구현하기 위해 제3자를 끌어들여 창녀 이미지의 어머니와 외디푸스 이미지의 어머니를 중화시키는 매개적 기능을 요구한다는 사실을 알게 된다. 역할을 전이시키고, 이미지를 중화함으로써, 마조히즘은 이상적 왕국이라고 하는 자신의 환타지를 실현하고자 한다.

약'에 근거한다. 거기서 마조히스트는 자신의 아내를 설득하고 선한 어머니의 자격으로 스스로 다른 남자에게 몸을 허락하게 하는 것이다. 마조히즘의 이상으로서 구강 어머니는 다른 여성의 모든 기능들을 흡수한다. 여기서 기능들은 변형되고 승화된다.(63)

이렇게 마조히즘에서 아버지가 무효화되고 이상적 어머니의 왕국이 실현되는 과정은 환타지 속에서 조성되는 세 어머니의 기능전이를 통해 나타난다. 아버지의 절대적 기능과 역할이 세 어머니에게 재분배되어 더 이상 아버지의 법이 기능하지 못하는 순수시간의 왕국, 이것이 마조히즘적 환상의 본질이라는 것이다.

이 왕국에서 세 여인은 상징계를 구성함으로써, 그 안에서 아버지를 무효화한다. 이와 같은 영원함과 무시간성의 권력과 통치는 신화의 언어로만 표현될 수 있을 뿐이다. 마조히즘의 본질적 요소는 신화이다.(63)

아버지의 이름으로 등장했던 상징계의 질서는 마조히즘적 신화의 언어 — 마조흐의 작품에는 비너스라든가, 디오니소스라든가, 아폴론과 같은 신화적 요소들이 자주 등장한다 — 를 통해 이제 어머니의 모계적 질서로 대체된다. 자연(어머니)과 대립되어 역사화 문화를 지배하고 그것을 가능케 했던 사디즘적 아버지의 언어는 마조히즘에서는 더 이상 유효하지 않다. 아버지는 이제 문화와 법을 대표하지 않는다. 세 겹으로 주름진 어머니의 왕국에 아버지를 위해 비워둔 자리는 존재하지 않는다. 아버지는 그 왕국에서 내쫓기는 것이다.[16]

---

16. 들뢰즈는 사디스틱한 그리스인의 출현이 아버지의 부활과 관련이 있다고 논의하면서, 라깡이 말했던 "실재계의 부활"에 대해 언급한다. 라깡에 따르면 상징계에서 배제되었던 것이 실제계에서 환각의 형태로 되돌아온다. 이런 이유 때문에 들뢰즈는 마조히즘에서 환타지와 환각의 구별이 대단히 중요하다고 지적한다. 그것을 구별하지 못하면, 마조히즘적 환타지에서 어머니를 자칫 숨은 아버지의 변형으로 이해한다는 것이다. 들뢰즈는 마조히즘에서의 환타지는 상징계 — 계약, 신화, 역할 등 — 에서 활동하는 것이고, 이 상징계 속에서 배제되었던 아버지가 그리스인의 모습으로 다시 부활한 것

이 질서 안에서 어머니는 특별하게 서명되고 계약된 조건들에 따라 법을 재현한다. 그녀는 상징을 탄생시키고, 마조히스트는 이 상징을 통해 자신을 표현하는 것이다. …… 아버지는 이제 마조히즘의 상징계에서 아무것도 아니다. 상징적 기능을 박탈당하는 것이다.(63)

들뢰즈가 보기에 마조히스트가 여성-어머니와의 계약을 통해 얻으려는 것은 새로운 세계로 가기 위한 재탄생의 희망이다.[17] 새로운 세계란 아버지의 법이 기능할 수 없는 어머니의 왕국이며, 나아가 가부장적 법이 어머니의 지배하에 운용되는 세계이다. 구강 어머니의 잔혹함과 냉정함은 아버지의 처벌과 연결될 수 없다. 법의 위협(거세의 위협)이 누구로부터 나오는가에 따라 그 효과는 달라진다. 아버지에 의한 거세의 위협과 처벌의 고통을 연관 지으면 근친상간의 가능성은 사라진다. 이 관점에서 보면, 마조히즘이란 처벌 후의 도덕적 위안이라는 소극적인 쾌감으로 축소될 것이다. 그러나 처벌을 어머니와 그 이미지에 연결시킨다면, 근친상간의 가능성은 분명해진다. 근친 상간에 대한 아버지의 처벌인 거세가 오히려 근친상간을 가능케 하는 조건

이라고 주장한다. 그가 말하고자 하는 바는 마조히즘적 쾌락의 절정으로서의 환타지 속에는 아버지가 배제되어 있다는 점을 강조하는 것이다. 이에 대한 자세한 논의는 Deleuze, *Masochism*, pp. 65~68을 참고하라.

17. 들뢰즈는 나중에 이 주제를 확대하여 논의한다. 마조히즘은 계약에서 출발해서 법으로, 그리고 의례(rituals)와 신화로 나아간다. 마조히즘에서 의례와 신화가 중요한 이유는 그것이 환타지의 세계를 보여주기 때문이다. 들뢰즈는 마조히스트가 여성(어머니)과 맺는 계약은 "재탄생에 대한 희망"을 얻으려는 의도라고 말한다. 어머니와의 계약, 어머니의 법, 어머니 왕국의 신화와 의례, 이 모든 과정은 아버지를 몰아내어 가부장적인 법의 집행과 권리를 어머니에게 부여하고, 어머니로부터 매를 맞음으로써 자신 안에 있는 "아버지와의 닮음"을 처벌하고, "아버지로부터 상속받은 생식적 성"(genital sexuality)을 말소하여, 새로운 인간으로, 자웅동체로서, "십자가에 매달린 인간"(서스펜스와 정지), "소유하지 않고", "선조가 없으며", "이유도 없고", "노동이 없는", "새로운 무성적 인간"(sexless man)으로 태어나는 과정이다. 들뢰즈에 따르면 마조히스트에게 있어 "남자가 된다는 것"은 "아버지와 같아지거나 그의 자리를 차지하는 것"이 아니다. 그와는 반대로 "아버지의 이미지"를 자신 안에서 지워버리는 것이다. 그리고 새로운 인간으로 재탄생하기 위해서는 카인과 예수처럼 시련과 고통이 필요한 것이다. 마조히즘에서의 의례와 새로운 인간으로의 재탄생의 문제에 대해서는 Deleuze, *Masochism*, pp. 91~102를 참고하라.

이 된다. 이로부터 아버지의 기능이 없이도 재탄생의 기회가 가능해지며, 이 것이 마조히스트로 하여금 자웅동체적 본성을 갖게 하는 요소인 것이다.

심미적 긴장과 유물론적 팽창

고통은 시간의 산물이다. 그것은 만물을 죽음의 무자비한 소용돌이 속 으로 이끄는 시간에 맞서서 버티고 싸우는 과정 속에서 탄생한 우리의 내재 적 정서이다. 그러나 고통과 쾌락은 주체들 각자의 특수한 경험 형식에 의해 서만 구체적으로 육화될 것이다. 변태성에는 물질적 요인이나 도덕적 요인 만으로는 설명할 수 없는 것이 있기 때문이다.[18] 그것은 예술의 문제이며, 따라서 언제나 그것이 작동하는 메커니즘과 방식의 층위에서 관찰되어야 한다. 근본적으로 마조히즘은 형식적이라는 것이 들뢰즈의 생각이다. 바로 그 때 시간을 운용하는, 즉 고통을 쾌락으로 전환시키는 두 가지의 형식이 존재한다. 이렇게 해서 들뢰즈는 마조흐와 사드의 망상이 만들어 내는 서로 다른 이상화 과정을 논의한다. 끊임없이 운동하는 세계, 즉 감각이 포착하거 나 표현하기 어려운 순수운동의 이미지는 이 두 상이한 망상 속에서 어떻게 재현되는가? 들뢰즈에 따르면 마조흐의 경우 순수운동의 이미지는 정지된

---

18. 들뢰즈는 쾌락과 고통의 경험을 도덕적으로 설명하는 방식 — 속죄와 처벌 — 뿐만 아니라, 물질적 내용으로 설명하는 방식도 비판한다. 가령 지각과 감각의 체계에 어떤 구체적인 내용의 심리적 질(쾌 감, 고통을 특수하게 경험하는)이 존재한다는 식으로, 도착과 변태성을 신경증적 물질의 작용과 관 련지어 설명하는 방식이 그것이다. 쾌감-고통 콤플렉스의 물질적 설명방식에 대한 비판을 통해 그가 말하고자 하는 것은, 구체적이고 확고한 내용물을 이루고 있는 것처럼 보이는 물질은 내면화의 형식 속에서 전이되고 변형될 수 있다는 사실이다. 따라서 변태성은 단순히 병인학적 관점 혹은 질병의 실 체라는 관점에서 보아서는 안 된다. 그에 따르면 변태성은 예술의 문제이며, 변태성을 이루는 내용들 은 언제나 변태성이 작동하는 형식의 관점에서 관찰되어야 하기 때문이다. 근본적으로 도착은 형식 의 문제이지, 생리 화학적 물질 내용의 문제가 아니다. 이에 대해서는 Deleuze, *Masochism*, p. 74 를을 보라 : "변태성 과정의 심층을 관류하는 형식적 패턴은 허구적 예술의 형식적 요소로 드러난 다."(74)

화면 속에 긴장의 형태로 감싸여 한없는 기다림의 불안으로 휘감긴다. 그러나 사드의 예술은 이 같은 긴장을 부정하며 순수운동 그 자체를 표현하고 펼친다. 운동의 이데아가 상이한 형태의 망상으로 포착되고 있는 것이다. 그의 논의를 서둘러 정리하자면, 마조흐의 예술을 미적 조형적 "긴장"의 예술이라고 말할 수 있으며, 사드의 예술을 양적 유물론적 "팽창"의 예술이라고 말할 수 있을 것이다.

마조흐의 예술에는 심미적이고 조형적인 요소가 있는데, 들뢰즈가 보기에 이것은 동물적 본성을 갖는 감각기관들이 순수운동(혹은 외부대상)을 인간적이고 문화적인 형태로 변이시키고자 할 때 발생하는 고통의 경험을 표현하기 위해서이다. 그래서 마조흐는 "변형된 관능성이라는 문화적 상태를 나타내기 위해 초감각주의 독트린을 주장한다"는 것이다.(69) 그의 작품들 속에 등장하는 여인들은 조형예술의 이미지로 그려져 하나의 정지된 화면을 구성한다.19 "여인들은 대리석으로 재현되기도 하고, 달빛을 받은 차가운 동상statue, 어둠 속의 그림 등으로 나타난다."(69) 화면의 이 같은 특질은 다시 냉혹함과 잔혹성 혹은 냉정함으로 환기되어 신비한 분위기를 자아낸다. 들뢰즈에 따르면 마조흐 예술의 본질은 바로 이 정지된 요소를 근간으로 하고 있다. 동상이나 그림처럼, 작품 속의 모든 요소들과 인물들은 마치 거울에 반사되어 얼어붙은 모습처럼 효력이 정지되어 강도를 전혀 가지지 않은 상태가 되어 버리는 것이다.

|마조흐의 언어는| 예술의 부동성과 문화가 가지는 반영적 자질에 의존한다. 그의 예술은 조형예술의 영원성을 간직한다. …… 정지된 화면 같은 장면들(매질하지 않은 혹은 매질 직전의 채찍, 몸을 드러내지 않은 모피, 피해자에게 끊임없

---

19. 가령, 『모피를 입은 비너스』에서 완다의 목욕 장면이 좋은 예이다. 모피를 입고 등장한 완다의 모습을 세베린은 여신의 차가운 동상이 멈추어 있는 모습에 비유하기도 하고, 거울 속에 비친 완다와 자신의 모습을 바라보며 정지된 그림의 아름다움에 매혹당하기도 한다.

이 내려오고 있는 뾰족구두)은 모든 운동을 초월하여, 삶과 죽음이라는 원천으로 다가가는 심오한 기다림의 상태를 표현하고 있는 것이다.(70)

기다림이란 막연함 속에서 주체가 경험하는 시간 그 자체의 한 형태이다. 들뢰즈는 마조히즘을 "기다림의 상태"라고 생각한다. "마조히스트는 기다림을 순수형식 속에서 경험한다."(71) 마조히즘적 시간의 본질인 기다림에는 두 가지의 형식이 있는데, 하나는 '기다림의 대상은 항상 나중에 온다.'는 것이며, 다른 하나는 '기다림(의 대상)을 가능케 하는 조건으로서 고통을 기대한다.'는 것이다. 아직 오지 않은 그러나 언젠가 도래할 무엇인가에 대한 마조히스트의 기다림에는 언제나 불안과 서스펜스가 있다. 언제나 나중에 오게 될 기다림의 대상, 그리고 기다림을 가속화 할 어떤 것에 대한 기대라는 두 가지의 순수형식을 통해 마조히스트는 고통과 쾌락을 결합시키고 전유한다. 한마디로 말해 마조히스트는 쾌락을 기다린다. 그러나 이 쾌락은 본질적으로 언제나 나중에 온다. 마조히스트에게 쾌락은 고통이 끝난 후에만 뒤늦게 찾아오는 고통의 대가이다. 마조히스트가 고통을 기대하는 것은 바로 그것이 육체적으로나 도덕적으로나 쾌락을 가져다주는 예비적 단계이기 때문이다.

사드의 예술은 심미성을 부정한다. 예술의 문화적 특질은 자연 그 자체의 운동성, 가령 관능과 정욕을 예술의 형식으로 감싸 버리거나 긴장의 순간으로 정지시켜 버리기 때문이다. "사드의 주인공들은 예술찬미자도 수집가도 아니다."(70) 이들은 정욕이나 동물적 본성을 결코 붙잡아두거나 정지시키려 하지 않으며, 그들은 무엇인가의 도래를 기다리지 않으며, 그 가능성마저도 부인한다 : "욕망은 너무나 빨리 왔다가 사라져 버리니, 예술가로 하여금|욕망| 자신을 그려내도록 허락하지 않는다."(70) 운동의 본질을 예술 작품을 통해 묘사하고 정지시켜 가두어 버리는 일은 불가능할 뿐만 아니라, 사드

에게는 아무 의미가 없다. 아무런 강도를 가지지 않은 것은 현실 속에서 아무런 힘을 발휘할 수 없기 때문이다. 마조흐의 환타지 혹은 꿈과는 달리, 사드는 자신의 관능적 욕망을 꿈이 아닌 현실세계에 투사한다. 끊임없이 생겨나고 작용하는 관능성을 즉각적으로 전달하기 위해, 사드는 장면들을 반복하고, 육체적 묘사들을 축적 강화하고, 여러 주제들을 동시에 제시하여 중층결정을 촉진시킨다. 그것은 마치 점과 선분들을 끊임없이 증식시켜 하나의 면 하나의 실체로 나아가려는 수학적 망상과 닮아 있다 : 그는 "기계적으로 마련된 유물론의 양적 테크닉에 의존하고, …… 수, 양, 양적 증식 등이 그의 강박관념으로 작용한다."[70] 반복과 양적 증식에 의해 환상은 곧바로 현실적인 것으로 치환되어 다른 인물들 혹은 외부세계에 투사된다.

사드의 관능적 꿈은 …… 감각적 기쁨의 비실제적 역동성을 꿈이 아닌 행위를 하는 인물에 투사한다. 이것은 관능성을 꿈꿀수록 더욱 더 잠이 배제되고 방탕함이 실제화 되는 하나의 허구를 요구하게 된다. 그는 잠을 잘 때도 꿈꾸고 있다고 믿지 않는다.[72]

사디즘에서 편집증적 투사가 함의하고 있는 힘은 환상을 객관적 세계의 근본적이고 갑작스러운 변화의 도구로 변형시키는 것이다. 사디스트는 잠을 자고 있을 때조차도 이 세계에 자신의 악덕이 유효한 어떤 것으로 작동해야만 한다고 생각한다 : 환타지가 현실화되기 위해서는, "실제의 인물들이 실제의 고통을 경험해야만 한다."[73] 그는 내부에서 나오는 환타지를 끊임없이 억제함으로써, 그것이 현실적인 강박관념으로 자리 잡도록 유도한다. 떠오르는 이미지의 내용을 적어두거나 논증적인 설교들을 반복함으로써 자신의 환타지를 강렬하게 증폭시킨 후에 행동에 옮기는 것이다. "이러한 방식으로 환타지는 최대의 공격적 힘과 체계화, 실제 세계로의 개입능력을 요구하게 된다. 이상적 관념은 ┃현실세계에┃ 괴상한 폭력으로 투사된다."[73] 반면에 마조히스트는 "현실적인 것을 중화시키고 그 현실적인 것을 환타지 내부로 감싼다."(73) 이러한 예술적 특성은 "체포된 운동 …… 얼어붙은 정지 상태, 사진, 그림으로 그려진 …… 모습"을 재현하고 있으며, 이는 문화적 질서의 완고함이 거울의 반사를 통해 드러나는 시각적 긴장을 자아내고 있다. 들뢰즈는 환타지를 운용하는 이 같은 차이는 물신과 맺는 관계의 차이로 나아간다고 주장한다. 가령, 사디스트는 물신을 파괴하는 방향으로 나아간다. 들뢰즈에 따르면 이는 환타지를 억제하거나 약화시켜서 환타지에 감도는 이상적인 내용을 현실 세계에 펼쳐내기 위한 하나의 방식이다. 그것은 관능적 행위라든가 육체에 가하는 고문을 통해 실현된다. 반면에 마조히즘의 경우 물신은 이상적인 것과 현실적인 것이 중화되어 흡수되는 매개이다. 즉 물신은 환타지를 구현하기 위한 대리물이다 : "물신은 환타지의 대상이며, 그 지고한 면에 있어 환상화된 대상이다. …… 물신을 구성함으로써 환타지의 내적인 힘이 반영되며, 끊임없이 기다리는 특성, 정지된 정적인 힘을 반영한다. 또한 이상적인 것과 현실적인 것은 물신에 의해 모두 흡수되고 합병되는 방식으로 나아간다."(72~73)

영속적인 이데아에 대한 망상은 두 가지 상이한 방향으로 움직인다. 실재하는 운동의 이미지와 외부 세계를 재현하는 방식으로서, 한편에는 자신의 이상적 이미지 혹은 환타지 내부로 끌어들여 감싸고 포섭하는 방향이 있으며, 다른 한편에는 자아 이상을 외부세계에 재현하고 행위의 증식을 통해 끊임없이 펼쳐내는 방향이 있다. 전자의 경우(마조흐의 예술) 현실적인 것과 운동의 순수자질은 변형되어 하나의 그림으로 포착된다면, 후자(사드의 예술)는 자아를 억압하고 물신과 환타지를 파괴하면서 이상적 관념을 물질세계에 투사한다.

법과 제도

들뢰즈는 마조히즘에 있어 몇 가지 형식적 특징들을 열거한다.[20] 우선, 마조히즘적 이상화 과정의 독특한 하나의 형식으로서 환타지의 중요성을 들 수 있을 것이다. 환타지는 "꿈으로 이루어져 있으며, 극화되고 의례적인 장면"으로 제시된다. 거기서 어머니의 이미지들이 환타지의 내용을 이루고 있다. 다음으로는 긴장의 요소를 들 수 있을 것이다. 마조히즘에서 진공의 서스펜스와 긴장은 지연된 쾌감에 대한 무한한 기다림 속에서 나타난다. 도 래하게 될 쾌락에 대한 기다림 그리고 기대되는 고통 사이에서 마조히즘적 정서인 불안이 탄생한다. 다음은 지속적인 설득이 있다. 마조흐의 소설에서 마조히스트는 여성을 설득하고, 여성은 수락을 망설인다. 마조히스트는 여 성을 자신의 마조히즘적 환타지로 끌어들이기 위해, 대화를 통해 계속해서 설득을 하여 그녀를 박해자로 만들어간다. 또한 그 과정 자체가 "굴욕과 모 욕을 보여주는 하나의 방식"이다. 다음은 도발적 공포의 요소를 들 수 있을 것이다. "마조히스트는 적극적으로 처벌을 요구한다. 왜냐하면 처벌은 [기다 림의 과정에서 체험되는] 불안을 해소하고, 그로 하여금 금지된 쾌락을 허가해 주기 때문이다."[75] 들뢰즈는 마조히즘에서 빼놓을 수 없는 중요한 요소 하 나를 덧붙인다. 바로 계약이 그것이다. 계약은 고통과 굴욕이 죽음으로 치닫 지 못하게 하는 일종의 장치로 기능하기도 하고(계약의 제한적 요소), 마조 히스트의 환상이 타자와의 상호이해 속에서 인증된 것임을 나타내는 증거 이기도 하며(계약의 설득적이고 교육적인 요소), 환상의 내용인 이상적 어 머니에게 모든 법적 상징적 권위를 부과하는 절차로서 기능하기도 한다(계 약의 사법적 요소). 계약의 기능들은 모두가 마조히스트의 사랑에 있어 필 수적인 요소들이다. 그러나 계약은 점점 잔혹해지고 더욱 더 인물들로부터

---

20. 라이크의 분류를 들뢰즈가 정리한 것으로, 이에 대해서는 Deleuze, *Masochism*, p. 75 이하를 보라.

행위와 권리를 박탈하는 기제로 나타나면서, 점점 절대적인 법의 형태로 나아가는 경향이 있다.[21] 법은 공포되고 나면 역으로 계약의 효력들을 무효화하거나 제한하는 성질이 있다. 가령, 법은 계약 당사자들 뿐 아니라 제3자에게도 적용되어 예외라든가 유보조항을 배제하는 경향이 있으며, 법이 적용되는 유효기간은 미결정적이 되어가고, 법의 공포는 즉각 계약 당사자들의 권리를 제한한다. 어떤 경우든지 법은 노예상태를 전제로 한다 : "이것[계약]은 일단 정해지고 나면 둘 중 어느 하나에게는(여기서는 법의 발기자) 점점 제한적인 성향을 띠는 법의 성격을 보여주고 있다."[76] 이런 이유 때문에 들뢰즈는 마조흐가 계약을 사회적 형태로 확대 재해석하여 법적인 사유를 통해 자신의 이데아를 실현한다고 보았다. 사드의 자연주의와는 반대로 마조흐는 문화주의를 표방한다.[22] 마조흐에게 모든 자연적 질서와 움직임은 하나의 장면 속으로 흡수되어야 하고, 일정한 계약과 법의 형태로 구조화되어야 한다.

반면에 사드의 경우 이러한 구조는 절대적 망상을 실현하기엔 충분하지 못하다. 그에게 있어 원초적 관능성과 영속적 움직임의 재현은 계약이나 예술의 형식으로는 구성될 수 없다. 계약은 제3자를 배제하고 당사자들(의 동의하에)에게만 적용되는 것이다. 또한 일정한 기간과 제한적 기능을 가짐으로써만 가치가 있으며, 설득과 교육이라는 구차한 절차를 통해서만 작동한다. 사드는 계약의 제한적 기능을 견디지 못하고, 계약의 강화인 법의 구속력을 혐오한다. 그는 계약과 법을 초월하는 영속적인 효과와 반복적인 움직임의 기제들을 원한다. 사드는 이러한 이데아는 법이 아닌 제도를 통해 육화

---

21. 마조흐가 여성들과 맺은 계약의 조항들은 Deleuze, *Masochism*, pp. 277~279를 참조하라. 여기에는 두 가지의 계약이 나오는데, 점점 그 조건이 강해지는 것을 볼 수 있다. "첫째 계약은 상호간의 의무에서 오는 이익, 시간제한, 권리의 보호 등을 담고 있다. 두 번째 계약은 여자의 권리가 강해져서, 그는 자신의 이름, 명예, 생명 등에 관한 권리를 상실한다."[76]
22. 들뢰즈는 이 문화주의 내에 예술의 관점과 법의 관점이 공존하고 있다고 보았다. "미적 측면에는 예술과 서스펜스의 모델이 있고, 사법적 측면에는 계약과 복종의 모델이 있다."[76]

할 수 있다고 믿는다. 마조흐가 계약으로 사유한다면, 사드는 제도로 사유한다. 제도는 타협이나 계약이 아닌 시간의 산물이며, 오히려 시간을 초월하려는 경향이 있다. 오랜 시간 동안 신체에 한 부분으로 내면화되어 법적 실행들을 불필요한 것으로 무력화하고 소멸시키는 것이다. 제도는 법보다도 역사가 깊다. 그것은 양도될 수 없는 어떤 힘 혹은 권력이다.

> 계약에 흐르는 특정한 충동은 법의 창조로 가는 경향이 있다. 비록 법이 그 계약을 초과하고 그 권위를 계약에 부여하는 일이 있기는 하지만 말이다. 반면에 제도에 상응하는 충동은 모든 법을 가치 저하시키며, 그 자체로 모든 것 위에서 군림하는 절대적 권력을 구성하려 한다.(77)

중단 없이 활동하는 사드의 망상은 영속적인 효력을 갖는 제도를 통해서만 재현될 수 있을 따름이다. 자연적 질서와 대립적 관계를 갖는 법의 모델과는 다르게, 제도는 자연적 질서를 닮아 있고, 심지어는 자연 안에 내재적이다. 사드는 이를 통해 악의 절대적 실효성을 입증하고 싶어 한다 : "그것은 권리라든가 의무와 같은 체계를 행위, 권위, 권력 등과 같은 역동적인 모델로 대체한다."(77) 사드가 염원하고 있는 공화국은 법으로 지배되는 세계가 아니라 제도에 의해 소유한 세계이다. 법은 계약에 의해 발생한 것임에도 불구하고 계약 당사자들의 행위를 구속하고 도덕적 정형화 및 안정화를 추구한다. 법이 많을수록 독재와 전제주의가 창궐한다고 보았던 생쥐Louis Antoine Saint-Just의 언급과 마찬가지로,23 법은 이차적 존재들의 합의에 의해 양도된 권력이지만 점차로 억압적이고 신비화되는 경향이 있으며 심지어는 독재에 악용된다. 법은 계약과 절대적 권력이라는 양 극단 간의 괴리를 폭력

---

23. 들뢰즈는 법과 제도가 서로 상반적 관계가 있음을 생쥐를 인용하면서 언급한다 : "법이 제도를 능가, 즉 법이 많고 제도가 적은 경우는 독재와 전제주의가 생기고, 제도가 법을 능가, 즉 법이 적고 제도가 많은 경우에는 공화주의가 생긴다."(78)

과 억압으로 메운다. 여기에 사드의 정치적 사유가 가지는 아이러니한 면모가 있다. 사드는 그러한 법을 최소화하여 아무런 법도 필요치 않은 제도의 확립을 원한다. 그러나 그는 "물신, 중상모략, 절도, 매춘, 근친상간, 소돔적인 타락sodomy, 심지어는 살인"(79)과 같은 악행을 제도화함으로써, 법이 추구하는 도덕적인 안정 상태를 불안하게 하고, 법의 악용이 불러오게 될 독재와 전제주의를 무력화할 수 있다고 생각한다. 혁명이란 필연적으로 도덕적일 수가 없는 것이다. 확립된 체계를 전복시키려는 자에게 도덕성을 요구하는 것은 부조리하다. 왜냐하면 혁명은 그 자체가 영속적인 불안의 상태인 반면, 도덕적 존재는 평화와 고요함의 상태이기 때문이다. 사드는 악덕 그 자체를 순수한 상태 속에서 제도화하고자 한다. 필연적으로 영속적인 효력을 발휘하는 그 불멸의 활동을 실현함으로써, 악의 제도화가 이상적 제도의 전형임을 입증하고자 하는 것이다.

마조흐는 계약과 예술의 형식으로 자연을 이해하며, 사드는 제도의 형식으로 자연을 이해한다. 마조흐에게 현실적 자연은 거부된 대상이며, 따라서 그의 문화주의 안에는 현실적 자연이 존재하지 않는다. 그러나 사드에게 자연은 언제나 부정과 억압의 대상이면서 동시에 사드의 망상에 끊임없이 개입하는 그 무엇이다. 사드의 괴로움과 분노는 여기에 기인한다.

아이러니와 유머

들뢰즈는 법의 고전적 개념과 현대적 개념을 구분하여 우리에게 소개한다. 법의 고전적 개념 — "플라톤에 의해 완벽하게 표현되고, 기독교 세계에서 그 보편성을 획득한"(81) — 에 따르면, 법은 그 자체로서 정당화되지 않고 보다 상위의 원리인 "선"the Good에 의존하여 정당화된다. 즉 법은 절대적인 선 — 선의 이데아— 을 대신해서 선을 재현하는 것이며, 그러한 한에서만 타당하다는 것이다 : "법은 선의 표상적 대리물일 뿐이다."(81) 이런 경우에 법을 지킨다는 것은 선에 보다 가까워지거나 선을 실천한다는 것을 뜻한다. 법을 객관적으로 증명하고, 그 타당성을 인가해주는 것은 바로 절대적 가치로서의 '선'이다. 그러나 들뢰즈에 따르면 법을 정당화하기 위해, 즉 사람들에게 법을 따를 것을 설득하기 위해, 그 객관적 근거를 선의 이데아에 두는 것은 아이러니하다. 왜냐하면 선의 이데아가 무엇인지 알 수 있는 것이고, 그 객관적 근거에 따라 실천할 수 있는 것이라면, 법은 필요하지 않기 때문이다. 오히려 법은 법을 어긴 사람에게 법에 따를 것을 요구한다. 법을 어긴 사람으로 하여금 "이성적 인간으로서, 선을 실천하는 인간으로서 법에 따를 것을 요구하면서 자신의 권위를 인가받기를" 원하는 것이다.(82) 여기에 바로 "자신의 운명을 유죄판결을 내린 사람에게 맡기는" 법의 아이러니가 있다. 한편 법은 법을 지키는 것이 최선이라고 설득함으로써 그 타당성을 설파한다. 들뢰즈는 법을 지키는 것이 상대적인 "최선"the Best이라고 주장하면서 법을 따를 것을 설득하는 것에는 유머러스한 측면이 있다고 지적한다. 그 설득에는 법의 강제력과 처벌이 암시되어 있기 때문이다.24 어떤 경우든지 법은 그 자체로 정당화될 수 없으며, "법의 개념은 강제력으로 돌아가지 않으면 스스로 자신을

---

24. 아마도 들뢰즈는 이 구절에서 법의 강제력을 말하고자 하는 것처럼 보인다. 법을 따르는 것이 따르지 않는 것보다 상책이라고 설득하는 것은, 법을 따르지 않을 경우 초래될 더 나쁜 결과를 암시하고 있는 것이다. 나중에 보게 되겠지만, 들뢰즈는 마조흐가 법을 이러한 식으로 이해했기 때문에, 그에게 있어 법이란 곧 처벌과 동일시되었다고 말한다. 처벌을 피할 수 없는 것으로 여김으로써, 마조히스트는 마치 이렇게 말하는 듯하다 : "어차피 맞아야 한다면, 빨리 때려!" 같은 맥락에서 들뢰즈는 1848년의 혁명과 범슬라브 민족운동에 대해 마조흐가 취했던 유머러스한 태도에 대해 언급한다. 마조흐는 앞으로 도래할 무시무시한 짜르(Tsarina)의 통치가 불가피하다고 판단하고, 그 불가항력적인 힘에 대한 유머러스한 반응의 한 사례라는 것이다. 법의 폭정은 반드시 도래할 것이며, 따라서 노예가 되지 않으면 안 될 것이다. 그러나 누가 주체이며 누가 계약의 당사자인가? 계약은 맺어져야 한다. 그러나 계약의 주체가 되어야 한다. "마조흐는 이 문제에 대해 다음과 같이 말한다. 슬라브인들이 전제정치(짜르의 통치)를 없앰으로써 러시아를 위해 단결할 것인가? 아니면 전제적인 짜르의 통치 아래 강력한 국가를 목적으로 할 것인가?"(93)

충분히 설명할 수 없다."(82)

　　그러나 고전적 개념의 법은 새로운 국면을 맞는다. 들뢰즈는 현대적 의미에서의 법은 재현할 내용이나 대상 혹은 구체적 상황을 가지지 않는다고 말한다.25 법은 더 이상 선과 같은 상위 개념에 근거할 필요가 없으며, 그 자체 순수한 하나의 형식으로서 정립한다는 것이다. 계약이 그렇듯이 법은 일단 체결되거나 공포되고 나면 그 구속력이 최대화되어 절대적 권위로 나아가는 경향이 있다. 절대적 권위를 가지려면 다른 상위원리(진, 선, 미와 같은)에 의존해서는 안 될 것이다. 즉 다른 상위원리를 대신하여 그 원리를 설명하고 타당성을 설득하기 위해 특정한 내용과 대상을 갖는 이차적인 하위 개념에 머물러서는 안 된다. 그것은 그 자체로 상위개념이어야 한다. 법은 자신의 정당성을 선의 원리가 아니라 그 자신 내부에서 확보해야만 한다. 이런 의미에서 법이 구체적인 내용과 대상을 삭제하고 그 자체 순수한 형식으로 나아가는 것은 필연적이다. 법의 형식적 내재성의 예로 들뢰즈는 칸트의 도덕법을 제시한다. "칸트에 의해 최초로 …… 지식 대상은 주체의 활동 속으로 용해되었으며, 선은 법의 테두리 속으로 환원되었다."(83) 칸트에게 있어 도덕법은 특정한 내용이나 요구 혹은 조건에 근거하는 조건적(가언적) 행위법칙이 아니라, 모든 상황에 대하여 구속력을 갖는 보편적인 '정언명령'categorical imperative의 순수형식으로 주어진다 : "당신의 행위의 준칙이 언제나 그리고 동시에 보편적 행위 입법의 원리에 타당할 수 있도록 행위하라."(Kant, *Kritik der reinen Vernunft*, 30) 도덕법의 이러한 무 제약성으로 인해 진리의 객관성은 외부에서 초월적으로 — 플라톤의 경우처럼 — 주어지지 않고 지식

---

25. 들뢰즈가 구분하는 '고전적'인 것과 '현대적'인 것은 비교적 단순하게 설명할 수도 있을 것이다. 그에게 있어 고전적이란 객관적 근거가 초월적으로 혹은 외재적으로 존재하고 있다고 믿는 것이며, 현대적이란 그러한 믿음의 부재이다. 들뢰즈에게 있어 현대성이란 객관성의 부재이지만, 동시에 객관성이 주체 내재적으로 형성되는 것으로 정의될 수 있을 것이다. 법에 대한 고전적 개념과 현대적 개념의 구분 역시 이와 같은 맥락에 있다고 보아야 할 것이다.

자체의 내부에서 구성되며, 선의 객관적 타당성 역시 법 자체의 형식으로 흡수되어 버린다. 들뢰즈는 이것이 현대적 개념으로서의 법의 첫 번째 혁명임을 밝힌다. 그러나 저 정언명령을 통해서는 선이 무엇인지, 어떠한 실천을 해야만이 선에 가까워질 수 있는지 결코 알 수가 없다. 또한 법은 이제 더 이상 올바름을 실천하는 선의지의 표상인 최상 혹은 최선의 개념에 따라 정당화될 수도 없게 되었다. 법은 선을 재현하는 이차적 대리물로서의 상대적 위상으로부터 해방되어, 그 자체 하나의 무색무취의 형식이 되어버린 것이다. 그럼으로써 현대성의 모호한 자취만이 남아, "대상의 객관성, 법의 객관성은 알 수 없는 것, 모호한 것으로 변모"한다.[83]

도덕법은 순수 형식으로서 내용도 대상도 없으므로, 아무도 알 수 없으며, 자신의 정체를 드러내지 않고 작용한다. 그것은 위반의 영역을 한정하지만, 그 영역 내에서 죄가 이미 가능해 지며, 외디푸스의 경우에서 보듯이, 그 한계가 무엇인지도 모르고 발을 내딛기도 한다. 심지어는 죄와 처벌조차도 법이 무엇인지 우리에게 가르쳐주지 않는다. 다만 극단적으로 특수한 처벌에 의해서만 상응하는 미결정성의 상태로 법을 남겨둘 뿐이다. 이것이 카프카가 묘사한 세계이다. 칸트와 카프카. 이것이 현대적 법의 두 가지 차원이다.[84]

법이 순수형식으로만 존재하여 내용이나 대상을 제시하지 않는다면, 법에 따른다는 것이 무엇을 의미하는지, 법이 요구하는 정의나 올바름이 무엇인지 알 수도 경험할 수도 없게 되었다. 법에 따르고 복종한다는 것 자체가 가능하지 않은 것이다. 우리는 '행위의 준칙'이 무엇인지, '보편적 행위 입법의 원리'가 무엇인지 알지 못한다. 또한 어떠한 복종이 합당하고 타당한 복종인지조차 알 수가 없다. 법에 따르고 있다는 사실을 확신하기 위해서는 오로지 죄를 짓고 처벌을 받는 길 뿐이다. 여기에 현대적 법 개념의 역설과 자기모순이 있다. 우리는 법을 위반함으로써만 법에 복종하고 있음을 알 수가 있는 것이다. 카프카의 『유형지에서』에는 거대한 바늘이 죄수가 죽을 때까지 그의 몸에 죄목을 새기는 처벌기계가 등장한다. 이 처벌기계가 보여주는 것처럼, '법 앞에서' 우리는 처벌을 받은 후에만 비로소 우리의 죄의 실체를, 나아가 법의 실체를 볼 수 있을 뿐이다. 법은 양심이나 죄의식과 관련해서도 역설적이다. 그것이 무엇인지 실체를 알 수 없는 것에 대한 한없는 복종은 언제나 부족함과 결핍감만을 가져올 것이며, 따라서 법에 복종하면 복종할수록 죄에 대한 의식을 느끼게 될 것이다. 들뢰즈는 프로이트를 언급하면서, 법에의 복종으로부터는 결코 정의감을 가질 수 없다고 적는다.

> 왜냐하면 더욱더 고결한 인간일수록, 그에게 가하는 그의 양심의 행위가 더욱더 엄격하고 회의적이기 때문이다. …… 최선에 있어서 가장 양심적인 사람과 유순한 사람은 가장 지독한 엄격함을 가지고 있다.(84)

법을 엄격하게 따르면 따를수록 양심의 가책이나 죄의식이 커지는 이 역설적 상황을 설명하기 위해, 들뢰즈는 양심과 욕망에 관한 프로이트의 논의를 끌어들인다. 프로이트에 따르면 양심이나 죄의식 때문에 욕망 충족을 포기하는 것이 아니라, 오히려 욕망 충족이 좌절되었을 때 양심과 죄의식이 나온다 : "본능의 포기가 양심에 미치는 효과는, …… 자아가 그 만족을 포기한 공격성이 이제 초자아로 흡수되어 다시 자아를 공격하게 된다."(84~85) 이를 바꿔서 말한다면, 양심과 엄격함의 정도가 강하면 강할수록 포기한 쾌락(욕망)의 정도가 크다는 것을 뜻하는 것이 아닌가? 이에 따르면 양심은 본능적 욕망을 포기하도록 하는 것이 아니라, 그와는 반대로 억압된 욕망의 산물이다. 따라서 법에 따를수록 양심과 죄의식이 커진다고 하는 역설은 설명된다. 들뢰즈는 라깡J. Lacan의 용어를 빌어 말한다. "법은 억압된 욕망과 같다. 법은 자기모순이 없이는 자신의 목적을 명시할 수 없으며, 자신이 의거하고

있는 억압을 없애지 않고는 내용과 관련한 어떠한 것도 스스로를 명확히 할 수가 없다."(85)

　법의 억압이 이렇게 구체적 내용이 없이 텅 비어 있는 순수한 형식으로 주어질 때, 그 형식에 새로운 내용을 채움으로써 억압을 극복하는 두 가지의 예술적 기제가 있을 수 있다. 그것은 마치 빈 용기에 내용물을 채워가는 서로 다른 독특한 과정으로 아이러니와 유머가 바로 그것이다. 들뢰즈는 이들이 바로 사드와 마조흐가 법의 전복을 꾀하면서 운용하는 두 차원의 방식이라고 정의한다.

　(1) 법이 권위를 정당화할 토대(상위 근거로서의 선)를 잃어버렸다면, 법이 표상하는 것은 무엇인가? 들뢰즈는 사드의 생각을 이렇게 쓴다. "모든 형식 — 본성적, 도덕적, 정치적 — 에서 법은 언제나 보존되어야 할 이차적 자연의 법칙을 표상한다."(86) 법은 더 이상 절대적 진리로서의 선을 대변하지 않고, 삶을 보존하기 위해 쾌락원칙이나 현실원칙에 따라 (경험적)대상과 형식을 취하는 이차적 자연을 표상한다.26 법이 규정하는 모든 내용은 소유, 권리, 양도, 계약 등 이차적 자연을 합리적으로 혹은 정치적으로 보존하고 유지하기 위해 필요한 가치로 이루어져 있다. 그것이 강자의 표현이든 약자의 연대이든, 법의 권능은 바로 이차적 존재들의 산물이라는 것이다. 그럼에도 법은 언제나 강제력을 동원하고 폭정을 불러온다는 것이 바로 사드가 법을 비난하는 이유이다.

　　주인과 노예, 강자와 약자 모두가 이차적 자연의 산물이다. 약자의 연대는 절대자의 출현을 선호한다. 절대자의 존재성은 그 연대에 달려있는 것이다. 모든 경우에서 법은 속임수이며 신비화이다. …… 그것은 위임된 권력이 아니라, 주인과 노예의 수치스러운 공모에 의존하는 빼앗긴 권력이다.(86)

---

26. 사드가 구분한 두 개의 자연, 즉 일차적 자연과 이차적 자연의 의미에 대한 보다 구체적인 설명은 이 책의 앞의 절(206~214쪽) "외설과 상상" 부분을 참조하라.

법의 발생을 단순한 논리로 생각해 볼 수도 있다. 법이 없다면 혼란 — 만인에 대한 만인의 투쟁과 같은 — 이 지배할 것이라는 두려움으로부터 법이 생겨날 것이다. 이 상태에서 법은 두 가지 관점에서 해석된다. 하나는 법이 강자의 표현이라는 생각이고, 다른 하나는 약자들의 연대에 의해 약자를 보호하기 위한 기제라는 생각이 그것이다. 우리는 이 둘 모두에서 법은 강제력에 의존하지 않을 수 없으며, 따라서 폭정을 전제로 한다는 것을 알 수가 있다. 법이 강한자의 것일 때에는 물론이고, 법이 약자의 도구일 때조차 사정은 다르지 않다. 약자를 보호하기 위해서는 강자를 억제할 수 있는 힘 이상의 권위와 권력이 필요하기 때문이다. 언제든지 법은 계약 당사자들(중 한쪽)을 제한하고 억제하는 쪽으로 나아가면서 폭정을 불러온다. 이런 이유로 들뢰즈는 사드의 언어(아이러니)가 폭정을 향한 것이라고 말했던 것이다.

> 사드가 법의 통치를 폭정의 통치, 폭정자의 통치라고 비난한다는 사실은 중요하다. 오로지 법만이 폭정을 한다. …… 폭정은 법에 의해서만 만들어진다. 폭정은 법 속에서 번성한다. 그것은 무정부상태에서 나오지 않는다. 다만 법의 그늘 하에서 번성하며, 그 권위를 법으로부터 도출한다. 사드의 폭정에 대한 혐오, 그리고 법이 폭정을 존재하게 한다는 예증과 저항은 그의 핵심적인 요소이다. 폭정은 법의 언어로 말하고, 그 무엇도 인정하지 않는다. 법의 그늘에서 살기 때문이다. 사드의 주인공들은 특이한 열정에 고양되어 폭정에 저항한다. …… 그들의 언어는 폭정의 반어counter language이다.(87)

사드의 생각에 폭정과 독재는 이차적 존재들이 법에 내어준 신비화된 권력의 산물일 뿐이다. 그렇기 때문에 법의 지배는 미숙한 지배일 뿐이며, 그 권능이란 부여된 권능에 불과하다. 법에 의한 통치는 진정한 통치가 아니라 계약에 불과하다. 이차적 자연으로 격하된 법을 절대화 하는 것은 기만이며, 그에 겁을 먹는 것은 수치이다. 이때 사드는 법을 초월하는 새로운 방법을 고안한다. 그는 법의 폭정과 대면한다. 그러나 무엇이 되어 대면하는가? 사드는 법을 초월하는 상위원리로서의 고전적인 선의 개념을 '절대적인 악의 이상'으로 대체한다. 그는 이차적 자연을 넘어 일차적 자연을 구현함으로써, 왜소하기 짝이 없는 미숙한 지배의 법을 능가하고자 한다.

그는 더 이상 최고의 원리로서 법의 근거로서 선의 방향으로 나아가지 않으며, 오히려 그 반대인 사악함의 원리, 법의 전복, 플라톤주의의 전복의 원리로 작동하는 악의 이상으로 나아간다. 법의 초월은 이차적 자연의 요구와 법칙에 반대되는 일차적 자연의 발견이다. 일차적 자연에서 구현되는 절대적 악의 이상은 폭정이나 독재와는 상응할 수 없다. 또한 변덕이나 독단arbitrariness과도 상응할 수 없다. 오히려 그것은 영속적 움직임과 영원한 혁명이라는 무정부적 제도들 속에서 발견된다. …… 법은 무정부 상태라는 제도의 모델을 통해서만 초월될 수 있다. 무정부 상태는 옛것을 폐지하고 새것을 세우는 법에 근거한 두 통치 사이에 존재할 뿐이며, …… 이 신성한 간극과 순간적인 찰나의 상태는 모든 형태의 법과 근본적인 차이를 갖는다. …… 법의 초월은 법을 전복하거나 법의 권력을 부정하는 원리로만 가능해지는 것이다.[87]

선의 개념으로 법을 초월하는 것이 아니라 절대적 악의 이상을 제도화함으로써, 사드에게 있어 법과 관련된 모든 내용들은 완전히 뒤바뀐다. 법은 선을 재현하는 이차적 존재라고 이해했던 플라톤과는 달리, 사드는 법이 악을 표상하는 이차적 자연이라고 이해한다. 반대로 플라톤에게 법을 초월하는 상위 근거가 선이라면, 사드에게 법을 초월하는 새로운 원리는 절대적 악이다. 들뢰즈가 사드의 언어를 아이러니라고 말했던 것은, 폭력의 묘사들로 가득한 그의 언어가 실은 법의 폭력에 대한 반어反語였기 때문이다. 그의 폭력에는 법의 폭정에 대한 분노가 있다. 1789년의 혁명에 대해 사드가 보여준 태도는 그의 폭력을 요약해 준다.27 사드의 언어를 법의 미숙한 악덕에 대한 분노에 찬 충고라고 요약할 수 있을 것이다 : 진정한 악이 무엇인지 보여주지!

(2) 사드와 마찬가지로 마조흐 역시 형식의 유희를 통해 법에 저항한다.28 그러나 거기에는 전혀 새로운 내용이 채워진다. 마조히즘의 전체과정은 계약과 법으로 이루어지는데, 이제 보게 되겠지만 그 결과는 법이 목적하는 바와는 완전히 반대의 방향으로 나아간다. 마조히즘은 법의 주체로서가 아니라 법을 이용해 법에 도발하는 과정이기 때문이다. 들뢰즈는 그 과정을 "유머의 기술"이라고 정의한다. 법의 폭정과 금지와 처벌 그리고 불안으로부터 결코 벗어날 수 없다고 판단될 때, 유머는 어떻게 그 안에서 저항하고 도발을 감행할 수 있는지를 잘 보여준다. 법의 테두리 안에서 금지된 쾌락은 반드시 처벌을 수반한다. 법에 따르지 않음으로써 처벌을 받거나, 쾌락의 금지를 수용하거나, 어떤 경우든지 마조히스트에게 있어 법은 처벌과 동일한 것으로 간주된다. 이때 마조히스트의 저항은 사드처럼 법의 상위 원리로 나아가는 대신에 법의 처벌에 집중한다. 들뢰즈는 사드의 아이러니를 "초월적 상위원리로 향하는 상향운동"이라고 부르고, 마조흐의 유머를 "법의 결과(즉 처벌)로 향하는 하향운동"이라고 불렀다.(89) 그는 하향운동의 몇 가지 예들을 나열하고 있는데, 가령 "과도하게 법을 지키면서 법을 비꼬거나", "철저하게 법을 적용하여 오히려 법의 부조리를 예증"하거나, "법이 막으려는 무질서를 초래"하거나, "법의 세밀한 조항들을 준수함으로써 오히려 법의 본질적 원리를 간과"하게 하거나, "법의 통치가 부정하고자 했던 쾌락의 즐거움을 오히려 법이 주고 있는 것처럼" 행동하거나, "법을 가장 밑바닥의 결

---

27. "혁명은 법 제정을 포기하지 않는다면, 영속적인 혼란의 움직임을 제도화하지 않는다면, 아무런 의미도 없을 것이며 생산적이지도 못할 것이다."(93)
28. 들뢰즈는 사드와 마조흐가 법에 저항하는 방식을 형식의 유희라고 생각한다. 이미 논의했듯이, 법이 순수형식이 되었기 때문에, 어떠한 내용으로 채우는가에 따라 법의 의미가 달라지기 때문이다.

과들로 환원하고 끌어내려 축소"시키는 것이다.[(89)] 그런데 그 결과들은 아주 우스꽝스러운 일들로 채워질 것이다. 처벌행위는 처벌의 대상에게 고통을 주려는 목적으로 행해지는 것인데, 마조히스트는 그 처벌을 즐거워하고 더 때려달라고 열성적으로 원한다. 처벌자의 위상이 난처해질 뿐만 아니라 처벌행위의 의미가 우스꽝스러워지고 무효가 되어 일종의 난센스가 발생하는 것이다. 마조히스트는 지나칠 정도로 법에 따라 자진해서 처벌을 받음으로써, 즉 "법과 가장 가까워지고, 열성적으로 법을 끌어안음으로써"[(89)] 법을 비웃고 조롱한다.[29] 들뢰즈가 여러 곳에서 마조히즘의 계약이 중요하다고 강조하는 이유가 여기에 있다. 마조히즘에서 계약은 처벌할 수 있는 권리를 양도하고 권력을 부여하는 절차이다. 권력을 피해자가 부여하고, 계약의 주체가 바로 노예라는 사실만큼 유머러스한 상황이 있겠는가? "자 이제 노예가 될 테니, 내 말 대로 하자구!"[30]

이에 더 나아가 들뢰즈는 마조히스트의 유머에 있어 본질적인 것은 법의 조롱 자체에 있는 것이 아니라, 그 금지된 쾌락과 처벌의 역전된 관계에 있다고 지적한다. 마조히스트는 법을 처벌로 이해한다. 그래서 금지된 쾌락을 즐기고 나면 으레 처벌이 따라 나오는 것으로 생각한다. 쾌락을 맛보고 나면 반드시 처벌을 받는다, 쾌락 그리고 처벌, 쾌락 그리고 처벌, 쾌락 처벌, 쾌락 처벌, 쾌락, 처벌 쾌락, 처벌 쾌락, …… 그는 생각한다. 쾌락 다음에

---

29. 그러나 들뢰즈는 다소 모호한 논의를 진행하고 있는 것 같다. 마조히즘의 환타지에서 보았던 것처럼, 매질을 하는 사람은 아버지가 아니라 어머니이며, 매를 맞는 것은 마조히스트 자신이 아니라, 자신 안에 내재해 있는 아버지가 아니었던가? 그런데 지금은 처벌자를 난처하게 만들고 당혹스럽게 함으로써, 법을 조롱하고 있다고 주장한다. 이것은 모순적이다.

30. 들뢰즈는 마조흐가 계약의 당사자를 여성으로 설정함으로써, 가부장 체제의 계약의 원리를 탈신비화하고 있다고 지적한다. 계약은 남성이 제안하고, 남성에 의해 시작되었다. 그리고 그 계약은 주인과 노예의 관계를 창출할 것이다. 그리하여 계약에서 법으로 이행하는 전체 과정은 가부장 체제가 절대적 권력으로 신비화되는 과정을 재연하게 될 것이다. 그러나 마조히즘에서 계약의 주체는 피해자이며 남성 자신이 되어 버린 것이다. 어느 모로 보나 피해자와 박해자, 주인과 노예의 관계는 역전된다. 이에 대해서는 Deleuze, *Masochism*, p. 93을 참고하라.

처벌을 받아야 한다면, 역으로 미리 처벌을 받고 쾌락을 맛볼 수는 없을까? 이렇게 해서 마조히즘은 우선 "금지된 쾌락에서 처벌로 연결되는 인과관계"(금지된 쾌락을 맛보았기 때문에 처벌을 받는다)를 단순한 "시간상의 연속"(금지된 쾌락 다음에 처벌)으로 이해한다. 마조히스트는 '법을 위반하면 반드시 처벌을 받아야 한다.'는 명제를 역으로 바꾸어, '처벌 후에는 반드시 위반의 쾌락의 자격'이 주어지는 것으로 생각한다. 처벌(매질) 후에는 반드시 쾌락이 오는 것이다. 마조히스트는 법에 의해 형식화된 쾌락과 처벌의 관계를 기계적인 공식으로 밀고 나가 형식적 유희로써 전복시킨다. 법의 형식이 전혀 다른 내용으로 치달아 법을 난감하게 만들어 놓은 것이다. 그리하여 마조히즘에서 처벌은 쾌락의 금지가 아니라 오히려 쾌락을 인가하는 절차이며 조건이 된다.[31] 마조히스트가 매질을 원하는 것은 매질 그 자체에서 오는 쾌감을 느끼는 것이 아니라, 바로 처벌 후에 도래할 쾌락의 시간을 기대하고 있기 때문이다. 들뢰즈가 마조히즘에서의 고통을 "예비적 쾌감"이라고, 마조히즘 자체를 "기다림의 미학"이라고 정의한 이유가 여기에 있다.

> 일단 처벌을 견디고 나면, 이제는 법이 금지하고자 했던 쾌락을 경험할 수 있는 자격과 허락을 받은 것으로 생각한다. 마조히스트 유머의 본질은 바로 이것이다. …… 마조히스트는 고통이나 처벌 속에서 쾌락을 얻는 것이 아니다. 처벌이나 불안으로부터는 기껏해야 예비적 쾌락만을 얻을 뿐이다. 그의 진정한 쾌락은 결과적인 것으로 획득한다. 처벌에 의해 가능해질 어떤 것 속에서 말이다. 마조히스트는 쾌락을 경험하기 이전에 처벌을 겪어야만 한다. 이러한 과정을 시간적 연속이 아닌 논리적 인과관계로 생각해서는 안 된다. 고통은 쾌락 그 자체의 원인이 아니다. 다만 쾌락을 얻기 위한 필수적인 전제조건일 뿐이다. 시간상의 역전

---

31. 들뢰즈는 마조히스트의 유머가 사디스트의 아이러니보다 더 급진적인 면이 있다고 말하는 것 같다. 아마도 그 이유는 유머에는 더 이상 억압에 대한 분노나 저항이 없고, 억압과 매질 자체를 부인하고 무효화하여 자신의 쾌락의 조건으로 전환시키기 때문일 것이다.

은 내용의 역전을 가져온다. 이전에 '너는 이것을 하면 안 돼.'라는 명제는 '너는 이것을 해야 돼.'로 바뀐 것이다. ······ 마조히스트는 아부 속에서 오만하며, 복종 속에서 저항한다. 그는 유머리스트이며, 결과의 논리학자이다. 이는 원리의 논리학자인 아이러닉한 사디스트와 다른 면이다.(89)

사드와 마조흐의 수사적 저항은 순수형식으로 변모한 현대적 개념의 법 체계에서 작동한다. 이들은 법의 형식과 내용이 분리되었을 때 그 부조리가 어떻게 드러나는지, 또 거기서 어떻게 유희가 가능한지 잘 보여준다. 이들은 형식의 유희로 저항한다. 사드는 법의 상위근거인 선을 비워내고, 절대적이고 이상적인 악으로 그 내용을 채운다. 그는 상위원리로 상향하면서도 그 내용을 치환함으로써 플라톤을 패러디한다. 그는 법의 폭정에 대해 폭정의 이데아에 의존하여 저항한다. 그는 부드럽고 매끈한 세계의 이차적 자연을 대변하는 계약과 법이 일차적 자연의 거친 세계를 모방하는 것을 못마땅해 한다. 반면에 마조흐는 법적 절차들의 단순한 역전과 뒤집기를 통해 법을 조롱한다. 금지된 쾌락을 맛보았기 '때문에' 처벌이 가해진다는 인과관계는, 쾌락 '다음에' 처벌이라는 단순한 시간적 연속으로 간주되어 법의 의미가 가벼워진다. 거기서 '쾌락과 처벌'은 '처벌과 쾌락'으로 방향 전환될 수 있는 가능성이 생긴다. 법이 부여하는 죄의식이 마조히즘에서 어떻게 쾌락으로 전환되는지 보게 되는 것이다. 사드의 저항은 그 자체 아이러니하다. 사디즘의 주체는 법을 초월하여 그 자신 절대적 근거이기 때문이다. 그의 언어에서 우리는 저항하고 반항하는 신의 모습을 보게 된다. 그러나 마조흐의 저항은 유머러스하다. 법과 처벌은 그의 은밀한 망상 속에서 무의미해진다. 유머는 난센스의 미학이다. 그의 언어에서 우리는 당혹스러워하는 신의 우스꽝스러운 모습을 볼 수가 있다. 마조히즘에서 신은 더 이상 처벌의 주체가 아니다. 이미 논의했듯이 마조히즘에서 계약은 권력을 양도(어머니에게)하는 절차였으며, 이로써 우리는 오히려 매를 맞고 추방당하는 실패한 신의 모습을 보는 것이다. 사디즘이었다면 아버지는 절대적 상위근거로서 법을 초월했겠지만, 마조히즘에서의 처벌의 주체는 어머니에게 투사되어 아버지의 법은 완전히 무의미해진다. 실패한 아버지의 법! 무효화된 법의 선언! 이것이 바로 유머러스한 마조흐의 수사적 테크닉이 구가하는 본질이다. 그는 유머로서 법의 부조리를 예증한다. 이것은 분노와 항변의 정치가다운 면모의 사드와는 본성적으로 다른 점이다.

자아와 초자아

이제 다시 정신분석으로 돌아가 정리해 보자. 마조히즘이 사디즘으로부터 나온다는 정신분석의 해석이 적절하지 않다는 점은 지적되었다.[32] 마조히즘과 사디즘의 복합 즉 사도-마조히즘을 정당화했던 두 가지 가설[33]에도 불구하고, 마조히즘은 그 자체의 고유한 본성을 가지고 있다는 점도 확인하였다. 초자아와 자아의 문제에 있어서도 두 변태성의 본성상의 차이는 지켜진다. 정신분석의 가설에 따르면, 사디즘에서는 초자아가 너무나 미약해서 본능의 호전성이 통제되기 어려우며, 본능의 좌절로 인한 죄의식이 발생하지 않는다. 반면에 마조히즘에서 초자아는 너무나 강해서 그 호전성은 죄의식과 양심으로 전환되어 자아에게 되돌아오는 것이라고 말할 수 있다. 그러나 이러한 설명 역시 본성적으로 다른 두 변태성을 하나의 복합물로 설정하는 것이다. 왜냐하면 초자아의 힘의 양에 따라 변태성이 전이되거나 분화하는 과정 — 본능의 공격성이 자아에게 투사되는가, 아니면 밖으로 표출되는가 — 을 상정하기 때문이다. 이는 모든 시나리오를 아버지의 문제로 단일화했던 사도-

---

32. 이에 대해서는 이 책 앞의 절 "아버지와 어머니"(220~231쪽)를 참고하라.
33. 이미 논의했듯이, 마조히즘은 사디즘의 한 단계에 불과하다는 가설, 그리고 사디즘의 공격성이 방향 전환하여 자아에게 되돌려진 상태라는 가설이 그것이다.

마조히즘의 개념을 다시 복원시키는 결과가 될 것이다. 이와는 반대로, 지금까지 법과 관련한 두 변태성의 저항에 관한 논의를 토대로 전혀 다른 결론을 도출할 수가 있다. 마조히즘이 죄의식과 거세불안을 해소하기 위해 사디즘적 공격성을 자아에게 전환시키는 속죄 과정이라면, 마조히스트는 초자아가 너무 강한 나머지 자신의 성적인 욕망을 포기한다고 믿어야 할 것이다. 이를 들뢰즈는 탈성화라고 불렀다. 그러나 이미 충분히 논의했듯이,

> 마조히즘의 자아는 겉으로 보기에만 초자아에 의해 분쇄된다. 거만함과 유머, 억누를 수 없는 저항과 궁극적인 승리는 다름 아닌 약해져야 할 자아, 즉 자아의 배후에 자리 잡은 것들이었다. 자아의 나약함은 여성을 이상적인 상태로, 그가 그녀에게 부여한 역할의 수행을 위해 위장된 전략이다. 마조히즘이 결여한 것이 있다면, 그것은 자아가 아니라 바로 초자아이다. 매질하는 여성에게 초자아를 투사하는 과정에서, 마조히스트는 단지 그 초자아가 사소한 것임을 강조하기 위해 구체화하는 것에 불과하다. 궁극적인 목적은 바로 자아의 승리를 최종적으로 확보하기 위함이다.(124)

그렇다면 사디즘에서는 어떨까? 공격성이 자아에게 전환된 마조히즘과는 반대로, 사디즘에서는 초자아가 대단히 미약한 것으로 이해한다면, 이 또한 잘못된 생각이라고 들뢰즈는 말한다.

> 사디스트는 …… 강력하고 지배적인 초자아를 가지고 있다. 그 뿐이다. 그의 초자아는 너무나 강해서 그는 초자아와 동일시하려고 하며, 자신이 초자아 자체라고 생각하고, 자아는 외부세계에 속한 것으로 치부해 버린다.(124)

절대적인 악을 실현하려면 이차적 존재인 자신까지도 부정해야만 한다. 사디즘에서는 반드시 자아를 부정해야만 한다. 왜냐하면 자아는 본능의 원

천인 이드와 이론의 원천인 초자아의 중간에서 매개적 기능을 수행하는 모호한 존재이기 때문이다. 그는 순수한 이데아를 잃고, 이차적 자연으로 타락하여 현실원칙의 그늘 아래 노예의 근성을 취한 존재이다. 그렇기 때문에 사디스트는 자아를 혹독하게 부정한다. 사디스트의 폭력성이 초자아의 허약함에 비해 강력한 자아에서 기인한다는 해석은 사디스트의 악을 과소평가한 것이라고 들뢰즈는 지적한다. 그는 스스로가 그 자체 초자아가 되어, 절대적 권위, 절대적 악을 제도화하고자 한다는 것이다. 초자아에 의해 처벌을 받고 매질을 당하는 모든 이차적 자연은 사실상 자아와 동격이다.

> 초자아의 도덕성을 보장해 주는 것은 …… 자아이며, 또한 자아와 초자아의 밀접한 상호관계를 도모하는 어머니의 요소이다. 그러나 초자아가 맹렬해지면, 자아와 어머니의 이미지는 추방당한다. 여기서 초자아의 근본적인 부도덕성은 스스로 자신을 새디즘으로 보여준다. 새디스트의 궁극적 피해자는 어머니와 자아이다. '사디스트의 자아는 다만 외부 세계에만 존재한다.' : 이것이 사디즘적 무감동의 근본적 의미이다. '사디스트는 자신의 피해자 외에 다른 어떠한 자아도 가지지 않는다.' ; 따라서 그는 기괴하게도 하나의 순수한 초자아로 환원된다. 자신의 잔혹성을 가장 완전하게 수행하며, 자신의 힘을 외부로 방향전환하자마자 완전한 성욕을 곧바로 재발견하는 초자아 말이다.(124)

그런 의미에서 사디즘에서 등장하는 유사-마조히즘은 마조히즘과는 본성적으로 다른 것이다. 사디스트는 자신이 타인에게 가한 고통을 직접 맛본다. 고통 받는 피해자(어머니)를 자신과 동일시함으로써, 자신 안에 있는 이차적 존재로서의 자아(아들)를 처벌하고 쫓아내기 위해서이다. 사디즘에서 승리하는 주체는 초자아(아버지)이다. 사디스트는 광포한 폭력을 대상에 표출하면서, 아들에게 가혹한 매질로 벌을 주며 고통을 느끼는 아버지의 심정처럼, 매질이 더욱 강렬해질수록 그 고통을 자아로 경험한다. 바따이유는

"사드의 언어가 역설적으로 피해자의 언어"라고 말했는데(16), 그것은 바로 사디스트가 폭력의 피해자들에게 자신의 자아를 투사했기 때문이다. 사디즘의 주제는 초자아에 의해 매질을 당하고 추방되는 자아라고 말할 수 있다. 이에 반해서 마조히스트가 마지막에 보여주는 사디즘적 행위, 즉 유사-사디즘 역시 사디즘과는 전혀 다른 내용을 갖는다. 들뢰즈는 그것이 마조히즘의 우스꽝스러운 결과라고 말하면서, 마조히스트가 사디즘적 행위를 수행함으로써, 즉 "모루가 아닌 망치"가 됨으로써, 이미 거부되고 굴절된 초자아의 권위와 힘, 아주 우스꽝스럽게 되어버린 아버지의 법을 흉내 내고 있는 것이라고 적는다. 그것은 피해자의 언어로 표현된 사디즘의 아이러니와는 전혀 다른, 바로 승리한 자아의 유머라고 말할 수 있다 : "유머는 승리하는 자아의 운용방식이며, 초자아를 굴절시키고 거부하는 자아의 예술이다."(126) 한마디로 말해, 아이러니를 구사하는 사디스트는 피해자의 언어로 말하는 박해자, 그리고 유머를 구사하는 마조히스트를 약자로 위장한 승리자라고 부를 수 있을 것이다. 이렇게 어느 모로 보나, 심지어는 유사-마조히즘과 유사-사디즘의 견지에서조차 사디즘과 마조히즘은 결합할 수 없으며, 그 둘은 본성적으로 다르다.

들뢰즈는 임상의학적 관점에서 볼 때 의학의 진보는 세밀하고도 섬세한 분류에 의존하는 경향을 띤다고 말했다. 의학이 예술적 견지에서 직관의 방법을 통해 뉘앙스를 발견하는 문제와 무관하지 않다고 주장한 것도 이런 맥락에서이다. 들뢰즈는 마조흐와 사드의 작품을 통해 마조히즘과 사디즘의 형식적 도착을 분류하였다. 그들의 직접적인 뉘앙스를 발견하기 위해 들뢰즈는 예술로 혹은 문체로 파고든 것이다. 그럼으로써 존재의 정서와 변태성의 목적 그리고 현존하는 방식을 그 본성적인 차이에 따라 나누었다. 마조히즘은 환타지를 본질로 하는 반면에 사디즘은 사유를 본질로 한다든지, 마조히즘은 변증법적인 반면에 사디즘은 논증적이라든지, 마조히즘은 질적이고 예술적인 반면에 사디즘은 양적이고 수학적이라든지, 나아가 마조히즘은 플라톤과 가깝고 사디즘은 스피노자와 가깝다든지 하는 식으로, 두 존재의 환원할 수 없는 차이, 현존하는 방식뿐 아니라 본성적인 차이를 분류한 것이다. 보다 심층적인 의미에서 본성적 차이는 결국 존재가 어떻게 스스로 현존할 수 있는가, 혹은 어떻게 스스로를 정립하는가의 문제이다. 차이의 발견은 그 자체 존재의 긍정이다. 나아가 긍정이라고 하는 윤리적 테마는 언제나 예술적 형식과 한 몸을 이룬다. 왜냐하면 본성적 차이란 곧 뉘앙스와 스타일의 차이이고, 이는 예술의 관점을 통해서만 발견되고 육화하기 때문이다. 예술은 관점의 다양성을 통해 존재를 긍정한다. 들뢰즈가 마조흐와 사드를 서로 다른 관점들 — 언어, 묘사, 이상화, 저항, 형식, 표현 등 — 로 분류하여 그 각각의 차이를 논의한 것도 이 때문이다. 두 작가가 어떻게 차이가 나는가, 서로 다른 변태성이 어떻게 생겨나고, 어떻게 자신만의 본성을 유지하는가, …… 이러한 질문들은 그들이 내뿜는 구체적인 징후들로 파악되어야 한다는 것이다. 도착의 주체와 피해자, 인물들과 상황 그리고 역할 등, 누가 변태성의 주체이고, 누가 피해자이고, 각각 어떤 기능과 역할을 취하는가, 그리스에서 일어나는가 아니면 침실에서 일어나는가, 기타 등등, 그들 간에 놓인 모든 실재를 극화dramatization할 것!

3장

이미지의 존재론적 위상 : 빛과 사물의 피부

흔히 운동을 공간의 이동으로 혼동하는 습관이 있다. 특정한 물체가 하나의 공간에서 다른 하나의 공간으로 이동하거나, 특정한 공간이 다른 공간들 사이를 주파하거나 겹치고 뒤덮는 것으로 생각하는 것이다. 이런 관점에서 운동은 공간들의 결합과 위치 이동에 의해 재구성될 수 있는 것으로 정의된다. 즉 직선상의 점들을 통과하는 것으로 운동을 정의하고 나면, 이 점들을 결합하거나 분해함으로써 운동을 재구성할 수 있다고 상상하는 것이다. 이로써 운동과 공간은 다르게 표현된 동일한 실체가 되어, 운동은 공간의 이동이고 운동 중에 있는 특정한 순간은 바로 하나의 위치이자 공간이 된다. 그러나 실제로 움직이지 않는 그 특정한 순간들을 결합하면 최초의 그 운동이 재현될 수 있는 것일까? 베르그송에 따르면 이것은 말도 안 되는 소리이다. 우선 운동을 공간의 이동으로 환원하는 것은 정지된 순간으로서의 특정 위치에 추상적인 연속 개념만을 추가한 것일 뿐이다. 연속하지 않는 두 점 사이에 놓여있을 무수한 점들을 삽입하여 거기에 연속이라는 개념을 추가

하는 것으로 문제가 해결되는 것은 아니다. 이 관점에서 운동과 공간은 실질적인 차이가 없다. 운동과 관련하여 베르그송의 질문은 다음과 같은 것이다. 그 무수한 직선상의 점들을 '실제로' 통과하고 있는 것은 무엇인가? 만일 운동이 움직이지 않는 단편이나 공간적인 위치를 통해 유추된 것이라면, 운동이 공간과 근본적으로 무엇이 다른가? 마찬가지로 운동이 공간으로 번역된다면 운동들 간의 실제적인 차이는 또한 무엇인가? 불연속하는 계기들이 하나 혹은 그 이상의 연속을 갖기 위해서는, 이 계기들 사이에 존재하면서도 그 계기와는 본성적으로 다른 '새로운' 무엇이 필요하지 않을까?

베르그송에 따르면 운동은 공간의 이동이 아니라 공간들 사이에서 발생하여 공간과는 본성적으로 다른 그 무엇이다. 이미 만인이 다 알고 있는 지속! 이것이 바로 운동과 공간뿐 아니라 운동들 간의 실질적인 차이를 가능케한다. 왜냐하면 공간을 주파하는 것 즉 점들을 통과하고 있는 것은 하나의 점 혹은 선분이 아니라, 무수한 신체근육을 움직이며 대기를 흡수하고 내뱉으며 땀을 뻘뻘 흘리는 발 빠른 아킬레스와 엉금엉금 기어가는 거북이기 때문이다. 누가 더 숨이 차고 누가 더 땀을 흘렸는가? 이들의 움직임은 각자 주변에 둘러싸인 대기 전체, 마치 고흐Vincent van Gogh의 나무와 태양과 별들 주위에서 출렁이는 소용돌이와도 같은 잠재적 실재 전체의 변화를 동반한다. 이들은 하나의 차원에 속한 두 존재가 아니라 경주가 불가능한 두 개의 차원이라고 해야 할 것이다. 아킬레스와 거북은 서로를 추월하기 위해 매 발걸음마다 새로운 방식의 적극적인 노력을 해대며, 직선 위의 점들을 통과하는 추상의 궤도와는 본성적으로 다른 실재를 취하는 두 절대이다. 그들은 질이 다르고 위상位相 관계가 다르며 그들 자신만의 독자적인 발걸음을 구가하는 그 자체 용적이며 체적이며 부피이다. 그러니 그들은 동일한 공간에서가 아니라 서로 다른 수준의 공간(그리고 시간)에서 서로 다른 운동을 취하지 않겠는가? 아킬레스와 거북의 한 발 한 발은 동일한 공간 안에서의 점들 간의 이동을 의미하지 않는다. 운동이 공간의 이동으로 환원되고 나면 실제적인 운동은 일어나지 않는다. 보다 더 근본적인 의미에서 실제의 운동이란 매 순간 이루어지고 있는 끊임없는 이행과 생성일 것이다. 그것은 운동체만의 이행과 생성일 뿐만 아니라 운동성 그 자체의 변화 그리고 운동체를 포함하고 있는 공간 전체의 이행과 생성이다. 그래서 내딛는 그 한 발은 아킬레스와 거북 사이에 놓인 장field 전체, 즉 공간뿐 아니라 시간을 포함하는 그들의 관계 전체의 변화를 의미한다. 물론 그 변화란 그들의 의식을 넘어서 있을 것이다. 나아가 그 변화는 그들이 통과하고 있는 점들의 배열 자체의 변화 혹은 점들이 포함되어 있는 좌표계 전체의 변화를 함축하고 있다. 내 한 발의 운동은 나 자신뿐만 아니라 나를 둘러싼 우주 전체의 변화이다. 이것이 바로 베르그송이 말하고자 하는 실질적 차이의 의미이다. 이는 운동에만 국한되지 않는다. 유년기에서 청년기 혹은 성년기로의 성장과 같이 존재의 질적 변화에도 같은 원리를 적용할 수가 있다. 베르그송은 생명의 운동과 진화에 관하여 이렇게 말한다 : "나의 운동에는 순간순간 통과하였던 (정태적인) 형상보다 더 한 이상의 것이 있으며, 형태의 진화 또한 하나의 형태에서 다른 하나의 형태로 잇따르는 것 이상의 것이 있다."(Bergson, *Creative Evolution*, 343)

운동은 공간을 지나가면서 매 순간 공간을 감싸고 있으며 시간적으로는 현재이기 때문에 그 자체로 이질적이며 환원 불가능한 것이다. 따라서 운동은 분리될 수가 없고 분리하기 위해서는 분할되는 매 순간들의 질적 변형이 요구된다. 반면에 공간은 좌표를 가지고 고정되어 있는 위치의 특정한 반영이며 하나의 동질적 상태이다. 어떤 점과 다른 어떤 점은 질적인 차이가 없는 동질적 차원의 연장이다. 공간은 쪼갤 수 있고 분할 가능한 것일 뿐만 아니라 쪼개고 분할하는 동안에도 질적인 변화를 수반하지 않는다. 이렇게 운동과 공간은 본성적으로 다르다. "우리는 공간 속의 위치들 또는 시간 속의 어떤 순간들을 가지고는 운동 자체를 재구성할 수 없다."(Deleuze, *Cinema 1*, 1)

베르그송에 의하면 운동에 관한 두 가지 공식이 서로 대립을 이루고 있는데, 한편에는 분할할 수 없는 매 순간의 질적 변형으로서의 실제적 운동 혹은 지속이 있고, 다른 한편에는 분할 가능하고 불연속하는 단편들의 집합과 사유에 의해 구성된 공간적 운동이 있다. 가령, 지각은 신체의 생리적 물리적 장치 — 감관이나 신경계 — 를 통해 스냅 샷을 찍듯이 외부의 자극을 수용하고, 지성은 이를 연결 지어 운동을 하나의 일반관념으로 재구성하는데, 이로써 실제의 흐름과 운동은 마치 영화에서의 커트와 쇼트 혹은 시퀀스의 메커니즘처럼 잘리고 변형되고 무리 짓고 연결된다. 베르그송에 따르면 이것은 운동의 잘못된 재구성이다. 그는 『창조적 진화』의 제4장 전체에 걸쳐 영화가 구현하는 운동을 잘못된 운동의 전형이라고 소개하고 있는데, 그에 따르면 영화는 고대철학이 했던 운동의 주관적 재구성을 기계의 양적 이동을 통해 (기계론적 착각) 똑같이 반복하고 있는 것이다 — 이것은 그가 영화를 사진들의 결합이라고 보았기 때문이 아니라, 사진들을 결합하고 이를 하나의 운동으로 만드는 기계장치를 영화로 생각했기 때문이다. 그렇기 때문에 영화는 움직이는 사물로부터 운동성 그 자체는 제거하고, 순전히 기계적인 장치에 의해 정지된 형상(사진)들의 추상적이고도 양적인 결합만을 유도한다고 간주했던 것이다. 그에 따르면 영화는 운동이 아니라 장치들의 공간적 위치 이동에 불과하다. 베르그송은 잘못된 형식으로 재현된 이 운동을 "영화적 환상"the cinematographic illusion이라고 불렀다. 이에 따르면 영화에서 재현하는 운동에는 두 수준의 형식이 있다. 하나는 이미지라고 불리는 순간적인 파편들이 있으며, 이 파편들은 공간적으로 결정되어 움직이지 않는 이미지이다. 다음은 이 파편들을 연속하는 것으로 만드는 영화적 장치들의 운동이 있다. 이 운동은 동질적이고 비인간적이며 추상적인 운동이다. 따라서 이 운동은 지각되지 않고, 지각을 넘어서 있다. 가령 장치가 돌아가는 속도의 증감에 따라 혹은 단편들의 많고 적음에 따라 이미지들의 연속은 전혀 다르게 지각될 것이다. 베르그송에 따르면 영화는 그 자체로 움직이지 않는 단편적인 이미지들을 외적 장치에 의해 연속의 환영을 만들면서 운동을 재구성한다. 영화는 운동을 직선상의 점들의 통과로 이해하는(제논의 역설) 고대적 사유방식과 다르지 않으며, 따라서 영화가 재현하는 운동은 잘못된 운동의 전형이다.

『창조적 진화』에서는 운동을 양적으로 재구성하는 두 가지 방식에 대해 언급한다. 우선 고전적 사유에서의 운동 개념은 지성이 파악하는 요소들, 다시 말해 질료hýle를 둘러싸고 그 외관을 형성하는 형상eidos의 질서에 의해 설명된다는 것이다. 가령 물은 차가운 상태 혹은 뜨거운 상태와 같이 특정한 상태state of things를 취하고 있다. 이 상태들 사이에 있는 무한한 실제적 이행들becoming은 지각이 파악하기 어렵기 때문에, 우리는 단지 그 상태들 간의 이행을 유추함으로써만 물 온도의 변화를 표상할 수가 있다. 따라서 이때에 말해지는 변화란 마치 사진들의 형식적 연결처럼 운동 내부에서가 아니라 외부에서 파악된 단편들 혹은 이행이 완결된 하나의 형태로서의 포즈pose의 이상적인 종합이다. 하나의 포즈에서 다른 하나의 포즈로, 혹은 공간과 공간 사이에 변증법적인 질서에 따라 초월적이고 추상적인 사유가 추가됨으로써 단속적이고도 매끈한 이행이 일어나는 것이다.

> [고대 철학에서] 형상들Forms 혹은 관념들Ideas은 본질을 표현하고 있는 것으로 간주되는 하나의 특정한 순간으로 특징지어진다. 이 순간의 나머지들은 이행으로 채워져 있으며, 형상이나 이데아는 이들의 운동 자체에는 관심이 없고, 다만 하나의 형태에서 다른 하나의 형태로의 이행에 대해서만 관심을 갖는다. …… 따라서 그 순간은 최종적 순간 혹은 정점telos, akmè으로 간주되며, 이 정점은 본질적 순간으로 결정된다 : 이 순간은 사물의 전체과정을 표현하기 위해 언어에 의해 포착된 순간이다. 또한 과학은 그 순간을 특징짓는 것으로 충분한 것이 된다.(Bergson, *Creative Evolution*, 359)

운동의 재구성에 있어 고대적 방식은 주로 자연적으로 주어진 지각 즉 인간적 관점에서 파악된 형상과 관계하기 때문에, 실제의 운동을 완전히 포착할 수 없다는 조건 하에서, 개념상 본질적이라고 파악되는 특정 요소들을 뽑아내어 그 전체를 요약하고 번역하고 재구성한다. 운동의 고대적 재구성을 추상적 요약 혹은 초월적 종합이라고 부를 수 있을 것이다.

두 번째로 현대과학은 이행이 종결된 특정 상태나 본질적 순간의 추상적 연결, 즉 포즈들의 변증법적 종합으로 운동을 재구성하지 않는다. 현대과학은 자르고 재연결하는 양적인 메커니즘 — 테크놀로지의 심화와 관계가 있는 — 으로 운동을 불특정한 순간으로 재구성한다. 더 이상 초월적인 요소들이 아니라 물질적 흐름의 내재적 요소들 — 파편들 — 로 재구성되는 것이다. 이행이 완결되어 사물의 상태를 이루는 형상이나 포즈가 변증법적으로 재구성되기 위해서는 이 상태들의 간극 — 가령, 뜨거운 상태와 차가운 상태 — 에 이행 전반을 설명해 줄 초월적인 요소 — 추상관념 — 가 개입되어야 한다. 그러나 현대적 의미에서 운동의 파편들을 재구성하는 것은 운동 그 자체의 미분과 축적을 통한 전개이다. 베르그송이 언급했던 것처럼, 순수 지각이 물질과 동일한 실재성을 갖고 물질의 운동을 그 자체 내에서 절취하거나 구멍을 내거나 전달하고 끊듯이, 운동은 특정 상태가 아니라 불특정 순간들로 수용또는 거부되는 것이다.

이런 식으로 하나의 궤도와 그것을 가로지르기 위해 필요한 시간의 관계를 결정함으로써 현대 천문학이 형성되고(케플러Kepler); 떨어지는 물체가 갖는 시간에 뒤덮인 공간을 연결함으로써 현대 물리학이 형성되고(갈릴레오Galileo); 현대 기하학은 평곡선의 방정식, 즉 움직이는 직선 위의 임의의 한 점의 위치를 [공간과 시간의 함수로] 풀어냄으로서 성립된다(데카르트); 그리고 무한히 접근하는 면들을 검토하게 되면서 미적분학이 나온다(뉴턴Newton과 라이프니츠Leibniz). 어디를 보든지 불특정한 순간들의 기계적 연속이 포즈들의 변증법적 질서를 대체한

다 : '현대과학은 우선적으로 시간을 독립변수로 간주하려는 열망에 의해 생겨난 것으로 보아야 한다.'(Deleuze, *Cinema 1*, 4)

현대적 의미에서 운동은 감각적 요소를 포함하여 그 물질적 요소들의 기계적 연속으로 표현된다. 즉 운동은 이행 중에 있는 임의의 불특정한 점들을 같은 거리로 균등 분할하고 이를 감각적으로 적분한 총체를 의미한다. 그 것은 더 이상 포즈의 종합이 아니다. 그리하여 현대적 의미의 운동은 자연적 지각과의 관계를 끊고 무차별적인 공간의 분할과 재연결 혹은 양적인 것들 간의 관계의 법칙에 의해 비인간적인 그 무엇이 된다. 운동의 현대적 재구성을 감각적 미분 혹은 내재적 분석이라고 부를 수 있을 것이다. 이렇게 해서 운동을 두 방향에서 설명했다. 하나는 지적인 요소들의 개념적 종합으로서의 변증법적 방식이고, 다른 하나는 감각적 혹은 물질적 분석에 의해 즉각적으로 포착된 불특정 순간을 미분하고 적분함으로써 구성하는 해석학적인 방식이 그것이다.

들뢰즈는 운동을 재구성하는 저 두 번째 방식을 따른 것이 바로 영화라고 보았다. 영화는 운동이 완결된 특정 순간이 아니라 운동 중에 있는 불특정 순간을 잘라낸다. 다시 말해 그것은 시간이 생략되거나 정지된 단편이 아니라, 흐르고 있는 시간에서 임의의 구역이 잘려진 파편들의 유희이다. 영화의 언어소言語素 혹은 언어학의 단위로 비유하여 음소音素라고 부를 만한 스냅 샷이 그 좋은 예이다. 대상에 대한 그 태도에 있어 스냅 샷은 사진1과는 다른데, 사진은 차별적이고 계약적인 합의에 따라 대상을 다룬다. 다르게 말해 카메라 렌즈 앞에서 모든 대상은 하나의 피사체가 되어 특정 포즈를 취하지 않을 수 없다. 그러나 스냅 샷은 무차별적이고 임의적이며 무의식적이다.

---

1. 사진의 영역에서는 프레임 샷(frame shot)과 구분되는 또 다른 형식으로서의 스냅 샷(snapshot)을 언급할 수 있겠지만, 여기서는 영화에서의 스냅 샷을 말하는 것이므로 이는 사진과는 분명히 다른 것이다.

스냅 샷에 있어 피사체는 더 이상 포즈가 아니라 동작으로 보여주어야 한다. 피사체가 가만히 앉아 카메라를 바라보고 있는 동안에도, 스냅 샷은 인물과 사물의 불특정 순간을 끊임없이 절취하고 분할한다. 그러므로 만일에 영화가 운동을 재현한다면, 그것은 운동의 특정한 정신적 순간이 아니라 불특정한 어떤 이미지 블록이 될 것이다. 왜냐하면 잘려지는 순간에도 여전히 그 블록에는 실재적 시간의 부피가 내재해 있을 것이기 때문이다. 블록은 개념적 순간(혹은 위치)으로서의 수학적 점이 아니라 물질적(혹은 시간적) 덩어리이며 따라서 운동은 그 안에 내재하고 있다. 지속이 무거운 종속과 동시에 무한한 자유의 지대인 것은 바로 그 운동 내재적 부피 때문일 것이다. 들뢰즈는 그 유명한 머이브리지Eadweard Muybridge의 말 촬영에서 하나의 예를 제시한다. 머이브리지는 말의 운동을 분석하기 위해 달리는 말을 동일한 간격의 빛으로 포착함으로써 운동과 빛의 물질적 함수관계를 시간으로 매핑mapping한다 — 달리는 말은 카메라에 연결된 줄을 끊고, 끊어진 줄은 말의 운동 간격에 따라 카메라의 셔터를 누른다. 이때에 잘려진 단편은 지적인 요소로 추상된 하나의 상태가 아니라, 물질적 요소들로 채워져 실제의 부피를 갖는 일련의 면이다. 이런 의미에서 영화는 실제의 운동을 쏙 빼놓은 포즈들의 결합이 아니라 운동이 꽉 들어찬 어느 한 구역의 절취이다. 영화는 그 자체로 유물론에 존재론적 토대를 두고 있다.

운동에 대한 이 같은 영화적 해석(분석)은 운동을 서로 다른 두 수준에서 정의하게 한다. 우선 운동을 정지된 상태나 그 단편으로부터 설명하는 방식은 운동의 발생 근거를 초월적 결정요인에서 구한다. 추상적인 하나의 순간이 운동성을 갖기 위해서는 무엇인가 정신적인 것이 덧붙여져야 하기 때문이다. 반면에 운동의 부피나 블록으로 설명하는 방식은 운동의 발생 근거를 그 자체 내에서 찾는다. 시간의 부피를 갖는 이 블록들의 간격 사이에는 다른 외재적 힘이 들어갈 자리가 없다. 사실상 운동의 재구성은 그 자체 질적 변형이기 때문에 우리는 그것을 자를 수도 없으며 재현할 수도 없다. 다만 양적인 냉각만이 있을 뿐이다. 운동을 재현하는 두 형식을 이렇게 말해보자 : 한편에는 초월적 요약으로서의 회화적 방식이 있고, 다른 한편에는 내재적 냉각으로서의 영화적 방식이 있다. 전자의 경우 운동 그 자체는 생략되고, 후자의 경우에는 얼어붙는다.

우리의 자연적 지각이 실제의 운동을 단속적으로 잘라서 이를 재구성하듯이, 이를 영화가 전형적으로 보여주고 있는 것이라면 우리는 눈을 깜빡거리면서 언제나 영화를 찍고 있는 것인가? 혹은 우리가 스크린을 보면서 실제로는 눈앞에서 움직이는 사물의 동작들을 사유하고 있는 것인가? 현상학자들을 모호하게 언급하면서 들뢰즈는 그렇지 않다고 대답하고 있다. 그에 따르면 영화는 자연적 지각과 두 가지 점에서 다르다. 또한 이 차이는 운동과 관련하여 영화를 새로운 국면에 위치시킬 것이다.

첫째로 영화는 운동이 (사유에 의해) 부가된 이미지가 아니라 직접적으로 운동하는 이미지와 운동 그 자체의 이미지를 제시한다. 영화가 단편적인 필름 조각photogramme들을 결합하여 일정한 속도(24/sec, 18/sec)를 갖는 장치를 통해 연속의 환영을 만들어내는 것은 사실이지만, 들뢰즈의 주장은 실제로 우리가 영화를 통해 보는 것은 각각의 조각들 자체가 아니라 그 조각들 사이에서 발생하는 이미지를 본다는 것이다. 따라서 단편적 조각들 사이에서 발생하는 운동은 우리의 지각이나 사유를 통해서가 아니라 이미 영화적 장치에 의해 실현되고 있다. 이런 이유에서 영화에서의 이미지는 사유에 의해 운동이 추가된 것이 아니라 이미 운동이 내재하고 있다. "영화가 보여주는 것은 평균 이미지intermediate image이며, 이 평균 이미지에 운동이 부가되거나 추가되는 것이 아니라, 오히려 즉각 주어진 것으로서의 평균 이미지에 운동이 속해 있다."(Deleuze, *Cinema 1*, 2) 자연적 지각에서 운동의 지각 여부는 지각의 대상 및 지각을 가능케 하는 내-외부적 조건들에 의존해 있다. 우리가 실제로 지각하는 것은 운동하고 있는 아킬레스이며, 그를 바라보는 우리의 내적 상태 혹은 아킬레스와 그 주변의 외적 상태에 상대적으로 묶여 있다. 현상학자들이 통찰했던 바, 지각의 주체는 이미 세계에 정박된 세계-내-존재이다. 의식의 열림이 가능하다면 이러한 조건 하에서 그럴 수 있을 뿐이다. 그러나 영화에서의 운동은 이 대상들과 조건에 관계없이 그 자체 내부에서 즉각적으로 운동의 이미지가 제시된다. 즉 영화는 주체의 실존적 조건으로서의 세계의 지평을 배제하고 운동하는 대상들을 빼고, 그들로부터 운동의 순수 이미지만을 추출해 낸다. 현상학자들이 볼 때에 영화는 자연적 지각을 배제한 채 세계 그 자신의 이미지가 직접 드러나는 형식, 다시 말해 지각뿐 아니라 앎 자체의 형식이 되어 버린다. 들뢰즈가 베르그송보다도 현상학자들이 영화를 이해하는 데 더 멀리 나아갔다고 칭찬했던 것은 이런 이유였다.2 영화는 우리에게 운동이 (유추에 의해) 부가된 이미지가 아니라 즉각적으로 운동-이미지를 제공한다. 이런 의미에서 자연적 지각과 영화적 지각은 질적으로 다르다. 우리가 스크린을 통해 보는 것은 사물의 움직임이 아니라, 이미지의 움직임이며 동시에 움직임의 이미지이다. "영화는 하나의 단편(단면)을 제공하지만, 여기서의 단편은 움직이고 있는 단편이지, 움직이지 않는 단편 + 추상화된 운동이 아니다."(Deleuze, *Cinema 1*, 2) 운동-이미지가 자연적 조건들을 넘어선다는 사실은 영사장치의 속도에 의해 이미지의 운동 양태가 달라진다는 사실만으로도 알 수 있다.

두 번째로 영화는 고정된 관점을 취하는 자연적 지각과는 전혀 다른 메커니즘으로 운동을 생산한다. 물론 영화는 초기에 자연적 지각과 다르지 않았다. 우선 관점이 고정되어 있었다. ─ 가령, 연극을 관람하는 것처럼 카메

---

2. 들뢰즈는 현상학자들이 영화를 파악하는 데 있어서는 베르그송보다 더 나아갔다고 말한다. 그러나 그들은 자연적 지각을 우위에 두고 영화적 운동이 자연적 지각의 조건에 맞지 않기 때문에 영화를 비판했다는 점을 강조한다. 이에 대해서는 Deleuze, *Cinema 1*, p. 57을 참조하라.

라는 관객의 관점에서 무대를 보여주었다. 따라서 이때의 쇼트shot, plan는 그 안에 배열되어 있는 인물이나 부분 대상들이 점유한 텅 빈 공간 혹은 데카르트적 공간처럼 구성된다. 영화 초창기의 프레임은 일종의 좌표계처럼 설정되어 쇼트는 공간적이었고 부동하는 것이었다. 또한 촬영 장치 역시 영사장치와 결합되어 있었으므로 배치된 사물들을 포함하고 있는 단일한 하나의 추상적 시간을 가질 수밖에 없었다. 그러나 들뢰즈는 영화의 본질과 영화 그 자체의 고유함은 카메라가 이동하게 되면서부터 발현하기 시작했다고 적는다. 카메라의 이동은 고정된 관점으로부터의 해방을 의미하는데, 이는 공간의 이동이나 확장만을 의미하는 것은 아니다. 카메라의 이동은 두 수준에서 실행되는데, 하나는 카메라의 실제적인 이동(트래킹 쇼트나 패닝 등)이며, 다른 하나는 쇼트의 편집(몽타쥬)이다. 전자의 경우 지각이 운동체와 완전히 분리되지는 않는데, 그것은 카메라가 마치 우리의 눈이 그렇게 하듯이 운동체를 따라다니거나 직접 이동을 함으로써 사물들을 포착하기 때문이다. 그러나 후자의 경우 원리상 공간적 범주에 속했던 쇼트가 시간적 범주로의 전환을 의미한다.3 우선 몽타쥬에 의한 공간의 대체, 이동, 비약은 관객으로 하여금 시간이라는 변수를 개입시켜 지각하도록 제시한다. 가령, 하나의 쇼트 A와 또 다른 쇼트 B가 전혀 다른 이미지임에도 불구하고 연속성을 가지는 것은 프레임 내부의 특정 위치에 있는 인물이나 사물의 공간적 이동뿐만 아니라 시간의 변화를 암시하기 때문이다. 몽타쥬는 좌표 내의 점들 간의 공간적 이동뿐만 아니라 좌표계 자체의 운동을 실현한다. 쇼트 내에서 움직이지 않고 정지해 있는 인물이나 사물을 보여주는 경우에도 쇼트의 편집은 시간적 변화를 내포하고 있다. 쇼트가 시간적 범주가 됨으로써 영화에서의 운동은 이제 인물과 사물의 이동이나 위치에 종속되거나 의존하는 것이 아니

---

3. 그러나 들뢰즈는 몽따쥬에 의해 구성된 시간은 시간의 직접적인 이미지가 아니라 간접적인 이미지임을 말한다. 말하자면, 고전철학이 운동을 사유의 간접적인 종합으로 재구성했듯이, 영화의 몽따쥬는 시간을 간접적으로 재구성 했다는 것이다. 이에 대해서는 Deleuze, *Cinema 2*, 제2장을 참고하라.

라, 오히려 이들을 운동과 변화 속에 종속시키고 있다. 이렇게 해서 영화는 운동의 공간이 아니라 공간의 운동을 생산한다. 간단히 말해 몽타쥬는 현실을 하나의 시점에서가 아니라 다양한 관점에서 탐구하는 것인데, 이로부터 시간은 클로즈-업 되어 현실의 심오한 내적 시간이 획득된다. 여기에 "적극적 관찰자"active observer라는 개념을 사용한 푸도푸킨V. I. Pudovkin의 좋은 예가 있다.(Pudovkin, *Film Technique and Film Acting*, 82) 몽타쥬는 거리의 데모를 구경하기 위해 지붕 위에 올라가서, 다시 군중이 들고 가는 플래카드를 읽기 위해 창가로 내려오고, 군중들의 표정을 느끼기 위해 그 속에 섞인다.

베르그송은 존재 일반을 포함하는 단일한 하나의 지속이 아니라 존재들 각자에 스며든 다양한 내적 지속을 주장했는데, 그가 『창조적 진화』에서 언급했듯이 영화는 잘못된 운동의 전형을 보여주는 것이 아니라, 반대로 그가 주장했던 지속의 다양성을 영화가 가장 잘 보여주고 있는 셈이다.

시간과 관련하여 사진은 수학적 의미의 점의 상태와 같다고 말할 수 있을 것이다. 원리상 사진은 시간의 지속을 제거해 버린 하나의 추상이다. 따라서 그것은 시간의 실질적인 부피나 두께를 가지지 않는 일종의 화석의 이미지이다. 그렇다면 영화도 이와 마찬가지라고 말할 수 있을까? 다시 말해 베르그송이 말했듯이, 영화의 실제적 조건인 스냅사진들의 결합(동일한 간격을 갖는)과 연속은 잘못된 운동을 보여주는 것이므로, 영화 역시 시간이나 운동과 관련하여 화석의 이미지 혹은 그 정도상의 변용이라고 말할 수 있을까? 베르그송이 영화를 추상적 점들의 결합으로 그리고 운동의 환영으로 이해하면서 이를 비난했던 것은 무엇보다도 그가 영화를 사진과 관련지어 생각했기 때문이다. 그러나 들뢰즈는 영화에 대한 베르그송의 이와 같은 형태론적 접근에도 불구하고, 그는 『창조적 진화』보다도 전에 쓴『물질과 기억』에서 이미 사진과는 전혀 다른 방식으로 운동을 구현하고 있는 영화적 운동을 논의하고 있었다고 지적한다. 뿐만 아니라 아이러니하게도 그 책 1장에서는 사유와 운동의 이원론적 대립의 해소라는 주제를 개진하기 위해 그가 설정했던 "이미지"의 개념을 그 무엇보다도 영화가 가장 잘 예증해 주고 있다는 것이다. 논의는 이렇게 시작한다.

의식은 공간에 펼쳐지지 않은 질적인 표상이며 물질은 공간 안에서 양적으로 펼쳐진 운동이다. 이제 의식과 사물 혹은 표상과 운동이라는 서로 다른 두 질서가 마주보고 있다. 적어도 이것이 우리가 알고 있는 전통적인 구분이다. 그러나 문제는 이 두 질서의 이행이 어떻게 가능할 것인가이다. 지각에서와 같이 연장성을 갖는 물질의 운동이 어떻게 비연장적인 표상으로 이행할 것인가? 반대로 (앞으로 일어날) 행동에서처럼 표상이 어떻게 운동으로 전환될 것인가? 베르그송에 따르면, 관념론과 유물론의 해소할 수 없는 이 대립은 동일한 문제를 서로 다른 방향에서 출발함으로써 사유의 표상과 물질의 운동을 서로 도달할 수 없는 심연으로 만들어 놓았다. 유물론은 순수한 물질의 운동을 가지고 의식의 질서를 재구성하고자 한다. 표상은 물질적 운동으로부터 비롯된 비실재적 효과일 뿐이다. 그러므로 우리의 지각이 표상한 내용은 물질의 외양에 불과한 것이며, 물질의 심층에는 지각과는 독립하여 질적으로 다른 무엇인가가 존재한다. 이와는 반대로 관념론은 의식 안에서의 순수한 이미지들로 우주의 질서를 재구성하고자 한다. 이에 따르면 잠재적 표상 안에 이미 운동이 존재한다. 같은 말이지만 물질은 우리의 지각 안에서 구성되고 표상은 물질의 본질을 결정하는 것이다.

베르그송에 의하면 관념론과 유물론은 너무 덜 나아갔거나 혹은 너무 많이 나아갔다. 이들은 각각 실재하고 있는 하나의 질서만을 긍정하고 다른 하나의 질서를 전자의 부정으로서 결정함으로써 두 질서를 이원론적으로 구성하였다. 이로부터 의식과 사물은 접근할 수 없는 심연을 사이에 두고, 표상은 그 자신의 이미지 안에서 물질로 나아가지 못하고, 그 반대 역시 표상으로 나아가지 못한다. 우리는 이로부터 물질을 표상으로 망상하거나 혹은 물질에 대해 아무것도 알 수가 없게 된다. 이렇게 해서 정신은 우리 자신의 영역으로 제한된다. "우리가 취하는 지각으로 물질을 환원하는 것이나, 사물이 그 자체 다른 본성을 갖는 것이기는 하지만, 우리의 지각 안에서 생산될 수 있는 것으로 보는 것은 모두 오류"이다.(Bergson, *Matter and Memory*, xi) 따라서 베르그송은 정신과 물질이 어떻게 접면을 이루고 있는지를 설명하는 것이 필요했으며, 표상과 운동 그리고 의식과 사물의 이원론을 극복해야만 했을 것이다. 『물질과 기억』의 서문 첫줄에서 베르그송은 이 점을 분명히 하고 있다 : "정신적 실재와 물질적 실재의 긍정." 그러나 어떻게 서로 다른 심연이 관계하고 있다고 말할 수 있을까? 우리는 실제로 사물들을 접하고 있으며, 우리의 내부에서 이들을 경험하고 있지 않은가? 그러나 또한 이 둘을 너무 멀리에 놓음으로써 주관적 경험이 객관적 질서와 일치한다고 말할 수 있는 근거를 잃어버린 것이 사실이 아닌가?

가설적 이론이 직접적인 체험과 일치하지 않거나 이를 충분히 설명할 수 없게 되었을 때 필요해지는 것은 경험을 설명해줄 수 있는 새로운 기제를 연역하는 일이다. 표상과 사물의 관계를 분명히 하기 위해 베르그송은 『물질과 기억』의 1장에서 두 가지 이례적인 이론을 언급하고 있는데, 하나는 이미지에 대한 새로운 가설이며, 다른 하나는 새롭게 정의된 이미지와 관계하는 지각에 대한 가설이다. 이런 점에서 그 책 1장에서의 이론은 문제를 두 방향에서 접근하고 있는 셈이다. 하나는 물질-운동의 관점에서 시작하는 방향이며, 다른 하나는 지각의 관점에서 시작하는 방향이다.

첫 번째, 나타나는 모든 것들의 집합을 이미지라고 부르자. 베르그송에 따르면 이미지는 물질과 동일한 것이다. 물질은 이미지의 집합이며, 반대로 이미지는 물질의 피부이다. 나아가 우리가 우주라고 부르는 것 역시 이미지의 총체로 이루어져 있다. 이미지에 관한 이 정식은 심리학의 역사에서 근본적인 문제를 제기하고 있다. 즉 이것은 이미지가 더 이상 의식 안에 존재하고 있는 비연장적인 표상이 아니며, 물질 역시 의식적 표상으로서의 이미지와 근본적으로 구분되어 주관성으로부터 초월적인 신비물이 아님을 함축하고 있다.

> 물질은 이미지들의 집합이다. 우리가 말하는 이 이미지란 말하자면 관념론자들이 말하는 표상보다는 더한 존재이며, 유물론자들이 말하는 사물보다는 덜 한 존재이다. 즉 그것은 사물과 표상의 중간에 위치한 존재이다. 물질(이미지)에 대한 이 개념은 매우 단순하고 상식적인 것이다.(xi)

관념론은 사물을 가깝게 놓기 위해 그것을 정신과 동일시했으며, 유물론은 정신으로부터 독립된 질서 속에 그것을 놓음으로써 우리로부터 너무 먼 곳에 사물을 놓았다. 사물이 우리의 정신 안에만 있는 것이라거나 혹은 우리가 지각하는 것과는 전혀 상관없이 독립된 것이라는 것은 잘못된 생각이다. 그러니 상식의 수준에서 혹은 경험의 수준에서 그 사물은 그 자신 안에 존재하며, 반면에 우리가 그것을 지각함에 따라 하나의 이미지가 된다. 따라서 이미지는 의식적 지각 안에 존재하는 표상일 뿐 아니라 사물과 본성적으로 다른 것이 아니다. 이미지는 우리가 사물을 지각하는 바대로 거기에 혹은 여기에 존재하고 있다. 이미지가 물질과 표상을 동시에 내포하고 있다고 생각하지 않는다면, 어떻게 우리가 지각하는 대상이 사물이며 세계라고 말할 수 있을 것인가? 이미지 즉 물질은 곧 우리의 지각이며, 그 내부에 혹은 그 배후에 어떠한 심층도 내포하고 있지 않다. 이것이 두 개의 절대 혹은 두 개의 질서에 관한 유물론과 관념론의 이원론을 매개하기 위해 내놓은 베르그송의 이미지 가설이다.

우주를 이루고 있는 이미지들 각각은 서로 다른 이미지들에 작용하고 반응한다. 오히려 각각의 이미지는 그 자신이 작용이며 동시에 반응이다. 이들은 서로 주고받는 운동을 통해서 스스로를 변형시키며 다른 이미지들을 통과시키고 통과한다. 심지어 모든 사물 즉 이미지들은 자신들의 작용이나 반작용과 혼동되어 표면화된 운동을 이루고 있다.

> 이 모든 이미지들은 그들의 기본적인 부분들 속에서 다른 이미지에 작용하고 반응한다. 이 상호작용은 내가 자연의 법칙이라고 부르는 끊임없는 법칙들에 따라 작용하며, 이미지들의 미래는 그들의 현재 안에 포함되어 있으며, 거기에 새로운 어떤 것도 첨가되지 않는다.[1]

또한 이미지는 우리의 외부에 주어진 원자적 실체로서만 정의되지 않는다. 우리의 신체 역시 물질이며 이미지이다. 우리의 두뇌, 신경, 기관, 세포, …… 이 모든 것들도 이미지이며 우주를 이루고 있는 이미지 총체의 부분들이다. 따라서 나의 몸은 쉼 없이 증식하고 소멸하며 변형이 이루어지는 분자-이미지와 원자-이미지들의 집합이다.

> 이것은 보편적 변이의 세계, 보편적 파동, 보편적 물결(파문)의 세계이다 : 거기에는 축도, 중심도, 좌/우도, 상/하도 없다. 모든 이미지들의 이와 같은 무한한 집합은 일종의 내재성의 판을 이루고 있다. 이 판 위에서 이미지는 그 자체로 존재한다. 이러한 이미지의 즉자성. 이것이 바로 물질이다 : 즉 이미지의 배후에 무엇인가가 숨겨진 것이 아니라, 반대로 이미지와 운동의 절대적 동일성이다. 이미지와 운동이 동일하다고 간주되는 순간 우리는 즉시 운동-이미지와 물질이 동일하다고 결론을 내리게 되는 것이다. …… 운동-이미지와 흐름-물질은 분명히 동일한 것이다.(Deleuze, *Cinema 1*, 58~59)

두 번째로, 그렇다면 중심이나 심층이 없이 부분적인 이미지들 각각의 고유한 운동 속에서 내재적 판을 이루는 운동-이미지가 어떻게 하나의 표상으로 혹은 단단한 실체로 구별될 수가 있을까? 모든 것이 이미지이고 운동이고 보편적 변이라면 물질의 흐름을 누가 구별할 수 있을 것인가? 나의 신체나 두뇌 역시 그 이미지들과 동일한 실재성을 갖는 하나의 이미지가 아닌가? 중심이 없는데 어떻게 구분이 가능할 것인가? 유물론자들에 대한 베르그송의 비판은 물질이 의식적 표상으로 이행되는 과정을 설명하는 것으로 집약될 수 있는데, 바로 여기에서 운동-이미지의 또 다른 체계 즉 육체의 지각이 언급되고 있다. 만일 나의 지각이 사라지거나 미약해 졌을 때, 이 이미지-물질의 운동이 존재하지 않는 것처럼 여겨지는 것은 무엇 때문인가? 이때 우리는 하나의 특별한 이미지를 보게 된다. 이 이미지는 세계를 이루고 있는 많은 이미지들 중 특정한 유형의 작용을 수용하고, 수용된 이미지들의 운동을 구심신경, 척수, 두뇌, 원심신경, 근육 등과 같은 통로-이미지들을 따라 다시 그 이미지들에게 운동을 되돌려준다. 외부의 이미지들을 선별하고 전달하여 다시 운동을 반사하는 이 특별한 이미지가 바로 육체(두뇌)이다. 나의 육체는 운동을 주고받는 물질적 세계 속의 다른 모든 이미지들과 마찬가지로 하나의 이미지이다.

> 우주 일반을 이루고 있는 이미지들이 있고, 내 육체에 근접한 이미지들이 있으며, 마지막으로 내 육체 자체의 이미지가 있다. …… 나는 물질을 이미지들의 총체라고 부른다. 그리고 물질의 지각은 이와 동일한 이미지인데, 이것은 내 육체라고 불리는 특별한 이미지의 실제적인 행위에 속한다.(Bergson, *Matter and Memory*, 7~8)

운동-이미지가 육체와 관계함으로써 그 운동의 양태는 달라질 것이다. 운동은 우선 육체에 수용되어 육체를 중심으로 상대적인 운동에 들어갈 것이다. 육체를 싸고 있는 표면과 관계된 분자운동은 구심신경을 통해 다양한 진동으로 전달되어 중추계로 집결되고, 혹은 두뇌에 도달한 진동은 이런 저런 방식에 의해 원심신경으로, 그리고 다시 각 감각기관 혹은 근육으로 전달될 것이다. 중심을 가지지 않는 이미지의 운동은 중심을 갖는 육체 이미지의 내적인 운동으로 변조를 이룬다. 자신의 고유한 법칙으로 운동하던 이미지들은 나의 육체가 그것에 접근하거나 그것으로부터 멀어지는 정도에 따라, 색, 모양뿐 아니라 심지어 모든 특질들이 변한다. 지각이 존재한다고 말할 수 있다면, 그것은 이러한 분자운동의 내적 이행들 속에서 육체-이미지를 중심으로 배열되고 통과하면서, 내 육체의 위치들을 나타내고 지시하는 일종의 분자운동의 한 기능이다.

> 이 |내적| 운동은 처음부터 내 육체 안에서 외부 대상의 작용에 대한 내 육체의 반응을 준비하도록 의도된 운동들이다. 육체-이미지는 다만 매 순간 마다 움직이고 있는, 나침반처럼 주어진 특정한 이미지, 즉 주위의 다른 이미지들과의 관계 속에서의 내 육체의 위치를 지시할 뿐이다. …… 그렇다면 두뇌의 지각 기능이라고 불리는 것과 척수의 반사 기능은 본성상의 차이가 아닌 정도상의 차이만 있을 따름이다. 척수는 수용된 자극을 운동으로 변형한다; 두뇌는 그것을 단순히 초보적인 반응으로 지연시킨다.(8)

따라서 (두뇌의) 지각은 정신의 비물질적 표상이 아니라, 물질-이미지의 직접적 운동과 관계한다. 베르그송에 따르면 지각은 분자 운동들을 번역한다. 마찬가지로 지각은 물질-운동과 동일한 위상에 있다.

이와 같은 두 방향에서의 논거들은 이미지에 관한 이례적인 진술을 도출한다. 그것은 바로 이미지가 취하고 있는 이중적 질서이다. 동일한 하나의 이미지는 두 방향의 지시체계를 가지고 있다. 하나는 "각 이미지가 스스로 다양해지고, 모든 이미지들이 서로간의 기능으로서, 그들의 모든 면들 위에서 그리고 모든 부분들 속에서, 작용과 반응을 일으키는 하나의 체계가 있다."(Deleuze, *Cinema 1*, 62) 들뢰즈는 이것을 물적 상태의 이미지, 다시 말해 "운동-이미지"라고 불렸다. 물적 상태는 중심에 의해 가변적인 상대적 변화가 아니라, 그 자신만의 고유한 운동 법칙에 따라 절대적으로 변화하고 있는 체계를 이룬다. 중심이 없이 부분들 그 자체로 존재하는 체계, 유물론자들에게 있어 이것은 고집스럽게 버티고 있어 포착이 불가능한, 인간의 의식으로는 어떻게 해 볼 수조차 없는 불가능 그 자체로서의 물질-신비가 될 것이다. 그러나 이미지는 또 하나의 지시 체계를 가지고 있다. 모든 이미지 혹은 그 부분들이 "기본적으로 하나의 이미지를 위해 다양해지고, 다른 이미지들의 작용을 그 면들 중 하나에 수용하며, 또 다른 하나의 면 위에서 그 이미지들에 반응하는 체계"이다.(62) 이 하나의 특별한 이미지는 바로 육체, 혹은 그로부터 나오게 될 지각이다. 육체라는 중심을 갖는 이미지의 체계, 그리고 이 중심의 작은 변화에도 말랑거리고 변덕스러운 이미지의 체계, 들뢰즈는 이를 "지각-이미지"라고 불렀다.4 베르그송은 유물론이 이미지의 첫 번째 체계를 통해 두 번째 체계를 결정했으며, 관념론은 두 번째 체계로써 첫 번째 체계를 정립했다고 지적한다. 그러나 두 체계가 어떻게 동일한 실재성으로 관계를 갖는지는 설명하지 못한다는 것이다. 이를 설명하기 위해서는 궁극적으로 하나의 면, 즉 내재적 표면으로서의 운동-이미지를 상정하지 않으면 안 될 것이다. 이원론적 일원론으로서의 세계 일반을 이루고 있는 이미지가 있으며, 이 이미지의 한편에는 물질-운동의 체계가 있고, 다른 한편에는 지각-운동의 체계가 있다.

사물과 그 사물에 대한 지각은 동일한 하나의 사물이며, 동시에 동일한 이미지이다. 그러나 이 동일한 이미지는 서로 다른 체계와 관계한다. 사물은 그 자신 안에 존재하는 즉자적인 이미지이며, 다른 모든 이미지들과 작용하고 반응하면서, 서로 완전한 관계를 맺고 있다. 그러나 사물에 대한 지각은 그 사물의 이미지에 틀을

4. 이미지의 두 체계에 대해서는 Bergson, *Matter and Memory*, p. 12~16을 보라.

설정하고 초점을 맞추는 또 다른 특별한 이미지[육체 혹은 두뇌]에 관계하면서, 그 사물의 이미지로부터 부분적인 작용만을 수용하고, 간접적으로만 반응한다.(63)

그러므로 물질과 지각은 서로 양적인 차이만을 갖는다. 지각은 물질-운동으로부터 필요에 따라 이러저러한 물질의 면과 선들을 선택한다. 사물들을 지각하면서 우리에게 필요하지 않은 이미지들을 빼는 것이다. 이런 의미에서 지각은 '주관성의 최초의 물질적 상태'를 정의하는 방식이라고 말할 수 있다. 지각은 이미지들의 집합 중에서 육체가 요구하는 것을 선별하고 그 나머지는 감산한다. 그러나 지각이 사물과 마찬가지로 하나의 이미지라면 사물 역시 지각 기능을 가지고 있다고 말할 수 있지 않을까? 물질-운동의 체계 속에서 중심을 갖지 않는 이미지는 다른 이미지들의 면과 선에 작용하거나 반응하면서 그들을 지각할 것이다. 오히려 우리의 지각보다 더 많은 것들을 지각할 것이다.

하나의 원자는 …… 우리보다 무한히 더 많은 것들을 지각한다. 그리고 그 자신의 한계에서, 최초의 작용들이 일어나는 지점에서, 그 반응들이 도달하는 한계까지, 우주 전체를 지각한다. 사물과 그 지각은 한마디로 말해 포착prehension이다. 그러나 사물들은 객관적이고 총체적인 포착이며, 지각은 부분적이며 편파적이며 주관적인 포착이다.(63~64)

들뢰즈는 바로 이점에서 베르그송이 현상학과 구별된다는 점을 지적한다. 현상학에서 자연적 지각은 세계 내에 위치한 주체의 의식의 열림으로 간주된다("의식은 무엇인가에 대한 의식이다."). 따라서 자연적 지각은 운동-이미지와 본성적으로 차이나는 것으로 간주된 의식이 어떻게 운동-이미지와 관계하는가의 난제를 해결해 주는 것처럼 보인다. 그러나 현상학에서 자연적 지각은 의식의 열림이지 물질의 표면은 아니다. 현상학은 여전히 의식과 물질의 이행을 외재적(초월적) 방식으로 이해했으며, 운동을 포즈와 연결 지어 생각했다. 베르그송은 유물론과 관념론이 물질과 표상을 서로 대립적인 관점에서 논의하고 있음에도 불구하고, 이들 간에는 이례적으로 한 가지 공통된 가정이 있다고 지적한 바가 있는데, 그것은 바로 이들이 지각을 순수한 인식의 문제로 간주하고 있다는 사실이었다.(Bergson, *Matter and Memory*, 17)' 이런 의미에서 현상학은 관념론이나 유물론과 마찬가지로 지각을 주관성의 계열에 놓음으로써 여전히 전통적 방법으로부터 벗어나지 못했다는 것이다.(Deleuze, *Cinema 1*, 60) 반면에 베르그송에게 있어 지각은 의식의 열림이기 이전에 이미 물질-운동과 동일한 이미지이다("의식은 어떤 것이다."). 이 것은 의식과 사물 나아가 존재에 관한 보다 근본적인 차이를 수반한다. 현상학의 경우 이미지와 운동은 동일하지 않으며 동일한 내재적 평면을 이루고 있지도 않다. 다만 이 두 심층이 서로 열려 있기는 하다. 그러나 베르그송의 경우 이미지와 운동은 동일한 것이며 동일한 평면 위에 내재하고 있는 동일한 실재이다. 이미지는 운동이며 그 자체로 하나의 이행이다. 이 운동-이미지는 의식과 물질간의 이행 나아가 운동 일반이며, 육체와 맺는 관계에 따라 지각-이미지, 감정-이미지, 충동-이미지, 행동-이미지 등으로 분화할 것이다. 운동-이미지는 한편에는 지각이 다른 한편에는 물질의 운동이 동시에 공존하고 있는 복합물이다. 이행 그 자체로서의 운동-이미지는 바로 주관성의 물질적 순간이며 동시에 객관성의 정신적 순간이다. 주관성과 객관성의 두 절대는 운동-이미지라고 하는 이원론적 일원론의 단일한 판 위에 있다.

영화와 관련하여 이 모든 것들에 대해 무엇을 말할 수 있을 것인가? 영화의 역사를 놓고 볼 때, 물론 중요한 관건은 이미지의 움직임을 창출하고, 그 효과를 배가하는 다양한 기술적 문제들뿐만 아니라, 그리피스David Wark Griffith 이후에 본격적으로 등장하는 이미지 언어의 구성일 것이다. 강렬한 효과를 내기 위한 것이든 아니면 의미를 표현하기 위한 형식의 실험이든, 영화는 결국 편집montage의 문제 즉 운동-이미지의 구성이 될 것이다. 그러나 이보다 더 근본적인 문제를 생각해 보아야 할 것이다. 형식뿐 아니라 내용의 근간을 이루는 것으로서, 영화의 존재론적 근거를 이루는 것으로서의 물질성이 바로 그것이다. 우리는 운동-이미지를 물질-운동과 동일한 것이라고 주장해 왔다. 그러나 더 구체적으로 혹은 영화적으로 말해 운동-이미지는 바로 빛의 운동일 것이다. 사진으로 되돌아가 말해 보자. 하나의 실체는 어떻게 감광판에 투사되어 하나의 피사체-이미지가 될 것인가? 혹은 사물들은 어떻게 우리의 지각과 사유의 한 이미지가 될 것인가? 지각 행위와 이미지를 주관성의 영역으로 제한하는 이론 — 유물론이든 관념론이든 — 은 언제든지 이 질문을 두뇌나 정신의 기적적인 권능으로만 설명할 수 있을 뿐이었다. 그럼에도 불구하고 우리의 경험은 감광판에 투사된 그 이미지가 실제의 피사체와 동일한 실재성을 갖는다고 믿는다. 왜냐하면 그 이차원적 이미지는 우리의 마음속에 새겨진 인상으로부터 밖으로 나아가 그 감광판에 찍힌 서명이 아니라, 사물의 표면으로부터 방사된 빛이 다가와 할로겐Halogen을 태워 남긴 흔적이기 때문이다. 그렇다면 오히려 같은 이유에서 우리 마음속의 인상이란 정신과 두뇌의 신비적 권능의 결과가 아니라, 은판의 할로겐과 동일한 실재성을 가지는 우리의 각막과 피부 깊숙이 파고들어 두뇌와 정신을 태워버린 운동-이미지 즉 빛-운동의 흔적이 아닐까?

내재성의 면은 모두가 빛이다. 운동, 작용, 반응들의 집합은 여기저기에 편재하는, 저항 없이, 손실 없이 퍼져나가는 빛이다. 이미지와 운동의 동일함은 곧 물질과 빛의 동일함과 다르지 않다. 물질이 빛인 것처럼 이미지는 운동이다. …… 베르그송이 원했던 것은 …… 내재성의 면 전체 위에서 발생하는 빛의 분산 혹은 확산의 긍정이다. 운동-이미지에서는 아직 실체나 단단한 선들은 없고 오로지 빛의 선들 혹은 형상들만 있다. 시간-공간의 블록들은 바로 그런 형상들이다. 그것은 즉자적인 이미지들이다. 그것이 누군가에게, 즉 눈에 나타나지 않았다면 그 것은 빛이 아직 반사되거나 정지되지 않았기 때문이며 계속 퍼져 나가지만 결코 드러나지는 않기 때문이다. 다시 말해 눈은 사물들 속에, 빛나는 이미지들 자체 속에 있다. 사진이 실제로 존재한다면 사물들의 내부 자체 안에, 공간의 모든 지 점에서 이미 포착되어 있으며 촬영되어 있다.(60)

그래서 우리는 영화의 역사에서 영화의 내용과 근간을 이루고 있는 문 제는 다름 아닌 빛의 문제(더 심오하게는 어둠의 문제)였음을 알게 된다. 초 창기의 환등magic lantern은 촛불과 같은 인공적인 빛을 모으면서 시작되었다. 후에 석회를 백열하는 상태까지 가열시켜서 만든 회광등limelight에 의해 전 기가 촛불을 대신하게 되었다. 회전 요지경thaumatrope은 지각을 왜곡시키는 빛의 잔상효과를 이용해 만들어졌다. 페나키스티스코프Phenakistiscope, 죠트 로프Zoetrope, 프락시노스코프Praxinoscope와 같은 영상장치들은 작은 구멍을 통해 빛을 배열, 분산, 연속, 단절시키는 문제로 집약할 수 있다. 말할 것도 없이 사진은 빛에 민감하게 반응하는 화학물질Halogen을 이용한 것이다. 에 디슨의 키네토스코프Kinetoscope가 나온 이후에 아크등arc light과 렌즈가 추가 되었으며, 노출 때보다 더 많은 빛을 모으기 위해 필요한 시간이 계산되기 시작했다. 에디슨의 약한 확산광을 수정한 것이 뤼미에르 형제의 시네마토 그래프Cinématographe이다. 영화의 물리적 조건에만 빛이 중요한 것이 아니었 다. 그것은 편집과 같은 언어 예술적 측면에서도 그랬다. 가령 에이젠슈타인 Sergei Eisenstein은 감각의 몽타쥬(공감각)를 이용하여 모든 물질-운동을 빛의 형상으로 표현하고자 했다. 표현주의자들은 열정의 강렬함을 바로 빛과 어 둠의 대위법으로 구성했다. 이 뿐만이 아닐 것이다. 영화는 시간과 공간과 운동뿐 아니라 우선적으로 빛의 물리학으로부터 빛의 예술로 진화한다.

우리가 만일 지각과 운동에 관한 고전철학의 관점 ― 현상학의 관점을 포함 하여 ― 을 수용 한다면 영화가 가능하다고 말할 수 있을까? 그 관점에 따르면 영화는 일종의 의식의 파노라마이다. 그래서 영화는 우리가 꿈을 꾸거나 상상을 하는 가운데 이미지 단편들을 의식 안에서 외부로 풀어내고 있는 일종의 이야기이며 문학의 광학적 형식으로서의 릴reel이다. 그런데 베르그송이 운동과 관련하여 영화를 비난했던 것은 정확히 바로 이것이 아닌가? 운동은 우선적으로 빛과 관련이 있는데, 고전적 관점에서 말하는 의식의 파노라마란 말하자면 사물에 투사되고 있는 의식의 빛이 아닌가? 이에 따르면 물질은 애초에 어둠의 상태였다. 그 어두운 존재는 마치 검은 벽에 환등기의 빛이 영사되어 사물의 윤곽이 드러나듯이 의식의 빛에 의해서만 현존하게 될 것이다. 나아가 자연은 정신의 기적적 권능을 통해서만 현존의 빛을 가지게 될 것이다. 이렇게 영사기-의식과 스크린-물질이라는 상보적인 두 항의 구도 속에서는, 운동을 사물의 정신적 상태로서의 포즈의 이행으로 간주하듯이, 영화적 주체 즉 바라보고 지각하는 것은 바로 의식의 눈이라고 말해야 할 것이다. 그러나 베르그송의 관점은 달랐다. 그에 따르면 빛은 의식이 아니라 이미 존재 그 자체 내에서 발하고 있다. 존재는 조명 빛이 아니라 바로 자신의 빛으로 존재한다는 사실을 영화만큼 잘 보여주는 것은 없다. 따라서 존재의 내적인 빛이 아니었다면 오히려 영화 자체가 불가능했을 것이다. 바로 여기에 문학이나 회화나 기타 재현 예술들과는 본성적으로 다른 영화 고유의 존재론적 정당성이 있다. 앙드레 바쟁André Bazin이 영화를 문학으로부터 구해내고자 하면서, 그 존재론적 근거를 다큐멘터리의 요소로부터 찾고, 나아가 네오리얼리즘Neo-realism을 위시하여 리얼리즘 일반의 문제를 "날-이미지"image-fait라든가 혹은 그 심오한 "지속의 영화"un cinéma de la durée의 개념에서 엿볼 수 있는 존재론적 기다림의 형식 — 쁠랑-세캉스 plan séquence가 좋은 예이다 — 으로 나아갔던 것도 바로 이 때문이었다.5 들뢰즈는 영화가 "운동-

---

5. 데시카(Vittorio de Sica)의 〈움베르토 D〉를 논의하면서 바쟁이 언급했던 "지속의 영화" 개념은, 영화의 실재성이 잠재성과 우연성을 근간으로 하고 있음을 말해준다. 그에게 있어 지속의 개념은 정신의 몽타쥬에 의한 의식의 지속이 아니라, 의식을 넘어서는 시간 즉 사소하고도 우연적인 사건들의 동

이미지의 첫 번째 체계인 보편적 변이, 총체적이고 객관적이며 모호한 지각으로 나아가는 경향"이 있다고 지적했는데(64), 베르그송을 상기해 보자면 (특히 『물질과 기억』의 1장), 이 모호한 지각이란 바로 기억이 개입하지 않은 지각, 즉 하나의 복합물로서의 지각으로부터 주관적 계열의 모든 정신적 요소를 소거해 버린, 복합물 이전의 그 순수한 의미에서의 물질적 지각상태인 순수지각일 것이다. 다시 말해 영화는 인간의 눈이 아니라 바로 기계의 눈 혹은 물질의 눈에 의해 포착된 이미지로부터 시작해야 한다.

물론 영화에서의 하나의 쇼트에는 아주 많은 주관적 요소들과 그 징후가 투사되어 있다. 앙드레 바쟁도 하나의 쇼트 내에서의 "고전적 형식의 몽타쥬"découpage의 가능성을 언급하였다. 가령, 히치콕Alfred Hitchcock의 〈로프〉Rope는 작품 전체가 하나의 쇼트임에도 불구하고 카메라의 움직임을 통한 선택과 배제가 있으며, 그로인해 이야기의 전개와 언어가 있었다. 그래서 바쟁은 그 작품이 이미 감독에 의해 철저히 기획된 사건들 속에서 정돈된 "연극적 시간"에 근거하고 있다고 보았다.(바쟁, 『영화란 무엇인가?』, 83, 419) 시적 영화cinéma de poésie를 언급하면서 파졸리니Pierre Paolo Passolini는 카메라가 자율적인 주체가 되어 자의식을 갖게 되면서 "자유간접적인 주관성"을 획득하게 된다고 지적하였다. 가령 "집요한 프레임" 혹은 "강박적 프레임"과 같이 영화적 코기토를 구현하는 스타일상의 절차들이 좋은 예일 것이다. 카메라는 어떤 인물이 프레임 안에 들어오기 전에 미리부터 특정 장소에서 구도를 잡고 그가 들어오기를 기다린다. 그가 들어와 행위하고 말하고 나서 나가기를 기다린다. 그가 나간 후에도 카메라는 움직이지 않고 그가 빠져나간 텅 빈 공간을 계속해서 잡고 있다. 이러한 절차는 카메라가 인물이나 상황을 쫓아가는 것이 아니라 스스로 독립적인 심미적 의식을 가지고 지각에 카메라-의식

시적 작용으로 채워진 잠재적 시간에 근거하고 있다. 이에 대해서는 이 책의 2부의 4장을 보라. 결국 이 심오한 개념은 존재의 본질이 기다림 속에서만 드러난다는 것을 암시하고 있으며, 바쟁이 네오리얼리즘을 축으로 하는 다큐멘터리 요소를 영화의 미덕으로 설정하게 되는 이유가 된다.

을 덧붙임으로써 지각에 있어서의 반영적 의식reflecting consciousness을 보여준다. 마치 자유간접화법에서처럼, 어떤 인물에 대한 객관적 묘사를 그 인물 특유의 스타일에 감염되어stylistic contagion 묘사하듯이6, 동일한 이미지 위에 다른 렌즈들을 교체한다든가, 과도하게 줌 렌즈를 써서 사물을 왜곡시킨다든가 하는 식으로, 객관적 대상에 대한 지각을 주관적 의식의 반영으로서 드러내는 것이다.7 뿐만 아니라 하나의 프레임은 그 자체 이미 주관적 배열을 의미한다. 이로부터 쿨레쇼프Kuleshov나 푸도푸킨 그리고 에이젠슈타인과 같은 소련의 몽타쥬 대가들은 몽타쥬를 통해 주관성의 구성적 효과 — 벽돌쌓기, 모주킨 효과, 충돌 몽타쥬, 유인 몽타쥬 등 — 에 주목하였다.

그러나 하나의 쇼트에는 기억과 사유가 개입하기 이전의 순수지각의 층위가 내재해 있다. 혹은 더 나아가 말하자면, 바쟁이 라모리스Albert Lamorisse의 영화 〈빨간풍선〉Le Ballon Rouge(1956)을 통해 언급했던 바8, 아니면 트뤼포Francois Truffau가 자신의 영화 〈아메리카의 밤〉La nuit Americain(1973)에서 그 유명한 고양이 장면을 통해 보여주었듯이9, 몽타쥬가 영화의 본질이기 이전

---

6. 들뢰즈는 자유간접 화법의 문제를 바흐친(Mihail Bahtin)과 러시아 형식주의자들의 언어철학에서 예를 들고 있다. 이에 대해서는 Vološinov, *Marxism and the Philosophy of Language*, pp. 125~140[한국어판, 『마르크시즘과 언어철학』]을 참고하라.
7. 파졸리니와 영화의 자유간접화법에 관한 논의는 Deleuze, *Cinema 1*, pp. 74~76을 참고하라.
8. 라모리스의 영화 〈빨간풍선〉에는 풍선이 마치 강아지처럼 아이를 따라다니는 장면들이 나오는데, 바쟁에 따르면 이 장면은 몽타쥬에 의한 트릭이 아니라 카메라 앞에서 직접 시연한 실제의 장면이라고 한다. 바쟁이 여기서 강조하는 것은 이미지가 트릭에 의한 것인가 그렇지 않은가의 문제가 아니라, 그 이미지가 물질적 지속에 기인한 실재성을 취하는가 혹은 스크린 상에만 존재하는가의 문제였다. 이에 관한 논의는 바쟁, 『영화란 무엇인가?』, 75~77쪽을 참고하라.
9. 이 영화는 영화 제작 과정을 소재로 하는 작품이다. 여기서 고양이가 아침에 음식 쓰레기를 뒤지며 먹는 장면을 촬영하는데, 고양이가 마음대로 움직여주지 않아 장면을 반복해서 찍는다. 힘겹게 참아가며 오랜 시간 기다린 끝에 결국 고양이가 원하는 대로 움직여주었고, 제작진은 그 '우연적 일치'의 순간에 대한 기쁨을 만끽한다. 트뤼포는 이 장면을 통해 바쟁이 주장하는 영화적 본질로서의 "물질적 지속"을 직접 보여주고 있는 것이다. 거기에는 물론 장면을 반복하고 고양이를 유도하는 트릭이 있지만, 그것은 몽타쥬에 의한 추상적 트릭이 아니라, 현실에 근거하고 있는 현실적 트릭이라는 점에서 문학과는 본성적으로 다른 점이다.

에 혹은 몽타쥬에 의존하지 않고도, "공간의 단일성에 대한 전적인 사진적 존중"이라고 하는 물질적 지속의 층위가 내재해 있는 것이다.(바쟁, 『영화란 무엇인가』, 77) 영화가 문학에 의존하지 않고도 그 자체 고유의 존재성을 갖는 것은 바로 이러한 층위에 기인한다. 인간의 의식 이전에 물질적 지각이 존재한다면, 우주 전체는 하나의 사진으로 존재할 것이며, 공중을 활공하는 카메라의 크레인 쇼트에서처럼, 어디서든지 이미 사진이 찍히고 있다고 보아야 할 것이다. 마찬가지로 지각은 어떤 것에 '대한' 지각이 아니라, 바로 그 자체 어떤 것이다 ─ 우리는 사물이 있는 바로 그곳에서 사물을 지각한다. 따라서 영사기에서 흐르는 빛이 스크린에 투사되어 하나의 사진과 하나의 영화가 보인다면, 그것은 영사기-의식에서 스크린-물질로 이행하는 것이 아니라, 영사기-물질에서 스크린-의식으로의 이행이라고 해야 할 것이다. 다시 말해 존재의 빛은 의식의 투사가 아니라 물질-운동 그 자체로부터의 발산이다. 어떠한 저항도 받지 않고 끊임없이 흐르는 운동-이미지 혹은 빛-운동은, 단단하면서도 밀도 높은 그러나 불투명한 벽에 부딪히면서 그 자신의 이미지를 반사시킨다. 이것이 사진 뿐 아니라 영화의 존재이며, 그렇기 때문에 그것은 우주 어디에서든 촬영되고 영사되고 있는 것이다 : "그 자체 영화로서의 우주, 즉 메타 시네마".(Deleuze, *Cinema 1*, 59)

한 장의 사진이 운동과 시간의 한 점 즉 화석의 이미지라고 말할 수 있다면, 영화는 운동하고 있는 일련의 면 일 것이다. 영화는 화석의 진화 즉 진화하고 있는 화석 그 자체를 보여준다. 세계와 지각 사이에는 두껍고도 얇은 무엇인가가 꽉 들어차 있다. 텅 비어 있는 기하학적 공간을 가지고는 영화에 대해 어떠한 설명도 할 수가 없다. 망막과 사물 사이에는 무수한 이미지들, 즉 물질-빛-운동으로 가득 차 있다. 따라서 그 사이에 약간의 변화라도 생긴다면 그 가득 찬 공간 전체의 크고 작은 굴곡이 일어날 것이다. 하나의 작은 행위가 우주 전체의 만곡이나 휘어짐과 관계하는 것, 아킬레스의 한 발이 거북과의 공간 전체의 변화를 유도하고 그로 인해 거북을 실제적으로 추월할 수 있는 것도 이 물질적 지속 때문일 것이다. 망막과 세계 사이의 공간을 냉각시켜 보자. 그리고 거기서 임의의 한 점 혹은 단면을 잘라보자. 빛이 머금고 있는 어떤 세계의 화석이 고스란히 응고되어 있을 것이다. 그것은 검은 감광판에 영사된 의식의 빛이 아니라, 특정 중심이 없고 앞-뒤가 모호한 셀룰로이드 판과 같이 그 자체 빛을 내는 투명한 사진, 즉 순수지각의 임의의 상태이다. 이번엔 그 단면을 빠르거나 뜨거운 속도로 녹여보라. 투명한 사진은 바로 빛-운동, 물질-운동의 집합, 즉 운동-이미지가 될 것이다. 들뢰즈에 따르면, 베르그송이 생각했던 것과는 달리, 영화는 잘못된 운동의 전형이 아니라 가장 적절하게 운동-이미지의 한 예가 되고 있는 것이다.

베르그송이 제시한 — 오히려 발명이라고 해야 할 것이다 — 이미지는 순간으로 추상화되어 움직이지 않고 고정된 단편적 자태가 아니라, 활동하고 있는 실질적인 단편으로서의 운동이다. 그러나 앞으로 보게 되겠지만, 이것은 보다 심오한 차원에서 지속의 파편이 될 것이다. 운동-이미지는 결국 더 나아가 시간-이미지와 관계한다. 지속의 실질적 부피는 수학적 점의 상태나 순간으로 환원할 수 없는 면이며 덩어리이다. 그래서 거기에는 해소할 수 없는 간극 또는 생-이미지life-image를 발생케 하는 조건으로서의 '망설임'이 내재한다. 간격이나 거리의 양으로 만은 가늠할 수 없는 망설임과 선택의 순간에 깃든 긴장으로서, 생명이 결정론으로부터 유일하게 벗어날 수 있는 지점으로서, 거기에는 쪼갤 수 없는 공백과 두께 혹은 꽉 들어찬 잠재적 실재가 있다. 거기서 우리는 정신과 물질의 동시적 공존을 포함하고 있는 부피 이미지를 본다.

4장

시간의 참된 이미지 : 담장에 기대어 서 있는 자전거

예술의 힘 : 시간의 직접적 현시 혹은 해방

　지속과 물질, 시간과 공간이 뒤섞여 뒤죽박죽이다! 더 정확히는 지속의 물질화 혹은 시간의 공간화! 그리하여 삶 자체의 결정론적 기계론적 도식화! 이것이 베르그송, 들뢰즈, 나아가 베르그송주의의 비판의 핵심이다. 시간의 공간화는 고전철학이나 근대과학처럼 사유의 불가피한 한 측면일 수도 있고, 혹은 맑스가 '사물화 과정'이라는 술어로 말했던 바, 정치경제학적 관점에서 부르주아의 사유를 정당화하는 힘이 될 수도 있다. 예컨대 베르그송에 따르면 고전철학은 운동을 운동체나 운동궤도와 뒤섞어 혼동하여(가령, 아킬레스와 거북의 동질성) 운동의 순수 질 혹은 순수 현존을 물체(육체)와 공간에 종속시켰다. 마찬가지로 근대 과학은 시간을 공간의 좌표체계로 고착시켜(가령, 근대역학이나 상대성 이론) 시간을 운동의 단위로 즉 상대적 좌표에 배열된 눈금들의 불연속적인 간격들로 파편화 했다. 한편 정치경제학적 관점에서, 존재를 효율적이고도 용이한 대상으로 기능화하려면 무엇보다도 그것으로부터 지속을 배제하여 순간으로 혹은 물적 상태로 환원할 필요가 있다. 효율과 기능에 대하여 지속과 시간은 일련의 장애 즉 병적인 상태에 다름 아니기 때문이다. 자본주의는 지속이 가지는 모든 두께와 부피의 제거 나아가 본성상의 차이의 무화 과정이라고 요약할 수도 있을 것이다. 이는 벤야민Walter Benjamin이 기술복제로부터 아주 모호하게 간파했던 바로 그 내용이기도 하다.[1] 따라서 베르그송주의의 중요한 한 가지 프로젝트는 결정론적 혹은 기계론적 사유로부터 그리고 현대 부르주아적 관점으로부터 시간을 되찾는 '기계'를 발명하는 일이다. 기계론과 결정론에 빠지지 않을 것! 혹은 또 다른 형태의 진부함 속에 안주하지 않을 것! 이는 맑스주의가 추구했던 사회 경제적 소유관계의 재구성보다도 더 근본적인 힘을 필요로 하는 것이었다.

들뢰즈에게 예술의 힘은 존재의 고유의 시간과 지속의 보존에 있다. 그의 예술에 관한 저작들 대부분은 존재의 본성적 차이에 관한 사유와 긍정이라는 주제를 기반으로 한다. 가령, 운동, 지각, 감정, 충동, 행동, 지속이 영화 이미지에서 어떻게 각각 자신의 고유한 형태로 현존하는지를 분류하여 그 이미지 각각을 긍정한다든지(『시네마』의 경우), 과거가 현재와는 본성적으로 무관하게 그 자체 즉자적으로 존재함을 보여주어, 과거, 기억, 시간 전체의 순수현존을 긍정한다든지(『프루스트와 기호들』의 경우), 정신분석이 사도-마조히즘이라는 증후군으로 뒤섞어 놓았던 두 작가의 고유한 문학 혹은

---

1. 아우라(aura)에 대한 벤야민의 견해는 대단히 모호한데, 그는 아우라가 존재의 "실질적 지속"(substantive duration)의 문제라고 말하기도 하고, 또 한편에서는 그것이 전통적 이데올로기적 신비라고 말하기도 한다. 그래서 기술복제가 아우라를 파괴했다면, 그것은 한편으로 존재 자체의 "증언적 가치"(testimonial value)의 파괴를 뜻하기도 하고, 다른 한편에서는 기술복제로 생산된 예술작품, 특히 사진이나 영화가 신비적 외피에 감싸인 낡은 가치를 청산해 줄 것으로 기대했다. 이렇게 기술매체가 안고 있는 두 가지 속성, 즉 존재론적 위협과 정치적 혁명적 가능성은 대단히 모순적이고도 모호한 논의가 아닐 수 없다.

변태성을 본성적으로 다른 계열들로 나눈다든지(『매저키즘』의 경우). 존재의 긍정이란 그것이 현실적이고 사회적인 관계 속에서 다른 존재와 뒤섞여 있는 동안에도 가지게 되는 권리상의 해방, 즉 존재의 그 자신 안에서의 시간 전체의 보존을 의미한다. 본성상의 차이의 발견과 존재의 긍정이라고 하는 이 베르그송주의 프로젝트는 궁극적으로 시간의 잠재적 보존 그리고 그 직접적 현시의 문제이다.

　좀 다른 형태로 질문해 볼 수도 있을 것이다 : 지속 즉 시간 즉 회상 그 자체를 직접적으로 볼 수는 없을까? 시계추의 반복처럼 공간에 끼어 있거나, 달리는 자전거처럼 운동에 실려 있거나, 표정 짓는 얼굴처럼 육체(물질)에 묻어 나오는 식의 간접적 현시 말고, 그들로부터 해방되어, 그들이 사멸해도 여전히 그 순수현존이 스스로 남아 시간 그 자체의 이미지가 직접적으로 현시되는 이미지 말이다. 들뢰즈는 현대의 몇 몇 영화들, 가령 전후戰後의 네오리얼리즘이나 누벨바그Nouvelle Vague, 그리고 일본의 오즈Ozu Yasujiro의 영화 등을 논의하면서, 그 프로젝트를 현실화해 줄 기계, 적어도 어떤 가능성을 제시해주는 기계를 모색하고 있는 것처럼 보인다. 시간을 공간으로부터 그리고 운동으로부터 구원해주는 기계를 말이다.

행동성의 균열과 잉여실재

　들뢰즈는 네오리얼리즘이나 누벨바그와 같은 전후 현대영화의 공통적인 형식을 "순수 시지각적 이미지"라고 불렀다.(Deleuze, *Cinema 2*, 2) 이 논의는 현실에 대한 새로운 관점의 출현과 관계가 있다. 앙드레 바쟁은 데시카Vittorio De Sica와 자바티니Zavattini를 위시한 영화작품들을 네오리얼리즘이라고 부르면서 그것을 새로운 형식으로 규정한다. 그들의 영화에서는 우연적이고도 부수적인 사건들, 즉 드라마 전체의 의미나 유기성과는 관계가 적은 장면이 스크린에서 새로운 요소들로 혹은 새로운 중요성을 가지고 나타나기 때문이다. 고전적 리얼리즘에서는 행동 중심의 이미지가 지배적이었다. 예를 들어 계급이나 공동체 전체를 대변하는 하나의 중심으로서의 주인공이 있고, 그를 둘러싼 사회적 자연적 환경이 있다. 그는 환경을 지각하고, 그의 지각은 곧 행동으로 연결되고, 나아가 그의 행동성은 환경 전체의 변화를 야기하여 삶의 새로운 조건이 탄생하는 식이다. 이런 식으로 인물의 행동이나 사건들의 관계는 복수라든가 혁명이라든가 새로운 공동체의 창조와 같은 작품 전체의 주제와 그 정신에 기여하는 바에 의해 결정되었다. 주인공은 작품의 정신을 대변하고, 그의 행동과 그가 대면하는 사건들은 그 정신을 육화하는 한에서 혹은 기여하는 바에 따라, 가령 작은 몸짓과 우연히 내뱉은 말조차도 그의 계급, 세계관, 나아가 그가 속한 공동체 전체와 긴밀한 유기적 관계를 갖는 것이었다. 고전적 리얼리즘에서 펼쳐진 현실이란 하나의 중심 — 그것이 정신의 현현이든 주인공의 행위이든 — 을 갖는 것, 다르게 말해 주관적 형식에 따라 선택적으로 특화하고 해석하고 재구성한 정신적 집체集體에 다름 아니다. 그것은 정신의 몽타쥬에 의해 자연에 덧붙여진 드라마이다. 그렇게 해석된 실재에서는 단순하게 보이는 감각 이미지들조차 그 심층에 모종의 의미(본질)를 품고 있는 것이어야 했다. 실재의 주관적 재구성이란 작은 부스러기들까지도 하나의 클라이맥스로 고양하는 과정이다. 그리고 이는 세계를 파고들어 심층화하는 과정 속에서 실현될 것이다.

그러나 바쟁이 네오리얼리즘 계열 영화의 이미지에서 목격한 현실은 그것과는 판이하게 달랐다. 네오리얼리즘이 다루었던 현실의 이미지는 주관적 형식으로 해석되기 이전의 실재, 즉 그 외관이 갖추어지기 이전에 모호한 형태로 남아 해석을 기다리는 날것의 실재였다. 살아가는 데 있어 그다지 중요하지 않다고 간주되어서인지, 그것은 우리의 지각에 흥미를 끌지 못하고 우리의 의식으로부터 제외되어 초점화 혹은 특화에 실패한 실재이다. 그것은 목적과 결과에 따라 행동하는 우리의 의식적 습관 밖에 존재하는 것으로, 이 습관적 삶에는 불필요한 것들이며 여분의 잉여로 주어진 실재이다. 말하자면 윌리엄 제임스William James가 "과잉실재"hyper-reality라고 불렀던 것과 같은 의미에서 언급될 수 있는 성격의 것이다.[2] 이렇게 파악된 실재에서는 어떤 행위와 그에 상응하는 결과만이 있는 것이 아니라, 행위와 결과 사이에 놓여 있을 수많은 질점들이 내재한다. 가령 우리는 집에서 나와 곧바로 목적지로 갈 수가 없다. 운동화 끈을 맨다든가, 갑작스러운 충동에 이끌려 다른 곳으로 간다든가, 누군가를 우연히 만나 느닷없는 심경의 변화를 겪는다든가, 그 과정 안에는 무수히 많은 무의식적 잉여들이 들어차 있어서 우리가 목적지로 단번에 가는 것을 방해한다. 또한 우리는 마주한 사람과 의도된 대화만을 할 수가 없다. 현장現場에는 우리가 마련해 놓은 쪽지를 꺼낼 수 없도록 우리의 손등을 할퀴는 자질구레한 찰과상들이 많이 있다. 우리는 매순간 마주치는 방해물들을 해결하고 직접 통과하지 않으면 안 되는 것이다. 이 과정은 아주 지루하고도 귀찮은 절차들로 이루어져 있으며, 거기서 우리는 예측하지 못한 일들을 우연히 만나 불필요한 행위들을 의식하지 못하고 해댄다. 지성이 꼭 필요한 것만을 뽑아내어 절약하는 경제를 실현하는 총아인 반면 자연에는 필요한 것 이상의 것들이 넘쳐흐른다. 문학작품 속에는 반드시 필요한 인물 혹은 운명적이기까지 한 만남들만이 있다. 사건의 시작이 있으면 그에 합당한 결과가 있다. 모든 것들은 최종적인 의도 아래 경제적으로 배치된다. 이런 점에서 몽타쥬는 경제행위의 미학적 표

---

2. 베르그송은 윌리엄 제임스에 관한 한 논문에서 "과잉실재"의 개념에 대한 탁월한 설명을 했다. 그에 따르면 과잉실재는 주관적으로 의미가 결정되기 이전의 우연적이고도 산만한 실재이며, 인간이 필요로 하는 것 이상으로 남아도는 실재를 뜻한다. 실재는 우리의 생각이나 바람보다는 항상 그 이상의 잉여적인 것이 있다. 이 개념을 통해 베르그송이 지적했던 주제는 물론 실재가 불확정적(indéfinie)이라는 것이며, 이는 결정론적 세계관에 대한 비판을 함축한다. 이에 대해서는 베르그송, 『사유와 운동』, 252~264쪽을 참조하라.

현에 다름 아니다. 그러나 실제의 삶 속에서는 불필요한 동작들과 말들이 끊임없이 행해진다. 가만히 앉아있는 동안에도 우리의 육체는 무엇인가를 해댄다. 그럼에도 뚜렷한 윤곽을 띠고 있는 것은 없으며, 우리가 원하는 바에 따라 간단하게 혹은 완전하게 발생하지도 않는다. 공간은 서로 겹쳐져 있어서 시작도 없고 끝도 없다. 만족스러운 최종적 결론도 없고 세계를 한꺼번에 재현할 단어도 없으며 가슴을 파고들어 인생 전체를 뒤바꿀만한 영원한 감동 역시 존재하지 않는다. 삶에 있어 모든 결과는 지리멸렬한 부스러기들로 약화되는 것이다. 이것이 바로 네오리얼리즘의 이미지를 통해 바쟁이 암시하는 인간의 삶이었다. 그가 보기에 이 삶은 우리의 의식을 넘어서는 경험에 비친 실재 일반이다. 단순히 그것을 모호하다고 밖에는 말할 수가 없는 것이다.

과잉 혹은 잉여 실재의 특정 블록(구간)이 스크린 위에서 일정한 지속을 이루고 있는 이미지를 바쟁은 날것의 이미지 즉 "사실-이미지"image-fait라고 불렀다. 날-이미지의 근간을 이루고 있는 것은 말할 것도 없이 지속의 차원에 속하는 것이다. 바쟁의 말을 따르면 실재는 지속하는 그 무엇이다. 만일에 영화가 현실을 모방하는 것이라면 영화의 본질적인 의미는 카메라의 지속을 통해서만 드러나야 할 것이다. 단편적인 표상들을 몽타쥬하여 현실을 재구성하는 방식은 현실에 새로운 형태의 관념을 덧붙인 것에 불과하다. 그것은 현실의 왜곡이고 과장이며 강요이다. 현실은 해석적 재구성이 아니라 기다림 속에서만 그 속살을 드러낼 것이다. 바쟁이 진정한 영화의 조건을 다큐멘터리의 요소들 속에서 찾은 이유는 바로 그것이 기다림의 형식에 가장 근접해 있기 때문이었다. 네오리얼리즘을 고전적 리얼리즘과 근본적으로 다르게 하는 것이 있다면 바로 지속과 기다림을 기반으로 하는 사실-이미지에 있을 것이다. 역설적이게도 네오리얼리즘은 현실에 가장 가깝게 근접해 감으로써 현실의 이미지를 가장 새롭게 창조한 셈이다. 이렇게 새로이 창조된 이미지3에서는 모든 행위나 말이 특정한 목적 — 공동체의 구원이나 자아 정체성의 발견 혹은 노동자의 잃어버린 자전거를 찾는 등의 거시적 역사 — 에 따라 행해지거나, 시간, 장소, 사건의 일치를 보증하는 어떤 중심에 의해 운용되는 것이 아니라, 사건과 사건 사이의 응집력이 느슨하고 산만하며 인물의 행위가 중심이나 목적을 잃어버려, 예컨대 스타니슬라브스키]Constantin Sergeevich Stanislavskii나 푸도푸킨]Vsevolod Illarionovich Pudovkin이 강조했던 연출에 있어서의 "에너지 보존 원칙"이 그 고유의 존재론적 의미에서 영화적 현실이 될 수 없는 것이었다. 사실-이미지는 일상적인 작은 행위들이 주도가 되어 재현될 것이다. 데시카의 〈자전거 도둑〉 Ladri di Bicilette(1948)에서 아버지와 함께 로마 거리를 헤매며 자전거를 찾던 아들이 갑자기 골목길에서 잠시 동안 소변을 본다든지, 잃어버린 자전거를 찾아다닌다는 줄거리 전체의 중심이 갑작스러운 소나기에 의해 중단되어 그것이 그치기를 한참 동안 기다려야 한다든지, 소나기가 그치기를 기다리던 부자父子는 그들과는 무관한 퀘이커 교도들의 알아듣기 힘든 수다를 한참동안이나 듣지 않으면 안 된다든지 하는 것이 그것이다.

이 같은 사소한 사건 혹은 일상적 제스처들은 역동적 실재 안에서 존재가 겪지 않으면 안 되는 우연성의 산물들이다. 영화가 하나의 문학이나 드라마가 되기 위해서는 이 소소한 것들을 제거하거나 주제-중심에 맞게 해석하고 배치하지 않으면 안 될 것이다. 이런 이유에서 자바티니는 네오리얼리즘을 "우연성(조우)의 예술"이라고 정의한다. 저 인물들뿐만이 아니라 실재하는 모든 존재의 심리적 육체적 제스처에는 초월적 중심에 종속되지 않은 채

---

3. 들뢰즈는 이것이 실재의 수준에서가 아니라 오히려 주관성의 수준에서 다루어야 할 문제가 아닌지를 질문한다. 네오리얼리즘이 창조한 것은 현실의 새로운 이미지이지 새로운 현실 그 자체는 아니기 때문이다 : "그 문제가 형식에 관계하든 내용에 관계하든 과연 실재의 수준에서 제기되는 것인지 확신할 수가 없다. 그것은 오히려 '정신'의 수준에서, 사유의 차원에서 제기되어야 하지 않을까?"(Deleuze, *Cinema 2*, 1)

오로지 자신들의 고유한 법칙에 따라서만 살아가는 면모가 있다. 이렇게 내적인 원인을 갖는 행위들은 언제나 우연적이고도 즉흥적인 만남 — 유기적이어야 할 작품의 최종적 명제를 가시화 하는 데 있어서는 불필요할 뿐 아니라 오히려 방해가 되는— 을 유발한다. 중심으로부터 독립하여 각자들 간에 서로 주고받는 이 내적 행위들은 중심적 의미로부터 주변화 되어 산발적으로 흩어져있는 여분이고 잉여이지만, 동시에 그 이미지들의 내재성 속에는 중심만으로는 설명할 수 없는 무한한 존재론적 연민이 있다.[4] 잉여실재를 담기위해 영화는 더 이상 주관적 표상의 단편들을 몽타쥬하여 현실을 재현하거나 재구성하는 것이 아니라, 베르토프Dziga Vertov가 추구했던 방식 혹은 그와는 다르게 패서스Dos Passos가 추구했던 식의 "카메라의 눈"과 같이, 카메라를 고정시켜 놓은 채 현실을 "겨누고"visé 주시하는 눈이 된다.

들뢰즈는 우연성(조우)의 의미를 더 끌고 나아가 보다 풍요로운 관점에서 논의한다. 우연성이란 잉여실재 혹은 사실-이미지를 이루는 하나의 조건을 넘어 우리가 현실에 대해 가지는 특별한 태도와 관계가 있기 때문이다.

자바티니가 네오리얼리즘을 우연적 만남의 예술 — 파편적이고, 순간적이고, 단속적이고, 결국은 실패로 끝나고 말 우연 — 로 정의했을 때 의미하고자 했던 것은 무엇일까? 로셀리니Roberto Rossellini의 〈파이자〉, 혹은 데시카의 〈자전거 도둑〉에서 볼 수 있는 우연성의 형식들은 바로 이런 것들이다. …… 〈움베르토 D〉에서 …… 이른 아침에 부엌에 들어온 어린 하녀는 피로에 지쳐 보이고 기계적인 일련의 동작들, 즉 슬쩍 선반을 닦아내고, 수도의 물줄기로 개미를 쫓아버리거나, 커피 분쇄기를 돌리거나, 발끝으로 문을 밀어 닫는 동작을 한다. 곧 이어 그녀의 시선은 임신한 자신의 배와 교차되는데, 이는 마치 세상의 모든 비참이 거기

---

4. 바쟁은 데시카의 작품 속에 깃든 존재에 대한 연민을 언급한 바가 있다. 그것은 아마도 각 인물들이 가지고 있는 고유한 품성들이 그러한 작은 행위들 속에서 서서히 드러나기 때문일 것이다. 바쟁이 네오리얼리즘의 다큐멘터리 요소 — 쁠랑-세깡스와 같은 형식을 통해 나타나는 — 를 중요하게 생각했던 것은, 그것이 바로 존재가 그 스스로의 본질을 드러낼 때까지 기다리는 영화적 방식이기 때문이었다.

로부터 태어는 듯하다. 바로 이렇게 평범한 혹은 일상적인 상황 속에서, 의미 없는, 그러나 또한 그렇기 때문에 단순한 감각-운동적 도식schémas sensori-moteurs에 순응하고 있는 동작들 내부에서, 어린 하녀가 해답을 찾을 수도, 반응할 수도 없는 어떤 순수한 시지각적 상황situation optique pure이 별안간 출현하는 것이다. 시선, 부어오른 배, 이것이 바로 우연적 만남이다.(1~2)

삶은 자연수와 같이 특정 상태에 도달한 정적인 사건들의 연속이 아니다. 삶의 본질은 중요한 사건 속에서가 아니라 오히려 이들을 준비하는 예비적 과정 즉 비본질적인 것처럼 보이는 곳에 있다. 아침에 일어나 부엌을 청소하고, 개미를 몰아내고, 길을 가다가 소변을 보는 행위들은 삶을 파국으로 이끌지 못한 채 최종적 수준에서는 아무것도 아닌 채로 소멸된다. 이렇게 산만하고 편재되어 있는 무수한 행위들은 무엇인가를 기다리는 인물이 지루함을 잊기 위한 사소한 몸짓으로, 혹은 한 부르주아 여인이 권태를 떨쳐버리기 위한 손장난으로, 혹은 갑자기 난입해 들어온 한 외부인에 대한 무기력한 반응으로, 그리고 무엇보다도 우리 자신으로부터 나오는 자동적인 감각과 습관적인 충동 등으로 채워진다. 삶은 견딜 수 없는 조바심으로 채워져 있으며, 언제든지 이 조바심에 의해 상처 날 위험에 노출되어 있다. 불필요하지만 부정할 수 없는 그 몸짓들은 기계적이고도 육체적인 사실들, 가령 어제 만났던 그를 알아본다든가, 그 자리에 다시 돌아간다든가, 냄새를 식별한다든가 하는 식의 무의미한 반복에 기초한 인지작용들의 집합이다. 들뢰즈는 이를 "감각-운동적 도식"이라고 불렀으며, 이는 행동의 근간이 되는 것이다. 행동이란 관념적 도식의 물질화 혹은 세계의 물질적 도식화, 다시 말해 습관이 만들어 놓은 내적인 확신의 의기양양한 물질적 재확인이다. 행동성에 사로잡힌 존재의 단순함이란 바로 그 습관적 확신에서 비롯된다. 그런데 간혹 기계적이고 순응적인 행동 가운데 더 이상 다른 행동으로 연장되지 못하고 행위의 도식적 구도에 균열과 단절이 일어나, 그냥 듣거나 바라보고 있어야만 하는 어떤 의도되지 않은 우연적 상황이 발생한다. 행동성이 중단되어 버리는 것이다. 네오리얼리즘의 이미지를 규정하는 개념인 '우연한 만남'이란 바로 그 기계적이고 순응적인 도식이 더 이상 작동할 수 없는 상태, 더 이상 운동의 기능을 상실해 버린 상태를 의미한다. 전후戰後의 현대 영화를 지배하게 될 이 이미지에 묘사된 상황을 들뢰즈는 "순수 시지각적 상황"situation optique pure이라고 불렀다. 전후의 현대적 상황(전쟁, 산업, 공동체 붕괴, 소외 등)은 고전적 리얼리즘에서 보았던 행동 중심의 도식("환경-행동-새로운 환경")에 균열이 생겨, 지각이 행동으로 혹은 행동이 다른 행동으로 연장되지 못하고, 그들 사이에 중단, 망설임, 머뭇거림, 더듬거림이 발생하는 특이한 간극이다. 도식적인 구도에 균열이 일어나 이렇게 의도되지 않은 간극을 마주하면서, 그 하녀처럼 우리는 이전에는 경험해 보지 못한 시각적 청각적 몽롱함과 아울러 그 상황에 대한 관조와 해석에의 강요를 접하게 된다. 우연적이기 때문에 너무나 갑작스러워 마음대로 다루거나 피할 수 없는, 그래서 더욱더 필연적인 진리에 대해 사유하도록 밀어 넣는 강요 말이다. 우리를 한없는 관조 속으로 내모는 강요. 이것이 바로 창조의 징후이며 순수하게 베르그송주의적인 의미에서 최초의 시간의 발생이다.

풍경, 관조 이미지

네오리얼리즘에서의 그 관조적 상황은 일정한 형식과 패턴 그리고 특징을 띠고 있다. 들뢰즈는 네오리얼리즘뿐 아니라 프랑스의 누벨바그 등의 예를 들어, 관조적 이미지 혹은 시지각적 이미지에 대해 논의한다. 그 형태들은 다소 다르지만 그것이 현대영화의 공통적인 형식이라고 들뢰즈는 지적한다. 관조적 이미지의 몇 가지 조건들을 나열해 보자.

우선 무엇인가를 '주시'하거나 순수한 비전에 사로잡힌 상황이 있다. 데시카의 〈움베르토 D〉가 좋은 예인데, 하녀가 일상적인 일을 기계적이고 무의식적으로 하다가, 어떤 이유인지 행위를 멈추고는 자신의 임신한 배를 바라본다. 이 주시 행위는 미혼모인 자신에게 닥칠 현실에 대한 잠깐 동안의 관조 혹은 사유의 시간을 벌려 놓음으로써, 일상으로부터 그녀를 빼내어 삶을 견딜 수 없는 비전속으로 내몰 것처럼 보인다. 그 시간은 그녀의 삶을 잠깐 동안의 흩어짐 혹은 몽롱함으로 이끌 것이다.

또 다른 특징으로 '여행' 혹은 '배회'가 있다. 네오리얼리즘의 대부분의 영화들은 인물들의 배회나 여행 혹은 소요逍遙가 지배적인 형식으로 나오는데, 그것은 이전의 공동체와 고향을 상실해 버린 인물들이 처한 현대적 상황에 기인한다. 이 상황이 그들에게 거리를 배회하거나 어디론가 떠나도록 강요하는 것이다. 〈미치광이 삐에로〉Pierrot le Fou라든가 〈아메리카 퇴조〉Made in USA와 같은 고다르Jean Luc Godard의 작품에도 자주 나오는 배회뿐만 아니라, 로셀리니의 〈이탈리아 여행〉Viaggio In Italia에서 중년 부부의 여행이 좋은 예이다. 배회나 여행은 매 순간 갈 길을 선택하는 강요에 내몰리는 과정이다. 카프리 섬으로 갈지 별장에 머물 것인지에 대한 부부의 망설임처럼, 여행에는 언제나 두 갈래 길이 나오며 여행이 주는 해방감이란 사실은 그 두 갈래 길로부터 생겨나는 딜레마에 그리 멀지 않다. 그것은 끊임없이 새로이 등장하는 선택과 포기의 향유이다.

다음으로 '목격' 또한 시지각적 상황의 주요 특징이다. 배회나 소요는 무엇인가를 목격하게 한다. 특히 배회하는 가운데 인물은 습관적 삶과 사유의 한계를 벗어나 참을 수 없는 어떤 것을 목격하는 것이다. 로셀리니의 〈독일 0년〉이 좋은 예이다. 어린 아이는 전쟁으로 폐허가 된 도시를 배회하며, 그 낯선 땅에 적응하는 과정 자체가 하나의 끔찍한 경험이 된다. 그러한 현실은 무엇인가를 사유하지 않으면 안 되게끔 하지만, 사람들은 지쳐있기 때문에 고개를 숙이고 받아들일 수밖에 없는 악몽이다. 그리고 〈이탈리아 여행〉에서 잉그리드 버그만Ingrid Bergman의 참을 수 없는 광경의 목도 또한 좋은 예이다. 남편과 다투고 혼자 나선 관광에서 그녀는 낯선 현실에 기인하는 타자성에 관한 어렴풋한 깨달음과 막연한 공포에 사로잡힌다. 자동차를 타고 가며 파노라마처럼 접하게 되는 이탈리아 여인들, 남자들, 군중들, 유적지에서 듣게 되는 끔찍했던 과거사들(역사는 왜 항상 끔찍한 그 무엇으로 남는 것일까?), 죽음, 폐허의 유적지들, 그리고 무엇보다도 박물관에서 본 관능적이고도 끔찍한 조각상들5이 그것이다. 그녀는 조각상들을 하나씩 바라보면서 그 표정과 자태 그리고 그 무자비한 역사적 사실에 대한 안내원의 과장된 설명에 알 수 없는 두려움을 느낀다. 예술 작품을 통해 경험하게 되는 실재의 낯선 광경은 가정 외부의 현실 혹은 주부로서 직면한 위기에서 오는 당혹감을 반영한다. 흥미롭게도 그 낯선 경험은 남편으로부터 심리적으로 멀어질 때 등장한다. 남편과 떨어져서 혼자 관광을 하게 한 불화의 원인은 그녀를 질투 나게 한 남편의 낯선 모습이었고, 그 후로 혼자 관광을 하면서 여행지에서 목격하는 모든 절대적 타자성에 견딜 수 없어 하는 것이다. 결국 불안감을 견딜 수 없어 그녀는 꼬리를 내리고 남편에게 되돌아간다. 아내와는 다르지만 남편 역시 낯선 상황에 사로잡힌다. 그 또한 파티에서 이탈리아 남자들에 둘러싸인 아내의 낯선 모습 속에서 견디기 어려운 타자성에 직면한다. 역시 질투심에서 시작된 그의 당혹감은 결국 자신이 여행 온 나폴리의 게으름6에 참을 수 없어하며, 다시 "일"과 "의무"로 돌아가고 싶다고 선언한다.

---

5. 가령, 폼페이의 무희들, 관능적인 이교도 신들의 조각상, 술에 취해 잠이 들려는 파우니의 모습, 젊은 그리스인 디스쿠스토로어, 원숙한 비너스 상, 숭고한 헤라클레스 상, 미켈란젤로의 파르네세 황소상 등이 있다. 특히 끔찍한 로마 황제들의 흉상이 인상적인데, 가령 모친 품에 있는 동생을 죽인 가이우스 황제, 아름다운 미소년의 모습을 한 네로 황제, 자신의 다리를 물고기에게 뜯기도록 한 비관적인 테베리우스 황제의 흉상이 그것이다. 이 모든 끔찍한 이미지들은 가정 외부의 실재를 보여주며, 주부로서의 그녀의 삶에 어떤 위기감을 주는 것이었다.

6. 한 이탈리아 남자가 파티에서 여주인공에게 장난삼아 "Dolce patiente"의 뜻을 물어본다. 그 뜻은

그의 괴로움은 더 이상 균열의 틈새 속에서, 그를 두렵게 만드는 나폴리의 게으름 혹은 방탕함 속에서, 그 잠재적 몽롱함 속에서, 자신과 아내 사이에서 새롭게 발견하게 된 가혹한 실상 — 그들은 부부가 아니라 각자만의 욕망을 가진 남녀였던 것이다 — 을 차마 볼 수 없음에 기인한다.7

관조적 이미지에서는 사물들이 고유한 실재성을 가지고 우리 앞에 서 있다. 사물에 대해 인물들이 반응하는 미묘한 변화는 대상이 가지는 현실성을 잘 보여준다. 들뢰즈는 비스콘티Luchino Visconti의 "투시미학"을 언급하면서, 그의 영화에서 묘사되고 있는 사물의 고유한 실재성에 대해 논의한다. 이미 언급했듯이 리얼리즘적 공간에서는 중심 즉 세계를 견인하는 중력이 있었다. 물론 등장하는 배경이나 대상물들 — 집, 가구, 자연물, 가재도구들 — 은 그 자체의 고유한 실재성을 가지고 스스로 존재하지만, 주로 작품에서 제시되고 있는 특정 문맥이나 상황에 종속되어 그 상황이 필요로 하는 유기성에 하나의 소도구로 묶여 있는 것이다. 그래서 어떤 대상물이나 상황은 그에 연관된 인물의 직접적으로 표출된 반응(행동이나 감정)과 묶이고, 이로부터 새로운 상황이 만들어지거나 이전의 상황을 변화시켰다.8 그런데 비스콘티의 이미지 — 가령 〈강박관념〉이나 〈로코와 형제들〉 — 에서는 대상물이나 배경들이 전체문맥과 무관하게 물질적 실존성을 취하고 있어, 지각의 주체 마음대로 어떻게 할 수 없는 그 자체 실재로서 등장한다. 행동을 위해 예비 되거나 특정 상황에 예속된 것이 아니라 그 자체로 거기에 있는 사물! 따라서 인물과 관객은 그것들이 무엇인지, 그 대상들의 정황적 문맥이 무엇인지를 우선 주시하고 인지하고 적응하는 일이 필요한 것이다. 이 실존적 상황 속에서 우리는 다시 행동성의 도식에 일어난 균열과 간극을 접하게 된다.

"무위도식이여, 얼마나 달콤한가!"(How sweet it is to do nothing)이다.

7. 점점 낭만적이 되고 방탕해지는 것 같은 아내에게 그는 이렇게 말한다 : "이곳에 온 후로 '일'과 '의무'가 무의미해진 거야? …… 지금 우린 떨어져 있는 것이 가장 좋을 것 같아!"

8. 들뢰즈는 이를 "상황(S) → 행동(A) → 새로운 상황(S')"의 구도로 설명한 바가 있다.

이렇게 〈강박관념〉의 주인공은 마치 시각적으로 사로잡힌 듯이 그가 이후에 체류하게 될 주막에 도착하고, 역에 도착한 〈로코와 형제들〉의 가족들은 거대한 역과 생경한 도시를 그들의 모든 시선과 청각을 통해 동화하려 애쓴다. …… 상황은 사실주의에서처럼 감각-운동적인 것이 아니라, 행동이 상황 내에서 형성되기 이전에, 그리고 상황의 요소를 이용하거나 그것에 대면하기 이전에, 무엇보다도 감각에 의해 우선적으로 투여된 시각적, 음향적인 양상을 띠고 나타나는 것이다. …… 배경의 현실성과 행동의 현실성 사이에 수립되는 것은 더 이상 운동적 연장이 아니라, 오히려 해방된 감각기관들의 중재를 통한 몽환적 관계이다. 행동은 마치 상황을 완결시키거나 제압하는 대신, 상황 속에서 부유하고 있다고 말할 수 있을 것이다.(16~17)

낯선 곳에 도착한 떠돌이는 눈앞에 낯설게 서 있는 여인숙과 도로와 소품들을 잠시 동안 바라본다. 또 도회지의 기차역에 도착한 한 가족이 거대한 건물과 도시를 둘러보며 모든 감각을 동원해 그것을 학습하고 동화하기 위해 안간힘을 쓴다. 이 생경한 비전속에서 그들은 전혀 새로운 실재성에 직면한다. 대상물들은 더 이상 무엇인가를 지칭하거나 지시하지 못한다. 습관적이고 익숙한 대상으로서의 건물의 용도라든가 도로 표지판의 고유한 기능이 그 사물로부터 빠져나가, 의미가 결정되지 않은 낯선 존재로서의 물질적 실재성을 취하는 실존이 그들 앞에 서 있는 것이다. 이는 여행 중에 해방감을 주는 자연물에 비견할 만한 것으로, 수단으로서 유용되지 않고 결정된 의미가 없이 그 자신 스스로 존재하는 자연물을 바라보며, 우리는 인간적 지각의 질서와는 무관하게 그 자체 서 있는 기괴함에 적응하는 가운데 멀미와 구토를 느낀다. 이 난폭한 뒤흔들림 속에서 우리의 응축되었던 감각과 지각은 습관적 학습의 부담으로부터 해방된다. 관조적 이미지는 지각의 해방이라는 조건 하에 있다. 그러나 아무것도 강요하지 않는 자연물과는 다르게, 마을과 도시의 대상물을 마주한 저 낯선 이방인들은 그들의 사회적 용법이 무엇인지, 그곳이 어디인지, 그 물체들이 의미하는 바를 가급적 빠르게 학습하고 인지하지 않으면 안 된다.

감각적이고 행동적인 상황이 중심이 된 이미지에는 인물이나 대상물의 위상이 명확히 규정되어 있거나, 대상물의 배치를 통해 행위를 준비하고 암시하거나, 작용과 반작용 혹은 인과관계로 연결되어 내러티브가 가능한 매끈한 공간들이 제시된다. 그러나 관조적 이미지에는 그러한 연결관계가 끊어지고 행위의 특정 대상이 사라진 혹은 비워진vide 텅 빈 풍경이 제시된다. 들뢰즈는 이를 "임의의(불특정) 공간"이라고 부르면서 안토니오니Michelangelo Antonioni의 이미지를 예로 든다.(19) 〈일식〉L'eclisse에서는 공허감에 사로잡혀 권태로운 한 여인이 서로 관련 없는 공간들, 가령 대부분의 사람들이 직장이 있는 도심지로 가버린 대낮의 텅 빈 아파트 단지, 시끌벅적하지만 그 자체로 공허한 기호들로 난무하는 증권거래소, 야성의 아프리카를 꿈꾸고 동경하지만 정작 여행에서 가져온 아프리카 장신구들로만 가득 찬 친구의 집, 무료하게 앉아 한 낮을 보내는 공항 터미널 등을 배회한다. 그러나 그녀는 어디에서도 동참을 하거나 주어진 상황에 반응하지 못하고 주변을 부유하며 공허감만을 느낀다. 이전의 식상한 애인과 헤어진 후 새롭게 만난 증권거래소 직원과의 관계 역시 그녀를 공허감으로부터 구하지는 못한다 ─ 그녀를 사랑하게 된 그 직원이 도리어 감염되어 버린 듯하다. 그 공허는 마치 언뜻언뜻 느껴지는 바람과 공기처럼 모든 행동과 만남에 내재된 근원적 힘처럼 보인다. 그녀는 지나가면서 바라보는 모든 장소들은 행동과 행동의 연결 관계가 끊어져 사물-대상들이 거기에 있으면서도 무의미한 자취의 형태로 비워지는 곳이다. 가령 그녀는 남자를 기다리다가 혹은 대화를 하다가 버려진 물통 속에서 떠다니는 나뭇조각을 무심한 손가락으로 장난질을 한다. 그때의 그 나뭇조각은 어떤 행위의 대상이 아니라 형태를 달리하는 단단한 모양의 허공처럼 보인다. 이러한 불특정 공간의 이미지들은 작품 맨 나중에 등장하는 텅 빈 도시 혹은 낯설고 을씨년스러운 주택단지 등을 담은 단절된 몇몇 쇼트의 파노라마에서 완성되기에 이른다.

관조적 이미지에서는 주관적인 것과 객관적인 것, 상상적인 것과 실제적인 것, 정신적인 것과 물질적인 것의 구별이 모호해지고 식별 불가능해진다는 점이 강조되어야 한다. 관조적 상황은 현실적인 필요로부터 벗어나 필요가 야기하는 행동성을 잃어버린 상황이다. 인물들은 더 이상 계획이나 목표에 따라 행동하지 않고 무엇을 어떻게 해야 할지 분명치 않은 가운데 배회한다. 배회를 통해 주어진 상황은 미결정된 상태로 지연된다. 구체화된 것도 없고 정향된 미래도 없으며, 오히려 주변의 모든 대상들의 잠재성이 강화될 뿐이다. 게다가 인물들이 상황의 당사자가 아니라 관객 혹은 관찰자가 되어 스크린에 등장하는 이미지가 그 인물의 주관적 관점인지 아니면 인물과 무관한 객관적 관점인지 모호해진다. 물론 들뢰즈가 지적했듯이 안토니오니의 그 빈 공간들은 "보고서 혹은 조서"constat의 형태로 객관화되어 있는 것이 사실이다. 그것은 데시카처럼 도식적인 작은 행위들로 이루어진 "진부한 일상의 이미지"와는 다르며, 로셀리니처럼 관찰자가 견딜 수 없어 하는 "예외적이거나 한계에 처한 상황"(전쟁, 죽음, 폐허 등)과도 다르다. 특히 들뢰즈는 안토니오니의 이미지가 펠리니Federico Fellini의 영화(특히 〈8과 1/2〉)를 지배하고 있는 "유년기의 추억"이라든가 "몽상" 그리고 "환상"과 같은 주관적 감정이입의 비전과는 대립된다는 점을 지적한다.9 비판적 객관주의라는 이름을 얻은 안토니오니의 이미지에는 인물과 대상 혹은 관객과 대상 간의 객

---

9. 들뢰즈는 안토니오니와 펠리니의 영화를 각각 "비판적 객관주의"(objectivisme critique)와 "주관적 공모주의"(subjectivisme complice)라고 부르며, 이것이 시지각적 이미지의 두 경향이라고 언급한다(20~21). 전자의 경우는 상황과 사물을 거리를 두고 객관적으로 제시하는 방식이며, 이 객관적 경향은 사물과 공간을 점점 기하학적인 형태와 원근법적 깊이를 추구하는 추상으로 나아간다. 반면에 후자의 경우는 대상과 근접하고 가까이에서 상황에 참여함으로써, 대상과 일체가 되거나 감정이입을 하는 평면적인 방식으로 나아간다. 들뢰즈가 제시하고 있는 이 둘의 논의는 회화사에서 자주 언급되는 보링거의 개념인 "추상"과 "감정이입"이라는 시각적 교차 양상의 두 축과 동일시하는 측면이 있다.

관적 거리가 있다. 인물들은 꿈을 꾸거나 몽상적인 정신상태가 아니라 거리를 두고 대상들을 관찰한다. 사물들 또한 단단한 형태로 윤곽선이 뚜렷하게 제시된다. 틀림없이 그의 이미지들은 객관적 형상들로 채워져 있다. 그러나 도대체 그 풍경은 누가 본 것인가? 이미 인물은 투시자 혹은 관찰자가 되어 있고 자신을 비워낸 공간을 끊임없이 바라보고 관찰하지 않는가? 이미 언급했던 〈일식〉에서의 풍경 이미지들은 객관적 대상들로 채워져 있지만(건물, 사람, 거리, 공항, 나무), 여인의 채울 수 없는 공허한 주관적 상태를 따라 혹은 나란히 등장한다. 마지막에 등장하는 풍경의 파노라마 역시 객관적 이미지로서의 사진들의 나열처럼 보이지만, 전체 문맥상 앞서서 계속 등장해 왔던 주관적 공허함이 바람이나 어둠처럼 보편화된 형태로 대기에 울려 퍼지는 듯하다. 주관적 이미지와 객관적 이미지가 모호해지고 식별 불가능해진 것이다.

들뢰즈는 안토니오니의 이미지에서 기하학적 구도라든가 원근법적 깊이감에 대해 논의하면서,[10] 객관적 이미지가 점차로 추상적 형태로 나아가는 경향에 주목한다. 〈정사〉L'Ventura에서는 객관적 이미지들이 추상의 형태로 나아간다. 여인들이 사랑을 추구하는 과정 그리고 사라진 여인을 찾는 탐색 과정이 그 추상적 경향을 잘 나타내고 있다. 가령, 서로 친구인 안나Anna와 클라우디아Claudia는 싼드로Sandro에게 점점 헤어 나올 수 없는 사랑과 욕망에 차례로 빠져든다. 그러나 사랑과 욕망은 이들에게 채울 수 없는 허기만 안겨주며, 이 허기로 인해 그녀들은 남자에게 질투와 의심의 감정에 사로잡힌다. 사랑이 깊어질수록 미움이 커지고, 함께 있을수록 더욱더 잃어버릴 것 같은 강박적 망상에 시달리게 되어, 결국 자신들의 허기와 욕망이 사랑인지 미움인지 구별할 수 없을 만큼 모호해진다. 이를 견딜 수 없었던 안나는 (아마도) 스스로 행방불명이 되어 자기 자신을 욕망과 탐색의 대상으로 만들어

---

10. 안토니오니의 객관적 보고 혹은 조서 형식에 대해서는 Deleuze, *Cinema 2*, p. 20 이하를 참고하라.

버린다.11 싼드로와 클라우디아는 사라진 안나를 찾아다니지만, 아이러니하게도 형사의 조서를 꾸미듯 진행되었던 실종된 안나의 탐색 그 자체가 그녀의 존재를 지워버리는 과정으로 변질된다. 그 와중에 싼드로와 클라우디아는 서로 사랑에 빠진다. 안나의 친구인 클라우디아가 싼드로에게 빠져 들어가는 과정을 보면, 그들의 탐색 행위가 계속될수록 드러나는 것은 안나의 구체적인 행적이 아니라, 애초에 그녀가 사라지기 직전에 가졌을 모호한 욕망과 허기뿐임을 알게 된다 — 싼드로에 대한 클라우디아의 욕망과 허기는 처음에 안나가 가졌던 허기 상태와 정확히 같은 것이다. 사라진 여인을 찾는 과정 자체가 그 여인과 멀어지는 과정이 되고, 결국 그들은 무엇을 찾고 무엇을 사랑하고 무엇을 욕망하는지 알 수 없는 상태에까지 이르게 된다. 이 영화는 형사의 조서처럼 객관화의 과정을 밟는 듯하지만, 사라진 여인이 있는 장소, 시간, 경로와 같은 사실들을 파헤치고 객관화할수록 드러나는 것은 행적의 자취들뿐이며(어디로 갔는가? 몇 시에 갔는가? 보았는가? 들었는가?), 다른 누군가의 보고의 형태로 진술된 객관적 사실들로 채워진 조서는 여인의 실체를 점점 하나의 점이나 선 혹은 이동의 궤적과 같은 기하학적 형태의 추상으로 대체되어, 싼드로에게조차 욕망의 대상에서 지워져 흔적으로만 남는다. 결국 그녀가 실제로 존재하는지조차 확신할 수 없는 상황에 처하고, 이때 주인공들은 사랑과 욕망에 대한 근원적인 질문에 봉착하게 된다.

들뢰즈가 로브-그리예Alain Robe-Grillet의 문학을 언급하면서 지적했듯이 (23), 그것은 흔히 비하적인 용어로 "즉물주의"chosisme 혹은 객관주의라고 부르는 시각적 이미지의 묘사가 나아가는 방향과 유사하다. 로브-그리예의 객관주의적 묘사는 주관적 표상과 감정을 사물에 투영하여 왜곡하는 일체의 시도를 거부하고, 순전히 시선에 의한 시각적 (혹은 청각적) 이미지에 의존

---

11. 이 작품은 클라우디아와 싼드로가 행방불명된 안나를 찾아다니는 과정을 쫓고 있는데, 안나의 행방불명이 스스로 사라진 것인지 아니면 다른 누군가에게 납치가 된 것인지 명확히 제시되어 있지 않고 모호하다.

함으로써, 의미에 앞서는 사물의 실존 이미지에 도달하고자 한다. 묘사에 있어 은유라든가 형용사적인 것, 즉 감동을 자아내거나 심적인 의미를 내포하는 모든 색채를 제거하고 흑백의 물상으로 나아가려는 경향은 여기에 기인한다. 어떤 점에서 색채란 주관적 감정의 투사일 뿐만 아니라, 사물과 인간에 놓인 낯선 거리를 제거하여 사물에 대한 인간의 강한 친화력을 활성화한다. 어떤 사물을 "끈적이는"것 혹은 "건조한"것 혹은 "붉은" 것으로 수용하는 순간, 마치 오래전부터 알고 있었던 총천연색 스크린이 펼쳐지듯, 우리의 감각 체계는 습관과 친숙함 이면에 내재한 어떤 일체감의 존재를 그 대상으로부터 느낀다. 사물의 형용사적 성질들은 우리를 태고의 과거로 즉 우리가 어떤 섭리 하에 세계와 일체가 되었던 신화적 시간 혹은 사물의 "내적 사건"으로 데려가, 사물-세계를 우리의 내면에 밀착되어 있는 것으로 받아들이게 한다. 그리하여 그것을 우리와는 별개로 그 자체 실존하는 낯선 타자로서 의심하는 것을 방해한다. 그런 의미에서 형용사란 감각에 작용하는 언어적 이데올로기이다. 은유에 대한 로브-그리예의 거부 역시 같은 맥락이라고 할 수가 있다. 은유는 세계를 인간과 동형의 무엇으로, 사물을 인간적 영혼(혹은 관념)으로 융합하여 인간과 세계의 "숭고한 내통"sublimecomplicité 혹은 "은밀한 일체"une unité cachée의 환상을 부추겨 세계에 대한 혼란한 믿음과 인간중심적 기만을 만든다.[12] 은유란 인간적 감동을 투영한 사물의 낭만주의적 왜곡 혹은 과장이며, 인간이 자신의 거울 속으로 혹은 모태로 되돌아가려는 나르시스적 환타지이다. 따라서 색채는 흑백으로 대체되어야 하고 사물에 파고들기보다는 시각적 표면에 머물러 무미건조한 객관성으로 냉각시켜야 한다. 흑백은 사물 그 자체의 색, 즉 사물의 눈에 의해 포착된 색채일 것이다. 변덕스럽고 기만적인 형용사-은유적 심층은 사물의 표면과 윤곽선 즉 형태로 대

---

12. 가령, 로브-그리예가 예를 들었던 "골짜기의 움푹한 골에 웅크린 마을"(le village blotti au creux du vallon)을 참고하라(Robbe-Grillet, *Pour un nouveau roman*, 49).

체되어야 한다.13 과거시제 역시 묘사에서 배제하고 상상이나 회상을 묘사할 때조차도 현재로 대체해야 한다. 왜냐하면 과거시제를 통해 화자는 모든 상황에 대해 전지전능한 의식이 되어 신의 지각을 소유하기 때문이다. 과거시제에는 마치 시간의 최종적 종결의 현현과도 같은 신의 시선이 있다. 또 과거는 주관적 기억을 통해 주체와 세계가 은밀하게 통합되는 메시아적인 시간이다. 거기서 우리는 근원적이고도 신화적인 모태에 융합되어 또 다시 우리가 주인공이 되어 은밀한 일체를 망상할 것이다. 과거를 통해 우리는 하나로 뭉친다. 사물 그 자체의 시간이 있다면, 그것은 오로지 현재뿐이다. 현재만이 아무것도 남기지 않는 사물-세계의 순수한 시간이다.

로브-그리예의 객관주의적 글쓰기는 세계와 거리를 두고 표면에 머물러 현재적 시(청)각 이미지를 묘사하여 모든 혼란한 낭만주의적 함정에 빠지지 않기 위한 노력으로 요약할 수 있다. 그래서 사물 그 자체를 흉내 내기라도 하듯 작가는 심리적 동요 앞에서 냉정과 무관심 나아가 "자기 자신의 엄격한 객체화"une stricte objectivation de lui-même를 통해 스스로 사물chosifié과도 같은 비-주체non-sujet의 상태로 사라져간다. 더 이상 사물들과 공감하고 융합하여 그것들을 주재하기 위해 거기에 무엇인가를 덧붙이거나 비틀어 버리는 열외존재 — 전통 리얼리즘에서 신의 권능을 가진 서술자와 같은— 의 강박으로부터 벗어나, 표면적 "빤질거림"luisance14으로 자신의 심층적 자아를 소멸시키는 것이다. 그렇게 해서 서술자의 내레이션은 "시선화자"regard narrateur (Bernal, *Alain Robbe-Grillet*, 167)라고 부를만한 카메라의 눈으로 대체되어, 마치 카메라의 이동처럼 수평이나 원형(〈고무지우개〉Les Gommes에서 연속된 선형이나 원형을 그리며 걷는 장면), 혹은 사물이나 환경이 세모꼴이나 사다리꼴과

---

13. "형태는 색채보다 확실하다. 왜냐하면 색채는 조명과 더불어 바뀌고, 조명이 비추는 배경과 주제에 따라 변하기 때문이다"(Robbe-Grillet, *Pour un nouveau roman*, 59).
14. 이 술어는 바르트(Roland Barthes)가 로브-그리예를 묘사할 때 썼던 것이다. 이는 Roland Barthes, *Essais critiques*, Editions du Seuil, 1964, p. 69를 참고하라.

같은 기하학적 구도로 형상화되거나(〈질투〉에서의 바나나 나무들, 문의 위치, 일꾼들의 배치, 물단지 그림자 등), 단순한 몽타쥬-커트 이미지들의 나열처럼 특정한 문학적 표지 — 접속사나 시제의 구분 등 — 가 없이 시점의 부재 혹은 단순 현재로만 묘사된다. 그리하여 제시된 장면들이 추상적인 형태를 취하게 되어, 그들이 객관적 현실에 해당되는지 아니면 주관적 상상이나 회상에 해당되는지 식별이 모호해지는 것이다. 그의 영화 작품인 〈지난해 마리앙바드〉 L'Année dernière à Marienbad(1960)와 〈불멸의 여인〉 L'Immortele(1962)에서의 반복되는 이미지들 — 회상이나 상상의 양상에 따라 조금씩 다르지만 식별이 쉽지 않은— 이 현실인지 상상인지를 구분 할 수 없는 것은, 아웃포커스out focus나 소프트 포커스soft focus 혹은 오버랩overlap과 같이 그 자체가 이미 현실에 대한 주관석 분석 혹은 해석으로서, 쇼트들 사이의 문법적 논리관계를 제시하는 지표들이 쇼트에서 제거되어 객관적 지각이든 주관적 상상이든 순전히 시(청)지각적 상황만을 직접적으로 보여주기 때문이다. 전통 리얼리즘에서처럼 상황이 언제 시작되고 어디에서 끝나는지, 누가 서술자이고 누가 행위자인지, 무엇이 상상이고 무엇이 현실인지가 분명히 드러나지 않는 것이다. 결국 객관성을 그 순수한 형태 속에서 보여주고자 시도했던 시지각적 상황의 묘사는 오히려 주관성과 객관성, 사실과 상상, 과거와 현재가 모호한 상태로, 의미가 미결정된 추상적 이미지로 나아가지 않을 수 없는 것이다.

들뢰즈는 이미 지각-이미지perception-image를 논의하면서15, 베르그송을 참고하여 지각의 이중 체계(객관적 지각과 주관적 지각)에 대해 언급한 바가 있다. 그러나 영화 이미지에서 이 두 체계는 뚜렷이 구분할 수 없으며, 서로 상대적인 질서 속에서만 파악 가능한 것임을 분명히 하였다. 가령 주관적 지각-이미지는 자격이 부여된 누군가가 보는 것, 혹은 화면 틀 안에서 일부를 이루고 있는 어떤 개인이 보거나 느끼는 특정한 대상(인물이나 풍경)이

---

15. 이에 대해서는 Deleuze, *Cinema 1*, pp. 71~76을 참고.

라고 말할 수 있다. 들뢰즈는 이를 대체로 세 가지의 요소로 구분하고 있다. 아벨 강Abel Gance의 〈수레바퀴〉La Roue에서처럼 눈이 부상당한 사람이 자신의 파이프를 보고 있는 장면을 흐린 초점으로 처리하는 경우(감각적 주관성), 엡스땡Jean Epstein이나 레르비에Marcel L'Herbier의 영화에서처럼 춤이나 축제의 풍경이 그 안에 참석하고 있는 어떤 인물의 움직임에 따라 흔들거리거나 빙빙 도는 것처럼 보이는 경우(행동적 주관성), 펠리니의 〈백인추장〉Lo Sceicco Bianco에서처럼 어떤 여자가 감탄하고 있는 주인공의 그네를 타는 모습이 마치 거대한 나무 위에 군림하고 있는 것처럼 보이는 경우(감정적 주관성), 모두가 주관적 이미지라고 말할 수 있다. 그러나 이 이미지들이 주관적 특질을 띠고 있다고 간주될 수 있는 것은, 이 장면이 나오기 이전에 혹은 그 이후에 등장하는 다른 이미지들과의 비교를 통해 교정되기 때문이다. 주관적 혹은 객관적 이미지란 상대적 관계 속에서 다른 이미지와의 비교나 유비관계를 통해 파악된 이미지이다. 거대한 나무 위에 군림하는 것처럼 보였던 그 인물은 나중에 가서야 그네에서 내려와 크지 않은 체구를 드러내는데, 그 때서야 비로소 관객은 이전의 장면이 그 여자의 주관적 지각이었음을 알게 된다. 이렇게 본다면 영화에 있어 주관적 이미지는 객관적 이미지와의 비교에 의해서만 판단될 수 있는 것처럼 보인다. 반면에 객관적 지각-이미지는 흔히 화면 외부에 있는 누군가의 관점을 통해 보이는 사물이나 풍경을 지칭한다. 영화에서는 주어진 화면에 속하지 않는 다른 관점에 의해 포착된 지각-이미지가 많이 등장한다. 그러나 엄밀한 의미에서 이것은 명목상의 정의일 뿐이다. 왜냐면 화면 외부에 있다고 간주된 관점은 언제든지 화면 내부의 요소가 될 수 있는 가능성이 있기 때문이다. 예를 들어 레윈Albert Lewin의 〈판도라와 날으는 더치맨〉Pandora and the Flying Dutchman은 사람들이 하나의 지점을 향해 달려가는 해변을 멀리서 롱샷으로 촬영하면서 시작한다. 그 해변은 멀리 높은 곳에서 어떤 집의 난간 위에 설치된 망원경을 통해 보이는 것이다.

그러나 곧 그 집에는 언급되고 있는 그 화면속의 사람들이 살고 있으며, 그 망원경 역시 이들이 사용하고 있음을 알게 된다. 루비치Ernst Lubitsch의 〈내가 죽인 남자〉The man I killed에서의 변태적 구도 역시 좋은 예가 될 수 있다. 구경꾼들의 다리 사이로 군대의 행렬이 보인다. 그러다가 카메라는 그들 중 한 쪽 다리가 잘린 구경꾼의 다리로 그 행렬을 바라보고 있다. 다시 카메라가 뒤쪽으로 이동하여 양쪽 다리가 잘린 앉은뱅이를 화면에 담음으로써, 그 행렬을 보고 있던 것은 사실은 그 앉은뱅이의 주관적 관점이었음을 보여준다. 홍상수의 〈오! 수정〉에도 이와 유사한 예가 있다. 영화감독인 영수가 자신의 모욕적인 발언에 화가 난 운전기사와 사무실에서 대면하는 장면이 두 번 나온다. 이 장면들은 하나의 사건(그 두 사람의 대면)을 두 개의 관점에서 바라본 것이다. 첫 번째는 영수의 점잖은 사과로 별일 없이 화해하는 것으로 끝난다. 그래서 우리는 그들의 화해가 객관적 상황이라고 생각한다. 그러나 다시 등장하는 두 번째 장면에서 영수는 운전기사의 폭언과 폭력에 의해 모욕을 당한다. 이로써 처음에 우리가 보았던 화해 장면은 바로 영수의 기억 혹은 바람의 주관적 관점으로 교정된다. 그런데 카메라는 거기서 멈추지 않고 서서히 왼쪽으로 패닝을 하여 그 수치스런 장면을 숨어서 바라보는 수정을 담는다. 이 패닝은 객관적인 상황으로 간주되었던 영수의 모욕 장면을 다시 수정의 주관성에 의해 교정하여 또 하나의 주관적 이미지로 대체하는 것이다. 그 이미지는 영수와 은밀히 사귀던 수정이 그와 멀어지게 되는 심리적 이유를 정당화하고 있는 셈이다. 사건이 있고 그 사건의 당사자들이 있고 또 그 사건을 외부에서 바라보는 객관적 인물이 있고 그 인물을 다시 화면 안으로 끌어들이는 카메라가 있다. 이들은 모두가 뚜렷이 구분되지 않은 채 서로 뒤엉켜있는 것이다. 이런 점에서 영화에 있어 지각은 주관적이기도 하고 객관적이기도 하지만, 그 보다는 오히려 이 두 극단이 서로 모호하게 교차하고 있다고 말해야 할 것이다. 그래서 객관적 지각-이미지와 주관적 지각-이미

지의 뚜렷한 정의는 명목상으로만 가능한 것이다.[16]

안토니오니의 비판적 객관주의 이미지들은 사회비판이나 도덕비판[17]의 다큐멘터리 화보집처럼 멀리에서 바라본 현대적 광경들(공장지대, 정치테러, 폭동, 공허, 권태, 욕망 등)에 대한 조서 혹은 보고서의 형태를 취하지만, "묘사가 대상을 대체하고, 대상을 지우고, 대상의 현실성을 해체"하듯이(7), 형상들이 객관화되어 갈수록 요구되는 객관성이 오히려 대상과의 거리를 자아내어 점차 윤곽선만 남거나 기하학적 구도를 취하거나 행적의 자취들만 남아, 대상의 구상적 형태가 지워지고 그로부터 추상적 혹은 잠재적인 관조의 이미지로 나아간다. 그의 영화 대부분의 플롯은 주인공이 무엇인가를 탐색하는 과정으로 되어 있다. 그러나 탐색은 점차 구체적으로 파고들수록 안개나 먼지처럼 분간할 수 없는 모호함 속으로 흩어져 버린다. 이미 언급했던 〈정사〉에서 두 남녀가 사라진 여인을 찾아가는 탐색은 그 자체로 객관적 조사 형식이 되지 않으면 안 되었는데, 그것은 점점 그녀를 욕망의 대상에서 지워버리고 흔적으로만 남기는 과정이 되어갔다. 〈여인의 정체〉에서 영화감독인 주인공은 이상적인 인물-여인(아마도 영화 그 자체)을 찾아 돌아다니지만, 마치 네오리얼리즘 자체의 운명처럼 자신이 탐색하는 것이 허구적 인물-여인인지 아니면 실제 사랑의 대상-여인인지 점차 분간할 수 없는 상

---

16. 들뢰즈는 이 주제를 장 미트리(Jean Mitry)의 논의로 확대시켜, 가령 양방향 화면(shot-reverse shot)에서 관찰자와 관찰대상의 상호교차 혹은 상호보완적 기능, 양방향 화면의 극단적 수축(즉 어떤 인물의 주관적 관점으로 그 인물을 보여주는 경우)에서 객관성과 주관성의 뒤섞인 상태에 대해 언급한다. 나아가 강박적 편집처럼 카메라가 인물이나 대상을 따라다니지 않고 종속으로부터 벗어나 오히려 인물을 앞서거나 따돌리거나 기다리는 등 카메라를 자율적으로 배치함으로써, 카메라가 인물이나 대상들과 "함께" 존재하도록(무르나우의 〈마지막 웃음〉(The Last Laugh)에서 엘리베이터 장면)하는 이미지 역시 객관적 관점과 주관적 관점이 혼동되는 상태로까지 나아간다는 점에 대해서도 논의한다. 장 미트리는 이를 "공존재"(being-with)라고 불렀다. 들뢰즈는 또한 파졸리니의 논의도 끌어들여 예술적 코기토라고 할 수 있는 반주관적 관점 혹은 자유간접 화법에서의 관점들의 복합에 대해서도 지적한다. 이에 대해서는 Deleuze, *Cinema 1*, p. 71 이하를 참고.

17. 들뢰즈는 안토니오니가 증후학(symptomatology)의 방식으로 "니체의 프로젝트를 이어받은 유일한 현대작가"라고 추켜세운다. 이에 대해서는 Deleuze, *Cinema 2*, p. 8을 참고.

태가 된다. 결국 그는 자신의 영화를 "우주가 어떻게 만들어졌는지 연구하기 위해 태양 주변을 맴도는 우주선"(태양에는 접근조차 하지 못한 채)에 비유하면서, 그것은 마치 "공상과학소설Science Fiction처럼 무엇이 실제이고 무엇이 허구인지" 구분할 수 없을 것이라고 말한다. 앞서 나왔던 〈일식〉은 오히려 탐색 그 자체의 부재를 보여준다. 삶의 목적이나 원인을 상실한 삶의 공허 속에서 그것을 채워줄 무엇인가를 찾는 배회는 바로 공허의 핵심으로 들어가는 과정이다. 〈여행자〉 Profession : reporter에서는 객관적 세계의 관찰자(다큐멘터리 감독)가 등장한다. 그는 우연히 다른 사람의 신분 — 타살되었거나 자살한 무기 밀매업자 — 이 되어 새로운 삶을 모색해 보지만 서로 관련 없는 장소들을 배회하면서 공허한 먼지로 가득 찬 세계만을 본다. 객관적 판단과 행동을 필요로 하는 상황 — 그는 아프리카의 정치 분쟁을 다루어 왔다 — 에서 배회와 소요의 이완 상태로 전환되는 단계를 따라가 보면 마치 관찰자에서 투시자로 변모하는 과정을 보는 듯한데, 그는 배회의 마지막에 가서 시력을 되찾은 맹인의 이야기를 상기하면서 '보이는 것의 허상' 혹은 '본다는 것 자체의 공허'에 대한 주관적 통찰에 이른다. 안토니오니는 〈여인의 정체〉에서 영화와 영화감독에 대해 "사물로부터 변태성을 끄집어내어 불구로 만드는 전문가"라고 주인공의 입을 빌어 정의하는데, 이에 더 나아가 〈여행자〉의 마지막에 가서는 모호한 먼지 속으로 흩어지는 것이 마치 다큐멘터리의 완성이라는 듯이, 영화는 마지막에 창문 밖의 풍경과 저택의 풍경에 오랫동안 머물러 가만히 앉아 대상을 바라보며 그 지속상태 속에서 무엇인가가 탄생하기를 기다리듯 놀라운 카메라 롱-테이크로 끝을 낸다.

〈욕망〉 Blow Up에서는 객관적 이미지와 주관적 이미지의 극적인 대립이 일어난다. 사진가인 주인공이 밤에 공원으로 되돌아가서 낮에 살해되었던 것처럼 누워있는 남자를 바라 볼 때가 그 예이다. 이미 낮에 스튜디오에서 필름을 인화하여 볼 때부터 그의 혼란은 시작되었는데, 공원으로 되돌아갔을 때는 이러한 혼란이 극단적으로 드러나, 남자의 죽음이 객관적인 사실인지 아니면 혼란스러운 주인공의 상상인지 구분하기 어려워진 것이다. 살해되어 공원에 누워있는 남자의 객관적 이미지와 극의 정황 문맥이 서로 조응하지 않고, 이미지와 문맥에 대립과 충돌이 생겨 주인공뿐만 아니라 관객 모두가 판단의 매개가 상실된 관조의 상태로 침잠하게 된다. 이 작품 전체를 통해 주인공이 겪게 되는 시지각 혹은 관조적 상황이 바로 이것이다. 그 무엇도 분명하게 결정할 수가 없다! 이로부터 모든 장면들은 그 객관적 정당성에 있어 신뢰를 상실한다. 어떤 경우는 주인공이 집에 돌아와 발견하는 침입자의 흔적이나 소리처럼 패러노이드로, 또 어떤 경우는 주변의 모든 사람들과 상황이 비정상적인 것처럼 나타나(콘서트, 환각파티), 그 무엇도 객관적이거나 확실한 의미를 나타내는 표지를 잃어버린다. 심지어는 사진조차도 객관적으로 말해줄 수 있는 것이 아무것도 없다는 사실[18]의 어렴풋한 깨달음이 바로 사진가인 그를 극도로 혼란하게 한 것이었다. 사진은 그 자체 진실이 아니라 오히려 진실을 찾아내라고 강요하는 징후일 뿐이다. 그것은 주인공 자신이 찍은 위치에 따라, 인화된 사진들의 재배열에 따라(여인은 정말로 숲 속을 바라본 것인가?), 확대되어blow up 변형된 잉크의 번짐 효과에 따라, 어떤 끔찍한 시나리오가 만들어진 후에나 등장할 것이다. 이 작품은

---

18. 이는 네오리얼리즘의 관점에서 볼 때 대단히 의미심장하다. 이 영화에서는 안토니오니가 항상 질문하고 있는 주제를 보여주는 두 장면이 나오는데, 하나는 광고사진가인 주인공이 모델들에게 무엇인가를 끊임없이 요구하면서, 그들의 객관화된 몸짓과 포즈들 속에서 자신이 원하는 어떤 주관적 이미지를 끄집어내고 싶어 할 때이다. 그는 신분을 위장하고 공장에 취업하여 노동자들의 모습을 카메라에 담기도 했는데, 아마도 그는 이때조차 사진에 대한 신뢰 자체를 질문하지 않았던 것 같다. 다음은 옆집에 사는 화가 친구와의 잠깐 동안의 대화이다. 친구는 추상화를 앞에 놓고는 마치 "탐정소설의 단서를 찾듯이", 처음엔 아무 생각이 없이 그리다가 그림에서 의지가 될 만한 것을 발견한 후에 가속이 붙는다고 말한다. 그래서 마치 그 안에 인간의 육체가 있는 것처럼, 어떤 한 부분을 손가락으로 가리키며 그곳이 "다리"라고 말한다. 그러나 그것이 다리인지 아니면 다른 무엇인지 주인공은 알지 못한다. 예술과 그 의미에 관한 이러한 에피소드는 이어지는 다음 시퀀스에서 사랑과 욕망의 형태로 제시된다. 즉 화가의 애인이 등장하여 주인공에게 애매모호한 욕망을 느끼고 있는 것처럼 행동한다.

처음부터 객관성으로부터 주관성으로, 나아가 모호한 추상의 단계로 흩어지는 과정을 그리고 있다. 예컨대 첫 시퀀스에서 주인공은 마치 〈영화-진실〉Kino-Pravda의 베르토프식 리얼리즘의 사명을 띤 스파이처럼 위장취업으로 공장에 들어가 노동자들의 모습과 그 객관적 현실을 담으려 했던 것 같다. 그리고는 자신의 스튜디오로 돌아와 모델들과 함께 광고-환타지 사진들을 생산하는데, 이때 그는 아무도 이해할 수 없는 자신만의 주관적 이미지에 사로잡혀 모델들에게 괴팍한 변덕을 부린다. 그리고 나서 친구 화가의 모호한 추상화와 그 의미에 관한 잠깐 동안의 토론이 있고, 바로 이어서 그 친구의 아내가 주인공에게 느끼는 모호한 감정 상태 혹은 욕망이 나온다. 이는 화가와 아내가 서로 다른 형태의 예술 혹은 사랑을 하고 있는 것처럼 보일 정도이다. 그 다음 주인공은 바람 부는 공원에서 점차 바람 속으로 흩어지듯 시지각적 상황에 들어가고, 그 이후엔 주관성과 객관성의 몽상적이고도 환각적인 비전에 빠져든다. 그런 의미에서 마지막 시퀀스 즉 공원에서의 테니스 마임장면은 이러한 혼란에 어떤 결론이 될 만한 암시를 주고 있는 것처럼 보인다. 선이든 악이든 모든 형태의 객관적 의미와 소통은 합의된 가치이다! 즉 객관성이란 바로 공모에 의한 가치의 창조, 나아가 창조된 가치에 대한 도덕적 합의를 의미한다! 바람 부는 텅 빈 공원에서 점차 바람 속으로 흩어지며 모든 일이 일어났던 것처럼, 가치의 창조란 바로 모호하고도 미결정된 잠재성 속에서 시작될 것이다. 들뢰즈가 안토니오니의 예술을 "도덕의 진정한 비판이라고 하는 니체적인 프로젝트를 이어받은 유일한 현대작가"라고 말했던 이유가 바로 이것이다.[19]

이렇게 시지각적 혹은 관조적 상황은 객관적인 것과 주관적인 것, 실제

---

19. 여기에 베르그송주의의 창조 프로젝트의 하나인 소거, 소멸, 비우기의 역설적인 측면이 있다. 나중에 가서 들뢰즈는 가치 창조의 주제를 "거짓의 역량"(powers of the false, puissance du faux)의 문제로 끌고 나간다. 물론 그 주제의 본질적인 작가로서 니체를 논의하면서. 이에 대해서는 Deleuze, *Cinema 2*, pp. 126~155을 참고하라.

적인 것과 상상적인 것, 물질적인 것과 정신적인 것이 명확히 구분되지 않고 주체의 모호한 시선 속에서 교차하고 뒤섞이고 식별 불가능한 경향이 된다. 이 잠재적 실재의 열림은 인물들로부터 행동적 객관성을 박탈하고(액션의 부재 혹은 희박함), 몽상적이거나 상상적인 주관성으로 이행하고(추억, 관조, 사색), 사물과 형상에 지속과 깊이가 부여되고(주로 쁠랑-세깡스를 통해), 때로는 낯선 장소로, 때로는 무료하고 공허한 일상으로, 또 때로는 연관성이 단절되거나 대상물이 비워진 텅 빈 풍경이 제시되어 현실성의 부재가 인물들을 사로잡아 버린다. 인물들은 일종의 관객이 되어 있고, 바라보고 있는 그곳은 바로 자신들이 부재하는 — 한편 부재하기 때문에 바라볼 수 있는 — 곳이다. 그들은 어디에도 귀속될 수 없고, 그렇기 때문에 어떠한 연속성도 취할 수 없으며, 모든 사회적 실존적 관계로부터 이탈되어 자신의 (객관성의) 부재로 방황하는 시선, 혹은 다른 의미에서 행동성을 상실한 주체가 관조와 사유의 가능성에 직면하는 구도, 들뢰즈는 이것이 바로 네오리얼리즘 특히 안토니오니의 영화가 보여주고 있는 시지각적 이미지라고 말하고 있는 것이다.[20]

네오리얼리즘이나 누벨바그를 지배한다고 들뢰즈가 지적했던 이러한 시지각 음향적 이미지 혹은 관조적 이미지가 중요한 이유는 무엇일까? 거기서는 도식화된 판에 박힌 관계들 — 일상적인 것, 부부관계, 공허한 도시의 삶 등 — 의 음영 아래 드러나지 않았던 어떤 끔찍한 시간, 견딜 수 있는 한계를 벗어

---

20. 들뢰즈는 프랑스의 누벨바그 영화들 — 특히, 고다르와 리베트(Jacques Rivette) — 도 이탈리아 네오리얼리즘과 같은 경향, 즉 "감각-운동적 관계의 이완(산책, 방황, 소요, 서로 관련 없는 우연한 사건들 등)에서 시지각적-음향적 상황의 부상으로 이어지는 경향을 다시 취하고 있으며", 따라서 누벨바그 역시 "견자의 영화가 행동을 대체"한다고 적는다. 특히 고다르의 경우 소요상태로 시작해서, 행동과 기능의 정지로 나아가며, 시지각 이미지의 부상과 연쇄의 기능정지 상태에서 결국 감각-운동성의 파산으로 이어진다는 것이다. 결국 여기서도 기능정지, 운동성 상실, 파산과 같이 잠재적 실재 이미지의 예고된 과정이 기다리고 있다. 누벨바그와 행동성의 이완에 대해서는 Deleuze, *Cinema 2*, p. 9 이하를 보라.

난 실상의 이미지가 드러나기 때문이다. 그것은 행동하는 주체가 아니라 관찰하고 주시하는 눈을 통해서만 나타나는 광경이다. 그런 의미에서 들뢰즈는 네오리얼리즘을 이렇게 정의한다. "이것은 더 이상 행위의 영화가 아니라 견자의 영화cinéma de voyant이다."(13) 관조적 이미지가 가지는 중요성이란 바로 이것이다. 고전적 리얼리즘에서의 인물들은 언제나 행동성에 사로잡혀 있었다. 그들은 자신들이 처한 상황에 특정 감각이나 행동으로 반응하고, 그 상황을 극복하거나 새로운 상황으로 자신들의 환경을 변화시킬 수가 있다. 그들은 노동하는 인간 혹은 투쟁 — 인간이나 사회 나아가 자연과의 투쟁 — 하는 인간의 전형들이었고, 삶과 자연을 행동과 실천의 현실 위에서 수용하는 존재, 나아가 자신들이 속한 공동체 내의 하나의 회전축과도 같은 존재였다. 따라서 한 인물이 절망적이거나 무력감을 느낄 때조차 그것은 특정 상황에 대한 반응과 행위의 의무에 구속되어 있었던 것이다. 인물에게 감정을 투사하여 어느 정도는 동일화되어 있는 관객이나 독자 역시 행동적 상황으로부터 자유로울 수가 없었다. 그러나 이러한 동일화 작용과 행동적 상황은 관조적 이미지에서 완전히 전환된 것이다.

> 인물 그 자신이 일종의 관객이 된 것이다. 이제 움직이거나 질주한들, 몸부림친들 아무 소용이 없게 되었고, 인물이 연루된 상황은 전 방위에서 자신의 운동 능력의 한계를 넘어서고, 더 나아가 더 이상 대응이나 행위의 명목으로는 정당화될 수 없는 것을 보고 듣도록 하는 것이다. 그는 이제 대응하기보다는 기록한다. 행동에 참여하기보다는 하나의 비전속에 내맡겨지며 이 비전에 쫓기거나 혹은 이를 추구한다.(14)

들뢰즈에 따르면 네오리얼리즘이란 바로 대응할 수 없는 끔찍한 상황, 경악스러운 광경, 행동 가능성의 위기로부터 초래된 감각의 한계를 벗어난 어떤 견딜 수 없는 이미지의 창조이다. 그 이미지가 단지 일상적이고 무의미한 작은 행동이나 습관적인 반응들로 채워져 있다고 해도, 오히려 그 도식적이고 기계적인 일상의 진부함에 난입한 작은 균열, 단절, 불균형으로 인해 (〈움베르토 D〉에서의 그 하녀처럼), 돌아가던 컨베이어벨트가 가동을 멈추어 생산라인 및 생산관계 전체의 실상이 드러나듯, 혹은 환상 공작소인 스튜디오에 어떤 침입자가 헤집어 놓아 마치 터진 창자처럼 너부러져 있는 플라스틱 필름 꾸러미들을 바라보는 사진작가처럼(〈욕망〉의 경우), 적나라한 일상성과 참을 수 없는 날-이미지가 한꺼번에 드러난다. 자신의 예술(시각예술) 자체의 실상 혹은 한계에 직면하여 표현할 수 없는 탈진상태에 이르게 된 〈욕망〉의 그 사진가처럼 말이다. 거기서 인물들은 무기력해 있거나 몽유병자와도 같은 투시자의 상태에 빠져 있다. 그러나 무기력 상태가 커질수록 그의 지각의 폭과 깊이는 더욱 더 강렬해질 것이다. 들뢰즈가 시지각적 이미지를 손의 촉각적 기능에 견주어 논의했던 이유가 여기에 있다.[21] 가령 손이 행동적 기능 — 물건을 쥐거나 뻗거나 옮기는 등 — 을 박탈당했을 때 가질 수 있는 순수한 기능이 촉각이라면, 감각 그 자체의 순수한 기능은 시각일 것이다. 그것은 대상과 대상간의 거리로 인해 더 이상 공간을 연결하거나 주파할 수 있는 행동적 기능을 상실한 상태 속에서도 여전히 활성화된 감각이기 때문이다. 시각은 모든 감각이 소거되고 난 이후의 최종적 감각, 혹은 소리물질과 관계하는 청각만큼이나 순수한 형태의 잉여감각이다. 거기서 이미지는 공간과 혼동하여 지각된 대상이 아니라 오히려 공간으로부터 어떤 순수한 질적인 것이 빠져나온다. 공간과는 다소 무관하게 대상을 지각하는 손의 촉각과 마찬가지로 눈은 공간으로부터 해방되어 사물을 촉각하는 유일한 형태의 감각이다. 그것은 행동성을 잃어버렸을 때 행동을 대체할 어떤 질적인 행동, 육체의 수준에서 감각의 수준에서 행동성을 대체할 새로운 행동성이 요구되는 심급이다. 여기서 촉각 이미지를 대체할 시지각 이미지가 나오

---

21. 이에 대해서는 Deleuze, *Cinema 2*, p. 13 이하를 참고하라.

는데, "눈으로 만진다."는 의미는 바로 이런 뜻이다.(13) 결국 리얼리즘적 공간의 붕괴란 행동성의 붕괴이고, 이 행동성의 붕괴는 시각 청각적 형태만으로 사물을 지각하는 것으로의 변질이며 순수한 능력인 관조로 나아간다. 다르게 말해 생존을 위한 현실적 필요와 그 실현으로서의 행동성으로부터 해방되는 순간, 우리는 사물로부터 질적이고도 잠재적인 그 무엇, 실상의 구체성을 보기 시작한다. 네오리얼리즘의 시지각적 상황에 처한 인물들 대부분이 어린아이라든가, 여성이라든가, 낯선 곳에 다다른 여행자라든가, 프롤레타리아 계급에 속하여 사회로부터 행동성을 빼앗긴 사람들인 이유가 여기에 있다. 그들은 모두가 약자 혹은 소수자로서, 예술가나 작가가 그렇듯이, 사회적 행동 능력을 박탈당하여 상대적으로 무기력한 상태에 처해 있다. 이러한 무기력의 조건 하에서 그들은 난폭하게 드러나는 실상을 맞닥뜨리고 거기서 표현할 수 없는 날 것 그대로의 실재를 보다 더 구체적이고 섬세하게 바라본다.22

정물, 지속 이미지

네오리얼리즘과 마찬가지로 오즈 야스지로의 이미지 역시 관조적 상황을 내포한다. 그러나 안토니오니의 영화를 지배하는 방황이나 배회의 상황과는 다르게 오즈의 작품에는 일상적인 행위가 지배적이다. 그의 영화에 자주 나오는 여행조차 일상을 중심으로, 때로는 일상으로부터 잠시 떠나 있거나 일상으로 되돌아가는 과정으로 반복된다.

오즈의 작품에서 주로 사용하는 이미지는 여행/발라드 형식, 기차여행, 택시 드

---

22. 들뢰즈는 데시카의 영화라든가 이후 프랑소와 트뤼포(Francios Truffaut)의 작품들에서 어린아이의 역할의 중요성에 대해 언급한다. 이에 대해서는 Deleuze, *Cinema 2*, p. 15을 참고하라.

라이브, 버스여행, 자전거나 도보여행 등이다 : 지방에서 도쿄로의 할머니 할아버지의 여행, 소녀의 어머니와의 휴가, 노인의 방황, …… 그러나 그 대상은 일상적인 진부함으로, 일본 가정에서 가족생활이 주를 이루고 있다. 카메라 이동은 점점 희박해지고; 트랙킹 쇼트는 점점 느려지며, 낮은 '운동 블록들'; 항상 카메라가 낮게 고정되어, 정면을 바라보거나, 각도도 변하지 않는다; 디졸브 역시 단순한 컷으로 대체되었다.(13)

오즈의 이미지에는 행위가 환경을 변화시키는 행동-이미지가 사라져버리고, 인물들이 서로 관련 없는 공간들을 산발적으로 이동하거나, 여행과 소요의 와중에도 오즈 영화의 전반을 지배하는 일상을 중심으로 단순한 볼거리들의 나열로 채워져 있다. 오즈의 이미지에는 홍상수나 안토니오니에서 볼 수 있는 배회라든가 탐색은 찾아보기 어렵다. 모든 인물들은 자신에게 주어진 일상의 법칙에 따라, 집에서 직장으로, 직장에서 술집으로, 술집에서 가정집으로 반복적인 이동만을 해댄다. 따라서 인물과 세트의 전형적이고도 진부한 형태의 공간 — 고궁, 온천지, 술집, 가정, 직장 등 — 뿐만 아니라, 인물들의 대화 역시 전형적인 말소리와 분위기가 이미지 전반을 차지한다. 가령 가족을 이루고 이웃을 이루는 구성원으로서의 아주머니, 아저씨, 아버지 혹은 어머니와 같은 전형적인 인물들이 대부분의 작품에서 차별 없이 판에 박힌 성격으로 대화를 주고받는 것이다 — 심지어 항상 같은 배우들이 유사한 역을 연기한다. 들뢰즈가 이름붙인 이 "무료한 시간"idle periods 혹은 진부한 시간은 가면 갈수록 미약하나마 최종적으로 어떤 중요한 가치가 있는 것으로 드러나는 경우가 있지만(가령, 〈부초이야기〉浮草에서 숨겨놓은 아들에게 계속 방문하는 극단장), 어떤 변화를 이끈다든가 상황을 파국으로 치닫게 하지 못한다. 다만 "쇼트나 대사는 비교적 긴 침묵이나 빈 공간을 통해 연장"될 뿐이다.(14) 오즈의 영화에는 "결정적인 순간"이나 "특이한 시간"이 일상적인 시간에 개입하여 어떤 효과를 내는 장면이 나오지 않는 것이다.23 그런

의미에서 간혹 등장하는 강렬한 장면들, 가령 "딸의 결혼식이 끝나고 혼자 숨죽여 흐느끼기 시작하는 〈꽁치의 맛〉秋刀魚の味(1962)의 아버지"라든가, "잠들어 있는 아버지를 살짝 미소를 머금고 바라보다가 갑자기 눈물을 흘리는 〈늦봄〉晩春(1949)의 딸"이라든가, "죽은 아버지에 대해 모질게 말을 하고나서 울음을 터뜨리는 〈마지막 변덕〉Dernier Caprice의 딸"의 장면들은 고요한 일상을 흔들어 깨우거나 억압되었던 감정이 터져 나오는 결정적인 행위가 될 수 없다고 들뢰즈는 주장한다.(14) 심지어는 죽음조차도 너무나 일상적이어서 가족의 죽음이나 친구의 죽음을 바라보는 인간들의 슬픔과 눈물 역시 결국엔 진부한 그 무엇이 되어버린다.

라이프니츠와 모리스 르블랑Maurice Leblanc을 간단히 언급하면서, 들뢰즈는 이러한 일상적 진부함은 삶 자체 나아가 대자연의 본성으로부터 기인한다고 말한다. 삶은 빈틈없는 일상적 규칙에 따라, 필연적인 질서에 따라, 하나의 항과 또 다른 항의 연쇄에 따라, 거대한 방정식의 이항移項과도 같은 계열들의 움직임으로 짜여있다. 부분만을 지각하는 자기중심적인 인간에게 이 질서는 부서지고 혼란한 형태의 작은 단편들로만 보이기 때문에, 그의 눈 앞에 펼쳐진 많은 것들이 우연적이며 특이한 경험으로 파악된다. 일상에서의 한 단편적 국면이 다른 국면과 마주치면서, 마치 그 한복판에 잠입 혹은 침입한 드라마처럼, 그 국면은 놀라운 사건이나 강렬한 첨단으로 보이는 것이다. 신의 지각에서 본다면 아주 단순하게 해명될 만한 자연적 질서의 사소한 단편이 인간에게는 거대한 재앙으로 여겨지거나, 타인과의 우연한 만남조차 신화적이고 낭만적인 운명의 외관을 취하고 우리 앞에서 솟아오른다. 낭만주의적 감동은 대자연이 아니라 인간 자신으로부터 나온다. 인간은 수학 방정식과도 같은 단순한 자연에 자신의 혼란스러운 감정을 투영하여, 그

---

23. 폴 슈뢰더(Paul Schrader)는 오즈의 영화에 등장하는 "일상성"과 "감동", "진부함"과 "단절"의 대립을 언급했지만, 들뢰즈는 이것이 잘못된 견해라고 비판한다. 이에 대해서는 Deleuze, *Cinema 2*, p. 14 이하를 참고하라.

지루한 일상적 규칙으로부터 벗어나 풀길 없는 격정을 만들고 싶어 한다. 마치 〈꽁치의 맛〉에 등장하는 세 친구들이 번갈아가며 해대는 작은 농담이나, 〈가을햇살〉秋日和(1960)에서 죽은 친구의 부인과 딸의 고요한 가정을 휘젓는 음흉한 익살들처럼, 인간은 반복으로 일관된 자연에 몸을 내맡겨 가만히 누워있지 못하고 몸과 마음을 끊임없이 이리저리 뒤척이는 것이다. 그것은 대자연의 고전주의에 맞선 낭만주의의 기약 없는 반항처럼 보인다. 그럼에도 불구하고 거기엔 무기력과 포기가 있다. 〈동경의 황혼〉東京暮色(1957)에서 자식을 버리고 집을 나가버린 어머니로 인해 동생에게 깊은 상처가 남았음을 깨달은 큰딸이 자신의 딸을 생각하여 다시 남편에게 되돌아가기로 결심하듯, 혹은 아버지가 딸의 죽음을 겪고 난 후 새벽이 지나 아침이 되어 거대한 산이 환하게 드러나고 나무 그림자가 실내 복도를 드리우자 넥타이를 매고 새로운 일상으로 되돌아가듯, 거스를 수 없는 막대한 힘 앞에서 굴복하고 되돌아가지 않을 수 없는 무기력한 반항인 것이다. 그렇기 때문에 우뚝 솟은 나무나 눈 덮인 산의 찬란함, 잔잔한 대양大洋의 장엄은 우리의 낭만주의적 본성을 부추기는 것이 아니라, 반대로 낭만주의가 빚어낸 요란스러운 동요와 혼란을 아무 말 없이 태연한 일상으로 되돌릴 뿐이다. 이것이 또한 낭만주의자들이 간혹 산의 이미지로부터 느끼는 무지막지한 대자연의 숭고이다.

세상의 모든 것은 평범하고 규칙적이며 일상적이다! 자연은 인간이 부수어놓은 것을 다시 바로잡는 일을 낙으로 삼으며, 인간이 보기에 엉클어진 것을 되돌려 놓을 뿐이다. 그래서 어떤 인물이 잠시 동안 가족 간의 갈등으로부터 빠져나와 있거나, 밤샘을 한 후에 눈 덮인 산을 바라보며 가만히 생각에 잠겨 있을 때, 그는 마치 집안에서 뒤집혀진 질서, 그러나 라이프니츠 말마따나 외견상 끊어진 것처럼 보이는 단절, '모든 우여곡절, 흥망성쇠'의 근거를 우리에게 제공하는 하나의 거대한 방정식처럼, 변하지 않고 굳건히 버티고 있는 규칙적인 자연에 의해 원상 복귀될 계열들의 질서를 다시 되돌리고자 애쓰고 있는 것처럼 보인다.(15)

바로 여기에 그 유명한 이미지, 즉 "정물"still lifes, "베게샷"pillow-shots 혹은 "정적"cases of stasis이라고 불리는 이미지의 심오함이 있다.[24] 들뢰즈는 오즈의 영화를 지배하는 그 정물-이미지가 이탈된 공간을 나타내고 있음을 지적하였다.[25] 장면들 간에 연결되는 공간의 연쇄에서 벗어나 있고, 인물들이 배치되어 있지도 않으며, 움직임이나 행동성도 보이지 않는다는 것이다. 그것은 이야기의 흐름이나 인물들의 행위와는 무관하게 임의적으로 설정된 공간이다. 따라서 상황에 종속되거나 행동에 적합하게 설정된 리얼리즘적 공간 이동 대신에 그 연결 관계가 완전히 끊어져버린 텅 빈 공간 혹은 이탈된 공간만이 남겨진다. 이 탈구 이미지는 간혹 높은 고층건물로 등장하기도 하고, 한적한 공원이나 공터에 서 있는 자연물로 나타나기도 하고, 도시의 작은 골목길, 술집의 네오사인, 산이나 바다의 먼 풍경, 실내의 텅 빈 복도나 방안의 가구들, 특히 방 안에 배치된 꽃병이라든가, 골프채, 술병, 책, 책상, 스탠드, 복도와 벽에 비치는 물그림자, 밤길을 비추는 가로등의 형상으로 나타난다. 들뢰즈는 이 이미지들이 네오리얼리즘에서 볼 수 있는 낯설고 텅 빈 공간보다도 더 직접적인 자율성을 갖는다고 보았다.[16] 왜냐하면 네오리얼리즘— 안토니오니가 특히 그러한데 — 의 경우, 비어있는 풍경은 인물이 바라보고 있는 대상이거나, 인물이 삶 속에서 느끼는 어떤 분위기나 정서에 대한 간접적인 인상이거나, 인물이 어떤 행위를 시작하거나 끝냈을 때 그 결과로서 상대적

---

24. 이 용어들은 각각 다른 비평가들에 의해 약간씩 다른 맥락에서 언급된 개념들인데, "정물"의 경우 리치(Richie), "베게 쇼트"의 경우는 버치(Noël Burch), "정적"의 경우엔 슈뢰더(Paul Schrader)가 명명한 것들이다. 이에 대해서는 Deleuze, *Cinema 2*, p. 16을 참고하라.

25. 들뢰즈는 이탈된 공간의 한 예를 <초여름>에서 발췌하여 제시하고 있다. 그 작품에서 두 여인은 식당으로 들어가면서 이미 기다리고 있는 사람을 놀라게 하기 위해 복도를 살금살금 걸어간다. 카메라는 이 여인들을 정면에서 바라보며 그녀들이 앞으로 나감에 따라 점점 후진한다. 그러나 후진하던 카메라는 갑자기 정면으로 전진하는 가운데 장면이 갑자기 바뀌어 그 여인들 중 한명의 집 안으로 들어간다. 이렇게 공간과 공간을 점프하듯이 찍은 예는 수없이 많은데, 들뢰즈의 설명은 그다지 설득력이 있는 것 같지는 않다. 오즈의 이미지를 지배하는 심오한 공간은 그러한 장면의 이동에 있는 것이 아니라 텅 빈 공간을 보여주는 정물에 있기 때문이다. 연결 관계가 이탈된 공간에 관한 예는 Deleuze, *Cinema 2*, p. 16을 참고하라.

으로 나타나는 이미지였기 때문이다. 가령 낯선 공간은 여행자나 신경증적 주체 혹은 폐허가 된 도시의 주민이 새롭게 적응해야할 어떤 장소였고, 텅 빈 풍경은 도시 인물의 공허한 심리 상태의 투사였다. 그래서 행동이나 관계의 연쇄로부터 이탈되어 규정할 수 없는 공간들 나아가 쁠랑-세깡스에서조차, 비록 느슨하고 이완된 형태이긴 하지만, 인물들의 행동이나 감정 나아가 영화 전체를 통해 드러날 주제에 연결(종속)되어 있었던 것이다. 그러나 오즈의 정물 이미지는 그러한 연결 관계로부터 완전히 벗어나 순수하게 자율성을 가지면서 전혀 새로운 의미를 획득한다. 들뢰즈의 말에 따르면, 그 장면들은 "순수 관조의 순간처럼 절대적인 상태에 도달하여, 정신과 육체, 실재와 상상, 주체와 객체, 세계와 나의 동일성을 즉각적으로 불러온다."(16) 이미지의 대상들이 움직이거나 공간이 이동하는 것도 아니고, 내러티브의 형식으로 장면들이 연결되지도 않고, 다만 순수한 관조적 상황 즉 사유의 이미지가 제시되는 것이다. 네오리얼리즘이 쁠랑-세깡스를 빈번히 사용했던 의도 역시 관조적 이미지의 창출이었다. 어떤 본질적인 시간이 드러나기를 기다리며 대상을 주시하는 것이다. 그러나 거기에는 여전히 운동이 있었고 시 지각 대상에의 종속이 있었다. 반면 오즈의 정물 이미지는 순수하게 영화적인 의미에서 그 자체 지나가는 어떤 것으로서의 이미지, 즉 이미지에 담긴 특정 대상과도 무관하고, 오히려 그 대상들을 포함하고 있는 시간과 지속 그 자체의 직접적인 이미지이다. 들뢰즈는 〈늦봄〉(1949)에서 아름다운 예를 하나 든다.

〈늦봄〉에서의 그 꽃병은 딸의 온화한 미소와 복받쳐 오르는 눈물의 장면 사이에 삽입된다. 무엇인가가 생겨나고 변하고 지나간 것이다. 하지만 달라진 것의 형식은 그 자체 달라지지 않았고, 지나가지도 않았다. 이것이 바로 시간, 시간 그 자체, '그 순수한 상태의 자그마한 시간'이다. 바로 직접적인 시간-이미지, 즉 변하는 것에 불변의 형태 ― 그 안에서 뭔가가 달라지는 ― 를 부여하는 직접적인 시

간-이미지이다. 낮으로 변해가는 밤이라든지 그 반대로 밤으로 어두워져가는 낮은, 빛이 드리우고 희미해지고 강렬해지는 하나의 정물을 환기한다(〈그날 밤의 아내〉その夜の妻, 〈지나가는 마음〉出來ごころ). 정물은 시간 그 자체이다. 변하는 모든 것은 시간 속에 있지만, 시간 그 자체는 변하지 않고, 오로지 다른 시간 속에서만 그 자신 무한하게 변하기 때문이다. 영화 이미지가 가장 직접적으로 사진과 대면하는 지점에서, 가장 급진적으로 그것과 구별되는 것이다. 오즈의 정물은 지속하고, 그 10초 동안의 꽃병이라는 하나의 지속을 취한다. 그 꽃병의 지속은, 변하고 있는 상태들의 연속을 통해, 정확히 바로 그 견디어내고 있는 것의 표상이다. 한대의 자전거 역시 지속한다. 즉 그것이 움직이지 않고 아무 동작 없이 담장에 기대어 서 있는 동안, 운동체의 불변의 형태를 표상하고 있는 것이다(〈부초이야기〉). 자전거, 꽃병 그리고 정물은 모두가 순수하고도 직접적인 시간의 이미지이다.(17)

정물은 지나가는 그 무엇 즉 시간의 경과를 내포한다. 하루의 일상적 사건이 생겨나고, 밤이 되어 하루 동안의 동요를 추스르고 잠이 들듯이, 정물은 사물의 한 상태에서 다른 상태로의 잠재적 이행을 시각적으로 보존한다.[26] 잠든 인물의 의식이 희미해지거나 꺼져 있는 동안에도, 날들은 대자연의 이행과 아울러 스스로 보존되어 밤과 새벽을 지나 또 다른 날들로 운반될 것이다. 밤이 깊어지고 새벽이 되어 해가 뜨거나 외출을 끝내고 집에 돌아와 앉아 있을 때까지, 잠깐 동안의 시간의 변화가 그 정물 안에서 잠재적으로 일어나, 무엇인가가 달라지고 지나가는 것이다. 공간을 이동한 것도 달라진 형상이 있는 것도 아닌데 말이다. 정물은 시간을 일정한 부피와 두께로 보존한다. 네오리얼리즘 특히 안토니오니의 영화에서 보았던 텅 빈 공간으로서의 풍경과는 전혀 다른 잠재적 질의 변화가 정물에는 채워져 있다. 들뢰즈에

---

26. "시간은 사건들을 그 고유함 속에서 시각적으로 보존하는 것이다."(Deleuze, *Cinema 2*, 17; Antonioni, 'The horizon of events', *Cahiers du cinéma, no. 290*, Juillet, 1978, p. 11)

따르면 관조의 서로 다른 형태가 존재하는데, 우선 풍경이란 비어있음 혹은 비우기이다. 풍경에도 물론 사물들이 배치되어 있다. 그러나 무엇보다도 풍경은 균열로 인해 벌어진 틈이나 공허가 자아내는 "내용의 부재"를 함축한다.(18) 그러나 정물은 충만함으로 감싸이는데, 그 충만은 다름 아닌 끊임없는 변화와 이행으로 채워진다. 빈 공간이 있고 그 위에 사물이 놓이는 것이 아니라, 놓인 사물, 빛, 명암, 색채 등이 끊임없는 변화의 구도를 이루는 것이다. 의식적이거나 행동적인 지각으로는 포착할 수 없는 형상의 미묘한 질적 변화. 이것이 바로 정물이며 시간 그 자체이다. 정물에서 시간과 사유 혹은 지속은 감각 가능한 대상이 되어 느껴진다.

따라서 정물의 심오한 가치는 삶을 견디어야 할 그 무엇으로 체험하는 인물들의 내적 지속을 느끼게 한다는 점에 있다. 오즈의 작품 대부분은 전쟁 전후前後의 산업사회나 패전의 절망을 배경으로 하는데, 이는 전통적인 가치의 변모와 붕괴를 목도하고 이를 감내하는 일본인들의 내적인 특질의 재현과 관계가 깊다. 개인에게 전통적 가치의 붕괴가 가장 첨예하게 드러나는 장소는 물론 가족이나 이웃이다. 거기서 우리는 가장 일상적이면서도 가장 참을 수 없는 형태의 실상과 마주하게 되는 것이다. 오즈 영화의 가치는 가장 일상적이고 사소한 삶의 기저에 있으면서도 말해지지 않은 어떤 실상의 목격이다. 가정으로 난입한 산업(〈동경이야기〉에서 노인이 가정집 옥상에서 지켜보는 공장의 연기 나는 굴뚝과 굉음을 내며 달리는 화물열차, 그 리듬에 맞추어 빠르게 움직이며 오즈의 영화에 경쾌한 리듬감을 자아내는 가족의 발걸음들), 의식의 변화(〈부초이야기〉에서 섬에 사는 사람들조차 점점 등을 돌리는 전통극), 전통과 현대 혹은 세대의 변모와 갈등(〈꽁치의 맛〉에서 과년한 딸과 홀로된 아버지, 〈부초이야기〉에서 근대교육을 받은 아들과 삼류 전통배우인 아버지, 〈가을햇살〉에서 결혼과 연애에 대한 세대 간 가치관의 변화), 패전이후의 달라진 관계들(〈꽁치의 맛〉에서 함장과 부하, 스승과 제자)처럼 일본인들의 잔잔한 일상 속에 들이닥친 현대성의 병리적 징후뿐만 아니라, 더 근본적으로는 일상 속에서 견디기 어려운 것 — 욕망, 이별, 죽음 등 — 을 견뎌내어야 하는 고통을 안고, 사람들은 삶 자체에 내재한 참을 수 없는 슬픔에 파묻혀 있다. 아름다운 영화 〈동경의 황혼〉 마지막 장면에서 딸이 죽은 후 밤을 지새운 아버지가 맞는 아침의 대기에는 그처럼 가늠할 수 없는 힘겨운 슬픔이 배어있다. 오즈의 영화 전반을 지배하는 이 슬픔의 정서는 머무르는 자와 떠나는 자, 도래하는 것과 사라지는 것, 영원히 머무를 수 없고 각자만의 자리로 돌아가 깊은 고독을 끌어안을 수밖에 없는 삶, 떠나야 할 시간에 떠나지 못하고 망설이는 삶 — 여배우 하라 세츠코原節子의 모호한 미소에는 이러한 망설임이 극대화되어 나타난다 — 에서 일어나는 긴장의 드라마 속에서 고조된다.

간혹 일상 속에서 개인이 느끼는 슬픔이 의식적으로 떠오를 때가 있다. 가령 노老 부부가 도회지에 사는 자식들의 일상에 생경하게 끼어들어 자식들의 변해버린 생활을 목격하면서 회한에 젖은 채 창문을 바라볼 때 언덕과 나무 그리고 기와집이 황량하게 서 있다. 혹은 군대 부하와 우연히 만나 미국식 바Bar에서 술을 마시며 제국의 야망과 패전에 관하여 대화를 나누다가, 부하가 술에 약간 취한 채 작은 미소를 띠고는 자신의 상관 앞에서 아무렇지도 않게 군가를 부른다. 주인공은 엷은 미소를 지으며 그 모습을 바라본다. 곧 이어 잠시 동안 실내의 등불 쇼트, 그리고 텅 빈 골목을 비추는 네온사인 쇼트가 나온다. 혹은 성공한 제자들에게 식사 대접을 받은 후 자신의 보잘것없는 인생에 대해 깊은 시름에 젖을 때 아무도 없는 골목에 네온사인이 서 있다. 혹은 결혼식을 치르고 난 후 가버린 딸의 텅 빈 방안, 복도, 가구 등이 사진첩처럼 나열된다. 혹은 시어머니가 위독하다는 소식을 접한 며느리가 허탈해 하며 지난날을 회상할 때 회사 창문 밖의 철근건물의 모습과 공사장 소리가 부산하게 들려온다. 혹은 죽어가는 아내를 곁에 두고 창밖을 바라보는 동안 멀리서 어촌의 무심한 풍경이 지나가거나, 죽은 어머니를 생각하며 마루에 앉아 있을 때 공동묘지에 있는 한 무더기의 묘비들이 늘어서 있다.

이 모든 관조적 이미지들은 네오리얼리즘 — 비스콘티, 데시카, 로셀리니, 그리고 특히 안토니오니 — 의 이미지에 자주 등장했던 텅 빈 풍경이나 낯선 공간이 아니라, 무엇인가를 견디고 기다림으로써만 완성될 수 있는 시간 그 자체의 직접적인 제시이다. 그것은 어떤 대상의 본질이 드러나는 것이 아니고, 삶의 최종적인 의미가 드러나는 것도 아니다. 심지어는 미조구치 겐지溝口健二가 롱 컷을 통해 끄집어내고자 했던 대상의 신비 혹은 심미성도 아니다.[27] 다만 결국은 다시 대면 할 수밖에 없는 또 다른 새벽을 마중하기 위해, 그렇지 않다면 대자연의 바람 속으로 흩어지기 위해, 삶에 대해서도 인간에 대해서도 그 어떤 질문도 하지 않은 채 가만히 앉아 자기 자신을 기다리는 것이다. 어찌어찌하여 궤도에서 횡뎅그렁하게 빠져나와 버린 일상의 동요가 눈 덮인 산과 고요히 서 있는 나무를 닮아가며 대자연의 질서로, 빠져나갈 수 없는 그 무지막지한 방정식의 한 항으로 되돌아가기 위해 자신을 추스르고 있는 것이다. 본질적으로 시간은 기다림(혹은 망설임)을 통해서만 체험된다 — 그것은 특정 대상에 대한 상대적인 기다림이 아니라 자기 자신에 대한 기다림, 즉 자신의 몸뚱이와 과거전체를 직접 짊어지고 끌고 다니며 견디지 않으면 안 되는 삶의 번민과도 같은 절대적 기다림이다. 오즈에게 있어 정물의 의미는 바로 이것이다. 정물은 시간-지속-기다림 그 자체인데, 그 기다림에는 하이쿠俳句에서의 기레지切字가 자아내는 일본 특유의 영탄詠歎 — 부정을 통해 존재에 대한 이해에 도달하고자 하는 서구의 지성과는 대조적인 — 에 비견할만한 삶과 존재의 긍정이 주는 슬픔이 있다.[28]

---

27. 〈오하루의 일생〉(西鶴一代女)에서 오하루가 자신의 자식이 있는 가마 행렬 쪽으로 다가가는 긴 시간 동안의 장면이 그 예이다.
28. 프롬(Erich Fromm)은 삶의 두 양태 — 소유와 존재 — 를 논의하기 위해 스즈키(T. D. Suzuki)를 인용하면서, 한 송이 꽃에 대한 테니슨(Alfred Tennyson)의 태도와 마쓰오 바쇼(松尾芭蕉)의 태도

그런 점에서 〈동경이야기〉는 작품 자체가 하나의 정물-지속-이미지라고 할 수 있을 것이다. 이 작품에는 기다리는 시간으로서의 지속이 동경 전체에 퍼져 있고, 견딜 수 없는 절망과 패배감과 죽음을 떠올리며 살아야하는 전후 일본인들의 내적 지속이 있다. 그들은 모두가 도식적이고도 진부한 일상의 대화가 끝난 후에 잠자리에 누워 천장을 바라보며 훌쩍인다 ─ 가령 죽은 아들 혹은 남편을 떠올리며 한 방에 누워있는 며느리와 시어머니가 좋은 예이다. 정물은 그 자체가 견디어내는 시간, 즉 견딜 수 없는 내적 동요와 감당해낼 수 없는 근원적 슬픔을 삭이는 시간이다. 그것은 개인이 의식적으로 경험하는 가장 순수한 형태의 지속-이미지이다. 네오리얼리즘의 풍경 이미지가 세계에 대해 심오한 질문에 봉착한 사유의 시간이라면, 오즈의 정물은 하염없이 바라보고 있어야만 하는 인간의 말할 수 없는 안타까움과 애달픔의 시간이다. 설탕이 물속에서 녹아내리고 물이 끓어 수증기가 피어올라 대기에 퍼질 때까지, 어머니라고 하는 한 사회적 존재로서가 아니라 한 여자 한 인간 나아가 자연이라고 하는 존재론적 수용에 도달할 때까지(〈가을햇살〉에서 어머니는 정숙해야 한다는 딸의 관념처럼), 죽음을 자연의 한 흐름으로 수용함으로써 슬픔을 가눌 수 있을 때까지(〈동경이야기〉와 〈동경의 황혼〉에서의 아버지처럼), 소유하거나 지배할 수 없는 욕망이 있음을 깨닫고 그것을 포기할 때까지(〈부초이야기〉에서의 아버지의 포기, 〈가을햇살〉에서의 어머니의 포기, 〈꽁치의 맛〉에서의 아버지의 포기), 개인은 그 기다림을 거치며 자기 자신을 초월한 비개인적인 시간에 이른다. 이것이 바로 "순수한 관조의 시간"이 최종적으로 이르게 될 일원론, "지속의 세 번째 단계", 즉 물

를 비교하고 있다. 그 논의를 한마디로 요약한다면, 지성의 질문(의문사)으로 점철된 서구 현대의 사유("너는 누구인가?")와 영탄(감탄사)의 정서가 지배적인 일본식 선(禪)의 사유("너로구나!")의 차이라고 말할 수 있을 것이다. 이에 대해서는 프롬, 『존재냐 소유냐』(*To Be or To Have*)의 1장을 참조하라. 그러나 바쇼의 태도에는 어떤 안타까움과 슬픔 또한 없지 않다. 거기에는 소유할 수 없는 존재에 대한 포기와 체념 같은 것이 있기 때문이다.

의 흐름과 새의 비상 그리고 그것을 바라보는 자기 자신까지도 포함하는 하나의 시간이다.(Bergson, *Durée et Simultanéite*, 52, 67; Deleuze, *Bergsonism*, 80)

잠재미학 : 어떻게 진부함에서 벗어나 투시자의 잠재적 역량을 가질 것인가?

행동은 목표로 하는 대상을 수축하거나 휘어지게 하면서, 그것을 단단한 외형을 가지는 현실로 다룬다. 행동에 의해 사물은 하나의 공간에서 다른 공간으로 이동하거나 물리적 변화를 겪는다. 행동은 지각과 공모하여 실재를 공간속에서 대상화함으로써, 사물과 공간, 사물과 사물, 혹은 공간과 공간을 도식화한다. 하나의 작용이 있으면 그에 상응하는 반응이 있다. 슬플 때는 눈물이 나오고, 혐오스러울 때는 얼굴을 찡그리듯, 하나가 주어지면 다른 하나가 잇따른다. 행동성에 사로잡힌 감각들은 행동의 요구에 따라, 가령 전방을 주시하는 눈의 지각이 앞으로 내딛는 근육의 체육학적 진동과 호응하듯이, 서로 연대하고 역할을 분담하여 기능적으로 일치한다. 능력들 간의 관계가 유기적으로 혹은 기계적으로 종속되는 것이다. 그래서 행동은 일치된 감각(능력)에 의한 대상의 재확인이며, 이미 주체 안에 마련된 의도에 따라 이루어지는 세계의 재편성 나아가 실재의 왜곡이다. 실재는 행동의 요구에 따라 다소 편협한 지각 속에서 수축되고 표면적 외형으로 다루어짐으로써 잠재성을 잃어버린다. 행동성에 사로잡힌 주체는 이름을 암기하거나 손으로 잡는 것으로 사물의 진정한 이해를 대신한다. 그렇게 행동은 실재를 습관적 도식으로 연결(반복)하고, 그것을 손쉽게 적응할 수 있는 진부한 대상으로 완성하는 것이다. 감정조차도 하나의 도식적 행동일 수 있으며, 은유 역시 하나의 대상에서 다른 대상으로의 도식화라고 보아야 한다. "은유조차

발 빠른 감각-운동적 얼버무림이다. 무엇을 해야 할지 모를 때, 다른 무엇인가를 대주는 것이다. 은유는 감정의 본성으로 이루어진 특별한 형태의 도식이다."[20] 우리는 작용에 반응하는 법을 내면화한 구조나 법칙에 따라 사물을 인지하고 느낄 뿐이다. 지각과 행동의 대상이란 언제나 우리의 현실적 필요와 흥미를 반영한다. 우리는 실재의 다양한 측면들 중에서 흥미롭지 않거나 필요하지 않은 것을 지각과 행동에서 제외한다. 사물에 대한 이 편협한 이해는 사회적 경제적 이해관계라든가, 이데올로기적 믿음, 심리적 욕구에 따라, 즉 행동(삶)의 요구에 적합한 것만을 수용한 결과이다. 우리는 필연적으로 "판에 박힌 것"만을 지각하고, 또 그에 따라 살아가는 것이다.

그러나 그 진부하고 판에 박힌 연쇄에 균열이 생긴다면 어떻게 될 것인가? 네오리얼리즘과 오즈의 중요성이 여기에 있다. 네오리얼리즘의 풍경 이미지나 오즈의 정물(관조-이미지)은 일상적이고 도식적인 진부함 속에 잠시 난입한 단절과 균열이다. 그것은 작용과 반작용 혹은 행동들 간의 연결이 그 효력을 상실한 상태 즉 행동적 현실의 파탄과 붕괴를 의미한다. 한편 그 균열은 편협한 행동-도식이 놓쳐버린 어떤 실상이 드러나는 순간이 아닌가? 지각 가능한 현실을 넘어서고 행동보다 더 근원적이고 강렬한 어떤 것의 현시, 즉 행동성 이전의 순수 비전이 그것이다. 들뢰즈에 따르면 관조적 이미지는 습관과 도식에 사로잡힌 감각이 아니라, 특정 목표를 상정하거나 중심을 위시한 연대 혹은 종속된 감각이 아니라, 여행자가 자연물을 지각하듯이 각각의 고유함으로 흩어져 이완되고 해방된 자율적 감각, 즉 열린 감각의 현시이다. 실상이란 판에 박힌 인식에서가 아니라 도식화할 수 없는 어떤 것 속에서, 낭만주의자들이 숭고한 자연과의 대면에서 그랬듯이 능력들의 불일치와 부조화 속에서, 능력들 각각이 해방되어 반反기능적으로 작동하는 과정에서, 즉 이미 알려져 있거나 알 수 있는 것 외부에서 탄생한다. 그것은 "너무도 강렬한 어떤 것, 혹은 너무도 부당한 어떤 것, 그러나 때로는 너무도 아름다운 어떤 것, 그래서 이제 우리의 감각-운동 능력을 넘어버린 어떤 것", 즉 초과하는 그 무엇이다.(18) 오로지 직관의 투시透視를 통해서만, 즉 "순수한 비전을 인식과 행동의 수단"으로 삼을 때만이 단순한 대상의 인지reconnaissance를 넘어서, 담장에 기대어 움직이지 않고 서 있는 자전거-정물처럼 운동이나 운동체와 뒤섞이지 않은 순수한 시간, "세계의 운동이 그에게 부여한 경첩으로부터 빠져나가" 단독자가 되어버린 시간(41), 즉 실상에의 인식connaissance에 도달할 수가 있다. 그것은 〈이탈리아 여행〉에서 여주인공이 여행 중에 특히 예술 작품들 속에서 보았던 끔찍한 것이며, 말해지지 않고 표현할 수 없는 어떤 것, 가정주부로 살 때는 볼 수 없었던 외부의 실재이다. 안토니오니와 오즈의 이미지는 모두가 잠재적 세계, 즉 가시적이고 결과된 것 이전 혹은 그 이후의 저편에 은밀하게 잠재하는 투시적 세계를 향해 있다. 그것은 "견딜 수 있고", "허용 가능한" 지각이 아니라, 언제부터인가 우리 자신 안에서 이미 습관적 논리나 도식 체계가 되어버린 망막의 기능을 효력 정지시켰을 때에만 희미하게 나왔다가, 우리가 생활의 요구로 되돌아갈 때 다시 사라지고 마는 과잉의 세계이며 절대적 타자의 세계이다.

순수 시(청)지각 이미지, 은유 없는 전체 이미지는 공포 혹은 아름다움의 과잉 속에서, 근본적이거나 정당화할 수 없는 특질 속에서, 왜냐하면 좋은 나쁘든 이미지는 더 이상 '정당화'될 필요가 없으므로, 말 그대로 사물 그 자체를 드러낸다. …… 공장의 노예들이 일어서고, 우리는 더 이상 '그래, 사람은 일을 해야 돼 ……'라고 말할 수가 없다. 내가 본 것은 죄수들이었다 : 공장은 감옥이고, 학교도 감옥이다. 비유적으로가 아니라 말 그대로. 학교의 이미지를 보여주고 다음에 감옥의 이미지를 보여주는 몽타쥬가 아니다. 그것은 단지 하나의 유사성을 보여주고, 두 개의 명료한 이미지들 사이에 혼란한 관계만을 지적할 뿐이다. 이와 반대로, 분명치 않은 이미지의 한복판에서 우리를 빠져나가는 본성적으로 다른 요소들과 관계들을 밝혀야 할 것이다. 어떻게 그리고 어떤 의미에서 학교가 감옥이고,

주택단지가 매음굴이며, 은행가가 살인자들이며, 사진가들이 사기꾼인지를 보여줄 것. 은유 없이 실상 그대로. …… 이것이 바로 우리가 종국에 이르게 될 문제이다 : 판에 박힌 것으로부터 진정한 이미지眞想를 빼내기.(21)

따라서 실상을 투시하는 일은 이미지의 존재론이 이미지의 정치학으로 나아가는 길과 멀지 않다. 베르그송의 말처럼 이미지란 실재 그 자체이며 ("우리는 사물이 있는 바로 그곳에서 사물을 지각한다."), 어느 부분도 배제하거나 부정할 수 없는 긍정적 존재로서 존재론적 정당성을 갖는다. 만일에 이미지가 우리를 기만하고 실상을 왜곡하는 것이라면, 그것은 이미지로부터 흥미로운 것만을 취해 이미지 전체가 아니라 부분만을 수용하는 우리의 판에 박힌 지각과 행동의 뿌리 깊은 악습 탓일 것이다. 또한 거기에는 그 악습이 초래하는 삶의 진부함을 필요로 하고 이용하고 조장하는 현실적 이해관계 혹은 권력이 있다. 이러한 삶의 기만을 꿰뚫고 그로부터 단절하기 위해서는, 그 무엇도 덧붙이거나 빼지 않은 채 이해관계와 권력이 덧붙여 놓은 색채들을 소거시키고 비움으로써 진상을 투시할 수 있어야만 한다. 권력과 기만에 맞선 피로한 투쟁이나 구호 그리고 그 힘을 얻기 위한 휴머니즘적 감동으로는 충분치가 않다. "승리하기 위해서는, 진부함을 패러디하고 거기에 구멍을 뚫고 비우는 것으로는 충분하지 않다. 감각-운동적 연결을 교란시키는 것으로는 충분치가 않은 것이다."(22) 그것은 어쨌든 또 하나의 행동성으로 뒤섞일 테고, 나아가 또 다른 진부함의 상태로 떨어져 버릴 테니 말이다. 물론 강박적인 화면과 같은 주도면밀한 시선은 우리를 대상에 더 오랫동안 머물게 했다. 또한 오랫동안 주시하는 카메라의 눈으로 공허하거나 끔찍한 공간 나아가 낯선 타자의 시간을 볼 수 있었다. 정물은 우리의 시선이 공간이나 대상에 머무르지 않고 그것과 뒤섞이지 않은 순수한 시간의 이미지에 도달하게 했다. 결국 진정한 이미지는 물질적 진부함으로부터 그리고 공간으로부터 그리고 운동으로부터 시간을 해방시킬 때에만 완성될 것이다. 이 것이 또한 들뢰즈가 베르그송주의 전체를 통해 말하고자 했던 직관의 잠재적 역량 — 신비주의적 극단으로 치달을 수 있음을 배제하지 않는 — 이다.

따라서 시간의 참된 이미지를 투시하는 잠재적 역량이 발전하는 몇 가지 단계를 제시해 볼 수 있을 것이다.(22~24, 41) 그것은 이미지가 빛-질-운동성을 넘어서서 그 이상의 지점을 내포하는 과정이며, 모든 이미지가 흩어져 다른 차원의 잠재성으로 증식하고, 더 이상 현실과 상상, 정신과 물질이 구별되지 않는 잠재적 모호함으로 나아가는 과정이기도 하다. 우선 감각적이고 물질적인 이미지가 있다. 이 단계는 아직 물질과 공간에 종속된 단계로서, 대상에 의존하여 기계적이고 도식적인 운동에 사로잡혀 있다. 가령 인물들이 무엇인가를 먹거나 잡거나 달릴 때 관객은 감각적으로 동참하지만 직접적으로 지속을 경험하지는 못한다. 여기에 시간-지속이 있다면 이미지(쇼트) 자체로부터가 아니라 운동체나 운동에 실려 뒤섞인 채로, 혹은 몽타쥬가 그렇듯이 쇼트들의 외적인 연결이나 병치를 통해 간접적으로만 드러날 뿐이다. 들뢰즈는 이를 일컬어 "시간의 네거티브"a negative of time라고 불렀다.(40) 그러나 대상을 포착하고 인지하고 추측하는 역량으로 요약할 수 있는 이 단계에 균열이 생기고 위기가 오면, 새로운 이미지 즉 바라보고 듣는 단계를 지나 관조의 역량으로 나아간다. 관조적 역량은 대상으로부터 운동 또는 행동성을 지우고 그것과 뒤섞여 있었던 지속의 순수한 이미지를 끄집어내어 시간성과 직접적으로 관계한다 : "시간은 더 이상 운동의 양 measurement이 아니라 오히려 운동이 시간의 원근perspective이 되어 그 둘의 전복이 일어난다."(22) 관조적 이미지는 눈은 이제 카메라의 대상 포착 기능을 넘어서서 일종의 "투시적 기능"을 갖출 것이다. 이미지의 부분이나 파편이 아닌, 또는 몽타쥬처럼 쇼트-이미지들의 연결을 통해서가 아니라, 이미지 그 자체로서의 전체를 보는 것이다. 이로써 시간은 사물 외적인 관계가 아니라 내적인 관계성을 갖는다. 안토니오니의 풍경과 오즈의 정물이 그랬듯이, 이미지의 모든 것이 단지 감각-운동으로 "보여지는 것"이 아니라 잠재적으로 "읽혀지는 것"이 됨으로써, 감각적 세계가 "문학성"을 가지게 되어 우주 전체가 하나의 책이 된다. 이를 위해 우리는 전경에 두드러진 현실적 대상물로부터 후경으로 밀려난 배후로, 중심에서 배제되어 주변이 되어버린 변두리로, 현재적 관심으로부터 잠재적 과거로 시선을 돌려야만 할 것이다. 바쟁이 쁠랑-세깡스의 개념으로 하나의 쇼트 내에서도 다양한 깊이와 몽타쥬의 가능성을 주장하면서, 르느와르Jean Renoir나 오손 웰즈George Orson Wells의 영화를 예를 들어 "화면심도"depth of field를 언급했을 때, 그가 의도했던 것은 "화면심도란 직접적인 시간-이미지의 한 형태로서, 기억, 과거의 잠재적 지대, 각 지대들의 여러 관점"으로 정의될 수 있다는 것이었다.[29] 하나의 쇼트, 하나의 평면, 하나의 대상 안에 전경과 후경 전체를 포함한 시간의 중층적 지대가 있다. 프루스트가 언급했듯이, 그 자신은 드러나지도 보이지도 않지만, 자신을 드러낼 적합한 육체를 찾으면, "그 육체 위에 자신의 환등을 비추고 있는 시간, 각 층위들의 깊이 속에서의 공존"이 직접적으로 현시되는 것이다.(39) 이것이 또한 다큐멘터리를 지향하는 정신으로서의 키노-프라우다Kino-pravda, 그리고 시네마-베리테cinéma-vérité의 윤리적 태도 — 예술적 태도뿐만 아니라 — 이다.[30] 이미지는 그 전체가 읽혀져야 하고, 이 읽기 자체가 이미지에 지속을 부여한다. 잠재성의 투시 즉 잠재적 역량은 바로 독서를 통해 완성될 것이다.

그러나 들뢰즈는 잠재성을 읽는 역량을 넘어서 더 나아갈 것을 제안한다. 공간(감각, 운동, 대상)에 종속되었던 시간을 시지각적 이미지나 정물에

---

29. 16세기 이후 회화에서의 심도문제와 바쟁의 심도화면 개념을 시간과 관련지어 논의한 대목은 Deleuze, *Cinema 2*, p. 108 이하를 참고하라.

30. 들뢰즈는 이렇게 말한다. "이미지와 독립적으로 존재하는 어떤 실재에 도달하는 것이 아니라, 이미지와 공존하는 것으로서, 이미지와 분리될 수 없는 것으로서의 이전과 이후에 도달하기"(38) 현재-이미지와 공존하는 것으로서의 과거와 미래, 즉 영화는 현재성의 문제가 아니라 과거와 미래의 문제이며, 나아가 시간 전체의 실상의 문제라는 이 논의 역시 베르그송의 시간론을 떠올리게 한다.

서처럼 직접적으로 현시하는 것에 머물지 않고, 이번엔 시간을 '구성'하는 것이다. 이제 카메라는 자리에 고정되어 가만히 주시하거나 심지어 스스로 움직일 때조차(트래블링이나 패닝과 같이), 더 이상 인물들의 움직임을 따라다니거나 특정 대상에 머무르지 않고, 오히려 그들을 시간을 전개하기 위한 요소로서, 즉 "공간의 묘사를 사유의 기능에 종속"시킨다.(23) 들뢰즈가 여러 차례에 걸쳐 히치콕의 몇몇 이미지들을 규정하면서 명명했던 개념인 "관계-이미지"relation-image가 그 좋은 예이다.31 가령, 〈이창〉Rear Window(1954)의 첫 시퀀스를 보면, 카메라가 아파트의 창문 밖으로 서서히 미끄러지면서 나아간다. 창문으로 나가 패닝을 하면서 다른 아파트의 창문들을 하나씩 하나씩 바라보며 한 바퀴 돌다가 다시 주인공의 창문으로 돌아온다. 활짝 열린 창문에 주인공이 땀을 흘리며 낮잠을 자고 있고, 카메라는 곧 무더운 여름을 말해주는 온도계를 보여줌으로써, 아파트의 창문들이 모두 활짝 열려져 있는 이유를 암시하면서, 다시 카메라는 활짝 열린 아파트 창문들로부터 사람들의 훤히 들여다보이는 모습을 보여준다. 이것은 나중에 주인공이 창문을 통해 살인사건을 목격하게 되는 직접적인 근거가 된다. 카메라는 다시 주인공의 창문으로 들어와 서서히 주인공의 다리를 보여주는데, 그는 다리가 부러져 기브스를 하고 있다. 카메라는 서서히 후진하다가 왼쪽으로 패닝 하는데, 책상 위에 부서진 카메라가 있고, 벽에는 자동차 사고를 찍은 사진이 걸려 있다. 그리고 어느 모델의 잡지 표지 사진이 있고, 뿐만 아니라 그 사진의 네거티브 사진이 있다. 이를 통해 주인공이 기자이며 얼마 전 자동차 사고로 누워있다는 사실을 알 수 있다. 그는 며칠 동안 집에 누워있었기 때문에 무

---

31. 들뢰즈는 *Cinema 1*, *Cinema 2*의 이곳저곳에서 "관계-이미지"(relation-image), "정신-이미지"(mental-image), 혹은 "사유-이미지"(thought-image)의 개념을 언급하면서, 영화가 사유의 전개와 나란히 나아가는 것으로 논의한다. 이에 대해서는 Deleuze, *Cinema 1*, pp. 18~19, 21, 그리고 *Cinema 2*, pp. 23, 32, 34, 148, 163~164, 267을 참고하라. 아울러 히치콕의 관계의 이미지가 아이젠슈타인의 변증법적 몽타쥬(충돌)를 대체하는 개념임을 언급하는 대목은 *Cinema 2*, pp. 163~164를 참고하라.

료한 시간을 보내고 있는데, 이는 활짝 열려진 다른 아파트 창문들이 궁금해지는 이유가 된다. 이렇게 해서 곧 일어나게 될 살인사건을 그가 목격하게 되는 정황상의 복선이 잠깐 동안의 카메라의 패닝으로 제시된 것이다. 카메라가 공간을 묘사할 뿐만 아니라, 소설을 쓰듯이 사유를 가능케 하는 이미지들의 관계를 만들어 냄으로써, 가령 장소를 물색하고, 인물들을 등장시키고, 복선을 깔면서 관념을 전개하고 있는 것이다. 이미지가 인물이나 공간으로부터 잠재적 시간을 끄집어내는 역량을 넘어서서, 시간을 구성하고 창조하기, 들뢰즈가 말하는 세 번째 역량이란 바로 글쓰기이다.

> 카메라-의식camera-consciousness. 그것은 더 이상 대상을 따라다니거나 움직이는 것으로 정의될 수 없고, 카메라가 들어갈 수 있는 정신적 연결들the mental connections로 정의된다. 그래서 카메라는 논리 접속사들의 목록을 따라("혹은", "그러므로", "만약", "왜냐면", "실제로", "비록...`), 질문하고, 대답하고, 반대하고, 도발하고, 이론을 만들고, 가정하고, 실험을 한다.(23)

카메라는 이미지를 제시할 뿐만 아니라, 언어를 구사하듯이 통사질서를 구성하며, 태피스트리tapestry를 짜듯이 이미지의 아상블라주로 논리적 관계를 만들고 이야기를 하고 플롯을 짜고 사유를 전개한다. 그리하여 마치 카메라가 의식과 사유 그 자체이기라도 하듯이, 현재 관계하고 있는 항들의 외부, 즉 프레임 외부에 존재하는 하나의 전체로 나아간다.

감각과 운동을 넘어 참된 시간의 이미지로 열리는 여러 단계가 존재한다. 우선 이미지는 공간, 감각, 물질의 관계들을 벗어나야만 하고, 나아가 운동성으로부터 단절하여 바라보는 단계가 필요했으며, 필요와 관심과 이해관계에 따라 이미지의 부분만을 지각하는 편협한 단계를 지나, 해방된 지각으로 이미지 전체를 읽을 수 있는 단계로 나아가야만 했다. 지속과 시간의 진정한 이미지는 세계가 책이 되어가는 과정과 나란히 공존한다. 그러나 독서는 진부하고 판에 박힌 세계로부터 실상을 추출해 낼 수는 있지만, 그것 자체로는 판에 박힌 세계의 해방일 수는 없었다. 그를 위해서는 다른 역량, 즉 무한한 관계 이미지의 구성으로 사유를 전개하는 쓰기의 역량과 연계되어야만 할 것이다.

5장

예술과 본질 : 고양이의 미소

들뢰즈의 베르그송에 관한 논의들은 마치 여행처럼, 더 정확히는 두 방향으로 치닫는 가출家出처럼 제시되었다. 그는 순수현존들의 뒤섞인 경험 즉 의식적 복합물로부터 그 본질적 현존들을 본성적 차이에 따라 분할하고 나서, 마치 모든 강줄기가 하나의 대양大洋으로 합류하듯이, 그 분할된 현존들이 단일한 하나의 시간인 잠재적 실재 안에서 공존하고 있음을 우리에게 보여준다. 잠재적 실재는 하나의 대양이며 자연 그 자체이다 — 또한 존재의 가장 은밀한 어둠의 지대이기도 하다. 그는 이원론에 따라 경험을 나누면서, 그것이 경험적 복합물이 되기 이전의 시간, 현실적 효력이 발생하지 않거나 혹은 현실적으로 유용하지 않은 잠재적 시간으로 떠나는 것이다 — 정신과 물질, 과거와 현재, 기억과 지각 등은 마치 꿈속에서처럼 갈라지며 펼쳐진다. 경험으로부터 출발하여 이원론의 길을 따라 본성적으로 다른 길로 갈라졌다가 다시 하나의 총체성으로서의 과거로 가는 길 위에서, 우리는 경험을 이루고 있는 것이 무엇인지 나아가 경험의 순수조건에 관한 비판과 반성을 필요로 한다. 이것이 들뢰즈의 반성적 이원론reflexive dualism을 이루고 있다. 그러나 그것으로는 충분하지 않다. 우리는 다시 그 단순한 총체성으로부터 출발하여 의식과 존재와 생명으로 구체화되는 길을 따라 나아가지 않으면 안 될 것이다. 들뢰즈는 이원론의 두 방향을 말하면서, 우리의 경험으로부터 출발한 반성적 이원론이 아닌 잠재적 실재로부터 출발하는 적극적 이원론 positive, creative dualism을 언급한다. 그에 따르면 생명의 질서란 바로 단순한 하나의 총체로서의 잠재적 실재로부터(그리고 이 잠재성 속에 수축과 팽창의 모든 수준 혹은 정도들이 공존하고 있다), 두 갈래의 길을 따라 그 자신을 분화하고 현실화하는 적극적 이원론의 전개에 다름 아니다. 잠재성이 분화되어 현실화되는 과정, 즉 삶과 시간의 전개는 그 자체 발명과 창조의 과정이다.

그러나 문제는 잠재적 실재가 어떻게 우리 앞에 드러나는가이다. 단순하고도 총체적인 하나의 시간, 모든 육체들을 하나의 공존으로 포함하는 잠재적 시간은 어떻게 나타날 것인가? 또한 그 시간을 어떻게 경험적으로 구체화할 수 있을 것인가? 들뢰즈에 따르면 그것은 말할 것도 없이 예술을 통해서이다. 그가 논의하는 베르그송의 주제에는 한 가지 프로젝트가 있었다. 바로 공간과 시간, 육체와 영혼, 양과 질 등의 본성상의 차이를 발견하는 문제였다. 이 프로젝트의 근본적인 목표는 그와 같은 이원론적 차이에서, 어떻게 하면 공간으로부터 시간을, 육체로부터 잠재적 실재를, 대상적 객체로부터 질을 뽑아내어 그것을 순수 현존으로서 보존할 것인가에 있었다. 특히 들뢰즈의 예술에 관한 문제는 모두가 이 주제에 향해 있다. 어떻게 하면 탈영토화 할 것인가(카프카의 침묵)? 어떻게 하면 본성적으로 다른 질들을 구별하여 서로 다른 존재를 긍정할 것인가(마조흐와 사드의 서로 다른 변태성)? 어떻게 하면 순수현존의 이미지들을 분류하여 그들 각각의 존재를 드러낼 것인가(영화 이미지, 특히 운동으로부터 단절된 시간-이미지)? 어떻게 하면 육체들로부터 질적 차이를 추상하여 존재의 본질을, 잃어버린 시간을 되찾을 것인가(프루스트의 횡단성)? 이 외에도 무수하게 많은 목록을 작성할 수 있을 것이다.

들뢰즈는 예술이 감각적 경험보다 우월하다고 말한다. 그 이유는 예술이 물질적 대상이나 육체로부터 자유롭기 때문이다. 다른 경험에서 오는 기호(징후)들은 물질에 의존하거나 종속되어 있다. 가령 과자의 맛이라든가, 냄새, 혹은 뺨이나 피부와 같은 애인의 얼굴이 내뿜는 인상으로부터 발생하는 기쁨은 모두가 물질적이다. 그들은 물질에 감싸여 공간에 체포되어 있거나, 사물들과 관계를 맺거나, 그 인상들을 담아 운반하고 있는 육체에 의존한다. 이러한 경험들 속에서 우리는 물질과 징후를 혼동하기도 하고, 느낌과 육체를 뒤섞어서 육체를 소유하거나 붙잡아둠으로써(법적소유, 결혼, 감금 등) 허기에 찬 확신으로 그 징후들을 가질 수 있다고 믿는다. 육체-대상을 정확히 세밀하게 묘사함으로써 세계의 본질을 드러낼 수 있다고 믿었던 예술적 객관주의(리얼리즘과 같은)에 대해, 들뢰즈가 베르그송과 유사한 어조로 비판했던 것은 이런 이유 때문이었다.[1] 물질과 공간에 호소하여 순수현존을 그것들과 뒤섞는 정신은 언제나 자연을 동질화하고, 모든 존재를 동일한 종의 반복 속에서 관찰한다. 그럼으로써 삶을 창조가 아닌 흉내나 모방의 과정 — 진리의 모방이든, 신의 모방이든 — 이라고 생각한다. 예술에 있어 재현에 관한 그 많은 믿음들에 대해 베르그송주의자 들뢰즈가 그토록 비판하는 것도 이에 기인한다. 그러나 예술로부터 경험하는 징후와 그 징후들의 최종적 의미는 대상-육체로부터 벗어나 있으며 물질에 의존하지 않는다. 물론 예술적 징후들은 물질에 의해서만 육화할 것이다. 한 토막의 소악절이 주는 평화는 연주자의 육체뿐만 아니라 피아노 또는 첼로의 육체를 필요로 한다. 또한 음악은 음향이라는 운반체를 통해 전달된다는 점에서 그 자체가 물질적이다. 애인의 초상에 그려진 눈짓이 주는 묘한 쾌감 역시 하나의 물질적 징후이다.

---

1. 예술에서의 객관주의와 주관주의에 대한 비판은 이 책 2부의 1장을 보라.

그것은 표현물 즉 붓이라든가, 캔버스라든가, 물감이라든가, 색채와 같은 물질적 과정에 의해서만 하나의 표현체가 될 것이다. 그러나 예술에 있어서의 인상과 징후들은 그와 같은 물질적 과정보다 더 근본적인 것을 우리에게 제시한다. 그것은 운반체로서의 악기나 악보, 음향, 물감, 색채가 감추고 있는 어떤 본질 혹은 관점을 드러냄으로써만 예술적 징후가 되기 때문이다. 예술적 본질은 객관주의와 주관주의를 넘어선다. 그 본질은 객관적이고 명료하게 지칭 가능한 대상도 아니고, 그렇다고 해서 주체의 주관적 연상만으로 환원할 수도 없다. 예술적 경험과 예술 작품의 해석은 단순히 주체 개인에 국한된 문제가 아니기 때문이다. 하나의 예술 작품이 우리에게 제시하는 것은 그 자체 고유의 본질, 존재가 그 자신 안에 스스로 보존하는 것으로서의 순수현존이다. 말하자면 연주되고 있는 음악은 악사들이 연주하고 있거나, 악기가 내고 있는 아름다운 음향이기 보다는, 그 음악의 순수현존이 출현하기 위해 예식을 치르고 있는 광경과도 같다. 그것은 비물질적이다. 본질은 기계적 습관이나 사실을 뛰어넘는 통찰, 화이트헤드Alfred North Whitehead의 용어로, "비범한 정신"unusual mind에 의해서만 드러난다.

> 명시된 대상을 넘어서, 명료하고 공식화된 진리를 넘어서, 그러나 또한 유사성이나 근접성에 의한 연상과 소생의 주관적 사슬을 넘어서, 논리를 벗어나고 논리를 초월하는 본질들이 있다. 이들은 대상의 성질들만큼이나 주관성의 상태들을 넘어선다. 대상으로부터 방출되는 것이긴 하지만, 그 대상으로 환원되지 않는 한에서 징후를 이루는 것이 바로 본질이다. 또한 주체가 이해하는 것이긴 하지만, 그 주체로는 환원되지 않는 한에서 의미를 이루는 것이 본질이다. 배우는 도제의 마지막 말 혹은 최종적 계시가 바로 본질이다. …… 사교계의 세속적 징후들, 사랑의 징후들, 심지어 감각적 징후들조차 우리에게 본질을 주지 못한다. 본질에 근접하게 해주기는 하지만, 언제나 우리를 대상의 덫으로, 주관성의 올가미로 떨어뜨린다. 본질은 오로지 예술의 수준에서만 드러난다.(Deleuze, *Proust and Signs*. 38)

일례로 무희나 배우의 몸짓에 깃든 하나의 이미지, 다시 말해 대상-육체가 아닌 순수 이미지에 이와 같은 본질이 있다. 배우는 목소리와 팔 같은 육체와 근육을 이용해서 연기를 하지만, 그 몸짓은 다른 어떤 본질 혹은 "어떤 이데아를 굴절시키는 투명한 육체"를 이루며, "고집스럽게 영혼에 무뚝뚝한 생기 없는 물질의 찌꺼기는 조금도 잔존하지 않는", 배우로부터 나오지만 배우와는 전혀 무관한 어떤 영혼과도 같다.(40) 연극에서의 "배역"에도 우리는 그와 같은 이미지를 발견할 수 있다. 배역은 배우의 육체를 통해 드러나고, 관객의 해석에 의해 가시화되는 주관적인 어떤 것이지만, 그럼에도 불구하고 배역은 그 자체 자신 안에 존재하는 "하나의 세계"이며, "본질들이 서식하는 정신적 환경"이다. 그것은 비물질적이며 징후들이 발산되는 원천이다. 배역이 배우에 속하는 대상이 아니라, 오히려 배우가 배역에 속하고 종속되어 있다고 보아야 한다. 배우는 다만 배역이라고 하는 본질과 징후들의 총체를 육화하기 위해 배우 자신의 육체 안에 감싸여 있지만, 그 배우 자신으로는 환원할 수는 없는 어떤 영혼을 위해 선택되어질 뿐이다. 배역은 다른 어떤 대상-이미지로 환원되지 않고, 그 자체 스스로 자신 안에 존재한다. 육체와 대상에 실려 육화됨에도 불구하고, 육체와 대상이 사라져도 남아 있는 순수 현존! 연극이 끝나고 무대 위에서 몸짓하던 육체들이 내려와도, 무희가 사라져도, 여전히 무대 위에 남아 연극을 영원하게 하는 영혼! 가령 그것은 예이츠William Butler Yeats가 평생을 추구했던 영혼이며 "춤"이다. 춤에 있어 춤을 추는 육체를 뺀 나머지! 춤의 흔적 혹은 춤의 영화! 혹은 시인이 장미에게서 보는 것! 수녀가 마리아 상像에서 보는 것! 혹은 어머니가 자신의 아들에게서 보는 것! 육체와 뒤섞여 있기 때문에 육체가 소멸해 버린다면 영원히 소멸해 버릴 수도 있었던 본질! 갑자기 난입한 인상과 그 의미의 합일! 삶은 우리를 물질과 육체에 의존하도록 하고, 모든 징후와 인상들을 물질적 대상 속에서 찾을 것을 명령한다. 그리하여 우리를 대상적 관계 속에서 안주하도록 부추긴다. 물론 감각적 경험과 같이 삶 속에서 대면하게 되는 징후들도 우리를 "단순한 영원성의 이미지"로 데려다 주긴 한다. 과자의 맛은 우리에게 감각적 쾌락을 가져다준다. 그러나 그렇게 가지게 된 그 영원성의 이미지는 우리의 기억이 마련해 놓은 시간에 불과하다. 또 기억이란 어떤 식으로든 어느 정도는 물질성과 연상에 의존하기 마련이다. 그러나 예술은 이러한 기억을 넘어서 있다. 하나의 예술 작품은 우리에게 기억뿐만 아니라, 삶의 경험이 펼치고 있는 본질에 관하여 사유하도록 한다. "바로 이곳에 삶에 대한 예술의 우월성이 있다."(41) 예술 작품 속에서 드러나는 본질은 물질성을 벗어나 그 자신 안에서 스스로를 보존한다. 오로지 예술만이 "순수사유"에 호소하며, 예술에 의해서만 영혼은 해방된다.

> 예술이 우리에게 되찾아주는 것은 본질 속에 휘감겨 있는 시간, 본질에 의해 감싸여 있는 세계 속에서 탄생하는 시간이다. 이 시간은 영원과 동일한 것이다. …… 예술 작품은 잃어버린 시간을 되찾는 유일한 수단이다.(46)

본질이 육화되는 곳은 예술이라는 사실을 언급하는 것으로 충분할까? 다소 복잡한 논의들이 몇 가지 남은 것 같다. 우선 그 본질이 무엇인지를 분명히 아는 것이 필요할 것이다. 들뢰즈의 텍스트에는 존재의 최종적 의미, 즉 어떤 존재를 바로 그것이게끔 해 주는 그 본질의 의미는 다름 아닌 "절대적이고도 궁극적인 차이"absolute and ultimate Difference, Différence라고 적혀있다.(41) 그렇지 않을 수 없는 것이, 어떤 존재를 바로 그것으로서 사유하게 하고 바로 그것 자체로서 현존하게 하는 것이 본질이기 때문이다. 다시 베르그송으로 돌아가 말해 보자. 베르그송은 이원론에 따라 육체와 본질, 공간과 지속, 현실태와 잠재태를 나누었다. 그럼으로써 그 둘의 본성상의 차이를 발견하였다. 그러나 근본적인 것은 육체로부터 추상한 그 본질은 바로 그 자체가 절대적 차이가 아닌가 하는 것이다. 모든 존재는 잠재적 시간 안에서 본성적으로 다르다. 아킬레스와 거북의 본성상의 차이는 그들의 육체가 아니라 그들의 잠재성 즉 순수 운동성 혹은 순수 경향성에 의해서만 드러난다. 들뢰즈가 뜻하는 본질이란 바로 잠재적 실재 그 자체에 다름 아닌데, 왜냐하면 잠재적 실재란 그 자체 시간이며 변질이며 매 순간 다른 것으로서의 절대적 차이이기 때문이다. 본질이란 그 변질되는 시간의 총체 혹은 과거 전체이다. 그렇기 때문에 본질은 시간의 문제이며 시간 속에서만 펼쳐질 것이다.

우리는 감각적 인상이나 주관적 연상들 속에서 본질을 찾으려 했지만 모두가 헛수고였다. 왜냐하면 그들은 모두가 어느 정도는 육체와 물질 속에 휘감겨 있었고, 모두가 어느 정도는 공간화 되어 있었고, 양적으로, 물질적으로, 육체적으로 환원되어 두 마리의 거북처럼 동일한 반복만을 취하고 있었기 때문이다. 이런 식으로 우리는 객관성을 본질과 혼동해 왔다. 객관성이란 외면적인 것이다. 그것은 누구에게나 드러나 있는 것이고, 그 누구도 볼 수 있는 일종의 합의체이다. 그것은 우정일 수도 있고, 계약일 수도 있고, 법 혹은 국가일 수도 있으며, 만져보면 단단한 어떤 물체일 수도 있다. 어쩌면 대상을 바라보는 모든 주체가 동일한 관점과 위치에 있음을 가정한 무성의 無誠意 자체일 수도 있다. 그렇게 우리는 객관성 속에서만 소통을 한다. 그런 의미에서라면 소통이란 경험되지 않은 추상의 전형이며 비본질적 동의이다. 대상들이란 단절된 육체들이고, 그럼에도 이들은 동질적이며, 양적으로 공간화되어 그 무엇으로도 치환가능한 동일성으로 환원되기 때문이다. 우리는 단지 하나의 확립된, 약속된, 합의된 지표와 대상물 속에 고착되어 있을 따름이다. 소통은 항상 모방을 필요로 하고 모방은 소통을 전제한다. 우리가 각각 바라본 나무가 동일하다는 전제, 이것이 소통이며 모방이다. 그것은 나무의 동일한 본질을 보여준 것이 아니라, 나와 그녀의 대상적 동일성과 추상적 객관성만을 드러낸 것에 불과하다. 현실이 모방의 산물인 한에서 우리는 사물을 이런 식으로 교환한다. 물질적 객관성은 단조로운 반복의 원천이며, 다름 아닌 나태이다. 그것은 달리고 있는 두 존재를 동일하고도 병든 반복 속에서 두 마리의 거북으로 뒤섞듯이, 주체의 본질을 무화하고 주체를 다른 대상들과 동질적 관계 속에서 뒤섞이게 한다. 사랑이 근본적으로 이러한 소통 방식을 거절하는 것은 바로 그 태만의 지루함과 따분함이 하품과 불임을 유발하기 때문이다. 객관성이란 모두가 사물의 정면만을 주시하고는 그로부터 동일한 형상에 합의한 상태이다. 마찬가지로 객관성이란 모두에게 드러날 수 있는 것으로서의 외면화이다. 이러한 환경 속에서는 그 무엇도 다른 것과 본성적으로 구분되지 않으며, 아킬레스와 거북처럼 본성적 차이가 없는 두 육체의 공간적 배치만이 존재한다. 이것은 마치 아인슈타인이 상정했던 상징적으로 단일한 시간처럼, 어느 누구에 의해서도 체험되지 않은 단일성이자 합의된 환각 속에서의 소외이다. 여기서 존재의 본질은 열리지 않는다. 우리는 모두가 각자의 방 안에 닫혀 있으며, 우리 내부에는 서로 소통되지 않는 수많은 방들이 있다. 어떤 점에서 우리는 육체적 존재이고 대상적 관계를 맺으며 다른 모든 존재를 대상으로 간주한다. 우리는 각자의 주관성을 숨기고 있고, 감싸고 있으며, 그렇게 육체들을 통해 단절되어 있다. 자신만의 주관성 안에 갇혀 있기 때문에, 우리는 원리상 오해 위에 세워진 관계를 맺으며 살아간다. 따라서 타자의 관점에 대해서는 알려진 바가 없다. 그 무엇도 존재자들을 하나로 묶어주지 못하며, 우리는 공존하고 있다고 말할 수 있는 근거를 잃어버린 것이다. 이를 만회하고 상쇄하기 위해 타협을 하거나 계약을 맺는다. 그러나 타협은 근본적이지 못하고 계약은 필연적이지 못하다. 그것은 엉성한 상대적 객관성의 질서 위에 놓인 무성의한 관계일 뿐이다.

인간의 지각이 규격화해 버린 모든 고장countries, pays들 안에서, 차이의 세계는 지구상에 존재하지 않는다. 그런 이유에서 우리가 세상이라고 부르는 이곳에는 더더욱 존재하지 않는다.(41)

그러나 단절된 우리들 각각의 내부에는 육체보다도 더 심오한 세계들이 있다. 우리는 하나의 대상 혹은 대상들을 동일한 것으로 가정하지만(나무, 하늘, 사랑, 꽃 등), 각자의 세계 속에서 서로 다른 여럿의 관점들로 대상을 바라본다. 하나의 하늘이 있지만, 각자의 하늘들이 있다. 하나의 사랑이 있지만, 모든 존재의 수만큼이나 많은 사랑들이 있다. 관점이란 바로 세계의 차이이다. 각각의 관점들은 라이프니츠의 모나드monade처럼 문도 없고 창도 없이 자신만의 심층을 품은 채 우주의 끝에서 다른 쪽 끝만큼이나 멀리 떨어져 있다. 그 각각의 세계들은 다른 이의 눈에 띄지 않고, 어떤 특별한 순간에만 우연히 잠깐 나왔다가 사라져 버릴 수도 있으며, 심지어는 한 번도 나타나지 않고 영원히 "각자의 비밀"로 남아있을지도 모를 세계이다. 그 세계들은 소유할 수도 없고, 만질 수도 없으며, 볼 수조차 없기 때문에 지각의 대상이 아니다. 간혹 그들이 어떤 특별한 징후의 형태로 우리에게 난입해 들어와 우리를 혼란하게 하기는 하지만, 여전히 우리는 그것이 무엇인지 알지 못한다. 본질은 대상들의 외면적 차이로부터는 나오지 않는다. 본질이란 존재 내부에 있는 "특질들의 최종적인 현존", 질료적 총체, 질료의 정신적 총체이다. 본질은 존재의 내재적 차이이며 질적 차이, 어쩌면 시간 그 자체일지도 모른다. 그러나 그것은 주체의 내부에 있으면서도 주체와는 구별된다. 주체와 다를 뿐 아니라 주체에 종속된 것도 아니다. 본질은 주체의 현재적 상태나 심리적 연상 혹은 육체로 환원될 수 없다. 그것은 주체가 마음대로 불러올 수 있는 것도, 그렇다고 외면할 수 있는 것도 아니다. 본질은 주체 내부에 있지만 그 자신 안에 스스로 존재하기 때문에, 그 현현은 다만 계시처럼 받아들일 수밖에 없다.[2] 그런 이유로 본질은 존재의 정면이 아니라 오히려 이면裏面 혹은 뒷모습으로만, 나의 등 뒤에서 나를 바라보는 타자에 의해서만 발견될 것이다. 내 앞에 놓인 저 사물과 저 사람의 본질은 내가 볼 수 없는 저 반대편에 서 있는 다른 누군가의 눈에만 비추어지는 그 무엇이다. 마찬가지로 화자의 본질은 그가 준비한 말 더미가 아니라 더듬거리는 입버릇에서 발견된다. 어느 모로 보나 자아는 자기 자신의 본질뿐만 아니라 사물의 본질에 도달할 수가 없다. 본질은 무의식적이다. 그것은 작가라든가 주체가 의식적으로 만들어낸 테마 혹은 언어가 아니라, 무의식적인 자태들, 뒷모습, 미소, 찡그림, 어두운 영역 혹은 밝은 영역이다. 본질은 우리 자신과는 절대적으로 다른 타자, 본성적으로 다른 풍경 속에서만 펼쳐진다. 외면적으로 분명히 보이는 것이 아니라 비가시적이고 모호한 것 속에 진실이 있다. 육체와 객관성 안에 감추어져 드러나기를 기다리고 있는 것, 무희의 육체와 몸짓과 애인의 미소가 감추고 있는 것, 그것은 다름 아닌 차이, 사물과 육체의 특정 상태 간의 상대적 차이가 아니라 본성적으로 다른 절대적 차이이다.

우리는 어떻게 차이에 도달할 수 있을까? 다르게 말해 우리는 어떻게 타자의 풍경을 볼 수 있을까? 들뢰즈에 따르면 타자의 풍경이 있는 유일한 곳은 다름 아닌 예술 작품이다. 절대적으로 다른 그 주관성의 풍경은 잠재성 속에서만 볼 수 있을 텐데, 그 잠재적 침묵을 느끼게 하고 그로부터 질적 차이를 육화할 수 있는 유일한 방법은 예술 밖에 없기 때문이다. 예술은 본질에 관하여 사유하도록, 말하자면 일종의 예술적 코기토에 도달하여 잠재적 실재에 관하여 사유하도록 우리를 강요한다.

---

2. 본질은 그 스스로 존재하는 하나 또는 여럿의 세계이지만, 우리의 육체 안에 포로나 인질상태로 잡혀 있다. 그렇기 때문에 우리가 죽으면 그것들도 사라져 버릴 것이다. 들뢰즈는 그 본질을 해방시키고 영원히 보존한다면, 우리 자신도 어떤 식으로든 죽지 않을 것이라고 말한다. 이것은 영원불멸의 논거의 가능성이 된다. 영원불멸의 가능성에 관한 논의에 대해서는 들뢰즈, 『프루스트와 기호들』을 참조할 것.

오로지 예술에 의해서만 우리는 우리 자신으로부터 벗어날 수가 있으며, 우리가 바라보는 것과는 전혀 다르게, 달나라에나 있을 법한 풍경만큼이나 우리와는 동떨어진 것으로 남아있었을, 다른 이의 눈에 비친 세계를 알 수가 있다. 예술 덕분에, 우리는 단 하나의 세계, 우리 자신만의 세계를 보는 대신에, 그 세계가 증식하는 것을 보게 된다.(42)

따라서 예술에 있어 중요한 문제는 진정한 타자성에의 접근일 것이다. 바로 이것이 베르그송뿐만 아니라 들뢰즈가 직관의 방법을 통해 이루려고 했던 프로젝트가 아닌가? 순수 현존을 나눔으로써 대상과 공간 그리고 육체로부터 벗어나는 것뿐만 아니라, 바로 우리 자신으로부터 벗어나 전혀 다른 시간 즉 자아를 완전히 포기하고 비개인적 시간으로 잠입하기! 본질의 현현, 예컨대 어떤 존재의 본질이 우리의 눈앞에서 펼쳐지는 순간, 그것은 이전에는 한 번도 본적이 없는 질적으로 전혀 다른 그 무엇, 우리와는 절대적으로 다른 그 무엇과의 직접적 대면이 될 것이다.3 예술가는 저 나무의 육체로부터 잠재적 본질을 빼 내어 그것이 그 자체 스스로 현존하게 한다. "더 이상 수 천 년 전의 그녀에게 의존하지 않는 바로 그녀의 자태", "작년 바로 그 날에 불었던 한줄기 바람과 빛", "그날 아침에 그것을 들이마셨던 어느 누구와도 무관한 그 날의 대기"를 남기는 것이다.(Deleuze, *What is Philosophy?*, 163) 그림은 저 나무의 지각-현존뿐만 아니라 질감-현존, 색채-현존을 보존함으로써 그들의 하나의 총체적 시간에 도달할 것이다. 음악은 저 나무의 선율-현존

---

3. 수잔 손탁(Susan Sontag)은 예술 작품에 대한 의미론적 내용 해석이란 감성에 가하는 지성의 폭력이라고 정의하면서, 예술 작품으로부터 관능성의 수용을 제시한다. 예술의 "성애학"(erotics)이라고 지칭한 이 이론을 통해, 그녀는 그 감성적 직접성을 "투명성"(transparency)이라고 불렀다(Sontag "Against Interpretation" 100-101). 같은 맥락에서, 존 버거(John Berger)는 벤야민의 글 "기술복제 시대의 예술 작품"을 자기 식으로 재구성하는 가운데, 기술복제가 파괴해 버린 원본 예술품의 아우라 혹은 질적 경험을 "직접적 증언"(The immediacy of the testimony)이라고 불렀다. 이에 대해서는 Berger, *Ways of Seeing*, pp. 41~43을 참고하라.

또는 감정-현존을 보존함으로써 그 음향적 본질에 도달할 것이다. 문학은 저 나무의 시간-현존 또는 회상-현존을 보존함으로써 시간의 본질에 도달할 것이다. 예술가는 모든 존재로부터 육체를 빼고 그 순수 현존을 고스란히 남긴다. 예컨대 고양이는 빼고 그 미소만 남는 것이다.

> 물질적 재료를 수단으로, 예술의 목적은 대상에 대한 지각작용perception으로부터, 그리고 지각하는 주체의 특정 상태로부터 지각-현존the percept을 끄집어내고, 어떤 상태에서 다른 상태로의 이행인 감정 작용affection으로부터 감정-현존the affect을 끄집어내는 것이다. 감각의 블록(덩어리)을, 감각의 순수 현존을 추출하는 것이다.(167)

아킬레스와 거북 각각의 운동성 본질을 끄집어내어 그 둘의 질적 차이를 견주듯이, 예술 작품은 나무의 본질과 의미를 육체로부터 추상하여 그 자체로 보존한다. 우리가 그림과 음악과 문학 작품 속에서 보는 것은 객관적 대상으로서의 나무가 아니라, 그 나무에 내재해 있는 그러나 한편 타자에 의해 드러난 하나의 풍경(관점)이다. 그 풍경은 흔히 보던 세계와는 전혀 다른 아주 낯선 것이고, 그 낯섦 때문에 우리를 머무르게 한다. 머무는 동안 우리에게는 어떤 알 수 없는 변화가 생기지 않을까? 예술 작품은 존재의 현존의 해방이며 주관성의 해방이다. 상호주관성. 육체 안에 감싸여 결코 나오지 않을 수도 있었던 궁극적 본질, 계시, 에피파니, 근본적이고도 절대적인 차이!

베르그송주의에 의해 그토록 비판을 받았던 과학을 생각해 보자. 과학은 서로 다른 둘 이상의 대상-육체들을 공통의 조건 속에서, 하나의 일관성 속에서 묶고, 그들의 인과관계나 기능성 혹은 공간적 위상 관계로 배열한다. 그럼으로써 그 대상들을 동일한 본성 아래로 집결시킨다(기하학적 질서, 위상학적 질서, 종의 질서). 과학은 개체화이며 기능화이다. 프루스트는 말한

다. 예술가가 자신의 예술 작품 속에서가 아니라 삶 속에서 본질을 발견하고
자 할 때 늙어가기 시작한다고.(Deleuze, *Proust and Signs*, 49) 그가 삶 속에서 발견
하는 본질이란 기껏해야 평범한 사람들과 마찬가지로 주로 소유관계를 특
징짓는 육체-대상들 속에 약화되어 화석처럼 응고되어 버린 차이 외에는 그
무엇도 아니라고. 그는 결국 삶 속에서 속물들의 세계 속에서 저열한 층위의
본성들만을 발견하게 될 것이라고. 그러나 예술은 두 대상을 본성적으로 다
른 질서 속에서 다룬다. 예술가의 눈에 포착된 육체들은 질적으로 다른 광경
을 펼친다. 예술가는 끊임없이 반복해서 선을 그린다. 하지만 그 선은 고객
의 주문에 밀려 양미간을 구겨가며 그어대는 재봉사의 봉제선과는 전혀 다
르다. 과학자가 동일한 본성으로 간주한 두 대상은 예술가에게는 본성적으
로 다른 두 세계이다. 그가 발견한 고양이 두 마리의 차이는, 우리가 동물원
에서 우연히 발견하게 된 고양이와 코끼리의 차이보다도 더 절대적이고 근
본적일 것이다. 예술가의 눈에 비친 각각의 동물과 사물 그리고 인간들은 제
각각 그 자신의 종種을 대표한다. 그의 눈에 모든 존재는 시간 속에서 질적으
로 다르다. 캔버스에 그려진 사자는 우리가 쉽게 손가락을 가리키며 '저것은
사자야!' 혹은 '저것은 호랑이야!'라고 부르며 그 대상적 쾌감에 기뻐했던 그
육체가 아니다. 악보에 옮겨진 고양이의 몸짓은 고양이의 육체가 아니다. 문
학작품 속에는 고래도 검은 고양이도 존재하지 않는다. 그럼에도 불구하고
거기에는 고래의 근원적 우주가 있으며, 검은 고양이의 어둠의 공포라고 하
는 시간의 순수한 덩어리들이 존재한다. 그런 의미에서 에이합Ahab은 인간
이 아니라 순수 현존이다. 그는 고래의 육체가 아니라 무한하게 갈라지는 고
래의 질적 변화를 체험할 때 비로소 고래를 욕망하는 하나의 덩어리이다. 또
포우Edgar Allan Poe는 고양이가 사라지고 난 후에 더욱 더 고양이의 공포에 휩
싸인다. 또 로테Lotte에 대한 베르테르Berther의 질투와 사랑은 오로지 편지를
쓸 때에만 가장 강렬해진다. 예술 작품 속에서 그 각각의 세계들은 육체로부

터 빠져나와 스스로 보존되어, 육체들의 양적 차이라든가 공간적 위상과는 전혀 다른, 본성적으로 다른 것으로서의 잠재적 실재를 이룬다. 예술 작품 속에서 육화된 잠재적 실재에 있어서의 차이는 고래와 고양이의 차이가 아니다. 하나의 고래와 다른 고래의 차이 역시 아니다. 그것은 동일한 흰 고래의 내적 풍경inscape 4의 질서이며 매순간의 질적 차이이다.

> 진리는 오로지 작가가 두 개의 서로 다른 대상을 잡고, 과학의 인과법칙의 관계와 동등한 관계를 예술의 세계 속에 정립하고, 위대한 문체의 필연적인 고리들 속에 그들을 봉인할 때에만 시작될 것이다.(47~48)

그러나 예술이 육화한 잠재성이란 존재의 본성적 차이만을 의미하는 것은 아니다. 절대적 차이에도 불구하고, 오히려 그 차이 덕분에 예술은 서로 단절되어 있던 대상들을 하나의 시간 속에서 공존하게 한다. 만일에 우리가 예술 작품을 통해 소통을 한다면, 그것은 이전의 대상적 소통이나 언어 규약적 소통이 아닌 전혀 다른 종류의 소통이 될 것이다. 그것이 무엇일까? 존재의 본질이 열림으로써 소통을 가능하게 하는 것, 그것이 바로 문체 즉 은유이다.

은유는 본질적으로 변신이며, 어떻게 두 대상이, 그들에게 공통된 특질을 증여하는 새로운 매개 속에서, 자신들을 규정하는 것들을 교환하는지, 심지어는 자신들을 지칭하는 이름까지도 교환하는지를 보여준다. 엘스티르의 그림 역시 마찬가

---

4. 홉킨스(Gerard Manley Hopkins)의 독특한 개념인 inscape는 사물이 그 자신 안에서 그것 자체임을 가지는 내재적 풍경, 혹은 통일된 복합체를 의미하는데, 가령 그것은 "음악에서의 분위기나 멜로디 그리고 그림에서의 디자인"과도 같은 것이다(Abbott, *The Letters*, 66). 피터스(William. A. M. Peters)는 inscape를 다음과 같이 설명한다 : "inscape는 사물의 내적 본질이 밖으로 반영된 것, 혹은 그 개별적 본질의 감각 가능한 복제 혹은 표상이다. 따라서 나는 inscape를 대상의 감각 가능한 특질들의 통일된 복합체라고 정의한다. …… 감각 자료들의 이 통일된 복합체를 앎으로써, 우리는 그 대상의 개별적 본질에 대한 통찰을 얻을 수가 있다"(Peters, *Gerard Manley Hopkins*, 2).

지이다. 거기서는 바다가 땅이 되고, 땅이 바다가 되며, …… 이는 질료를 정신화
하고 본질에 적합하게 하기 위해, 본질 자체를 형성하는 근원적 요소들의 불안정
한 대립, 고유의 복합, 투쟁과 교환을 재생산 하는 것이 바로 문체이기 때문이다.
…… 하나의 본질은 언제나 세계의 탄생이다. 그러나 문체는 연속적이고 굴절된
탄생이고, 본질에 적합한 질료 안에서 되찾은 탄생이며, 대상들의 변신이 되었던
그 탄생이다. 문체는 인간이 아니다. 문체는 본질 자체이다.(48)

은유란 무엇인가? 고립되어 소원한 육체들이 어떤 천재 — 아리스토텔레스
에 따르면 — 의 중매에 의해 일어나는 질적 공명이 아닌가? 두 개의 육체-대
상을 결합시키는 것이 아니다. 은유는 대상이나 육체들과는 아무런 관계가
없다. 은유가 집결시키는 것은 외재적 대상으로서의 꽃과 마음, 얼굴과 장
미, 바다와 물고기가 아니다. 외재적 대상들의 결합은 지각과 지성에 익숙해
져 가시적인 육체들을 통해서만 소통하는 우리의 오래된 악습의 환영 탓일
뿐이다. 그것과는 다르게, 은유로부터 육화된 것은 다름 아닌 관념들의 공
명, 더 정확히 말한다면, 바로 단절된 두 신체 각자의 내부에 숨어 있던 잠재
적 실재의 공존이 아닌가? 이 통로를 통해서만 비로소 하나의 시간 혹은 공
존의 흐름은 열릴 것이다. 그것은 대상 너머에 있고, 주체와 의식 너머에 있
는 그 무엇이다. 왜냐하면 그것은 우리의 자발적 기억과 의지가 불러낸 것이
아니라, 준비되지 않은 외부의 실재, 우리 자신을 넘어서 있는 시간이기 때
문이다. 쉽게 말해 본질의 열림이란 자기 자신뿐 아니라 다른 누군가의 과거
전체의 발견 혹은 그 속으로의 침잠 같은 것이다. 순수한 상태 속에서의 절
대적 차이의 발견. 따라서 우리는 자신의 영역으로부터 벗어나 비개인적인
시간의 한복판으로 뛰어오른다. 이는 다른 존재와의 단일한 시간으로 진입
할 가능성, 다양성의 공존의 가능성을 보여준다. 이것은 구체적 현존 속에
서, 구체적 경험 속에서의 단일성 즉 시간의 종합이다. 주관성의 공존 속에
서의 이 단일성은 국가가 아니며, 민족도 아니고 수壽도 아니다. 그것은 체

험된 단일성이며, 구체적 통일이며, 경험적 총체이다. 이런 관점에서 볼 때, 가장 시적이고 예술적인 것이 가장 구체적이고 객관적이다. 또한 이 구체성은 감각적 쾌락이나 사랑의 기쁨처럼 개인적이지 않고 오히려 보편적이다. 그러나 이데아처럼 사물이나 감각적 실재가 만들어지기 이전에 맨 앞에 등장하여, 모든 색채가 중화된 무색무취의 상징적 보편성이 아니다. 그것은 추상적 객관성이 아니라 구체적 객관성이다. 객관성의 위상과 그 의미가 완전히 달라진 것이다. 이것이 바로 베르그송주의가 지속의 세 가지 단계를 통해 제시했던 잠재적 시간으로의 열림이다. 예술을 통해 육체들은 잠재적 실재속에서 하나의 시간, 하나의 흐름, 하나의 소용돌이 속으로 잠입한다.5 다양성의 공존이란 바로 이러한 의미에서만 유효할 것이다.

예술이 세계의 다양성을 보여주고 차이를 긍정하도록 하는 어떤 힘이 있다면, 그것은 무엇보다도 진정한 타자성에 도달하고, 바로 그 타자의 주관적 풍경을 보게 해 주는 능력일 것이다. 우리가 익히 알고 있는 우리 내부의 주관성이 짜놓은 상대적 타자가 아니라, 어쩌면 감지하고 있었으면서도 어떤 두려움 때문에 망설이며 뒤를 돌아가 버리고 말았던, 보고나면 충격을 받아 쓰러져버릴지도 모를 타자 말이다. 그 낯선 풍경에 말문이 막히고 현기증이 난다면 그것은 우리가 너무나도 아득한 시간 속에 휩싸이기 때문일 것이다. 간혹 오래된 친구의 뒤척이는 모습 속에서 살짝 흘러나와 버린 그의 본

---

5. 다소 다른 맥락이긴 하지만, 엘리엇(T. S. Eliot)과 예이츠는 이 열림을 일종의 소용돌이(vortex, whirl, gyre)의 이미지로 표현했다. 특히 엘리엇은 『황무지』(Waste Land) 4부의 Death by water 에서, 플레바스(Phlebas)의 수사(水死)를 재생의 의식이라고 적고 있는데, 여기서는 어째서 익사가 재생과 관련이 있는지, 어째서 익사한 존재가 모든 이익과 손실, 육체, 물질 등을 잊어버리게 되었는지에 대한 논의가 있다. 여기서 시인은 플레바스가 소용돌이로 들어가면서("Entering the whirlpool" 318행), 모든 세속적이고 물질적인 욕망의 불에서 벗어나는 과정을 그린다. 익사는 모든 존재, 현실적 삶을 분자적으로 흩트려 뒤섞이게 한다. 유태인이건 이교도건 모두가 익사하여 소용돌이 속에 휘말리고, 현실적 존재자들은 잠재적 실재로 들어간다 : "플레바스를 생각하라, 그도 한때는 그대만큼이나 잘생겼고 훤칠했음을"(Consider, Phlebas, who was once handsome and tall as you)(321).

질이 그의 쾌활했던 어린 시절을 펼쳐놓듯이, 본질의 현현은 우리를 순수한 상태의 비개인적 시간으로 들어가게 한다.

들뢰즈의 텍스트를 읽다보면 본질을 구성하는 두 힘에 대한 소개가 나온다. 그 힘은 바로 차이와 반복이다. 차이와 반복은 잠재적 실재가 보존되고 있는 혹은 지속하고 있는 두 가지의 근원적 형식이다. 이 무형 무취의 근원적 형식은 존재하고 있는 특정 대상의 성질로 환원되지 않고, 경험 주체로도 환원할 수 없는 한에서의 근원적 형식이다. 결국 이 힘은 어떤 과정들을 거쳐 현실화될 것이다. 마치 근원적 힘으로서의 생명이 분화의 과정을 거쳐 동물과 식물로, 지성과 본능, 나아가 다양한 실제적 계열들로 현실화하는 선분들처럼 말이다. 잠재적 실재 즉 자연의 두 힘(능산적 자연과 소산적 자연, 차이와 반복)은 생명의 두 힘이며, 다수의 현실적 계열들로 갈라지고 구체화된다. 들뢰즈는 『프루스트와 기호들』에서 바로 그 근원적 이미지로서의 본질이 어떻게 여러 가지 현실적 징후들로, 가령 사교계의 공허함으로, 사랑의 거짓말 혹은 고통으로, 혹은 감각적 경험의 쾌락과 슬픔으로, 나아가 예술의 충만한 형식으로 육화하는지를 소묘한 바가 있었다. 예컨대, 거기서 본질을 이루는 두 힘은 한 인물에 대한 사랑에서 나타난다. 사랑에 빠진 마르셀에게 알베르틴Albertin은 또 한 명의 동일한 사람이지만, 동시에 그를 혼란하게 하는 여러 명의 사람들이다. 마르셀에게 뿐만 아니라 알베르틴 자신의 입장에서 볼 때에도 그녀는 "같은 사람이면서도 다른 사람"이다.(67) 그녀 안에는 "각기 서로 다른 이름을 주어야 할 만큼 많은 알베르틴이 있다. 그러나 거기엔 다양한 양상 아래에 깃들어 있는 하나의 동일한 주제, 동일한 특질 같은 어떤 것이 있다".(68)

이를 쉽게 이해할 수 있는 예로서 이미지 하나를 제시한다면 아마도 플로베르Gustave Flaubert가 엠마Emma Bovary의 눈을 통해 묘사했던 바로 그 장면일 것이다. 샤를르Charles Bovary는 그냥 '수줍은 모습'을 하고 있다. 엠마의 눈은 "갈색이었지만, 그러나 그 긴 속눈썹 아래에는 흙빛이 감도는 듯 했다. 그녀는 눈을 활짝 뜨고 있었기 때문에, 바라보는 누구든지 그 두려움 없는 솔직함을 볼 수가 있었다." 그녀의 눈은 커다란 어떤 단일한 흐름이다. 그 눈뿐만 아니라 그녀 자신은 무엇과도 비교할 수 없는 단일한 시간이며, 그 시간은 그녀를 포함하고 있는 우주 전체로 열려 있다. 플로베르는 엠마의 눈 속에 깃든 그 다채로운 색채들을 통해 깊이를 탐구한다.

> 아주 가까이서 바라보면, 그녀의 눈은 인생보다도 더 커 보였다. 특히나 무엇인가에 깨어나 그 눈꺼풀을 여러 차례 열었다가 닫았다가 할 때에는 더욱 그랬다 : 그늘 속에서 바라보면 흙빛이었고, 밝은 빛 속에서는 진 푸른빛 이었다. 그 눈은 마치 색채들의 층 위에 또 다른 색채들의 층이 뒤덮인 듯했고, 그 아래에는 두텁고도 희미한 층이 놓여 있었으나, 그 광채 나는 표면으로 나아갈수록 더 밝고 더 투명해졌다.(Flaubert. *Madame Bovary*, 39)

우주는 거대한 단일체이다. 그러나 그 단일성은 본성적으로 다른 부스러기들, 다양한 흐름들의 집합체로 이루어진 단일체이다. 마찬가지로 우주는 엠마의 커다란 눈이다. 그러나 그 각각의 층위는 엠마가 소유하고 있는 본성적으로 다른 개별적인 시간들의 중첩을 이루고, 그 눈의 깊이와 다양성 그리고 질적 차이들의 분해할 수 없는 결합은 그녀의 온 생애에 걸쳐 내면화한 열정과 신비로움을 반영한다. 다양성의 중첩이라고 하는 이 막대한 시간이 바로 결혼 생활 전체를 통해 남편을 괴롭게 할 고난의 징후이다. 그녀의 눈 속에 겹쳐 있는 그 다중의 층위들은 한 명의 순진한 의사의 통찰로는 결코 헤아릴 수 없는 감정의 두께였으며, 그의 능력으로는 절대로 만족시킬 수 없는 변덕스러운 욕망이었다. 그 눈 속에서 겹을 이루며 공존하고 있는 그녀의 과거 전체, 바로 그녀의 본질은 언제나 가혹하기 그지없는 뒷모습을 하며 남편을 따돌린다. 엠마의 눈으로 묘사된 이 다양체는 그녀가 지속적으로 인생을 살아가면서 중첩된 경험의 다중적 성격에 닿아 있다. 각각의 과거의 층은 서로 인접해 있을 수도 있지만, 전혀 다른 깊이와 배열로 그녀의 실재적 판을 형성하고 있는 것이다. 다중적 판을 이루며 공존하고 있는 그 모든 질적 차이들은 하나의 전체로서의 엠마의 눈이다. 우리는 작품 속에서 혹은 삶 속에서 알베르틴이나 엠마를 반복해서 만난다. 그들은 매순간 다른 존재들이며 다른 영혼들이지만, 우리가 만나는 장본인은 바로 그 동일자로서의 알베르틴과 엠마이다. 그들은 하나로 결정할 수 없는 차이이며 동시에 어제의 엠마이고 작년의 알베르틴 바로 그녀인 것이다. 인간의 눈과 영혼뿐만 아니라 만물은 서로 제각각 본성적으로 다르며 자신만의 시간 안에 감싸인다. 그러나 그 차이는 단일한 하나의 시간 속에 참여하고 있는 한에서의 차이이다. 이것이 존재의 본질을 이루는 근원적 힘으로서의 차이와 반복이며, 이미 우리가 여러 차례 베르그송주의의 다원론적 일원론 혹은 내재적 초월론에서 학습했던 바, 이는 모순이 아니라 실재의 다양성과 단일성의 이질적 통일이다.

> 단일한 목소리를 갖는 존재의 본질은 개별화되는 차이들을 포함한다. 반면에 이 차이들은 동일한 본질을 가지지 않으며 존재의 본질을 변화시키지 않는다. 마치 흰색이 본질적으로 동일한 흰색을 취하는 반면 다양한 강도들을 포함하고 있듯이 말이다. …… 존재는 그것이 말해지고 있는 모든 것의 단일하고 동일한 의미로 말해진다. 그러나 그것이 말해지는 것은 차이난다. 그것은 차이 그 자체로 말해진다.(Deleuze, *Difference and Repetition*, 36)

> 모든 차이들은 하나의 근원적인 이미지 안에 포함된다. 우리는 이 근원적인 이미지를 서로 다른 수준들로 끊임없이 재생산하고, 그것이 우리 모두의 사랑을 파악할 수 있게 하는 법칙인 것처럼 반복한다.(Deleuze, *Proust and Signs*, 68)

우리는 서로 만나고 사랑을 한다. 하나의 사랑이 아니라 수많은 사랑을 한다. 심지어 한 사람에 대해서조차 수많은 영혼과 얼굴을 마주하며 사랑을 한다. 모든 사랑은 개별적인 것으로서의 차이이다. 사랑의 좌절 혹은 실패의 고통을 다른 사랑으로 치유하거나, 과거의 사랑으로 현재의 사랑을 극복하고자 하지만, 우리가 겪는 모든 사랑은 서로 다르기 때문에 그 시도는 좌절을 겪는다. 마찬가지로 본질은 존재를 바로 그 존재이도록 함으로써 다른 존재와 다르게 하고 또 그 자신과도 다르게 한다. 본질은 개별적이고 단성적인 그 무엇이다. 본질의 현현은 단 하나의 무엇인가가 되는 것이다("불그스름한 칠중주", "하얀 소나타", "엄청나게 다양한 바그너의 음악" 등). 본질은 하나의 존재가 다른 존재와의 절대적 차이뿐 아니라 그 자신과도 다르게 하는 근원적 차이이다. 그러나 우리는 이 차이의 단계들을 거치면서 그 차이의 모든 관계 전체를 관통하는 일반 법칙을 발견하기도 한다. 이런 의미에서 본질은 반복이며 동일함이다. 예술가는 반복한다. 선을 반복하고, 말을 반복하고, 소리를 반복한다. 그러나 그의 선과 말과 소리는 이 반복 속에서 새로워진다. 육체가 없이는 영혼이 현현할 수 없듯이, 차이는 반복 안에서만 육화될 것이다. "실제로 차이와 반복은 뗄 수 없는, 서로 상관적인 본질의 두 힘이다. 예술가들은 반복하기 때문에 늙지 않는다. 차이가 반복의 힘인 것과 마찬가지로, 반복이란 차이의 힘이기 때문이다."[48]

지성은 자연이 발산하는 징후의 강요로 인해 자연을 해석한다. 그 해석이란 때로는 사랑으로부터, 때로는 감각적 징후로부터, 때로는 예술 작품으로부터, 즉 모든 실재로부터 그 최종적인 의미와 본질을 끄집어내는 행위로서의 해석이다. 그 각각의 징후들은 특이하고 개별화된 것이다. 사랑의 대상으로서의 애인은 한 개인이고 그로부터 뿜어 나오는 미소와 눈짓 역시 개별적이다. 과자의 맛, 쓰라림, 휘청거림, 사물에서 발산되는 미묘한 감각들 역시 다른 어떤 것과도 교환하거나 섞이기 어려운 개별자들이다. 이들로부터 자극을 받을 때 우리는 그 의미를 해석해야 하는 강요와 고통을 느낀다. 그 각각의 서로 다른 고통은 어떤 관계를 취하고 있고, 지성은 그들로부터 관계의 법칙과 같은 종류의 일반성을 도출해낸다. 프로이트의 "Fort-da!"의 예가 보여주는 바, 아이에게 있어 사라진 어머니에 대한 상실감이 되돌아오는 공의 리듬으로 보상되듯이, 그렇게 우리는 현실적 상실감을 하나의 리듬으로 혹은 일반적 규칙으로 상쇄함으로써, 고통 속에서 즐거움과 기쁨을 도출해낸다. 상실의 고통에는 되돌아오는 기쁨이 있다. 우리는 삶 속에서 끊임없이 고통의 경험을 반복하지만, 반복의 리듬은 우리를 일반적 관념으로 데려가 그 고통을 즐거움으로 변형시키는 앎과 깨달음으로 나아가는 본질을 얻는다. 본질이 우리 앞에 나타나는 것은 정확히 이런 식일 것이다. 프루스트는 예술 작품이 "행복의 징후"라고 말했는데 바로 이런 뜻이다.

> 그것[예술 작품]은 모든 사랑에 있어 일반적인 것은 개별적인 것에 인접해 있음을 가르쳐주고, 슬픔의 본질을 강렬하게 하게 하기 위해 그 원인을 무시하게 도와줌으로써 슬픔을 견딜 수 있도록 하는 체육훈련으로 개별적인 것에서 보편적인 것으로 이행하는 법을 가르쳐준다. …… 우리가 반복하는 것은 매번 개별적인 고통이다. 그러나 반복 그 자체는 항상 즐거우며, 반복하는 현상은 하나의 일반적인 기쁨을 형성한다. 아니 오히려, 그 현상은 항상 불행하고 개별적이지만, 그로부터 도출된 관념은 보편적이고 즐겁다. …… 우리는 우리의 고통이 그 대상 때문이 아님을 깨닫는다. 그 고통은 우리가 스스로 행하는 '속임수' 혹은 '기만', 더 정확히는 관념의 올가미이며 농락이며, 본질의 환락이다. 반복된 것의 무언가 비극적인 것이 있지만, 반복 그 자체의 무언가 희극적인 것이 있으며, 더 심오하게는 이해된 반복 혹은 그 법칙을 파악함으로써 비롯된 기쁨이 있다. 우리가 개별적으로 겪는 절망과 슬픔으로부터 우리는 일반 관념을 도출해 낸다. …… 감성의 제약 아래에서, 그것[지성]은 우리의 고통을 기쁨으로 전환시키며, 동시에 개별을 보편으로 전환시킨다. 오로지 지성만이 일반성을 발견할 수 있고, 즐거움의 원천

을 찾을 수가 있다. 그것이 궁극적으로 발견하는 것은 바로 처음부터 현존하고 있었지만, 불가피하게 인식되지 않았던 것이다.(74~75)

고통으로부터 출발해야 한다는 사실을 피할 수는 없을 것이다. 그러나 고통은 우리를 진실로 이끈다. 고통을 넘어서기 위해 우리는 자신의 영역으로부터 가출하여 되돌아오지 않을 길을 떠나야만 한다. 그것은 프루스트의 말대로 "신성"divinité의 영역으로 나아가는 것일 수도 있고, 물질적이거나 상징적인 연산으로는 도달할 수 없는 시학의 지대로의 침잠일 수도 있다. 시적 비전은 사실적 기호의 연산과 배열을 통한 가능성의 진단이 아니며, 설령 그렇게 출발했다고 하더라도 그와는 전혀 다른 상위의 관점을 통찰하는 역량과 의지를 수반한다. 시적 비전은 잠재적 질의 이미지를 끄집어낼 수 있는 능력이며, 현실적 관계를 넘어서는 영역에의 통찰이며, 따라서 세계의 창조 그 자체이다. 예컨대 시인은 이렇게 말한다. "자전거는 역설이다." 시의 지대에서 하나의 자전거는 현실에 주어진 물리적 기능소가 아니라, 마치 죽음의 순간이나 현실적 무기력에 이른 노인만이 내뱉을 수 있는 한 마디의 경구처럼, 상상적인 것조차 뛰어넘는 절대적 존재가 된다. 시인과 자전거가 함축하고 있는 과거의 판 전체가 파노라마처럼 펼쳐져, 꿈꾸는 노인처럼 시간의 계열들이 종합에 이르게 되었을 때, 비로소 충만한 본질은 드러날 것이다. 본질이란 잠재적 실재의 최종적 계시이며 정신적 총체이다. 이때에 예술의 가치는 존재를 절대적인 그 무엇에 이르게 하는 운동이 된다. 그런 의미에서 예술 작품이란 모든 무능함의 긍정적 현시라고 말할 수도 있을 것이다. 사랑할 수 있는 현실적 수단과 욕망이 소멸한 자, 그럼으로써 그가 할 수 있는 모든 것을 예술의 운동으로 밖에는 취할 수 없는 자의 부활! 그럼으로써 예술은 비로소 존재의 본질에 다가선다.

흔히 사람들은 세계가 조화로운 하나임을 믿으며, 또 그래야만 한다고 생각한다. 그러나 조화로운 하나의 세계가 무엇인지 그러한 세계가 어떻게 열리는지에 대해서는 쉽게 대답하지 못한다. 타자의 풍경! 타자의 눈에 비친 풍경은 드러나야만 할 것이다. 예술이 그러한 낯선 세계, 각자만의 회상의 주름이 꼬깃꼬깃 접혀 쉽게 드러나지 않는 풍경을 펼쳐준다. 예술 작품은 작거나 커다란 공명을 일으키는 기계로서, 존재가 그 주변으로 모여들어 하나의 시간을 형성한다. 그 시간은 객관적 사물의 상태나 대상으로 환원할 수 없으며, 사랑에 빠진 한 개인의 주관적 상태로도 바꿀 없다. 또한 모든 생생하고도 까칠한 실재를 중화한 매끈한 이데아와도 관계가 없다. 상징이나 대상에 고착하거나 자기 안에 갇혀버린 허구적 단일성이 아니라, 열린 전체 안에서 공명하게 해주는 힘, 즉 순수하게 잠재적 시간으로 들어갈 수 있는 통로는 예술의 역량 밖에 없다.

6장

공명과 열린 신체 : 시멘트를 바르지 않은 돌담

세계는 부서져 파편이 되었다

들뢰즈는 프루스트와 플라톤의 차이를 의미의 발생의 관점에서 주목한
다. 플라톤의 경우 의미는 이데아 ― 다자多者를 배제하는 일자一者로서의 이데아
('아름다움은 아름다움일 뿐') ― 를 닮고, 그를 모사하는 사물의 상태로부터 발생
한다. 이에 따라 사물의 의미와 본질은 미리 결정된 일자로부터 실재적인 것
에 앞서 맨 앞에 나온다. 이데아는 일종의 아교 혹은 경첩과 같은 것으로 모
든 실재적인 파편들을 하나의 전체(의미)로 고정시킨다. 그러나 프루스트의
경우 의미와 본질은 주관적 인상으로부터 나온다. 즉 본질은 주관적 능력들
이 실재적인 인상들에 의해 촉발되어 창조해 낸 어떤 "상위의 실재성"superior
reality, réalité supérieure 혹은 상위의 관점이라는 것이다. 플라톤과 달리 본질은
미리 주어지는 것이 아니라 오히려 존재가 실재적 징후에 맞닥뜨린 이후에
창조해 낸 일반적 관념이다. 프루스트에게는 본질의 출처뿐만 아니라 그 의

미가 완전히 달라진 것이다. 그런데 이것은 통일성의 문제와 아울러 객관성의 의미가 달라졌음을 의미한다. 사물의 상태라든가 이데아가 더 이상 객관성을 보증해 줄 위상을 잃음으로써 모든 것이 주관적 인상들로 흩어져버렸기 때문에, 모든 것이 각자만의 비밀로 각자만의 주관성으로 닫혀버린 것이다. 더 이상 우리는 이데아를 가지지도 않았고, 닮아야 할 합의된 모델 역시 결정되지 않았으며, 그 이데아를 닮았다고 여겨지던 사물의 상태를 믿지 않게 되었다. 세계는 부스러기 파편이 되어 각자들의 고유함에 따라 흩어진 것이다. 따라서 오로지 주관성을 보게 해주는 것! 그것만이 유일한 현대적 객관성이 되었다.

파편에 대한 두 가지 상반적 태도: 그리스적 태도와 프루스트적 태도

파편, 부스러기, 파편성에 관한 들뢰즈의 논의는 유명하다. 이는 물론 베르그송에 관한 사유로부터 출발한 것이다. 파편은 말하자면 단순한 총체로서의 잠재적 실재가 그 내적 폭발력에 의해 갈라지고 분화하여, 갈라진 각각의 고유의 계열을 따라 파열된 결과일 것이다. 우리는 이미 통일성은 회상에 속한 문제임을, 세계 어디에도 미리 결정된 미래적 통일성이란 존재하지 않음을 언급한 바가 있다. 그 파편들은 자신만의 고유한 경향을 가지지만, 통일된 전체로 되돌아가거나, 그 통일성의 제약 아래 부분들 간에 소통은 일어나지 않는다. 동물과 식물의 간극, 지성과 본능의 간극만큼이나 존재 각각의 간극과 단절이 있다. 이들은 문도 없고 창도 없는 각자들의 방 안에서 자신만의 시간 속에 갇힌다. 그런데 들뢰즈에 따르면 그리스철학은 이 파편들을 "변증법", "우정", "지성"으로 통일하고자 했으며, 그 모델을 이데아와 같은 미리 결정된 이미지로 만들고자 했다는 것이다. 이데아가 일종의 아교이며 경첩과 같다고 말한 것은 여기에 기인한다. 부분과 파편에 대한 그리스적 태도는 언제나 전체 혹은 통일과의 연관 속에서만 의미가 있다.

> 그것[부분, 파편]은 우리에게 그것이 떨어져 나온 전체를 예언할 수 있도록, 그것이 속했던 조직과 전체의 조각상을 재구성하도록, 그리고 그것이 속해 있는 다른 부분을 찾을 수 있도록 여지를 주기 때문이다. …… 오로지 이러한 형태 속에서만 그들은[그리스인들] '아포리즘'을 견딘다. 가장 작은 부분 속에서 **대우주**라는 거대한 전체를 인식하려면, 그 작은 부분 역시 하나의 **소우주**여야만 한다.(Deleuze, *Proust and Signs*, 112~113)

그러나 들뢰즈는 그리스적인 태도와는 전혀 다른 것으로 프루스트의 예술(론)을 대립시킨다. 하나의 통일된 전체를 앞세워 세계를 이해하는 그리스적인 태도와는 달리, 프루스트는 세계를 조각이나 파편으로 이해했다. 그의 세계는 잃어버린 통일성 즉 되찾아야 할 통일성에 근원을 두고 있지 않은 세계이다. 들뢰즈는 프루스트가 일관성을 가지고 작업하지 않았으며, 통일성과 전체를 목표로 하지도 않았다고 주장한다.[1] 그의 작품에는 유기적인 전체도 없으며 그것을 상정하지도 않았다는 것이다. 오히려 그의 작품은 파편들이 맺는 어긋난 관계들, 불균형, 조각들의 갈등으로 이루어져 있으며, 그 부분들은 서로 단절되어 있고 간격이 들어서 있으며 공백이 가득하다는 것이다. 간혹 이 어수선한 파편들을 가지런한 체계들로, 혹은 서로 상호보완적인 유기적인 통일성을 부여하고자 하지만, 세계는 이미 부서져 있으며 그 조각난 세계들을 끌어 모아 전체를 형성할 수 없다. 세계는 언제나 "미완성"이며, "꾀맨 자국"이며, "패치워크"이다.(Deleuze, *Critical and Clinical*, 57) 그러나 세

---

1. 들뢰즈는 전체적인 기획에 의해서가 아니라 아포리즘 식의 파편적인 글쓰기의 예를 프루스트뿐만 아니라 발자크의 예를 통해서도 언급하고 있다. 이에 대해서는 Deleuze, *Proust and Signs*, pp. 164~165를 보라.

계가 파편화되어 통일성이 없지만, 각각의 파편들은 부족함이 없으며 그 자체로 충만하다. 그들은 각자 자신만의 고유한 길을 간다.

들뢰즈에 따르면 휘트먼의 시에는 미국의 특징을 요약해 줄 수 있는 중요한 요소가 있는데 바로 파편성 또는 단편성이라고 한다. 유럽과 미국의 차이가 있다면 단편성과 전체성을 서로 상반되게 소유하고 있다는 점이다. 가령 유럽은 태생적으로 전체성을 통해 사유하는 반면 미국은 세계를 파편화된 것으로 이해한다. 그리스인에게 변증법이나 우정 혹은 지성에 의해 결합된 전체와 마찬가지로, 유럽인에게 세계는 "유기적 총체"organic totality를 이루고, 공간적으로나 시간적으로나 부분들을 하나의 전체 하에 구성한다. 유럽인들에게 파편이란 전체가 훼손된 이후의 것, 가령 전쟁의 파괴가 가져다 놓은 전후의 상황처럼 회복시켜야 할 재앙이나 비극의 그 무엇이다. 그러나 미국인의 경우엔 그 반대이다. 그들에게 파편이란 언제나 처음부터 출발하는 지점으로서 태생적인 것이다. 연방체들의 집합, 다양한 민족들의 공존, 역사적 분리와 같은 사실들은 미국인이 필연적으로 단편화된 경험들을 내적인 형식으로 취할 수밖에 없는 근본적인 요인들이다. 미국인에게는 오히려 전체성, 총체성, 유기성이 후천적으로 획득해야 할 어떤 것이고, 파편적인 것은 전체성 이전에 이미 존재하고 있는 것이다. 따라서 단일한 전체는 일관성을 갖는 주체의 계획이나 "위대한 개인"great individuals의 노력에 의해서가 아니라, 자그마한 조각들, "평균치들"average bulk의 자발적 움직임이 만들어낸 관계의 망에 의해 발생한다.(57) 그렇기 때문에 단편들이 의미를 갖춘 발화를 형성하려면 언제나 집단적인 가치를 중심으로 결합되어야만 한다. 단편적인 것은 주로 집단적인 형태로만 말을 한다. 단편적 요소들은 완결된 것이 아니기 때문에, 그것이 의미를 갖춘 발화체가 되기 위해서는 결합되어야 한다. 미국이 소수민족의 집합이라는 사실은 그들의 발화가 언제나 집단성을 취할 수밖에 없음을 보여준다. 거기서는 개인의 사적인 이야기조차도 예외적인 개인들의 목소리가 아니라 민족이나 공동체의 수준에서 제기되어야 한다. 단편성과 동시에 이러한 집단성의 환경 속에서 휘트먼의 문학에 그려진 세계와 자연은 하나의 "견본집"specimens처럼 드러난다.

> 이질적 부분들의 콜렉션으로서의 세계, 즉 끝없는 패치워크, 돌로만 쌓은 끝없는 벽(시멘트를 바른 벽이나 퍼즐조각은 하나의 총체를 재구성할 것이다). 하나의 샘플링sampling으로서의 세계, 즉 표본들('견본들')은 단성성singularities이며, 일련의 평범한 부분들로부터 추출된 것으로 총체화 할 수 없는 놀라운 부분들이다. 휘트먼이 말하길, 일상의 견본집, 견본 일상. 사건들의 견본집, 장면들 혹은 광경들(장면들, 볼거리들, 혹은 풍경들)의 견본집. …… 이따금 그것은 카탈로그에서처럼 사건들의 나열로 나타나는 열거문장enumerative sentence이 된다(병원의 부상자, 어떤 지역의 나무들). 어떤 경우에는 행렬문장processionary sentence이 되어, 마치 국면들이라든가 순간들의 프로토콜protocol처럼 보인다(어느 전투, 가축 선단, 꿀벌들의 연쇄무리).(57~58)

프루스트와 휘트먼을 언급하면서 들뢰즈가 주장하는 것은 바로 조각과 단편들 각각을 긍정해야 한다는 것이었다. 통일된 전체의 이름으로 조각들의 실재성을 부정하거나 허구로 만들 수는 없다. 그에 따르면 프루스트의 작품 『잃어버린 시간을 찾아서』는 시간을 주제로 삼음으로써 작품 그 자체가 이미 통일성을 되돌릴 수 없는 파편으로 만들어 놓았다. 시간 자체는 존재의 통일된 전체성을 부수어버리고 산산조각 내어 단편화한다. 시간은 순간적 동시성을 취하지 않으며 그 자체 변질이고 지속이며 창조이기 때문에, 시간 속에서는 통일된 질서와 위계를 단숨에 단단히 부여해 줄 관념적 의미란 존재하지 않는다. 순수 부정으로서의 변질 그 자체인 시간 안에서는 육체뿐만 아니라 영혼의 산발적인 흩어짐이 일어난다. 오래된 친구의 단단했던 형상이 부서지고 잠재적 영혼이 그의 육체로부터 빠져나오는 것을 우리는 항상 바라보며 그 부서짐 속으로 우리의 영혼은 빨려들어 간다. 시간은 그렇게 부스러기 파편들이 잘 맞물리지 않고 어긋난 관계를 형성하는 가운데 자신의 몸을 드러낼 것이다. 시간 속에서 모든 대상은 흩어진다. 용기에 담기지 않은 용액처럼, 모든 고체를 분산시키는 물처럼, 사물들은 원래의 상태로 흩뿌려져 분자적인 상태로, 하나의 전체로서의 대상이 되기 이전의 잠재적 실재로 되돌아간다. 주체 역시 마찬가지이다. 주체의 연속성이란 단일한 의미를 가지는 하나의 전체가 아니라 끊어진 채 단속적인 주관적 연상의 연쇄들일 뿐이다. 주체는 자아일 수도 있고 지시된 특정한 덩어리로서의 육체일 수도 있지만, 언제나 자아와 육체는 변질되고 다른 그 무엇이 되거나, 더 근본적으로는 그 무엇도 되지 않음으로써 하나의 주체가 된다. 같은 의미에서 시간은 모든 대상들의 배후에서 드러나지 않고 작동하면서 그들을 파괴하는 근원적인 형식이다. 그것은 마치 현대적 의미에서의 법의 개념, 즉 어떠한 실천적 내용도 지시물도 가지지 않는 순수 형식으로서, 구체적인 죄의 실천과 그로부터 발생하는 파편적인 처벌을 통해서만 그 실체를 인식할 수 있는 법과도 같다.[2] 육체가 부서지고 공간에 간극이 생김으로써 그 사이에 내재되

---

2. 특이하게도 들뢰즈는 여러 곳에서 현대적 의미에서의 법의 개념을 마치 순수형식으로서의 시간의 개념과 유사한 방식으로 설명한다. 그에 따르면 고전적인 의미에서의 법은 선(Good)이라고 하는 상위 개념을 구체화하는 역할을 통해 이차적이고 대리적인 기능을 갖는다. 가령, "살인을 하지 말라"라든가 "도둑질을 하지 말라"와 같은 법적 명령은 행위를 명시함으로써 선의 이데아를 구체화한다. 그러나 현대적 의미에서의 법은 그러한 구체적 내용을 가지지 않은 순수 형식이 되었다고 들뢰즈는 생각한다. 칸트의 정언명령("네 의지의 준칙이 보편적인 입법의 원리로서 타당하도록 행위하라")이 그 좋은 예인데, 그와 같은 법의 개념에서는 더 이상 실천적 측면을 명시하거나 규정해 주는 요소가 없다. 대신에 보편적인 순수형식으로서, 더 이상 상위의 원리를 상정하지 않고, 그 자체로 하나의 상위 형식이 되어, 스스로 타당한 것으로 정립되었다. 그런데 법이 하나의 무조건적 명령과 순수형식이 되어 버렸기 때문에, 더 이상 법의 실체가 무엇인지, 또 법이 의미하는 바가 무엇인지 알 수가 없게 되었다는 것이다 : "법의 이 무시무시한 통일성은 완전히 텅 비어 있으며, 단지 형식일 뿐이다. 왜냐면 이것은 어떠한 분명한 대상도, 전체성도, 참고가 될 만한 어떠한 선(Good)도, 로고스도 가르쳐주지 않기 때문이다."(Deleuze, *Proust and Signs*, 131) 따라서 법의 실체를 알려면 죄를 짓고, 법이 우리의 살과 뼈에 가하는 구체적 집행을 경험하는 수밖에 없다(그것도 부분적으로만 알 수 있을 뿐이다). 법은 더 이상 언도된 내용의 실행이 아니라, 실행 자체가 내용이 되어 버렸고, 특히 이 실행들은 파편화되

어 있는 잠재적 세계가 파열되는 것이다. 통일이란 순간이며 전체란 하나의 상징-공간이다. 그러나 지속과 시간 속에서 우리는 배회한다. 거기서 우리는 통일의 와해와 공간의 흩어짐을 목도한다 : "시간은 그 자체로 전체화를 막는 심급"이다.(Deleuze, *Proust and Signs*, 162) 베르그송 말마따나 시간은 무엇인가가 한꺼번에 일어나는 일을 방해하고, 일거에 쏟아지는 메시아적 사건을 지연시켜서, 우리가 단숨에 나아가지 못하도록 잡아끄는 중력과도 같다. 시간이란 우리가 머뭇거리는 지대이다. 그러나 또한 그 망설임의 지대 위에서가 아니라면 어떻게 새로운 관점이 창조되어 나올 것인가?3

프루스트의 예술에서 부서진 파편들의 효과로서 의미와 본질이 드러나는 예들은 아주 많다. 가령 예술 작품의 아름다움은 작품의 부분 요소들이 조화를 이루어 하나의 전체를 자아내기 때문에 발생하는 것이 아니다. 그와는 반대로 작품 한 구석에 끼어든 어떤 부분대상에 의해 발생한다. "페르메르의 그림"이 좋은 예인데, 그 그림은 하나의 전체로서의 가치보다는, "또 다

어 구체적 처벌의 형태로만 인식될 뿐이다. 죄를 지어야만 법의 실천을 목격할 것이고, 처벌은 언제나 구체적 죄목을 통해 경험되기 때문이다 : "왜냐하면 법은 오직 단절되어 있는 부분들에 적용되기 때문이며, 이 부분들을 더 분할함으로써, 육체들을 해체시켜, 그 부분들을 찢어버리기 때문이다. 말하자면 법은 알 수 없는 것인데, 고통스러운 우리의 몸에 가혹한 처벌을 적용함으로써만 그 자신을 드러낸다"(132). 들뢰즈에 따르면 법의 이러한 텅 빈 형식은 카프카가 우울증적 형식으로 묘사한 작품들 속에서 자주 나타났다. 처벌기계가 몸에 처벌을 가하며 새기는 문구가 바로 그 자체 처벌의 내용이 된다든지(『유형지에서』), 죄를 짓지 않고는 결코 법의 문으로 들어 갈 수 없다든지(『법 앞에서』)하는 식으로 말이다. 반면에 들뢰즈는 카프카의 우울증적 법 형식과 다르게 프루스트는 분열증적 태도를 가졌다고 지적한다. 이에 대해서는 Deleuze, *Proust and Signs*, pp. 132~133을 보라. 이러한 현대적 의미의 법의 개념과 그것을 벗어나기 위한 저항의 두 방식으로서 아이러니와 유머에 관한 문제에 대해서는 Deleuze, *Masochism*, p. 86 이하를, 그리고 이 책 2부 2장을 보라.
3. 들뢰즈는 은유조차도 하나의 제스처가 될 수 있음을, 감정에 관한 도식적이고도 판에 박힌 체계에 속할 수 있음을 언급한다 : "은유조차 감각-운동적 얼버무림이며, 우리가 더 이상 무엇을 해야 할지 모를 때에 대신 말하도록 무언가를 제공해 주는 것이다. 은유는 특이한 형태의 감정적 체계이다"(Deleuze, *Cinema 2*, 20). 그러나 이러한 도식적 관계에 균열이 생기고, 기계적 운동이 기능정지 되었을 때, 전혀 다른 종류의 이미지가 출현할 것이라고 말한다. 이미 논의했듯이 이 균열은 전후 현대 영화의 중요한 요소였다.

른 하나의 세계로서 그림에 있는 노란색의 작은 벽면 때문에 가치가 있다."(114) 또한 "뱅퇴이유의 소악절"은 단지 작은 토막 연주임에도 불구하고, 인물들은 음악적 충만함에 휩싸일 수가 있다. 또한 "발벡의 성당"은 주인공이 그 성당 전체의 페르시아풍을 찾고자 의도했을 때에는 실망감을 주었지만, 무의식적인 어떤 부분 즉 구석에서 "전체적으로 조화롭지 않은 부분들, 즉 중국풍의 용들이 그려진 부분 때문에 아름답다."(114~115) 이 예들은 모두가 의식적이거나 의도적인 것에 의해서가 아니라 갑작스럽게 맞닥트린 혹은 무의식적 기억을 일으키는 징후이다.[4] 그리고 여기에 사물의 의미와 본질이 어떻게 나타나는지를 이해하는 프루스트적 입장이 있다.

> 발벡의 용들, 페르메르의 벽면조각, 뱅퇴이유의 소악절, 신비로운 관점들은 우리에게 샤토브리앙의 바람과 같은 것을 말해준다. 이들은 '조화'sympathy 없이 작용한다. 이들은 작품을 하나의 유기적 전체로 만들지 않는다. 오히려 각각이 하나의 결정체를 만드는 파편으로서 작용한다. …… 각각의 단편들은 서로 다른 전체를 참조하거나, 어떠한 전체에도 의존하지 않거나, 문체라는 전체 이외에 어떠한 전체도 만들지 않는다.(115)

열린 통과 막힌 관의 복합—이미지

전체는 부스러기와 파편으로 흩어졌다고 하는 논의를 들뢰즈는 두 가지의 이미지를 제시함으로써 정당화하고 있다. 우선 사물은 우리가 직접 다가가서 열지 않으면 결코 볼 수 없는 무엇인가를 그 자신 안에 담고 있으며, 담

---

4. 우리는 이미 바르뜨(Roland Barthes)가 사진에 관한 책에서 사진 혹은 예술 작품에 관한 두 가지 상반적인 태도, 즉 그리스적 태도 ─ 그는 이를 스트디움(studium)이라고 불렀다 ─ 와 프루스트적 태도 ─ 그는 이를 푼크툼(punctum)이라고 불렀다 ─ 를 분류한 것을 언급한 적이 있었다. 이에 대해서는 이 책 2부 1장을 보라.

겨 있는 그 내용물을 통해 스스로를 표현하고 있다. 사물은 자신만의 미묘한 빛깔이나 자태를 취하면서 그로부터 특유한 분위기를 자아낸다. 심지어는 돌멩이조차도 자신 안에 어떤 분위기 — 단단함, 까칠함, 차가움과 같은 — 가 있다. 모든 사물은 무엇인가를 머금은 채 "살짝 뚜껑이 열린 통"처럼 그 안에서부터 내용물을 뿜어내고 있다. 어떤 사람 어떤 인물 역시 하나의 통이다. 그는 자신 안에 수많은 모습을 꼬깃꼬깃 접은 채, 상황에 따라 숨겨 놓았던 그 모습을 펼쳐내고 분위기를 자아낸다. "샤를뤼M. de Charlus의 목소리는 …… 마치 이국적이고 수상쩍은 곳에서 온 어떤 상자처럼, 한 무리의 소녀들과 수호 여신의 영혼들을 담고 있다."(116) 고유명사와 같은 이름들 속에도 그와 같은 내용물이 있다. 가령 "게르망트"Germant라고 하는 지역의 이름에는 독특한 느낌과 분위기가 스며들어 있어서, "물감을 짜는 '작은 튜브들'중 하나처럼 보였다."(117) 이렇게 사물들은 자신만의 독특한 주름이 새겨져 있는 그 내용물을 감싸고 함축하고 있으며, 또 그 주름들을 펼치고 전개함으로써 무엇인가를 표현한다.

그러나 표현된 내용물은 그것을 담고 있는 사물 자체와는 관계가 없다. 서로 본성적으로 다른 가운데 미끄러지거나 탈선하는 관계를 취하는 기표와 기의처럼, 모든 사물들은 그 자신이 담고 있는 내용이나 의미와 불일치한다. 돌멩이의 '단단함'은 몸체로서의 돌멩이 자체와는 본성적으로 다른 것이다. 얼굴에는 구멍이 뚫려있고 굴곡과 주름이 나있다. 그러나 그 위에 어떤 격동과 파선을 일으켜 분위기를 자아내는 표정과 얼굴-육체는 본성적으로 다르다. 또한 샤를뤼의 목소리에 담겨 있는 그 소녀들과 여신들은 그의 음성 자체와는 전혀 다른 본성을 취한다. 명사나 이름들이 가지는 독특한 느낌 역시 기표로서의 단어 자체와는 상관이 없다. 모든 내용물은 통이나 용기 속에 담겨 있지만 자신을 담고 있는 그 용기와는 공통하지 않는다. 프루스트는 작품 속에서 발벡이라는 장소가 담긴 사진과 그 이름이 주는 느낌으로 그곳의 바닷가에 있는 성당 등을 연상해 본다. 그러나 그곳에 직접 가보니 아주 평범하고 지리멸렬하고 실망스러운 일상적인 이미지들이 마치 외부의 압력에 떠밀려 들어오듯 그 이전의 연상들을 내쫓아 버리고 자기들이 들어차는 것이었다. 기억(또는 상상)과 지각이 서로 일치하지 않은 것이다. 이러한 불일치는 무의식적 기억에서 가장 첨예해진다. 그 유명한 마들렌 과자의 맛이 불러일으킨 꽁브레의 경우가 그것이다. 꽁브레는 과자와 그 맛이라는 그릇을 통해 나온 것이지만, 그것은 과거에 보았던 그런 꽁브레가 아니었고 주체가 주관적 연상에 의해 의도적으로 떠올린 과거도 아니었다. 꽁브레는 의식적 기억 속에는 존재하지 않았던, 어쩌면 한 번도 떠올려 본적도 체험해 본적도 없는, 혹은 완전히 사라져 버렸던 것으로서의 무의식적 과거였다. 무의식적 기억은 그 자체가 현재와 과거의 불일치이며 갈등이다. 그것은 현재의 필요에 의해 소환된 것이 아니고, 현재를 보완하기 위해 동원된 것도 아니다. 그것은 오히려 현재를 누르고 현재를 밀어내는 즉자적 존재의 난입이다. 무의식적 기억은 이미 알고 있는 사실을 상기하거나 유사한 이미지를 재생산하는 재현이 아니라 완전한 형태의 창조이다.5 그렇게 드러난 본질은 이전에 경험했던 사실들과는 전혀 다른 어떤 것이며 순수한 하나의 관점이다.

하나의 세계는 결코 위계로 그리고 객관적으로 조직될 수 없다. 또한 그 세계에 최소한의 일관성 혹은 질서를 부여하는 주관적 연상의 사슬들조차, 초월적이지만 다양하고 난폭하게 배열된 관점을 위해 부서진다. 어떤 관점들은 부재와 잃어버린 시간의 진실을 표현하고, 어떤 것은 현존의 진실 혹은 되찾은 시간의 진실을 표현한다. 이름들, 사람들, 사물들은 그들이 터질 때까지 채워지는 내용물로 꽉 들어차 있다. 그래서 우리는 내용물에 의해 용기가 '폭파'되는 것을 목격할 뿐만 아니라, 펼쳐지고 전개된 내용물 그 자체의 폭발, 즉 하나의 특이한 모습을 형성

---

5. 잠재적 과거가 현재화 혹은 현실화되는 것이 단순한 모방이나 재현이 아니라 완전한 창조라는 논의에 대해서는 이 책 1부의 3장을 보라.

하지 않는, 서로 합의하기보다는 자기들끼리 갈등하고 싸우는 가운데 형성된 이 질적이고 파편화된 진리를 형성하는 내용물들 자체의 폭발도 목격하게 된다. 과거가 본질 속에서 우리에게 다시 주어졌을 때조차도, 현재의 순간과 과거의 짝짓기는 합의라기보다는 싸움과도 같다. 그리고 우리에게 주어진 것은 전체성도 아니고 영원성도 아니다. 그 대신에 '순수한 상태 속에 있는 한 줌의 시간', 즉, 부스러기가 된 파편이다. 그 무엇도 우정a philia에 의해서는 채워지지 않는다. 장소들과 순간들의 경우에서 보듯이, 결합된 두 정서들은 오로지 싸움에 의해서만 채워지며, 이렇게 싸우는 가운데 잠시 동안 맺어지는 변칙적인 신체들을 형성한다.(122)

세계 그 자체를 이루고 있는 파편들은 하나의 통일된 전체를 형성하지 않은 채 각자의 힘을 갖는다. 또한 파편들은 서로에게 난폭한 강요가 되어 우연적이고 폭력적인 동요를 일으키는 힘이다. 이 파편들은 각자에게 찌르는 그 무엇을 준다. 예리하고도 날카로운 그 파편의 모서리들을 서로 겪으면서 서로를 파편으로 인식하는 동시에, 자기 자신을 중심의 주체로, 통일된 하나의 전체로 사유하게 될 것이다. 여기에 전체성이 발생하는 어떤 지점이 있는 것 같다. 어쨌든 들뢰즈는 기표와 기의의 자의적이고 불일치하는 기호학적 의미관계를 넘어서 실재적이고도 질적인 징후들까지도 포함하는 관계를 논의함으로써, 내용물이 용기와 필연적인 연관 관계를 맺고 있음을 상정하는 고전적인 형태의 전체성을 비판하고 있다. 기호 혹은 징후에 관한 이 현대적 개념을 프루스트의 작품이 구현하고 있다는 것이다.

통일성의 해체는 통이나 용기의 이미지에만 있는 것이 아니다. 존재가 담고 있는 다수의 내용물(또는 의미)은 각각이 부분이 되어 공존한다. 샤를뤼 안에 감추어져 있는 수많은 여인과 영혼들은 각자가 하나의 부분이며, 각기 다른 욕망과 시간을 반영하고 있다. 그 영혼들은 소녀이기도 하지만 여신이기도 하고 성녀이기도 하다. 통 안의 내용물들은 빙글빙글 돌아가는 "복권 추첨 바퀴처럼" 각자가 서로 다른 구분된 영역을 차지한 채, 통 밖으로 나왔다가 들어갔다가 드나들기를 반복한다.(117) 그들은 "막힌 관"처럼 서로 소통하지도 조화를 이루지도 않고 각자만의 시간 속에서 공존한다. 마치 한 사람 안에 여러 개의 분열된 자아가 서로 분리되어 공존하고 있는 것과도 같다. 사람의 얼굴 모습에는 그러한 분열이 존재한다. 가까이에서 볼 때의 얼굴은 형태를 알아볼 수 없는 파선들만이 무질서하게 널려있지만, 적당한 거리를 두고 바라 볼 때에는 이목구비가 뚜렷한 윤곽선을 띤다. 가령 마르셀은 알베르틴에게 키스를 하려고 얼굴 가까이에 다가간다. 그러나 다가가는 매 순간마다 새로운 모습들이 바뀌어가며 나타난다.

> 봉인된 관들 안에 있는 '열명의 알베르틴' …… 결국 지나치게 가까워짐에 따라 얼굴의 전체 모습은 모조리 부서져 버린다. 그리고 각각의 관들 안에는 살아가고, 지각하고, 욕망하고, 기억하며, 깨어있거나 잠들어 있는, 죽거나 자살하고, 갑자기 소생하는 자아가 들어있다. 알베르틴의 '부서짐'과 '조각남'에 따라 자아의 증식이 일어난다. 그러니 알베르틴이 떠났을 때, 하나의 전체로 똑같이 전해진 소식[그녀가 떠났다는 소식]은 항아리 밑바닥에 있는, 서로 구별되는 각각의 자아에게 알려주어야만 한다.(124)

즉 알베르틴이 하나의 얼굴과 하나의 영혼이 아니기 때문에, 그녀를 다양하게 이질적으로 지각하고 있던 주인공의 개별 자아들 역시 서로 다른 방식으로 그녀가 떠났다는 소식을 들어야 한다. 관계에 있어서도 그러한 분열은 존재한다. 사람들의 관계는 마치 돌아가는 톱니바퀴의 맞물림처럼 서로에게 호응하거나 갈등하는 부분들을 통해서만 하나의 전체성을 갖는다. "알베르틴을 보면 알 수 있듯이, 믿음에 호응하는 얼굴과 질투에 사로잡힌 의심에 대응하는 얼굴이 있다."(124) 단어를 선택하고 사용하는 측면에서도 그러한 분열은 존재한다. 알레르틴이 어떤 단어를 쓰는가에 따라 주인공은 알베르틴이 누구와 친하게 지내고 어울리는지를 알게 된다. 때로는 "알베르틴이

쓰는 단어들"[6]로 인해 "끔찍한 세계가 드러나기도"한다.(125) 말의 사용에 있어서도 각각의 세계가 다르며, 그것을 듣고 바라보는 주체 역시 전혀 다른 세계들을 소유한다. 그 때에 우리는 어느 측면이 진짜 알베르틴인지, 어떤 모습이 바로 그 사람인지, 누구의 관점이 객관적인 것인지를 결정할 수가 없다. 하나의 전체로서의 개인 혹은 주체를 형성하기 위해 그 막힌 관들은 결코 자신의 고유한 측면을 희생하지 않는다. 우리는 각각의 관을 하나씩 바라보지 않으면 안 되고, 그들을 전체화하려는 순간 그들은 서로를 밀어내고 갈등하며 대립한다. 공존이란 조화가 아니라 불일치 그 자체여야 할 것이다.

그럼에도 불구하고 동일자로서의 한 명의 개인이나 주체 그리고 하나의 전체가 형성되어 통째로 교환되는 언어적 소통이 가능해진다면(남자, 여자, 인간, 동물, 마르셀, 알베르틴, 탁자, 사랑, 질투), 그것은 다만 일정한 무리로 제한되어 통계적으로만 형성된 그룹의 자격으로만 그럴 수 있을 뿐이다. 부스러기들은 정확히 들어맞지 않아도 그럭저럭 모여들어 자신들을 위한 특정 군집을 이룬다. 현실이란 필연적이지는 않은 어떤 질서에 따라 혹은 어떤 필요에 따라 통계적 무리로 짜놓은 다수의 부스러기들의 집합일 뿐이다. 그렇게 자연 안에 깃들어 있는 모든 내용물과 영혼들은 잠재적 실재이다. 그것은 하나이면서 동시에 다수이다. 견고한 하나의 전체성은 잠재적 실재 안에서 와해된다. 잠재적 실재 어디에도 통일된 전체와 동일성은 존재하지 않는다. 거기서는 단지 본성적으로 다른 다자들만이 공존하며, 동일자는 서로 불일치된 관계들로부터 발생하는 뒤늦은 효과로서만 등장할 뿐이다.

이것이 바로 막힌 관이 의미하는 바이다. 전체성은 존재하지 않는다. 다만 심층적인 의미가 없는 통계적인 의미에서의 전체성이 있을 뿐이다. '우리의 사랑, 우리의 질투'라고 우리가 생각하는 것들은 단 하나로 연결되어 나눌 수 없는 동일한

---

6. 알베르틴이 자기도 모르게 튀어나온 말(se faire casser le ~) 속에 동성애를 암시하는 표현(se faire casser le pot)을 담고 있는 경우를 말한다.

열정이 아니다. 무한히 이어지는 사랑들, 서로 다른 질투들, 이들은 모두가 매순간 덧없이 흐른다. 그러나 그들의 막을 수 없는 다중성으로 인해 연속성의 인상, 통일성의 환상이 생기는 것이다.'(125~126)

따라서 이렇게 정리해 볼 수 있을 것이다. 그릇과 그 내용물의 관계는 "통"으로 비유될 수 있고, 부분과 전체의 관계는 "막힌 관"에 비유될 수 있다. 전자의 경우 내용물은 자신을 담고 있는 그릇과는 본성적으로 다르며 어떠한 공통점도 가지지 않았음을 알기 위해 필요한 개념이고, 후자의 경우 파편화된 부분들이 서로 소통하지 않으며 무관할 뿐만 아니라 오히려 대립하고 갈등하고 충돌하고 있음을 알기 위해 필요한 개념이다. 따라서 "통"은 일자의 내적 차이를 밝히는 개념이고, "막힌 관"은 다자들 간의 차이를 밝히는 개념이다.[7] 이렇게 해서 우리는 들뢰즈가 정식화한 통과 관의 이미지를 통해 잠재적 실재의 파편적인 본성을 배운다.

횡단, 전체성의 새로운 모델

---

7. 물론 베르그송주의자인 들뢰즈는 이 두 차이가 실제로는 서로 뒤섞여 있다고 말한다. 가령 알베르틴이나 샤를뤼와 같은 인물들은 그 안에 수많은 소녀들, 사람들, 바다, 파도 등 무수한 영혼들이 들어차 있기 때문에 그 자체가 하나의 통이라고 말할 수 있는 반면에, 그 영혼들은 또한 서로를 알아보지 못하고 각각 본성적으로 다른 시간과 욕망을 함축하며 서로 불일치하는 공존을 이루고 있기 때문에 막힌 관이라고도 할 수 있는 것이다. 이것은 잠에 빠져 있거나 사랑에 빠진 인물이 욕망을 충족시키기 위해 혹은 애인의 본질을 알기 위해 동원하는 여러 가지의 능력들에서도 나타난다. 가령 욕망은 꿈속에서 수많은 이미지들을 증식시키고, 애인의 모습 속에 있는 수많은 영혼들을 불러들인다. 마치 막힌 관들을 한꺼번에 펼쳐내면서 그 중에서 하나를 고르기라도 하듯이 말이다. 그러나 다른 한 쪽에서는 무의식적 기억이 출현하여 그 영혼이나 이미지들 속에서 그 안에 담긴 내용물이나 의미들을 끄집어내기 위해 노력한다. 그릇은 내용물을 담고 있고, 내용물들은 서로 불일치하고, 또 욕망은 증식시키고, 기억은 의미를 펼치고, 응축하고 팽창하고. 여러 명의 사람들 가운데 한 소녀를 선택하고, 한 인물의 여러 가지 모습들을 골라내고, 말하기 위해 단어들을 골라내고, 자아를 선택하고, …… 이런 식으로 세계는 그 자체가 하나 또는 다수의 "복합"을 이루고 있다. 복합 상태란 마치 잠을 자는 사람이 꾸는 꿈과도 같다. 이에 대해서는 Deleuze, *Proust and Signs*, pp. 118~119, 126을 보라.

더 중요한 것은 세계가 파편이 되었다는 사실에 있지 않다. 통일성은 이미 와해되어 있었고, 모든 것은 이미 부스러기로 존재했다. 그러므로 세계의 파편성과 통일성의 해체를 주장하는 사람은 새로운 통일성을 말하지 않으면 안 될 것이다. 통일성의 재발견은 새로운 사유를 가능케 한다. 문제는 이러한 해체된 세계 속에서 어떻게 통일성이 가능할 수 있을지, 또 어떠한 통일성 혹은 비통일성이 새로운 모습으로 나타나야 할지를 제시해야 한다는 사실이다. 그 조각들 속에서 발생한 새로운 통일성으로 우리는 외부와의 전혀 새로운 관계를 가지게 될 것이다. 단지 어수선하고 산발적인 아포리즘에 머문 또 하나의 고착 형식이 아닌, 그렇다고 이전의 전체화로도 환원되지 않는 전혀 다른 형태의 진정성 말이다. 들뢰즈는 외부 세계와의 새로운 관계를 가지기 위한 형식적 조건을 다양하게 예시한다.

프루스트의 작품 속에 나오는 열차 여행 장면에는 새로운 전체성을 구체화해 줄 하나의 형식적 모델이 나온다. 주인공은 기차 여행을 하면서 창문을 본다. 기차가 방향을 바꾸면서 선회 할 때에, 바깥의 풍경은 각각의 창문마다 조각이 나서 여러 개의 풍경들로 펼쳐진다. 그 풍경들은 하나의 모습으로 연결되지도 않고, 전혀 다른 제각각의 창문들로 흩어진다. 주인공은 자리를 이리저리로 옮겨 다니며 그렇게 조각난 여러 개의 풍경들을 하나의 전체로 메우려 한다. 들뢰즈는 이때 발생하는 전체는 조각난 각각의 풍경 그 자체에서 나오는 것이 아니고, 그 풍경들이 속해 있었던 창밖의 실재도 아니며, 그렇다고 관찰자의 주관적 관점 자체도 아니라고 지적한다. 전체를 만드는 것은 이리 저리 옮겨 다니는 바로 그 형식적 행위, 즉 하나의 창문에서 다른 창문으로 이동할 때의 그 "횡단"transgression이라는 형식에 의해 발생한다는 것이다. 막힌 창문들은 각각의 풍경들을 가지고 있고, 그 풍경들은 서로 소통하지도 조화를 이루지도 않는다. 그럼에도 불구하고 기차의 선회 속에서 그 막힌 창들 사이에는 어떤 "소통체계"système de passage가 있다.(126) 그러니까 들뢰즈의 말은 조각들을 배열하고 연결하는 형식만이 유일한 전체라는 것이다. 만일에 주인공이 어제와는 다른 방식의 횡단 형식을 고안했다면 그 풍경 전체는 어제의 그것과는 전혀 다른 전체가 되었을 것이다. 베르그송주의인 들뢰즈는 여기에 프루스트적 통일성의 독특한 측면이 있음을 지적한다. 즉 전체가 존재한다면 그것은 주어지는 것이 아니라 창조된다! 한 인물 속에 들어있는 다수의 영혼과 다수의 세계 각각이 하나도 훼손되지 않은 채 시간의 변화에 따라 자리를 바꾸듯이, 횡단성에는 무엇으로도 환원되지 않는 그 조각들을 하나의 전체로 합병하지도 않고, 그들 간의 차이를 훼손시키지도 않고, 그 각각을 긍정하면서도 독특한 통일이 발생하는 것이다. 전체는 부분들이 유기적 합의에 의해 자신들의 욕망을 희생해 가며 힘을 모아 만들어낸 합작품이 아니라 서로 횡단하면서 오고가는 가운데 발생한다. 그렇기 때문에 전체는 부분들과는 관계가 없는 전혀 다른 것이다. 혹은 부분과 나란히 그 옆에 또 다른 하나의 부분처럼 공존한다. 부분은 전체에 종속되지 않고 오히려 전체가 부분에 종속된다. 전체는 부분들의 통일에 의해서가 아니라 오히려 부분들의 차이, 서로 연결되지 않는 막힌 창문에서 펼쳐지는 풍경들의 차이에 의해서만 형성되는 것이다.

> 잠은 순수 해석의 이미지이다. …… 해석은 횡단적인 것 외에 어떠한 단일성도 가지지 않는다. [횡단적인] 해석은 사물을 파편으로 만드는 유일신인데, 그 '신적 형식'은 파편들을 하나로 모으지도 않고 통일하지도 않는다. 그와는 반대로 해석은 파편들이 하나의 전체를 형성하는 것을 막으면서, [서로 날카롭게 충돌하는 불일치개] 최첨단 상태에 이르게 한다.(128)

질투의 경우 보다 실질적인 횡단이 일어난다. 질투란 연인으로부터 발견한 많은 영혼과 풍경에서 나의 부재를 각성하거나 망상하면서 생기는 감정이다. 그것은 사랑하는 애인에 의해 발산된 징후에 의해 펼쳐지는 세계가 나와는 전혀 무관한 어떤 실재임에 대한 통찰이다. 내 눈에 보이는 애인의 모든 말과 몸짓은 매순간이 배신이며 거짓이며 이별의 선언이다. 그러나 나를 배신하는 그 풍경들로 인해 나는 더욱 더 애인에 대한 열망과 사랑에 이끌린다. 질투에 빠진 나는 애인이 생각하고 느끼고 바라보고 경험하는 모든 있을 법한 행위와 상황들을 밝히기 위해 고통스런 해석을 쉼 없이 감행하지 않을 수 없다. 사랑이 언제나 좌절로 귀결되는 것은 필연적인 과정이다. 해석 행위가 깊어질수록 나는 애인의 세계로부터 배제되고, 수많은 평범한 사람들 중 하나의 대상에 불과한 존재가 될 뿐이다. 질투하는 여성이나 남성은 연인의 조각난 영혼들과 부스러기의 세계 속으로 끊임없이 파고들어야 할 운명이다. 그 세계는 내가 결코 알 수 없는 "미지의 세계"이며, 거짓말과 배신으로 베일이 가려져 애인의 표정이나 말의 진실을 감추고 있는 암흑의 세계이다. 바로 이 세계와의 대면 속에서 횡단이 일어난다. 애인이 내뱉는 단어 한마디는 그녀의 동성애 상대와의 대화를 암시하기도 하고, 슬쩍 엿본 그녀의 곁눈질 속에는 다른 남성에 대한 타오르는 욕망이 있으며, 내게 보내는 미소와 호의조차도 하나의 거짓된 음모로 꾸며지며, 감추고 있는 표정들 하나하나가 천근만근의 비수가 되어 가슴에 꽂힌다. 그것은 "연적戀敵을 발견하는 것보다도 더 잔인한 부분 대상들"을 발견하면서 겪어야할 절망적인 전투이다.(139~141)

또 다른 형태의 급진적이고도 근본적인 횡단성이 있다. 프루스트가 가장 관심을 가졌던 주제인 자웅동체와 성의 횡단이 그것이다. 자웅동체는 하나의 개체 안에 두 성이 따로 떨어져 동시에 존재하는 성태이다. 이런 맥락에서 개인은 생물학적으로 부여받은 하나의 성(여성 혹은 남성)으로만 규정될 수 없다. 여성과 남성은 포괄적이고 막연한 통계적인 결과일 뿐이다. 그 안에는 또 다른 다수의 성과 욕망이 내재한다. 이 성들은 제각각 각자만의 방 속에 웅크리고 있어 직접 소통할 수가 없다. 사회로부터 막연하게 부여받은 하나의 성을 가진 개인은 살짝 열린 통과 막힌 관처럼 다수의 성으로 조각나고 파편이 되는 것이다. 이때에 욕망은 부분적이고 조각난 대상들을 향해 실행될 것이다. 샤를뤼 개인이 아니라 그 안의 소녀를 사랑하고 알베르트 전체가 아니라 그 안의 미소가 환기하는 바다에 이끌리듯이 욕망은 부분 대상으로 향한다. 부분적인 욕망은 조각난 대상을 뜻할 뿐만 아니라 주체의 분열을 뜻하기도 한다. 대상에 대한 우리의 욕망은 하나의 전체로서 혹은 동일자로서 실행되지 않는다. 특정 대상에 접근하는 그 구체성만큼이나 다수의 조각난 주체가 존재한다. "나"라고 하는 하나의 전체가 있고, 그것이 부분들을 소유하고 주관하여, 그들을 조화롭게 혹은 유기적으로 실행시키는 것이 아니라, 부분들의 개별적인 실행들만이 있으며, 그 실행들 간의 내재적 법칙과 체계에 의한 효과로서의 전체 즉 자아가 발생한다. 잠재적 파편들로 실행되는 욕망은 미리 확립된 전체를 파기하고 흩뿌리는 것이다.

횡단적 소통은 현실화된actualized 개체들 간의 합의나 약속된 소통 — 가령, 남녀의 결혼, 법인들의 계약, 단어들의 통사적 배열, 기타 모든 상태들의 외연적 관계 — 이 아니라 우연적 발생에 의한 잠재적 진동 즉 공명이다. 마찬가지로 성태의 횡단 역시 남자와 여자라고 하는 통계적 복합을 소유한 개체들 간의 육체적 · 정서적 교환이 아니다. 거기서는 다수의 경향들이 다수의 모습으로 각각의 잠재적 영혼들을 찾아 나오거나 들어간다. 이때에 남성과 여성이란 경향성의 한 무리 혹은 여러 무리들로 이루어진 포괄체일 뿐이다. 남자나 여자로 확립된 의학적 · 생물학적 · 법적 · 사회적 개인이 있지만, 그들의 실상은 그들 안에 내재되어 있는 또 다른 자아이고 풍경이며 나아가 잠재적 분자들이다. 남-녀의 사랑, 교류, 소통은 외양적으로만 일어나는 복합물의 대상관계이다. 그런 의미에서 근본적인 사랑은 차라리 동성애 — 들뢰즈는 성의 횡단을 동성애라고 부르는 것은 잘못이라고 지적했다 — 일지도 모른다. 왜냐하면 동성애는 남-녀 이성간의 욕망의 교환 이전에 존재하는 잠재적 성들의 횡단을 조건으로 삼기 때문이다. 동성애는 개체성을 넘어 조각난 잠재적 파편들로 향한다는 사랑의 근본법칙을 예시한다. 가령 샤를뤼나 알베르틴이 아니라 그들 안의 수많은 소녀와 바다에 대한 사랑이 있다는 것이다. 같은 맥락에서 육체를 넘어 사랑을 하는 가장 급진적인 형태는 양성애일 것이다.

> 그러나 보다 심각한 경우, 한 몸 전체가 다 남자라고 규정된 한 개인은, 남자에게 만큼이나 여자에게서도 발견될 수 있는 부분적인 대상으로 자기의 여성 부분을 수정시키는 일이 벌어진다. 프루스트에 따르면 바로 이 경우에 근본적으로 성의 횡단이 일어난다. 이런 성의 횡단은, 성의 두 계열이 분리되어 남자는 남자에게로 보내지고 여자들은 여자에게로 보내는 '전체적으로 특수한 동성애'가 아니라, '국부적이고 비특수한 동성애'이다. 여기서 남자는 여자에게서 남성적인 것을 찾으려하고, 여자는 남자에게서 여성적인 것을 찾으려 한다. 이러한 일이 두 개의 부분적 대상이면서 그 사이가 칸막이로 막힌 채 서로 이웃해 있는 두 성에서 일어난다.(136~137)

> 아마도 가장 수줍은 유년기를 보냈을 어떤 사람들은, 그들이 체험하는 쾌락을 한 남자의 얼굴과 결부시킬 수만 있다면, 그 쾌락을 주는 육체의 성별에 대해서는 거의 상관하지 않는다. 반면, 추측컨대 가장 격렬한 욕구를 지닌 다른 사람들은 자기에게 쾌락을 주는 육체를 동성의 육체로 단호하게 국한한다.(137)

양성애자의 영혼들은 교차한다. 횡단은 서로 교차하면서 더욱 복잡하게 구체적인 욕망을 찾는다. 이런 경우 더 이상 남-녀의 소통이 아니라 전체로 규정할 수 없는 분자적 조각들의 진동이라고 말해야 할 것이다. 영혼을 형성하는 잠재적 미립자들이 운동과 작용을 하는 가운데, 생명이 본성적으로 다른 계열들로 분화하듯이, 성에 있어서도 그 계열들은 무수하게 갈라져 부스러기가 된다. 그들이 서로를 욕망하고 서로에게서 기쁨과 슬픔을 느낀다면,

그것은 개체성이 주는 사회적 법적 쾌적함 혹은 불쾌함 때문이 아니라, 그들이 발산하는 자연-이미지들, 가령 정신을 차릴 수 없을 정도로 밀려오는 바다나 대양이나 태양빛 때문일 것이다. 이런 이유 때문에 횡단성은 공간의 관점에서, 심지어는 운동의 관점에서조차 이해될 수 없었던 것이다. 횡단성은 공간의 교환이나 변환이 아니며 몸체의 운동도 아니기 때문이다. 횡단성은 오히려 삶의 반복된 행위가 도식화한 공간적 습관을 무효화하고, 지각이 뭉 뚱그려 정도상의 차이로 뒤섞은 복합물과 격자를 뛰어넘어, 한 인물의 눈짓에서 그의 거대한 과거 전체를 발견하고, 무심코 던진 한 마디 단어에서 끔찍한 격정의 동성애 바다를 떠올리듯이, 어떤 섬광과도 같은 질적 변이를 일으키는 그 무엇이다. 횡단은 징후들의 은밀한 교환으로 이루어지는 비정상적인 소통이다. 육체의 주름 사이에 숨어있는 영혼들과 풍경들의 공명은 그 강렬한 관계 속에서 잠재적 실재를 개별적으로 육화한다.

파편과 공명, 그리고 본질을 생산하는 기계

들뢰즈의 그 유명한 기계를 생각해 보자. 그는 "기계주의mechanism에 맞서 극복하고 승리해야할 기계"a machine를 만들어야 한다며 자신의 내재적 방법론을 언급한 적이 있다. 물질의 도식을 넘어서기 위해 물질을 이용하고, "자연의 결정론을 이용하여 바로 그 결정론이 쳐 놓은 그물망을 뚫고" 나아가야 하며, 이성을 넘어서기 위해 이성의 또 다른 능력을 사용해야 한다고 말이다.8 우리의 해석에 따르면 그 기계란 바로 횡단(성)을 생산하는 기계

8. 들뢰즈의 내재적 방법론의 개요는 이렇다. 생명 즉 지속에는 '잠재적으로' 기억, 의식, 자유가 내재하고 있다. 지속은 특정 조건 하에서는 '실제로' 자아의 의식이 되기도 하고, 기억이 되기도 하고, 자유가 되기도 한다. 베르그송에 따르면 오로지 인간의 계열에서만이 지속 안의 모든 잠재적 실재가 자유로 현실화될 수가 있다. 왜냐면 다른 모든 계열들은 폐쇄적이고 자연적 조건들 속에 감싸여 맴돌고 있으며 자신의 "판" 안에 갇혀 있지만, 오로지 인간의 계열에서만이 다른 모든 지속들을 포함하고 자신의

즉 직관이다. 그것은 다양체로서의 잠재적 실재가 분화하여 물질이 되고 생명이 되고 지각이 되고 기관들이 되듯이, 그 무엇으로도 될 수 있는 능력의 생산과도 같은 것이다. 기계란 무엇으로도 변환이 가능한 그 무엇이다. 성의 횡단에서처럼 기계는 육체-대상을 넘어 부스러기와 영혼들을 찾아 잠재적 만남을 생산한다. 서로 자르기도 하고, 붙기도 하고, 하나로 결합되었다가도 여럿으로 떨어지고, 다시 다른 군집을 이루는 가운데 분열증적이고 변태적인 만남들을 생산한다. 이것이 바로 기계이며 기계주의와 결정론을 넘어서는 길이다. 조형예술에서 가공되지 않은 무형의 재료들이 예술가의 관념에 의해 현실화하여 물질과 조응하듯이, 기계는 대상에 이미 깃들어 있는 것으로 여겨지는 의미를 발견하는 것이 아니라 대상과의 관계를 생산해낸다. 그렇게 생산된 특정 조건들의 관계의 총체가 바로 의미가 아니겠는가? 의미란 어떤 일반적 법칙일 수도 있고, 특정 주체의 관점일 수도 있으며, 한 사물 혹은 한 세계의 본질일 수도 있다. 그러나 무엇보다도 의미는 하나의 생산물이다. 부스러기가 된 세계에서 유일하게 작동하는 것이 있다면, 그것은 로고스, 즉 유기체 전체를 관류하는 대문법이 아니라 부분들의 관계들 속에서 발생하는 법칙들의 다양한 세계이다. 모든 진리와 의미가 생산되는 지대는 다름 아닌 이 다양성이다. 그런 점에서 파편화된 세계와 그 세계들의 횡단 관계를 다루고 있는 소설작품 나아가 예술 작품은 하나의 훌륭한 기계이다.

판을 넘어서서 능산적 자연을 표현할 수가 있기 때문이다. 베르그송에 따르면 이러한 특권적 지위는 물론 두뇌 물질에서 시작된다. "두뇌는 수용된 자극을 분석하고, 반응을 선별하여, 자극과 반응 사이에 간격(interval)을 만든다"(Deleuze, *Bergsonism*, 107). 그리고 이 간격 사이로 지속 즉 자유 전체가 들어가 현실화된다. 한마디로 말해 지속 즉 생명 즉 자유는 인간의 계열에서 물질의 간극으로 들어가 물질을 이용하여 자유 전체를 실현하는 것이다 : "분화의 인간의 계열 위에서, 생명의 도약은 물질을 이용해서 자유의 도구를 창조할 수가 있으며, 기계주의(mechanism)에 맞서 승리해야할 기계(a machine)를 만들 수가 있으며, 자연의 결정론을 이용해서 바로 그 결정론이 쳐 놓은 그물망을 뚫고 나갈 수가 있다. 자유는 정확히 이러한 물리적 의미를 갖는다 : '폭발물을 폭파하기', 폭발물을 이용해 더욱더 강력한 운동으로 나아가기"(Deleuze, *Bergsonism*, 107).

현대의 예술 작품은 이것이 되었다가 저것이 되었다가 다시 저것이 되었다가, 여하튼 우리가 원하는 모든 것이 될 수 있다. 이 예술 작품의 특징은 바로 우리가 원하는 것이라면 뭐든지 된다는 점, 우리가 원하는 바대로 스스로를 중층적으로 결정한다는 점이다. …… 현대의 예술 작품은 기계이며 그러므로 작동한다. 말콤 로리Malcolm Lowry는 멋지게도 자기의 소설에 대해서 이렇게 말한다. "여러분은 이것을 일종의 교향곡이나 오페라, 아니면 심지어 웨스턴 오페라로 생각해도 된다. 그것은 재즈이고 시이고 노래이며, 비극, 희극, 익살극 기타 등등이다. …… 우리는 심지어 그것을 일종의 기계 장치로 생각할 수도 있다. 그 기계는 작동한다. 이 점은 믿어도 좋다. 내가 그것을 시험해 보았으니까." 프루스트는 우리에게 자기의 작품을 읽지 말고 그 작품을 이용해서 우리 자신을 읽어보라고 충고한다. …… [기계의] 의미는 오직 작동에 달려 있으며, 그 작동은 부품들에 의존한다. …… 현대의 예술 작품은 의미에 관한 문제는 가지지 않으며 오로지 사용의 문제만을 제기한다.(들뢰즈, 『디알로그』, 145~146)

말콤 로리가 말하는 작품-기계의 작동은 횡단 관계의 생산을 뜻한다. 들뢰즈는 세 가지의 기계를 분류한다. 첫 번째 기계는 바로 욕망과 같은 추상 기계이다. 욕망은 끊임없이 부분적 대상들 혹은 조각난 이미지들을 생산하고, 그들 각각이 최대의 실행을 하도록 한다. 욕망은 전체라는 개념을 모르며, 심지어는 전체로부터 파편을 끄집어내고 구멍을 뚫어 매끈한 윤곽선이 그어지는 것을 방해함으로써, 그 부분대상들을 단절시키고 서로 소통하지 못하도록 격리한다. 잠에서 생산되는 꿈의 이미지들이 그 좋은 예이다. 꿈속에 나타나는 사물이나 사람 혹은 관계들은 수면에 들기 이전의 현실에서와 같은 전체성을 잃어버린다. 얼굴은 부서지고 몸체들은 조각이 나 있으며 모든 세계가 그 전체의 모양을 알아볼 수 없도록 일그러져 있다. 꿈꾸는 자의 욕망이 그 전체로부터 특정 부분만을 떼어낸 것일 수도 있고, 아니면 그 부분들 자체가 어떠한 기능들로 실행되기 때문일 수도 있지만, 어쨌든 꿈은 세계를 조각들로 부수어 그들을 퍼즐처럼 이상하게 짜 맞추고 회전시키고 공전시킨다. 우리는 꿈에서 뿐만 아니라 대낮에도 그런 식으로 사물을 대한다. 한 인물의 얼굴은 깊이 팬 주름들로 가득 차 있거나, 그의 어깻짓이 말해주는 묘한 매력이 그와 함께하는 시간을 즐겁게 하거나, 그녀의 귓가에 살짝 풍기는 살 냄새가 그녀를 욕망하게 한다. 어떤 특정 음식에 대한 욕구 역시 음식 전체가 아니라 특정 요소의 독특한 향 때문에 생긴다. 사랑의 경우 부분적 대상들은 훨씬 더 강렬하고 충만한 형태로 생산되어, 물신주의자가 그렇듯이 잠재적 영혼이 무한하게 증식할 것이다. 욕망이 산출해 낸 그 모든 조각들, 원관념, 보조관념들은 전체로서의 육체에 억매이지 않고 순수한 주관성의 이미지를 보여준다. 우리는 사람이든 사물이든 하나의 전체로 인지하지 않는다. 전체는 욕망보다 훨씬 나중에서야 등장하는 지성의 몫일뿐이다. 욕망은 세계에서 분자적인 대상들, 즉 손가락, 얼굴, 다리의 몸체 기관이나 육체-대상들뿐만 아니라, 묘한 냄새, 인상, 모습, 날카로움, 온화함, 성마름과 같은 잠재적 영혼들을 추출하고 추상한다. 그리하여 그들이 자신들의 날개로 날아오르거나 대기 중에 흩뿌려지도록 꿈을 꾼다. 의미나 일반법칙이 주어지는 것이 아니라 생산되는 그 무엇이라면, 그것은 바로 그와 같은 푼크툼9, 즉 파편-실재로부터 출발하기 때문일 것이다.

두 번째로 "공명기계"가 있다.(Deleuze, *Proust and Signs*, 151) 들뢰즈는 무의식적 기억과 예술을 공명기계의 좋은 예로 들고 있다. 무의식적 기억은 현재와 과거라고 하는 본성적으로 다른 두 시간을 공명하게 한다. 과자의 맛이 과거의 고향을 불러오듯, 현재의 감각을 통해 과거의 회상이 퍼진다. 공명이란 현재와 과거처럼 본성적으로 다른 단절된 시간과, 평소라면 결코 조응하지 않을 불연속하는 대상물들 — 과자와 고향, 꽃과 얼굴 — 이 하나로 통일되지 않고도 잠재적 시간 안에서 떨림을 공유하는 순간이다. 프루스트는 그것을 일

---

9. 푼크툼에 관해서는 이 책 2부 1장을 보라.

종의 무아경의 상태로 묘사했는데, 그와 같은 특권적 순간은 통일이나 전체화가 아니라 차이가 긍정된 가운데 단일한 시간의 열림을 의미한다. 공명은 잠재적 영혼을 깨우는 순간이지만, 그렇다고 해서 두 대상 혹은 두 시간의 동일함이나 공통성의 발견은 아니다. 공통점의 발견은 지성이 하는 일이며 차이의 긍정과는 관계가 없다. 차이가 긍정되면서도 두 시간의 공존이 가능하려면 그 두 시간보다 상위의 어떤 관점이 나와야 할 것이다. 그것은 들뢰즈가 베르그송의 용어법을 빌어 말했던 지속의 세 번째 계기, 즉 타자의 시간뿐만 아니라 자기 자신의 시간을 포함하는 "직관능력의 발생"과 같은 것이다. 부분 대상들의 협약이나 소통에 의한 일치가 아니라, 서로 일치하지 않는 가운데 발생하는 일치, 혹은 한 대상과 다른 대상의 단순한 연상적 고리가 아니라, 그 둘을 포함하는 보다 상위의 관점의 발생! 문학에서의 은유와 영화에서의 몽타쥬처럼, 두 개의 관념, 두 개의 이미지가 공존하는 가운데 발생하는 제3의 관념의 출현! 이러한 공명은 떨어진 두 대상을 훼손시키지 않고, 또 공통성으로 묶지도 않고, 그들을 넘어서는 보다 상위의 본질(관점)을 도출함으로써 그 둘을 하나의 시간 속에서 공존하도록 한다.[10] 프루스트가 묘사했던 바, 마치 음악의 두 모티브가 각자 자신의 흐름을 잃지 않고 서로 레슬링을 하듯 모티브를 주고받으며 발생시키는 투쟁적 조화 같은 것이다.

공명이 이렇게 객관적이고 주관적인 조건을 가지고 있기는 하지만, 공명이 생산

---

10. 또 다른 의미에서 몽타쥬는 전체를 만들어 내거나, 특정 목적의 의미를 만들어 낸다. 한자(漢字) — 가령, 사람(人)과 나무(木)가 몽타쥬 되어 쉼(休)의 개념이 생긴다 — 가 좋은 예이다. 또 한 예로, 신문이나 소설과 같은 미디어는 단편적인 사건이나 이질적인 사물들을 특정한 의도에 따라 병치시키고 편집하고 배열하여 전체로서의 하나의 개념과 의미를 만들어 낸다. 베네딕트 앤더슨(Benedict Anderson)은 미디어 공동체 이론에 관한 자신의 책 『상상된 공동체』(*Imagined Communities*)에서, 소설 공동체나 신문 공동체와 같은 상상된 전체로부터 어떻게 근대적 의미에서의 국가가 탄생했는지를 논의하는데, 바로 몽타쥬 효과의 좋은 예라고 볼 수 있다. 그러나 여기서 논의하지는 않겠지만, 이 몽타쥬 효과의 논의가 베르그송주의 이론에 있어서의 잠재적 공존에 관한 주제와는 거리가 있으며, 정확히 일치하지 않음을 유의해야 할 것이다.

하는 것은 이와는 완전히 다른 본성을 가지고 있다. 그것은 바로 본질, 정신적 등가물이다. 왜냐하면 그 이전엔 전혀 본적이 없고 주관적인 연상의 사슬과도 상관이 없는 것이 바로 이 콩브레니까 말이다.(154)

비자발적 기억에 의해 일어나는 공명은 사실상 우연적이고 물질적인 조건들로부터 생겨나지만, 다시 말해 어떤 우연히 마주친 인상이나 감각의 강요 — 맛, 향기, 소리 등 — 에 의해서만 그러한 특권적 순간이 나오지만, 근본적으로 공명으로부터 생산되는 것은 물질이나 기억과는 전혀 다른 것으로서의 깨달음 즉 본질이다. 그것은 마치 감각과 육체와 물질들의 관계 — 싸움, 사랑, 증오, 불신 — 속에서 피어오르는 무형의 증기蒸氣와도 같다.[11] 예를 들어 한 아버지가 결혼을 결심한 딸과 대화를 하고 있다. 딸은 아버지에게 애인에 대한 사랑을 말하고는, 더 이상 아버지의 곁을 지킬 수 없음을 몇 마디의 암시적인 고백으로 선언한다. 아버지는 그녀의 부드러운 말과 단호한 표정을 보고는, 바닷가에서 노니는 한 마리 물고기의 이미지를 얼핏 본다.[12] 바닷가

---

11. 들뢰즈는 여러 텍스트에서 사건, 효과, 준-원인(Quasi-cause)과 같은 개념들을 설명하면서 스토아 학파의 힘에 대해 언급한 바가 있다. 그 개념들은 모두가 사물의 특정 상태를 뛰어 넘는 비결정 지대를 예시하기 위해 필요한 것들이다. 특히 다음의 구절을 보라 : "사물들의 표면위에 있는 비감각적이고 비몸체적이고 순수한 사건들 …… 그것들이 존재한다고 말할 수조차 없는 순수한 부정사(不定詞)들 …… 가령, '붉어지다', '푸르러지다', '자르다', '죽다', '사랑하다' …… 스토아학파의 힘은, 더 이상 감각적인 것과 지성적인 것 사이 혹은 영혼과 몸체 사이가 아니라, 이전까지 누구도 보지 못했던 곳에 물리적 심층과 형이상학적 표면 사이로 분리선이 지나게끔 만들었다는 것입니다. …… 이것이야말로 …… 이다/있다(EST)를 없애는 새로운 방식입니다."(들뢰즈,『디알로그』, 121)
12. 들뢰즈는 프루스트가 헨리 제임스(Henry James)와 유사하다는 점을 언급한 적이 있는데, 그것은 깨달음 혹은 본질에 대한 두 작가의 태도가 유사한 점에 기인한다. 가령 제임스의 작품『황금잔』(Golden Bowl)에서 아버지인 아담(Adam Verver)은 자신의 딸 매기(Maggie Verver)를 소유할 수 없는 자유로운 존재임을 깨닫게 되는데, 그 때에 딸의 모습 속에서 자유롭게 바다를 노니는 한 마리의 물고기를 떠올린다 : "따뜻한 여름바다에서 명민한 몸놀림으로 떠다니며 빛을 내는 한 마리의 물고기"(James, The Golden Bowl, 506). 이에 대해 너스바움(Martha C. Nussbaum)은 서정적 표현을 통해 얻은 예술적인 섬세한 지각이 결국 도덕적인 판단의 문제와 분리할 수 없는 문제임을 지적한다(Nussbaum, Love's Knowledge, 152). 그녀에 따르면 섬세한 지각의 실패는 도덕의 실패이다.

에서 파닥거리며 노는 물고기의 이미지와 애인에 대한 사랑을 고백하는 딸의 모습이 공명하여 일으키는 그 무엇이, 아버지로 하여금 전에는 보지 못했던 딸에 대한 전혀 새로운 관점을 가지게 했던 것이다. 아버지가 딸에게서 본 것은 바로 그녀의 고유함과 자유였을 것이다. 그녀가 언제까지나 자신의 딸로 남아있을 수는 없으며, 처음부터 자유로운 존재였음을, 그리하여 아버지로서의 자신의 욕망과 기대를 포기하지 않으면 안 된다는 사실을 깨달은 것이다. 공명에 의한 새로운 통찰과 깨달음, 즉 이전에는 경험해 보지 못했던 전혀 새로운 종류의 에피파니, 그리고 그로부터 관계가 일어난다. 그것은 미리 존재하거나 도래하기로 예정되어 우리를 기다리고 있던 종교적 형태의 현현이 아니라, 우리가 직접 생산하지 않으면 사라져 버리고 말았을, 문학과 예술의 궁극적인 주제로서, 회상 안에 잠재적으로 실재하고 있었던 그 무엇들을 우리가 펼쳐냄으로써만 발생한 본질이다. 공명이란 감전효과인데, 감전을 통해 우리는 우리 자신으로 되돌아가 그 안에 내재되어 있었던 시간을 떠올리고 회상한다. 우리 자신의 현재를 뛰어 넘는 것으로서, 회상 그 자체가 이미 창조이다.

따라서 당연히 들뢰즈는 세 번째의 기계를 제시한다. 바로 "예술기계", 혹은 조이스James Joyce식의 "에피파니기계"이다.(155) 비자발적 기억에서 공명은 자연적인 조건들 — 물질적 감각, 우연적 인상, 주관적 연상 — 로부터 자유롭지 않았다. 살다가 때때로 마주치게 되는 황홀한 순간이나 깨달음의 시간은 우리를 삶의 기쁨으로 데려다 준다 — 사랑했던 사람의 죽음을 나중에서야 깨닫게 되는 것처럼, 그것이 우리에게 고통과 슬픔을 준다고 할지라도. 그러나 그러한 특권적인 순간들은 항상 우연히 변덕스럽게 나타났다가 사라져 버린다. 그 시간은 기쁨을 주긴 하지만 수동적으로만 우리를 촉발시킬 뿐이며, 우리는 단지 물질이나 연상과 같은 "규정된 조건들"에서 자유롭지 못한 채 그러한 황홀함을 맛보아야만 한다. 그러나 예술은 이러한 조건들로부터 자유롭다. 예술은 자연적 조건에 의존하지 않고도 자신만의 임의적인 재료들로 공명을 생산 한다 : "예술은 기억으로 공명을 생산하지 않는다."(151) 즉 자연적 질서의 규정적 조건들에 의해 발생하는 공명이 예술에서는 "자유로운 조건들" 속에서 생산되는 것이다. 물론 삶 속에서의 비자발적 기억과 같은 공명은 우연적이긴 하지만 예술의 첫 출발이 될 것이다 : "자연 자체가 나를 예술의 길로 안내해 준 것은 아닌가? 자연 자체가 예술의 출발이 아닌가?" 삶은 육체와 대상을 필요로 하고, 그 육체와 대상이 차지하는 힘과 무게에 달하는 중력을 감당해내지 않으면 안 된다. 또한 모든 육체들은 서로 단절되어 있고, 공간적 위상 속에서 각자만의 시간에 휘감겨 각자를 감싸고 있는 육체에 붙들려 살아간다. 그래서 삶이 필요로 하는 어떤 대상, 이름, 기능을 가지고 특정한 형태의 격자무늬와 윤곽선의 반복에 의존하며 살아간다. 인간, 동물, 사회, 성직자, 선생, 학생뿐만 아니라 자연적 조건 속에서의 모든 현실태들, 육체-대상들. 우리는 사회적 존재이며, 육체적 존재이며, 대상적 관계 안에서 다른 존재와의 외연적이고도 기능적인 만남을 통해 삶을 영위하는 존재이다. 삶은 언제나 무엇인가에 종속되어 있고, 너무나 무겁고 부자유스러우며, 역설적이게도 삶을 실현시켜줄 그 자신의 조건들 속에 붙들려 있는 것이다.

그러나 간혹 삶과 자연은 우연적인 공명에 힘입어 그 자신의 의미를 스스로 산출해 내는 특권적인 순간에 이르기도 한다. 과자의 맛 속에서, 혹은 누군가의 미소에서, 혹은 다른 어떤 사소한 징후들 속에서, 우리는 하나의 일반 법칙이나 본질적 의미와 같이, 삶의 조건을 뛰어넘는 기쁨의 순간을 경험하는 것이다. 그리고는 우리가 사는 동안 확고하게 믿으며 의지하고 있었던 규정들이 실상은 대단히 불안정한 토대 위에 서 있다는 사실, 나아가 더 근본적인 실재에 의해 그것들이 무너지고 파열되는 열림, 나아가 이질적인 두 대상들의 진동을 목격하는 것이다. 인간이 기계적이고 폐쇄적인 본능과

이기적이고 냉소적인 지성을 넘어 자신의 판과 조건의 외부로 예외적 열림을 가지게 되는 것은 이 순간뿐이다. 비자발적 기억은 예술적 순간이다. 그 특권적인 시간 속에서 감각과 회상, 현재와 과거가 공명한다. 삶은 단지 우연적이고 변덕스러운 한정적 조건들 속에서 공명을 생산하지만, 예술은 그러한 규정적 조건들을 넘어 스스로 공명 자체를 생산한다. 그리하여 예술은 삶 속에서 우연히 마주쳤던 기쁨의 수동적 촉발을 능동적 촉발로 대체하고, 공명이 산출하는 본질의 에피파니 즉 깨달음의 황홀경과 감동 그 자체를 생산하는 것이다.

> 의미하는 내용물들과 관념적 의미들이 수많은 파편들과 카오스를 위해서 붕괴되어 버리고, 주관적 형식들이 카오스적이고 복수적인 어떤 비개인성을 위해서 무너졌을 때만 예술 작품은 자기의 의미를 완전히 얻게 된다. 다시 말해 오직 이때만이 우리가 원하는 모든 의미를 예술 작품은 자신의 작동을 통해 구현하게 된다. 본질적인 것은 작품이 작동한다는 것이다. 이 점은 믿어도 좋다. 이때 예술가와 그를 따르는 독자는 '엉킨 것을 풀고', '다시 구체화하는' 사람이다. 예술가는 두 대상을 공명시키면서 현현을 생산한다. 그리고는 현현한 이 귀중한 이미지를 자연적 조건들로부터 추출해내서, 선별된 예술적 조건들 속에서 다시 육화시킨다.(155~156)

대상-육체와 마주한 우리는 무엇인가를 하고, 또 해야만 한다. 앞에 놓인 꽃병이나 다소곳이 앉아 있는 연인, 뿐만 아니라 드넓게 펼쳐진 대지와 강물을 바라보며 우리는 무엇인가를 한다. 대상들을 사용하고, 대상에게 행위를 가하고, 대상-육체를 바라보는 모든 것과 아울러, 우리는 그들로부터 어떤 것을 생산한다. 도대체 무엇을 하고 무엇을 생산하는 것일까? 다름 아닌 조각과 파편, 즉 욕망의 부분대상이다. 여기에서는 무엇인가 비범한 인상들이 증류되어 퍼진다. 예컨대 꽃병은 단순한 대상-육체가 아니다. 꽃에 대해 그리고 꽃병의 윤곽선에 대해 느껴지는 영혼이 있으며, 특정 관점이 출현하는 곳은 바로 여기이다. 연인의 몸짓과 표정에는 그녀와 내가 보낸 시간 전체가, 혹은 나를 배제하는 그녀 자신만의 풍경이 하나로 덩어리진 영혼처럼 뿜어 나온다. 그 덩어리로 인해 나는 즐거움이나 고통을 느낄 것이다. 이러한 질적 부분대상이 추출되는 순간 육체들은 해체되고, 육체들을 구분하는 선분에 파선이 그어지며, 그럼으로써 그 규정된 구분선의 무늬들이 단단하게 붙들고 있었던 잠재적 질들이 대기로 흩어지며 터진다 ─ 순간으로서의 통일을 와해시키는 그것이 바로 지속이며 시간이다. 우리의 눈에는 하나의 꽃병이 아니라 다수의 꽃병이 펼쳐지고, 한 명의 애인이 아니라 수많은 애인들, 매순간 시간을 보냈던 그 수만큼의 애인과 자아가 펼쳐진다. 늙어간다는 것도 정확히 이와 같다. 육체가 노쇠해지는 것이 아니라, 지내온 시간에 걸쳐 자라나고 증식되어 팽창하는 영혼이 서서히 육체를 터뜨리며 대기에 흩어진다. 그럼으로써 그 영혼은 육체를 해체시키고 파동을 일렁이게 한다. 휘트먼이 『풀잎』*Leaves of Grass*에서 죽음을 슬퍼하지 말라고 했던 것은, 스피노자의 통찰과 유사하게도, 죽음은 육체나 자아가 무의상태로 소멸되는 것이 아니라, 마치 롤러-코스터의 빠른 하강운동에 휩싸이듯, 육체를 빠져나가 잠재적 실재 전체 흐름 속으로의 참여이기 때문이다. 죽음은 그 완전한 의미에 있어 참여이며, 그 기쁨이란 다름 아닌 참여의 기쁨이다. 독은 혈액을 파괴하여 몸 전체의 관계들을 해체한다. 그러나 그 관계들은 전혀 새로운 자연적 관계들로 생성 혹은 변질becoming될 것이다 ─ 그런 의미에서 소멸로서의 죽음이란 생물학적인 문제가 아니라 형이상학적인 문제이며, 윤리학적이고 심리학적인 문제이다.(Deleuze, *Spinoza : Practical Philosophy*, 32~33, 34) 죽음은 아마도 가장 급진적인 형태의 횡단일 것이다. 휘트먼의 시적 구호인 "열린 개체"는 바로 잠재적 영혼의 열림을 의미한다. 통과 관의 파열로 인해 감싸여 있었던 관점들이 펼쳐지면서 다른 관의 관점들과 공명하는 것이다. 은유 역시 정확히 이와 같이 등장한다. 장미-육체, 그리고 연인-육체의 표정이 공명하기 위해서는 장미의 특정 영혼이 빠져나와야 하고, 연인의 표정에서도 어떤 영혼이 유출해야 한다. 대기로 흩어진 영혼들은 서로의 친화력의 정도에 따라 서로를 거부하거나 해체하거나 결속한다. 흩어짐으로써 흩어진 다른 대상과 공명하게 되는 것은 정확히 이런 식으로이다. 사랑이든 투쟁이든 불화이든 아니면 다른 그 무엇이든 말이다. 예술은 물질과 육체에 정박 당하지 않고도 자유롭게 영혼들을 추출하고 교환하고 공명하는 영역이다. 예술은 그 무엇에도 의존하지 않고 그 자체 스스로 자신 안에서 영혼들을 증식하고, 관점들을 생산하고, 공명의 효과들을 만들어내는 기계이다.

예술은 삶이 가하는 무게, 공간의 단절, 형태와 윤곽선의 뚜렷함에 대한 환상에 사로잡혀 횡단할 수 없는 현실적 대상들을 잠재적 공명으로 열어젖힌다. 그로부터 모든 관계는 엉클어지고, 잠재성 안에서 하나이며 동시에 여럿의 공존으로 들어간다. 대상들 각자의 고유함을 잃지 않고도 서로간의 간격들이 제거되거나 단일한 통일성으로 용해되지 않고도, 서로 외면하면서도 독특한 하나의 시간과 새로운 전체성을 가지는 것이다. 그렇게 우리는 3중으로 접힌 지속의 맨 나중 단계, 즉 새의 비상과 강물의 흐름, 나아가 그것을 생각하는 자기 자신의 지속까지도 포함하는 능력으로, 비개인적인 시간으로 들어간다.[13] 그로부터 굉장한 어떤 것이 현현한다 ─ 심지어 아주 보잘 것 없는 작은 꽃에 관한 것일지라도 말이다. 니체의 초인이 그렇듯이 예술적 공명은 우리를 끊임없이 되돌아오게 한다. 그런 점에서, 가령 소설에서의 1인칭 화자의 힘은 위대하다. 화자란 인물이라고 말할 수도 없고 신이라고 말할 수도 없다. 그러나 화자는 모두가 될 수 있으며 동시에 모두가 아니다. 화자는 말하자면 잠재적 실재의 세 번째 계기이다. 다른 모든 지속들뿐만 아니라 자기 자신의 지속을 포함하는 힘! 각각의 지속을 긍정하면서, 그들을 각각

---

13. 지속의 삼중성(triplity)에 관한 자세한 논의는 이 책 1부의 4장을 보라.

다른 것으로, 그 본질들을 규정하면서도, 그들과 동일시되지 않으며, 그들을 넘어서 있고, 그들을 소유하지도 않고, 차가운 거리를 두지도 않고, 그들과 함께 있으며, 그들과 작용하고, 그럼으로써 그들의 외부에서 그들을 하나의 시간 속으로 흡수하는 힘! 이것은 단절된 육체와 공간을 뛰어 넘어 비개인적인 시간의 차원에서 일어나는, 말하자면 예술적 코기토[14]의 역할을 실천하는 횡단적 존재 안에서만 가능한 능력이다. 거기서는 선-악과 같은 도덕적 테마들조차 하나의 시간 속에서 긍정되어, 이원적 알레고리Manichean Allegory가 효력을 발휘하지 못하며, 자아와 타자의 배타적 구분도 무의미해진다.

> 글쓰기의 목적은 삶을 비개인적인 역량의 상태로 실어 나르는 것입니다. 이로써 글쓰기는 모든 영토, 제 안에 있을 모든 목적을 포기합니다. …… 글쓰기에는 흐름이 되는 것 이외에 다른 기능은 없습니다.(들뢰즈, 『디알로그』, 96)

우리가 잠시만이라도 예술을 통해 이 같은 제3의 시간, 나아가 신의 관점(이렇게 말할 수 있다면)을 획득하게 된다면, 예술로서는 최종적인 목적을 실현했다고 말할 수 있을 것이다. 이는 또한 삶 자체가 취해야 할 궁극적인 의미일 것이다. "예술은 그 자체가 목적이며, 삶은 스스로의 힘으로는 실현시킬 수 없는, 삶의 궁극적인 목표이다."(Deleuze, *Proust and Signs*, 155) 예술가란 바로 이러한 경험을 극대화하는 사람이다. 잠에서 깨어났더라면 불가피하게 육체-대상들에게 되돌려주지 않으면 안 되었을 그 굉장한 이미지들을 캔버스라든가, 색, 빛, 단어와 같이 자신이 손수 마련한 자유로운 조건들 속에서 예술 작품이라고 하는 특별한 형태의 조건들 속에서 재생산하고 다시 육화하는 사람. "예술은 본질적으로 삶과 자연의 조건들에 의존하지 않고, 자신이 구현될 조건들을 스스로 결정한다."(156)

---

14. 들뢰즈는 파졸리니의 영화에 관한 논의에서 예술이 신경증적 단계, 코기토를 통해서 출현할 수 있는 가능성에 대해 언급한다. 이에 대해서는 Deleuze, *Cinema 1*, p. 74 이하를 참고하라.

아상블라주와 열린 전체

들뢰즈의 말마따나 예술 작품은 작동하는 기계이다. 공명을 생산하는 기계이며, "폭발물을 폭파"하는 기계이며(Deleuze, *Bergsonism*, 107), 본질을 현현시키는 기계이며, 신의 눈을 생산하는 기계이다. 그러나 무엇보다도 예술 작품을 통해 생산되는 것은 바로 횡단이다. 예술 작품이 생산하는 공명과 감동은 우리로 하여금 규정된 (격자)선과 통계적 현실을 횡단하게 하고, 그로부터 새로운 배열 나아가 새로운 전체가 생산될 것이다. 횡단성은 다양한 관점들의 본성적 차이 그리고 그 파편들 간의 간격을 긍정하면서도, 그들을 단일한 통일로 묶지 않고 횡단성이라는 고유한 형식을 통해 그 안에서 파편들이 소통할 수 있도록 해준다. 자웅동체의 급진적인 성의 횡단뿐만 아니라, 가령 흑인과 백인의 인종적 횡단, 인간과 동물의 종種의 횡단, 사물과 인간의 개체적 횡단, 주인과 노예의 사회적 횡단, 세대의 횡단, 계급들 간의 횡단, 육체들 간의 횡단, …… 마치 꿈처럼 그 모든 대상들과 이름들이 뒤섞이고 서로를 교환하며 잠재적 영혼의 친화력 혹은 불화의 질서에 따라 새로운 관계들이 생산된다. 친화력의 관점에서 볼 때 그 횡단은 좋은 것이며, 불화의 관점에서 볼 때는 나쁠 것이다. 그러나 무엇보다도 횡단은 가장 개별적인 형태의 소통이면서 모든 육체-대상들을 무효화하는 하나의 형식적 규약이다. 그렇게 우리는 새로운 전체성의 모델, 말하자면 휘트먼의 풍요로운 용어법 속에서 육화한 전체성, 즉 "다성"polyshony, "회합"assembly, "밀회"conclave, "총회"plenary session, "친교 혹은 연회"conviviality, "대위법적 관계"를 갖는다.(Deleuze, *Critical and Clinical*, 59) 들뢰즈는 이를 "아상블라주"assemblage라고 불렀다.15 그에 따르

---

15. 들뢰즈의 이 용어 assemblage를 혹자는 "배치"라는 단어로 번역하여 사용하는데, 이는 적절한 용어법으로 보이지 않는다. 배치는 주로 주체가 상정되어, 그 주체의 특정 활동을 의미하는 경향이 강하기 때문이다. 따라서 이 책에서는 '배치'라는 번역어를 사용하지 않고, 원어를 그대로 살려 '아상블라주'라고 하였음을 밝힌다.

면 사회의 최소단위는 개인이 아니고 말의 최소 단위 역시 단어가 아니다. 개념 또한 사유의 최소 단위가 아니다. 들뢰즈는 말과 사유와 실재를 이루는 최소단위는 다름 아닌 아상블라주라고 말한다. 아상블라주란 "최소한 두 항 사이에서 일어나는 그 무엇"인데, 거기서 사건이 발생하고 감정이 생기며 모든 변질이 일어나기 때문이다.

> 어려운 점은 동질적이지 않은 집합의 모든 요소들이 협동하게끔 만드는 것, 그것들이 다 함께 작동하도록 만드는 것입니다. 구조는 동질성이라는 조건들에 연결되지만, 아상블라주는 그렇지 않습니다. 아상블라주는 공동-작동, '공감', 공생입니다. …… 공감은 존경이나 정신적 공유라는 막연한 감정이 아닙니다. 정반대로 공감은 몸체들의 노력이나 침투, 사랑 혹은 증오입니다.(들뢰즈, 『디알로그』, 103)

아상블라주는 구조화된 전체가 아니기 때문에 부분들이 하나의 동질적 조건에 묶이지 않는다. 공감으로 이루어진 집합이므로, 베르그송주의 관점에서 볼 때, 그것은 "다양체" 그 자체이다. 공감은 동일화, 소유, 합병이 아니다. 또 적당한 거리를 두고 관찰하고 비판하는 전략적 소외 역시 될 수 없다. 동일시, 소유, 합병, 거리두기는 모두가 주체와 대상간의 관계, 즉 '~ 을 위해' 혹은 '~ 에 대해' 혹은 '~ 을 대신하여'와 같이 대상적 관계를 상정한다. 그와는 전혀 다르게, 공감은 '~ 와 함께' 말을 하고, '~ 와 함께' 글을 쓰는 관계이다.

> 세계와 함께, 세계의 일부분과 함께, 사람들과 함께, 대화가 아닌 공모, 애증의 충격. 공감에는 판단이 아니라, 모든 종류의 몸체들 간의 조화가 있습니다. '가장 지독한 미움에서부터 가장 열정적인 사랑에 이르기까지, 헤아릴 수 없이 많은 영혼의 미묘한 공감들.' 이것이 바로 아상블라주입니다.(103~104)

사물과의 대면에서 지성이 가장 잘하는 거리두기를 생각해 보자. 지성은 거리를 도입해서 냉랭하긴 하지만 그럭저럭 대상과의 공존관계를 유지하는 것처럼 보인다. 물론 거기에는 긴장이 있고 두 대상간의 팽팽한 끈이 놓여있다. 그러나 그 때의 공존이란 잠정적일 뿐이다. 실상 거리는 동일시의 반명제와도 같은 것이어서 동질성으로 돌아가기 일쑤이다. 그렇지 않다면 거리는 냉소이거나 속물들의 잘난 척 아니면 무책임한 참견, 가령 흔들리지 않는 확고한 영토에 뿌리를 박고, 언제든지 되돌아갈 수 있는 안식처를 소유하거나 소유하고 싶어 안달이 난 속물이 여행 삼아 이 곳 저 곳을 돌아다니며 자기도취에 취해 넌지시 끼어들었다가 잘되면 좋고 안 되면 치고 빠지는 식으로, 본의 아니게 혹은 고의로 사람들을 이용하고, 자신의 신분을 속이고, 두뇌를 악용해서 일을 벌려 놓고는 결국 자신은 갈 길을 가버리고 마는 식의 공존일 뿐이다. 그것은 '함께'와 혼동되어 공존을 부정하고, "살균된 과학적 눈초리를 던지는 의사와 학자", "오성의 눈초리를 가리키는 덫", "병균과 동일시하는 거울을 제공하는 덫"으로, 권력이 되기도 하고, 혹은 같은 말이지만 온기 식어 냉기 자욱한 냉소가 된다.

들뢰즈는 베르그송에 관한 주석의 거의 마지막 부분에 가서 "지성 안에서의 직관의 발생"이라는 심오한 주제를 논의한다.[16] 지성이란 흐름으로부터 윤곽선을 추출하고, 그 윤곽선의 외면적인 차이에 따라 사물들을 분류하는 능력이다. 한편으로 지성은 실재의 진동과 운동을 두뇌물질이 분절시키고 그 흐름에 간극을 만들어 놓은 결과이기도 하다. 숨결-흐름이 분절되어 음소와 단어가 형성되듯이, 간극과 분절은 실재로부터 사물의 형태, 기능, 위상, 상태를 결정한다. 지성은 영토를 만들어 그 안에 수와 양과 공간을 삽입한다. 마찬가지로 지성은 사회적 관계에서도 그 자신과 사회를 분절하고 간극을 만든다. 사물을 이렇게 분리하고 고립시키는 지성의 이러한 능력은 어떤 점에서 사회성과는 대립적인 것처럼 보인다. 사회를 만드는 것은 지성

---

16. 이에 대해서는 Deleuze, *Bergsonism*, p. 107 이하를 보라

이 아니라 오히려 본능이라고 말해야 할 것이다. 물론 인간사회는 삶의 욕구에 대한 지적인 통찰이나 이해에 근거하고 있고, 사회를 이루는 모든 활동들은 지적인 양식에 따라 조직되는 것이 사실이다. 그러나 사회를 이루는 더 근본적인 토대는 이성이라기보다는 자연의 요구 즉 본능이다. 본능은 자연적으로 집단을 형성한다. 군집을 이루고 사는 곤충들처럼 혹은 무의식에 이끌리는 몽유병자처럼, 본능적 존재는 습관적이고 기계적으로 집단행동을 하며, 각각의 개체는 개체군이나 종 전체를 위해 맹목적으로 스스로를 희생한다. 자연의 질서는 개체에게 순응을 요구하고, 본능은 이러한 요구에 희생적으로 화답함으로써 폐쇄적이고 연쇄적인 자연의 판에 고착되는 것이다. 뿐만 아니라 사회의 많은 지적인 관계조차도 실은 얼마나 불합리하고 관습적인 요구들로 맺어져 있는가? 그런 의미에서 인간이 사회적 존재라는 사실은 다른 동물 종들에 대해 특권적인 위상을 정당화해주지는 못한다. 오히려 사회적 존재로서의 인간은 벌이나 개미와 같은 막시류나 다른 여러 동물종과 마찬가지로 폐쇄적이고 관습적이며 기계적이다.17 본능에서는 "인간의 예외적 열림"을 획득할 만한 역량, 즉 관습적이고 기계적인 연쇄로부터 단절하여 자신의 조건을 뛰어 넘는 망설임의 지대를 창조할 역량이란 존재하지 않아 보인다.(Deleuze, *Bergsonism*, 109)

그러나 인간은 지성을 가짐으로써 그 자신을 자연적 질서의 요구로부터 분리한다. 지성은 반성할 줄 아는 능력에 눈을 뜨고 자신의 연쇄로부터 빠져나와 머뭇거리는 순간을 갖는다. 오로지 지성적 존재만이 가던 길을 멈추고 고개를 들어 자신의 노정을 반성한다. 외부의 물질적 자극과 육체의 반응 사이에 두뇌 — 이 또한 물질이고 반복이지만 — 가 끼어들어 간극을 벌려놓고 그 간극으로 회상이 삽입될 수 있도록 돕듯이, 지성은 사물에 구멍을 뚫고 간극

---

17. 들뢰즈는 의무에 대해서도 이와 같은 맥락에서 설명한다 : "의무는 이성적인 것에 토대를 두고 있지 않다. 각각의 특정 의무는 관습적이며, 오히려 부조리에 근거하고 있다. 의무를 지탱하고 있는 유일한 것이 있다면 그것은 의무를 가져야할 의무, '의무 전체' 이다"(Deleuze, *Bergsonism*, 107).

을 설정하여 사물이 객관적 대상이 되는 통로를 연다. 인간과 자연 사이에 고랑을 파 망설임의 지대를 벌려놓는 것이다. 그렇다면 지성은 망설임과 머뭇거리는 지대를 만든다는 이유로, 인간이 자신의 조건을 뛰어 넘는 예외적 열림을 가능케 해줄 역량이라고 말할 수 있는가? 들뢰즈에 따르면 그렇다고 말할 수가 없다는 것이 문제이다. 왜냐하면 지성은 개인적인 이기주의에 사로잡혀 자신에게 유익한 것만을 추구하기 때문이다. 또한 지성은 맹목적이고 폐쇄적인 본능과 거리를 두어 유쾌한 삶과 독립을 열망하지만, 또한 그만큼이나 자연과 사회에 대해 반항하고 도전하며[18], 스스로를 수와 공간이라고 하는 객관성의 환상 속으로 가두어 버린다. 지성은 사회의 압력으로부터 해방되기 보다는 오히려 폐쇄적이고, 심지어 그 이기적인 본성 덕분에 잠재적 본능[19]이 마련해 놓은 허구적 표상들(신, 신화, 미신, 사회적 상징) 앞에 무릎을 꿇고 "사회적 의무에 순응하는 것이 이롭다고 설득하는" 사회의 압력에 자신의 역량을 내맡겨 버린다.(109) 어느 모로 보나 본능과 지성은 우리를 자연적 조건이나 사회적 압력으로부터 해방시키지 못하는 것 같다. 우

---

18. 지성의 이기적 본성은 결국 공동체를 파괴하고, 사회전체 나아가 생명의 자멸을 초래하게 될 것이다. 베르그송은 지성의 이러한 반사회적 이기심에 제동을 걸어 사회를 보존하기 위해, 자연이 일종의 '대칭적 균형'의 활동을 시작한다고 보았다. 지성에 자리를 내어주고 지성의 주변에서 찌꺼기로만 남아있던 '잠재적 본능'이 지성의 현실적 표상 기능을 이용하여 공상적인 표상을 만들어내는 것이다. 이것이 바로 신, 종교, 신화, 주술과 같은 표상적 "허구(la fabulation, story-telling) 혹은 허구적 기능(la fonction fabulatrice)"이다. 공상적 표상을 통해 신을 창조하고, 종교를 일으키며, 초자연적 신화에 관한 우화적 기능을 출현시키는 것이다. 신과 신화란 공동체를 보존하기 위해, 지성에 대한 자연적 본능의 대응이며, 사회 해체에 대한 위기본능의 징후이다. 이런 점에서 볼 때, 허구는 본능과 지능의 합작으로 만들어진 것으로, 사회적인 것과 개인적인 것 둘 모두를 가지고 있다. 이에 대해서는 베르그송의『도덕과 종교의 두 원천』, 124~126쪽 여기저기를 참고하라. 지성과 본능의 관계와 허구의 발생에 관한 이 중요한 논의에 대해 들뢰즈는 대단히 거칠고 무례하게 간단히 요약만 하고 있다. 그의 논의의 문맥상 설명할 필요가 있는 중요한 문제였음에도 말이다 : "[사회적 의무는] 이성에 토대를 두고 있지 않고, 자연의 요구, 즉 일종의 '잠재적 본능'에 토대를 두고 있다. 즉 이성적 존재의 지성이 편파적이어서, 그에 대한 보상으로 이성적 존재 안에 자연이 생산해 놓은 대안에 근거하고 있는 것이다"(Deleuze, *Bergsonism*, 107).
19. 지성의 빛에 가려져 퇴화되어 잠재적인 채로만 남아있는 본능을 의미한다. 이에 대해서는 위의 각주를 참고하라.

리는 사회에 순응하거나 아니면 냉소적이고 이기적인 단절만을 감행할 수 있을 뿐이다. 따라서 지성과 본능 사이에 혹은 지성과 본능을 넘어서는 다른 어떤 제3의 역량이 나와야 할 것이다. 더 정확히 말해 사회의 기계적 도식 사이에 지성의 저항이 벌려놓은 간격, 즉 잠시 동안의 망설임과 더듬거림 속에서, 본능과 다르고 지성과도 본성적으로 다른 무엇인가가 일어나지 않으면 안 되는 것이다. 그것이 무엇일까? 지성으로 하여금 폐쇄적인 사회의 기계적 도식을 폭파할 수 있도록 하는 것은 무엇일까?

들뢰즈는 그것이 회상은 아닐 것이라고 말한다. 물론 회상은 두뇌가 벌려 놓은 간극 속으로 들어가 물질적이고 기계적인 육체의 운동 사이에 지속 즉 자유 전체를 육화한다. 하지만 회상은 잠재적으로 주관성 내부에만 머물 뿐이다. 따라서 사회를 구성하는 두뇌들 사이의 간격 속으로 들어갈 여지는 없을 것이다. 사회는 모든 두뇌들에게 단결할 것을 요구하고 하나의 상징을 품을 것을 강요하지만 이기적인 두뇌들은 서로 단절되어 있다. 이러한 단절은 지성으로 하여금 사회를 열게 하는 것이 아니라, 오히려 그 도식구조를 보존하고 그 폐쇄적 틀 안에 닫히게 한다. 들뢰즈 — 더 정확히는 베르그송 — 에 따르면, 열린사회를 가능케 하는 것, 간극과 망설임의 지대에서 발생하는 그 역량이란 바로 정서emotion이다.[20] 오로지 정서만이, 들뢰즈의 용어로 "유사

---

20. 들뢰즈는 단순한 감정 상태와 창조적 정서(creative emotion)에 대한 베르그송의 구분에 주목한다. 감정 상태는 아직 창조적이지는 못하고 그 자신을 보존하려는 경향만을 갖는다. 어떤 점에서 감정 상태는 지각과 기억이 뒤섞여 불순한 상태이기도 하고, 때로는 자기를 보존하려는 노력의 하나로서 고통으로 정의되기도 한다. 감정상태가 창조적 열림으로 나아가려면 보다 강렬한 어떤 것이 더해져야 할 것이다. 베르그송은 『도덕과 종교의 두 원천』에서 정서를 둘로 나누어 설명하는데, 하나는 지적인 표상에 의해 감성이 동요되는 정서이고(지성 이하적 정서), 다른 하나는 반대로 지적인 표상에 선행하고, 오히려 지적인 표상의 원인이 되어 표상을 하도록 강요하는 초지성적 정서이다(심층적 정서). 창조적 정서란 바로 후자를 말한다. 같은 맥락에서 베르그송은 예술도 두 가지로 구분한다. 하나는 표상예술인데, 소설처럼 허구를 만들어 집단성이나 개인성을 도모한다. 다른 하나는 비표상 예술로서, 음악과 같이 창조적 감동을 촉발한다. 베르그송에 따르면 전자는 후자에 비해 열등하다. 이에 대해서는 베르그송, 『도덕과 종교의 두 원천』, 51~57쪽을 참고하라. 아울러 들뢰즈가 감정 상태와 창조적 감동의 구분에 주목한 대목은 Deleuze, *Bergsonism*, pp. 110~111을 참고하라.

본능적 사회 압력"에 대한 본능의 순응주의와 지성의 이기주의를 넘어설 수가 있다.(110) 사실상 정서는 지성의 표상작용보다 먼저 등장한다. 우리는 폭력과 고통을 겪을 때에만 비로소 표상하고 사유하고 회상하고 창조한다는 점을 귀가 닳도록 암송해 왔다.21 책 속의 지식이 사랑을 하게 해주고 교실의 수업 덕분에 교향곡의 감동을 느끼는 것이 아니라, 연인의 미소에 숨이 막히고 첼로의 선율이 어떤 전율의 징후들을 발산하기 때문에, 우리는 사랑과 음악을 하나의 의미로 받아들이는 것이다. 예술적 감동 아니 예술 그 자체는 삶의 도식적 기능을 정지시키고 우리를 막연한 상태 속으로 밀어 넣는다. 그것은 연쇄 메커니즘이 더 이상 가동할 수 없는 내적인 사보타지의 실행을 의미한다. 사회 압력에 대한 지성의 저항이 실질적으로 사회의 변화가능성을 이끄는 것은 오로지 이 반反기능적 순간뿐이다. 기계주의가 멈추어버린 방정식 불능의 시간, 사회적 압력이 무력화된 특이점의 지대는 우리에게 무엇인가를 창조할 것을 촉구한다. 예컨대, 브레히트Bertolt Brecht가 생각했던 "낯설게 하기"Verfremdungseffekt가 과연 지성에 호소하는 것인지, 정서에 호소하는 것인지에 대해서는 생각해 보아야 할 것이다. 그러나 어쨌든 무엇인가가 낯설어지는 순간, 즉 더 이상 즉각적이고도 기능적인 반응이 중단되는 순간, 가던 길을 멈추고 고개를 들어 무엇인가에 침잠되는 순간, 우리는 그 사물 혹은 예술 작품 앞에 머무르게 되고, 그 머무는 시간의 두께는 사물과 우리 자신 사이에서 발생할 질적 변화의 폭이 될 것이다. 거리가 가까워질수록 감정이 생기는 것과 마찬가지로, 시간의 두께는 사물로부터 질적인 것을 끄집어낸다. 영화적 클로즈-업과는 전혀 다른 의미에서 문학적 클로즈-업이 있는데22, 그것은 바로 시간 속에서의 정서와 공감의 탄생을 예고한다. 오로

---

21. 이 점에 대해서는 2부의 1장, 5장, 6장 초반부 여기저기에 있다.
22. 가령, 저기 멀리에서 달리고 있는 사람을 클로즈업으로 보여주었다고 치자. 그의 얼굴모습을 보며 관객은 그의 급박한 심정을 알게 될 것이다. 그러나 문학은 그를 다른 방식으로 클로즈업한다. 즉 그가 뛰게 된 사연을 이야기해 주는 것이다. 이것은 공간적 클로즈업과는 다른 방식의 시간적 클로즈업이라고

지 예술적 정서만이 지성의 냉소를 직관으로 변질시킨다. 이것이 바로 "지성 안에서의 직관의 발생"을 설명해주는 핵심이 아닐까? 정서는 모든 '관심'과 '주의'의 도화선이며, 지성으로 하여금 겁 없는 전진과 모험을 감행하게 하고 의지로 하여금 인내하도록 한다. 사유와 철학을 생산하는 정서도 있으며, 문학이나 예술적 공명을 생산하는 정서도 있다. 정서는 모든 능력을 촉발시키는 호기심이고 지적 표상을 생생한 경험으로 만드는 숨결-색채이며, 장애물과 대면하여 그것을 넘어서서 해결하고자 하는 욕망이며, 그것을 넘어섰을 때 느끼는 무한한 자유의 기쁨이다. 작가의 영혼에서 비롯되어 관객이나 독자의 영혼에 전달되는 정서가 바로 감동이 아닌가? 또한 예술적 감동은 우리에게 대상과의 공감을 열어젖힌다. 엄밀히 말해 대상 자체와의 공감이 아니라, 대상성을 넘어서 잠재적 실재, 즉 "다양한 대상들, 동물들, 식물들 그리고 자연 전체에 흩뿌려져 있는 하나의 본질"을 갖는 것이다.(111) 그 산종된 본질의 주변으로 존재들은 모여들고, 어떤 많고 적은 친화력의 질서에 따라 휘트먼식의 집회, 아상블라주가 형성될 것이다. 마치 흥겨운 노랫소리에 취해 중력에 이끌리듯 끌려 들어가 춤을 추는 나그네처럼! 감동과 공감은 모든 단단한 것들을 파열시키고, 그들을 이완된 상태로, 밀도가 낮은 꿈의 상태로 흩뿌린다. 감동과 공감은 개인의 내부에서 생기는 것이지만, 결코 개체의 영역에 국한되지 않는다. 또한 감동은 삶의 도식적 원환으로부터 초월하여 신의 관점을 가지게 하지만, 결코 우리에 외재적이지 않다. 그것은 마치 자신도 모르게 우리 안에 스며들어 있는 신을 불러오는 강신제降神祭와도 같다. "음악이 울릴 때, 그것은 인류이며, 그것과 함께 울리는 자연 전체이다."(111)

감동과 공감은 흉내를 내는 것도 아니고 동일시하는 것도 아니고 관찰을 통한 입장의 수용 역시 아니다. 그것과는 다르게 나와 당신이 각자의 길을 가는 가운데 서로 무관하고 외면하는 관계에서도 육체와 육체 사이에 가로놓

불러야 할 것이다. 전자는 감정적 정서를 불러일으키는 반면, 후자는 회상의 정서를 불러일으킨다.

인 간극 속에서 무엇인가 대단한 것이 무의식적 파편들의 작용을 통해 서로에게 일어나는 진동과 떨림 같은 것이다. 거기서 각자는 다른 존재가 되거나 변질된다. 가령, "불이 쇠에 침투해서 쇠를 벌겋게 달구고", "포식자가 먹이를 게걸스럽게 먹어치우고", "사랑하는 사람이 애인 속으로 깊숙이 파묻히듯이", 모든 육체들은 "서로 스며들고, 서로 강요하고, 서로 중독시키고, 서로 간섭하고, 서로 뽑아내고, 서로 강화하고, 서로 파괴한다."(들뢰즈, 『디알로그』, 119) 교육을 잘 받지 못한 어느 기계공이 우연히 스피노자의 책을 읽고는 전혀 다른 사람이 되었다. 그 책 전부를 이해한 것도 아니고, 완벽한 분석을 끝마친 것도, 그렇다고 그 책을 씹어 먹은 것도 아닌데 말이다. 여기에는 기계공과 책과 스피노자 간에 은밀히 일어나는 굉장한 관계들이 있다. 그 관계의 원인은 기계공도 아니고 책도 아니고 스피노자도 아니다. 스피노자와 책, 책과 기계공, 스피노자와 기계공 등의 다양한 관계가 있지만, 그 관계는 그들 중 어느 누구에게도 귀속되지 않는다. 즉 그 누구도 관계 전체를 주관하는 주체일 수가 없는 것이다. 그럼에도 그들은 곁에서 함께 공존하며, 자그마한 징후를 부여잡고 ― 그 기계공의 경우 특정 구절일 수도, 단어일 수도, 아니면 그 책에는 적지 않은 어떤 다른 이미지일 수도 있다 ― 최선의 협력을 통해 독특한 작용과 관계를 만들어 낸다. 그리고는 각자가 자신의 현재성을 넘어 전혀 다른 존재로 변질된다. 들뢰즈가 재밌게 예를 든 진드기의 일생도 그 좋은 예이다.(115~116) 빛에 의해 진드기는 변질되어 나뭇가지 끝까지 기어오른다. 그러나 포유류의 특정 냄새가 그에게 작용하여 그는 다시 포유류의 피부로 떨어진다. 그러나 이번엔 피부에 나 있는 털들이 진드기의 진로를 방해하고, 진드기는 다시 털이 없는 곳을 찾아 피부 속으로 파고들어 따뜻한 피를 빨아먹는다. 진드기를 위시하여 그 주변의 각각의 세계들, 빛, 포유류, 냄새, 털, 협소한 피부 조각, 피 한 방울, 그 파편들은 "함께 더불어" 존재하고, 우연히 마주치고 만나면서 서로를 촉발한다. 그들은 결코 관계 전체의 주체도 아니

고 관계의 창조주인 저자author도 아니다. 단지 자신의 잠재적 역량을 최대화
할 수 있는 정도의 조그마한 조각들과 공명을 일으키며 부족할 것 없는 충만
한 관계를 지속할 뿐이다. 공감은 각자의 역량을 최대화하는 작용이다. 기계
공이 스피노자의 책을 전부 이해했기 때문에 다른 사람이 된 것이 아니다.
또 그의 책 속에는 기계공의 길이 예시되어 있는 것도 아니다. 그 책은 일종
의 기계인데, 기계공으로 하여금 그 자신 안에 잠재되어 있던 역량의 특정
부분을 촉발시키고, 그는 그 잠재적 역량을 회상하고 떠올려내어 현재와는
전혀 다른 존재가 된 것이다. 스피노자의 책과 마찬가지로, 빛은 진드기를
위한 회상-기계이다. 포유류의 냄새, 피부의 털 또한 진드기를 위한 회상-기
계이다. 진드기는 자신이 마주치는 다른 대상들과 공명하고, 그 자신의 잠재
적 시간 속으로 내려가, 자신으로부터 내재된 무한한 역량 하나를 움켜쥐고
전혀 다른 존재로 변질되어 현재로 뛰어올라 되돌아온다. 내가 장님이라면
빛과 나는 공감할 수 없을 것이다. 그 기계공에게 회상의 능력이 없다면, 그
에게 책은 무용지물의 종잇조각에 불과하다. 내게 보는 능력이 내재되어 있
기 때문에 빛은 나를 촉발하고, 나의 시灵지각을 일깨워 세상을 펼쳐 보인다.
문학 작품이 기계라면 그것은 나에게 무엇인가를 떠올리게 하고, 회상하게
하고, 잠재적 역량을 일깨우기 때문이다. 그들은 모두가 변질의 도구, 회상-
기계, 시간-기계로서, 각자만의 길을 따라 가면서 공동-작용-생산으로 관계
를 맺는다.

아상블라주는 존재의 제1원리에 근거하고 있지 않기 때문에 프루스트에
가까운 개념이라고 말할 수 있다. 들뢰즈는 서구의 철학사가 언제나 존재의
문제(~이다/ ~있다 ~is/~est)에 사로잡혀 있었다고 말한다.[23] 사물의 성질이나
속성을 결정하고(속성판단, 가령 "하늘은 파랗다"), 사물의 존재를 결정하는

---

23. 철학이 제1의 원리로서 존재의 문제를 추구하고 증명하는 과정이라는 논의에 대해서는 들뢰즈, 『디
알로그』, 106~114쪽을 참고하라.

(존재판단, 가령 "신은 있다") 방식은 언제나 존재의 원인을 찾는 문제로 귀결될 수밖에 없다. 존재를 나타내는 존재동사be, être는 모든 사물의 관계들을 이미 상정된 하나의 실체에 종속시키고, 자연의 다양한 부스러기들이 어떤 전체성의 구현인 것처럼 다룬다는 것이다. 잘게 부수어진 모든 술어들은 하나의 실체(주어)에 매달려, 실체에 대한 관계를 재현하고 재인식을 도모하는 다수의 우회로이다. 가령 문장의 주어는 술어들이 짜놓은 하나의 총체적 결과임에도 불구하고, 우리는 그와는 반대로 미리 주어진 하나의 존재가 다수의 술어들을 소유하고 있는 것처럼 술어들을 종속관계 하에 배열한다. 우리는 마치 비와 태양의 실체 — 영어에서는 비非인칭 형식("it rains")을 쓰지만 — 가 있기라도 하듯이 말하고 생각한다("비가 내린다", "태양이 이글거린다"). 이 같은 화용법의 근간은 근원적 존재를 전제하려는 바람에 기인한다. 제1원리가 무엇인가? 존재인가? 자아인가? 감각적인 것인가? 불인가? 흙인가? 영혼인가?24 이렇게 "하나의 점을 찍는 방식"의 사유 — 들뢰즈에 따르면 유럽식 특히 프랑스식 — 를 관계 판단의 논리로 은폐하는 영역이 바로 논리학이다. 논리학에서는 인과관계나 모순관계를 지시하는 접속사들 — 그러나, 그러므로 등— 을 사용한다. 이 접속사들은 항들을 서로간의 관계의 메커니즘으로 만듦으로써, 마치 거기에는 근원적 존재에 대한 욕망이 없는 것처럼 보인다. 그러나 거기에는 관계를 종속적인 것으로, 즉 관계의 원인을 항들 내부 속에서 찾는 권력의 메커니즘이 있다. 가령, "A 그러므로 B"에서는 A가 B의 원인이 된다든지, "A 그러나 B"에서는 두 항이 투쟁하여 하나를 제거하려는 경향이 있다든지, 아니면 B가 A를 근거로 새로운 관점으로 이탈하거나 반대한다든지 하는 식이다. 어느 모로 보나 두 항의 관계의 원인은 둘 내부에 있고,

---

24. 가령, 영국의 경험론이 규정되는 방식이 그 예이다 : "지식은 감각에서 비롯된다" 혹은 "오성에 속하는 모든 것은 감각에서 온다." 그러나 들뢰즈는 경험론이 그 원리를 증명하는 것에 사로잡히지 않고, 관계들의 문제를 제기했다고 지적한다. 그럼으로써 오히려 제1원리를 문제제기하고, 존재를 관계들의 양태로 설명하려 했다고 적는다. 이에 대해서는 들뢰즈, 『디알로그』, 106~108쪽을 참고하라.

그 관계는 권력에 기인하거나 종속적인 구조를 갖는 것이다. "모든 문법, 모든 삼단논법은 접속사들이 존재동사에 계속해서 종속되도록 하는 수단입니다. 접속사들이 존재동사의 둘레를 돌게끔 만드는 수단이죠."(110) 25

들뢰즈는 이러한 구조적 논리학을 넘어서 진정한 관계의 아상블라주 화용법을 위해 "~이다/ ~있다"를 "그리고"et, and로 대체해야 한다고 주장한다. 등위접속사는 항들을 종속시키지 않고 동등한 관계에서 공존하게 한다. 그것은 구조적 종속의 접속사가 아니라 파편들의 긍정의 접속사이다. "그리고 ……"에서는 언제나 새로운 항이 등장하고, 새로운 것을 모색한다. 이전의 항을 부정하거나, 이전의 항에 근거하여 새로운 항을 계승하는 대신에, 새로운 것을 결정하기 위해 망설이거나 더듬거리는 일이 발생하기 때문이다 — 반대로 논리 접속사에는 항들이 구조적으로 종속되어 있기 때문에 망설임이 없다. "그리고 ……"는 휘트먼식의 카탈로그 혹은 미국식 패치워크의 형식적 근간을 이루는 접속사이다. 그것은 긍정과 다양성의 접속사이며 창조의 징후이다. 들뢰즈는 특히 휘트먼의 문장과 배열법(카탈로그, 합성법, 견본)에 주목하는데, 그로부터 들뢰즈가 발견한 것은 바로 단편적인 항들의 자발성과 경련 혹은 격동 같은 것이었다.

> 휘트먼에게 단편적 글쓰기란 아포리즘도 아니고, 분리도 아니다. 그것은 간격들을 조정하는 특별한 유형의 문장에 의해 정의된다. 그것은 무한한 비문법적 문장 asyntactic sentence을 해방시킴으로써, 마치 통사체계(문장을 구성하고, 또 그 문장에 총체성을 부여해서 자기 자신을 참조할 수 있도록 하는)가 사라지는 것처럼 보인다. 또한 그 비문법적 문장은 시공간적 간격을 창조하기 위해 스스로 늘어나거나, 대시를 그어 간격을 창조한다. 어떤 경우에는 카탈로그에서처럼 사건들의

---

25. 들뢰즈는 칸트를 논의하는 가운데 삼단논법의 두 가지 방식에 대해 언급한 바가 있다. 하나는 대전제 하에 모든 소전제가 배분되는 방식이고, 다른 하나는 소전제들의 단속적인 연접 관계로 인해 논리가 생성되는 방식이다. 이에 대해서는 그의 책 Deleuze, *The Logic of Sense*, p. 295 이하를 보라.

나열로 나타나는 열거문장enumerative sentence이 되기도 하고(병원의 부상자, 어떤 지역의 나무들), 어떤 경우에는 행렬문장processionary sentence이 되어, 마치 특정 국면들이라든가 순간들의 프로토콜처럼 보인다(어느 전투, 가축 선단, 꿀벌들의 연쇄무리). 그것은 거의 정신착란적인 문장으로, 스스로 방향을 틀고, 갈라지고, 파열하고 도약하며, 길게 늘어지고, 탈선하고, 튀어 오르고, 괄호로 묶인다.(Deleuze, *Critical and Clinical*, 57~58)

휘트먼의 문장에는 이질적인 것들의 공존과 집합성이 있다. 그것은 본질이 현현된 형태로서의 아포리즘이 아니고, 개별체들을 소원하게 하는 것으로 만족하는 분리도 아니다. 자연은 부분적이고 단편적인 것들의 집합체이다. 그것은 단일한 원리나 구성 체계 아래 집결되는 퍼즐이 아니다. 그렇다고 끝없는 심연의 거리를 갖는 군도群島 역시 아니다. 자연은 "끝없는 패치워크"이며, "시멘트를 바르지 않은 돌담"이다. 조각들을 단단히 붙들어주는 어떠한 중심이나 반죽된 아교 없이도 그 자신들만의 긴장된 힘의 균형으로 끝없이 쌓이어, 시대를 빠져나가고, 성性을 가로지르고, 계界를 횡단하면서 어떤 기능과 효과를 자아내는 이질적인 항들의 관계 수립, 가령 인간-동물-제조품 유형의 아상블라주가 그 좋은 예이다. "인간의 에너지를 동물의 역량으로 대체한 …… 인간-말-등자의 아상블라주!"(들뢰즈, 「디알로그」, 132) 휘트먼 말마따나 자연은 일종의 "견본집"specimens이다. 하나의 체계로 총체화할 수 없는 파편들의 견본집, 사건들, 광경들, 개체들, …… 자연은 공존하고 있는 단편들 간의 공간적 시간적 간격과 특이한 관계에 따라 발생하는 어떤 관계성 그 자체이다. 물론 들뢰즈는 휘트먼이 공언했던 것이 이들과는 거리가 있었다고 지적한다. 그에 따르면 휘트먼은 자신을 헤겔주의자라고 공언하기도 하고, 또 어떤 경우에는 전체성의 이데아를 제시하기도 하고, 마치 우주가 하나의 유기적 총체를 이루며 융합되어 있는 것처럼 표현하기도 하며, 오로지 미국만이 유일하게 헤겔적 전체를 구현할 수 있을 것이라고 주장하고, 또 어떤 곳에서는 자신이 마치 유럽인인양 범신론적 개념 속에서 자신의 자아를 충만하게 해줄 이성을 찾는다는 것이다.(Deleuze, *Critical and Clinical*, 58) 그러나 들뢰즈는 휘트먼이 자기 나름대로의 스타일을 통해 자신의 공언과는 전혀 다른 형태의 전체성의 개념을 가졌다고 보았다. 휘트먼이 말한 "총체성이란 구성되어야 할 것"으로, 다시 말해 "오로지 단편들 이후에만 등장하는 전체로서, 그 단편들을 훼손시키지 않고, 그들을 전체화하려는 의도도 가지지 않은, 역설적인 전체로 변했다"는 것이다. 그에게 있어서는 "관계"의 새로운 의미가 도출된다.

스피노자를 언급하면서 들뢰즈가 "몸체 그리고 영혼"이라고 했을 때(들뢰즈, 『디알로그』, 114), 그가 말하고자 했던 것 역시 육체와 영혼 모두의 긍정이었다. 그것은 몸에 대한 영혼의 우월함이 아니고, 영혼의 모델 혹은 중심으로서의 몸이 아닌, 다양성 그 자체로서의 아상블라주이다.

이제 더 이상 다양함le multiple은 스스로를 분할하는 일자나 다양함을 포괄하는 존재에 종속된 형용사가 아닙니다. 그것은 명사, 즉 계속해서 매 사물에 거주하는 다양체multiplicité가 되었습니다. 다양체는 그 수가 아무리 많을지라도 결코 항들이나 항들의 집합 혹은 총체 속에 있지 않습니다. 다양체는 오직 요소들, 집합들, 심지어는 그 관계들과도 동일한 본성을 갖지 않는 그리고 속에 있습니다. 다양체는 오직 둘뿐인 것 사이에서 만들어질 수도 있지만, 그럼에도 역시 이원론을 따돌립니다. 여기에는 그리고의 기본적인 절제, 청빈, 금욕이 있습니다. …… 영어와 독일어에는 둘 다 공히 합성어가 풍부 …… 독일어는 존재의 우선성, 존재의 향수에 사로잡혀 합성어를 만드는 데 사용되는 모든 접속사들이 존재를 향하게 합니다. 즉 근거, 나무, 뿌리, 내부를 숭배하지요. 반면에 영어는 함축된 그리고, 바깥과의 관계, 결코 속으로 파묻히지 않고 어떠한 기반도 갖지 않으며 표면에서 실 풀리듯 풀려 질주하는 길, 즉 리좀에 대한 숭배만을 유일한 연결고리 삼아 합성어를 만듭니다. '파란-눈의 소년'Blue-eyed boy이라는 영어표현 …… 여기

에는 소년, 파랑, 눈이라는 아상블라주가 있습니다.(111~114)

이미 언급했듯이 들뢰즈의 모든 저작은 이원론적으로 진행한다. 가령, 사물의 상태와 육체가 한편에 있고, 다른 한편에는 그 육체를 빠져나가는 어떤 수증기와도 같은 효과들이 있다. 혹은 구멍이 뚫린 육체-판으로서의 얼굴이 있고, 그 판 위에 무엇인가가 지나가며 파동을 일게 하는 표현된 감정이 있다. 혹은 뿌리로 파고드는 형식이 있는가 하면, 그 유명한 리좀Rhizome과도 같은 네트워크 결점들의 부산한 연결이 있다. 점을 찍고 솟아오르는 사유가 한편에 있다면, 다른 한편에는 처음도 끝도 없는 선분 위에서의 긴장이 있다. 겉으로는 근원적 원인에 대해 냉소적이고 초연해 보이지만 심중에는 대단히 무거운 원리주의적 질문을 품고 있는 음흉한 아이러니가 한편에 있다면, 다른 한편에는 아무래도 상관없다는 식의 결과론적인 말투의 천진난만한 유머가 있다.[26] 또 한편에 패러노이드가 있다면, 다른 한편엔 분열증이 있다 ─ 이런 식으로 그리스인/유태인, 외디푸스/욥, 대륙/섬, 플라톤/스토아학파, 불교/선禪, 사디즘/마조히즘, 지드Gide/프루스트가 있다. 그러나 들뢰즈는 이원론자는 아니다. 베르그송에 관한 거칠지만 섬세한 주석을 읽으며 이미 확인했던 바, 이원론은 단지 하나의 계기일 뿐이었다. 왜냐하면 들뢰즈는 아상블라주 위에 공존하고 있는 두 개의 축, 두 개의 힘, 두 개의 움직임을 이미 언급했기 때문이다.(136) 결국 자연 안의 모든 것은 두 개의 극단적 축을 위시하여 일관된 하나의 판 위에서 변질되고 생성한다. 물질의 배후에 정신이 있고 정신을 감싸는 물질이 있듯이, 혹은 "빵 속에 살이 있고 식물 속에 빵이" 있듯이 말이다. "티에스테스의 소름끼치는 식사, 근친상간들 그리고 식육들, 우리의 옆구리에서 생겨나는 병들, 우리 몸 안에서 자라나는

---

26. 결과주의자로서의 유머리스트의 말투는 이러한 것이다 : "그래요, 그래, 뭐든지, 다 옳아요. 근데 이거 나한테 주는 거예요?"(들뢰즈,『디알로그』; 130) 들뢰즈는 아이러니와 유머의 차이를 사드와 마조흐의 언어의 차이로 예시한 바가 있다. 이에 대해서는 이 책의 2부의 2장을 참고하라.

그토록 많은 육체들"처럼, 자연안의 모든 것은 서로 스며들고 해체하고 북돋아주고 강요하고 간섭하며 공존한다. 그 무엇도 근원적 원인으로 나서거나 배후로 빠지지 않는 것이다.

근원적인 하나의 점으로부터 출발하지 않는다는 점에서, 아상블라주는 파편들의 새로운 관계의 윤리적 가능성을 예시한다는 점이 강조되어야 한다. 명령적 형식의 도덕과는 전혀 다른 것으로서의 발생적 윤리, 즉 관계의 전체는 맨 나중에 나온다는 명제! 들뢰즈의 거의 모든 저작은 바로 이 주제를 향하고 있다. 권력은 삶에 대한 한탄과 삶의 결핍과 불안을 조성하고 또 그들을 필요로 한다. 그것은 삶이 거추장스럽고 힘들고 고된 과정임을 우리에게 끊임없이 주입시키고 세뇌시켜 우리로 하여금 힘을 내지 못하고 포기하도록 만든다 : "아무리 춤추자고 말해봐야 소용없습니다. 우리는 그다지 행복하지 않으니까요."(117) 그렇게 우리는 불안의 미래를 상상하고, 그 공포의 위안으로 권력의 따뜻한 품이 그리워서 안주하고 싶어진다. 무릎을 꿇고 굴복하지 않을 수 없는 것이다. 한편 이 굴복자는 반드시 되돌아올 것이다. 반드시 우리의 앞에 다시 나타나 자신을 굴복시켰던 바로 그 권력의 흉내를 내며 살아가게 되어 있다. 근거를 찾고 뿌리를 갈망하며 영토내부에 둥지를 트고 꿈쩍도 하지 않은 채 말이다. 들뢰즈가 아상블라주 화용법을 "언어의 마이너리티 용법"이라고 말했던 것은 이에 연유한다.(111) 그는 소수자의 문학과 예술에 관하여 여러 곳에서 언급하면서, 소수자의 본질은 파편이라고 지적하고 소수자는 언제나 파편적으로만 글을 써야 한다고 가르친다. 휘트먼의 미국적 글쓰기가 그랬고, 카프카의 침묵의 글쓰기가 그랬으며, 프루스트의 횡단적 글쓰기가 그랬다. 파편들의 예술적 공명이 아니라면 소수자의 삶은 그 무엇도 될 수 없다. 소수자는 언제나 아상블라주를 삶의 모델로 안고 살아가야 한다. 왜냐하면 소수자는 영토를 잃어버린 자이고 갈 곳이 없는 자이며 말을 완결할 수 없는 상태인 불안과 긴장을 삶의 조건으로 받아들이지 않으면 안 되는, 한마디로 부유하고 떠도는 자이기 때문이다. 소수자란 용기(容器)를 잃어버린 액체이다. 그렇기 때문에 언제나 불안한 흐름 그 자체로서 존재한다. 그러나 동시에 소수자는 그 무엇과도 흐름을 형성할 수가 있다. 그들의 삶의 조건은 용기에 담긴 육체-대상에서가 아니라, 그것들로부터 발탈당해 있다는 사실 즉 잠재성에 있다. 소수자는 언제나 잠재성 안에서만 자신의 삶을 펼친다. 그들은 안주할 수가 없다. 사군자 서예가처럼 바닥에 팔을 기대지 않고 글을 쓰거나, 자전거의 역설처럼 불안정성 자체를 본질적 조건으로 삼아야 하거나, 휘트먼처럼 언제나 길을 떠돌아다니거나, 카프카처럼 창가에 서서 음산한 골목을 바라보며 그 골목길을 빠져나가거나, 그레고르처럼 벌레가 되어 방안에 붙박인 채 다른 방에서 흘러나오는 바이올린 음악 소리를 타고 창밖으로 빠져나가거나, 스피노자처럼 유대인 공동체로부터 빠져나가거나, 권력자와 병자와 악한들로부터 빠져나가거나, 현대의 과학처럼 공리계와 구조를 빠져나가 지각 불가능한 파편-실재가 되어간다.[27] 붙들고 있을 만한 기둥이나 대상 혹은 육체를 소유하지 않았기 때문

---

27. 료따르(Jean-François Lyotard)는 포스트모더니즘에 관한 한 논문에서, 열거하는 것만으로도 많은 지면이 필요한 과학적 성과들(양자역학이나 원자 물리학의 도입, 새로운 수학적 인식과 같은)을 설명하고 있다. 간단히 나열만 하자면 이러하다 : 구(求)체의 부피에 따라 변화하는 내부 공기량의 밀도 측정에서 나타나는 산발성(Jean Perrin의 실험), 비누와 소금이 섞인 물거품의 외형과 같이 표면에 접선을 그을 수 없는 불규칙성을 갖는 함수의 존재(Mandelbrot의 도함수 논의), 정밀측정의 한계를 보여주는 미소입자의 브라운 운동(Brownian movement), 브리타니 해안선, 분화구로 뒤덮인 달의 표면, 별을 이루는 물질의 분포, 전화 통화중의 혼선 발생 빈도, 대기의 난류나 구름의 모양과 같이 윤곽이나 분포의 규칙성을 보여줄 수 없는 대상, 만델브로(Mandelbrot)가 보여주었던 자기-상사성(self-similarity)을 갖는 프랙탈(Fractal)구조, 둘 이상의 통제변수가 동시에 역치(threshold)에 도달하였을 때 발생하는 상태변수의 예측불가능성에서 보듯이 결정된 현상들 속에서 발생하는 불연속성에 관한 르네 통(René Thom)의 파국이론(catastrophe theory), 역설이론을 정신분열증에 화용론적으로 적용한 팔로알토(Palo Alto) 학파의 이중구속 이론(Double Bind Theory) 등이 바로 그 예들이라고 할 수 있다. 이에 대해서는 Lyotard, *The Postmodern Condition*, pp. 53~60을 보라. 료따르가 열거한 이러한 포스트모던 과학의 결론적인 의미는 무엇일까? 료따르에 따르면 "연속 미분함수는 지식과 예측의 패러다임으로서 더 이상 우월한 것이 되지 못한다"는 것이다(Lyotard, *The Postmodern Condition*, 60). 이 예들이 우리에게 보여주는 것은 "정확도가 높아진다고 해서 불확실성(통제의 결여)이 감소하는 것은 아니며, 불확실성은 정확성과 함께 증가한다"는 사실이다

에, 소수자는 언제나 식물처럼 조용히 침묵한다. 그리고는 식물들의 양성애처럼 잠재적 횡단으로 살아간다. 그것이 창살에 갇힌 원숭이 레드 피터Red Peter의 사악한 흉내와 같은 것이라 할지라도. 아상블라주가 새로운 관계를 보여주는 하나의 모델이라면, 그것은 다름 아닌 소수자의 윤리일 것이다.

 소수자의 윤리로서의 아상블라주의 실질적 조건은 생성과 변질이다. 참여하는 각 항들이 그 자신의 내부에 머물러 있어서는 아상블라주의 통일성은 발생하지 않는다. 관계는 언제나 항들의 외부에서 일어나며 이는 각 항들이 자신의 현재적 조건을 뛰어 넘을 때에만 가능한 일이다. 들뢰즈는 생성과 변질이 두 항의 교환이 아님을 분명히 말한다.(137) 인간과 동물의 아상블라주란 인간이 동물이 되는 것을 의미하지 않는다. 반대로 동물이 인간이 되는 것도 아니다. 들뢰즈는 "인간이 동물이 되는 것은, 오직 동물이 소리, 색, 선이 될 때에만 가능 합니다"라고 말한다.(137) 아상블라주는 교환이나 결합 혹은 합체가 아니라 잠재적 실재 속으로의 침잠이며 비개인적 시간 속에서의 공존이다. 소리, 선, 색, 그 모든 잠재적 파편들로 흩어질 때에만 하나의 '관계-은유'로서의 제3항이 탄생할 것이다. "한 항이 다른 항으로 되는 것은 오직 다른 항이 또 다른 항으로 될 때에만 가능하기 때문입니다. 오직 항들이 서로 지워질 때에만 한 항은 다른 한 항으로 되기 때문이에요."(137) 항이 지워진다는 것은 상대적 관계로 인해 형성된 대상성 — A에 대한 B 혹은 B를 위한 A와 같은 — 을 넘어, 하나의 관계항에 고정되지 않고 영토로부터 빠져나간다는 것을 의미한다. 형태를 이루고 있는 윤곽선을 벗어나 추상적 선이 됨으로써, 혹은 언어에서의 부정사infinitive — 시제라든가 성이라든가 격과 같은 문법적 형태를 갖춘 실제적 현실태 동사와는 달리, 부정사는 그 통사적 형태 속에 깃든 순수한 선, 소

(Lyotard, *The Postmodern Condition*, 60). 체계의 구성은 예외들을 배제하는 과정이 아니라 반대로 예외로부터 파생하는 것이다. 프로이드가 두개의 본능(생의 본능과 죽음 본능)을 불가분한 것으로 보았듯이, 체계는 그 자신 안에 체계를 벗어나는 예외들, 다시 말해 그 자신의 역설을 스스로 품고 있는 것이다. 이 내재적 역설에 관한 논의는 이미 이 책의 2부의 1장에서 제시하였다.

리, 색채이다 — 와 같은 순수한 역량이 됨으로써, 혹은 기관이 결정되지 않은 몸체 배아가 됨으로써, 형태를 지우고 윤곽선을 소멸시켜 잠재적 실재로 들어간다. 이것이 바로 화가가 그림을 그리고, 작가가 글을 쓰면서 하는 일일 것이다. 예술가들은 사물을 바라보며 그 실제적 윤곽선이나 형태만을 재현하는 사람이 아니다. 그들은 오히려 그 윤곽선을 지우고 그 대상의 육체를 소멸시켜 버리는 사람들이다. 그리하여 거기서 무언가를 추상한다. 예술가들은 간극으로부터 출발하고 간극으로 빨려 들어간다. 모든 육체들 사이에 깃들어 있는 그 간극은 무엇인가가 채워지기를 바라고 있는 망설임과 기다림의 지대 즉 자유이다. 화가는 선분을 그어대며 작업을 한다. 작곡가 역시 선율을 떠올리며 눈을 감는다. 작가? 무엇보다도 작가는 마치 쇄빙선의 예리한 첨단 선수각stem angle처럼 그 자신의 내재적 선분을 가장 날카로운 펜 끝으로 분절시킨다. 글쓰기란 간극을 만들고, 간극으로 파고들고, 간극에 이음새를 삽입하며, 간극으로부터 빠져나오는 과정이다. 간극에 빠져들어 내재적 선분을 삽입하고 표현함으로써, 그림이든 글쓰기든 음악이든 모든 예술은 공통된 운명 속으로 침잠한다. 그렇게 아상블라주 즉 예술적 공동체가 만들어지고, 그 안에서 모든 항들은 하나의 시간으로 공존하게 될 것이다.

마음속에 품은 선분을 그릴 때, 육체와 대상에 깃든 추상적 선분을 끄집어 낼 때, 우리는 글을 쓰게 된다. 글쓰기란 자신을 빠져나가 다른 무엇인가가 되기이다. 더 정확히 말해 다른 흐름을 열어젖히고 포함하고 나아가 자기 자신까지도 포함하는 지속의 역량에 도달하기이다. 그리하여 글쓰기는 삶을 개인의 내밀한 넋두리나 비밀로부터 벗어나 그 이상의 상태로 이끌고 간다. 우리는 글을 쓰고 그림을 그릴 때에만 비로소 우리 자신 안에 있는 왜소하기 그지없는 목적을 단념하고 개인적인 영토로부터 벗어난다. 능산적 자연의 거대한 흐름 속으로의 참여! 글을 쓰고 그림을 그리는 것은 문자나 색을 부리는 몇 가지 잔재주나 솜씨와는 관계가 없다. 글을 쓰고 읽을 줄 몰라도 읽히는 것, 빠르거나 느린 움직임으로 인간 안에서 조용히 웅크리고 있는 어떤 기괴한 동물처럼, 형상도 없고 윤곽선도 색채도 분명치 않아 식별할 수 없는 것, 너무나 절제되어 있고 소박해서 그것이 있는지조차 지각할 수 없는 것, 그러나 그럴수록 더욱 더 그 추상적 선율은 강렬해져 우리를 삶으로부터 구원해줄 무한한 역량! "철학자들은 언제나 다른 것이었고, 다른 것에서 태어났습니다."(139) 놀랍게도 들뢰즈는 이 같은 비개인적인 역량의 궁극적 열림을 완성하는 단계를 신비주의神秘主義에서 찾는다. 들뢰즈는 신비주의에 대해 모호한 입장을 취하는 것처럼 보인다. '개연성'으로 사유하는 철학자로서, 그 역시 외부에서만 신비주의를 볼 수 있을 따름이다. 그러나 베르그송주의자로서 잠재적 총체와 열린 총체에 관하여 언급한 이상, 그리고 그 전체의 긍정성을 주장한 이상, 그 극한에 도달했다고 간주되는 신비주의를 간과할 수는 없었을 것이다. 신비주의는 개연성이 최대로 확장되어 잠재적 총체에 관한 확신에 도달한 지점이며, 신비주의의 실존은 직관이라고 하는 방법의 어떤 한계 혹은 구도를 결정한다는 것, 나아가 모든 예술과 글쓰기의 궁극적 목표는 모든 지각의 고갈과 소멸을 통해 신비주의적 영혼의 출렁거림으로 나아가는 것임을 언급할 수 있을 따름이다. 그러나 우리에게는 아름답기 그지없게도 '바람'이라는 훌륭한 신비주의가 있다. 모든 실체들을 들락거리며, 고립된 사물들을 잠재적 흐름으로 몰고 다니며, 파편이 되었다가도 어느새 하나의 전체의 흐름이 되어 버리고, 작은 나뭇잎 하나를 흔들다가도, 프루스트가 말했듯이 한줄기의 향기가 되어 이국의 정취를 환기하다가도, 어떤 부랑자의 가슴을 휑하게 만들고, 셸리Percy Bysshe Shelley와 같은 낭만주의자들에게는 대지 전체를 혁명적 격정의 소용돌이로 휩쓰는 바람. 글쓰기의 목적은 다름 아닌 바람이 되는 것이다.

결론 : 잠재, 예술, 그리고 삶

들뢰즈의 이론은 두 가지 수준에서 논의할 필요가 있다. 하나는 1부에서 개진되었던 것으로, 그가 베르그송 철학에 밑줄을 긋고 요약하여 거기에 주석을 다는 가운데, 스스로 베르그송주의라고 명명했던 자신의 주제를 드러내는 과정을 소개하는 것이었고, 다른 수준은 2부에서 다루었던 바, 일종의 배아로서의 베르그송주의 사유가 들뢰즈의 다른 저작들에서 어떻게 구체화되는지를 논의하는 것이었다. 그 과정에서 우리는 베르그송주의의 예술과의 상관적 위치를 발견할 수가 있었으며 이를 잠재론Virtualism이라 불렀다.

들뢰즈의 그 요약본은 대략 네 가지의 주제로 압축할 수가 있는데, 직관(나눔), 차이(긍정), 다양성(지속), 창조(자유)가 그것이었다. 직관은 자연을 이해하고 주시하는 하나의 방법으로, 지성 안에서 지성의 고질적인 악습을 비판하는 역량이었다. 지성은 운동과 흐름으로서의 자연을 수와 공간으로 대체하여 이해하고, 새로운 경험을 자신 안에 미리 확립된 지식이나 이미 알려진 지식으로 환원함으로써 고착과 퇴행의 사유 활동에 만족한다. 이에 대해 직관은 지성에게 새로움에 직면하여 두려움에 사로잡히지 말 것을, 자신 안으로 퇴행하지 말 것을, 이기적이고 폐쇄적인 고립으로 편협하지 말 것을 깨닫게 하는 힘이었다. 그리하여 자연을 지성 안에서가 아니라 그 외부로, 자연이 그 자신 안에 존재하는 바로 그 곳으로 파고들 것을 촉구하였다. 결국 하나의 방법으로서의 직관은 사유가 절대적 타자에의 내적 경험에 이를 수 있는 길을 열 수 있다는 것이다.

　타자에의 내적 경험은 존재의 본성상의 차이의 발견으로 나아간다. 베르그송주의에 따르면 자연 안의 모든 존재는 본성적으로 다르다. 베르그송이 훌륭하게 예시했던 아킬레스와 거북의 경주처럼, 그들 양자는 결코 서로에게 환원되거나 종속되지 않는다. 그러나 지성은 그 양자를 수와 공간 그리고 육체에 상응하는 좌표 체계로 배열함으로써, 그들을 전혀 다른 두 존재가 아니라 두 마리 거북의 양적인 차이로 동질화하고 말았다. 이렇게 수와 공간에 사로잡힌 지성 안에서는 자연의 본성적 차이를 발견할 수 없으며, 다만 다수의 점들, 다수의 사물들, 다수의 공간들의 기능적 배치만이 있을 뿐이었다. 본성적 차이는 동질적 체계라든가 하나의 관점 안에서의 외연적 차이가 아니라, 존재 각각의 내적이고도 질적인 차이 혹은 뉘앙스의 차이이다. 내적 경험을 열어 그 차이를 발견하는 방법이 바로 직관인 것은 이런 이유 때문이다. 베르그송주의의 하나의 프로젝트인 나눔은 자연을 두 개의 절대, 즉 본성적으로 다른 것과 정도상 다른 것, 양적인 것과 질적인 것, 수와 뉘앙스를 분류하여 그들의 본성상의 차이를 발견하는 과정이다.

　차이의 발견은 본질적으로 긍정을 함축한다. 긍정이란 존재가 바로 거기에 '있음'을 권리상 인정하는 것이다. 자연을 동질화해서 이해하는 지성은 필연적으로 존재를 부정한다. 왜냐하면 거기서는 모든 존재를 설명하는 하나의 체계 혹은 하나의 관점 혹은 하나의 축이 상정되어, 가령 사도-마조히즘이라는 하나의 복합-관점 안에서 마조히즘이 사디즘적 본능의 한 네거티브로 통분 되었듯이, 체계 내에 어떠한 변수들을 대체해도 본성적으로 차이가 없기 때문이다. 존재의 정당성은 본성적 차이를 전제로 한다. 그렇다면 자연 안의 모든 존재를 본성적으로 다르게 해주는 것은 무엇인가? 베르그송주의에 따르면, 존재를 본성적으로 다르게 하고, 그럼으로써 존재가 그 자신 안에 권리상의 정당성을 내재하는 실질적 조건은 공간이나 육체가 아니라 다름 아닌 지속이었다. 지속은 그 자체 기억인데, 그 이유는 존재가 자기 자신 안에서 존재성을 보존하는 것은 바로 기억이기 때문이다. 우리는 기억이 있기 때문에 물질적 흐름의 급류에 빠져 순간으로 소멸하는 것으로부터 자유롭다. 우리는 과거가 있기 때문에 덧없는 현재의 공허를 충만으로 채운다. 또 우리에게는 시간이 있기 때문에 공간에의 종속을 병든 상태로 방치하지 않는다. 인간뿐만 아니라 사물은 그 자신 안에 과거 전체를 보존함으로써, 그로 인해 다른 존재와의 본성적 차이뿐만 아니라, 지속 안에서 영원히 그 자신 스스로 다른 존재가 된다. 이렇게 해서 베르그송주의의 긍정의 프로젝트는 존재가 자신 안에서 지속하고 있으며, 그렇기 때문에 그의 본질은 다른 어느 곳도 아닌 바로 자신 안에 있다는 점을 논증하는 과정이었다.

들뢰즈의 프로젝트를 물질주의나 기계주의에 대항하는 하나의 비판으로 생각해 볼 수도 있을 것이다. 가령 그 체계들이 훼손시켜버린 존재의 고유함 나아가 그 윤리적 술어인 진정성을 되찾아야 한다는 식으로 말이다. 어쨌든 기계주의와 물질주의는 모든 존재의 본성상의 차이를 제거하고, 자연을 동질적 수준의 정도상의 차이로 환원한다. 효율성을 위해, 생존을 위해, 우리 역량의 한계로 인해, 혹은 그 어떤 다른 구실 때문에, 모든 존재자들 각각에 깃든 굉장하고도 무한한 시간들을 단순한 수치상의 복합물로 뒤섞어버린 것이다. 두 마리의 거북, 삐에르와 폴을 둘러싼 하나의 공간, 동일한 체계의 반복은 이렇게 일어난 일이었다. 이 때문에 본성상의 차이를 나누는 일은 바로 각각의 존재에게 고유의 시간을 되돌려주자는 것이었다. 각자 전혀 다른 방식으로 지속하고, 땀을 흘리고, 얼굴이 붉어지고, 근육을 움직여가며 본성적으로 다른 회상과 삶의 소유자임을 예증하는 것이다. 인간이 문제가 아니라 자연 안의 모든 존재에 그 고유의 시간을 탈영토화하고, 상관적인 관계만을 지시하는 좌표로부터 그 실체를 클로즈업 혹은 추상하고, 심지어 운동과 뒤섞여 운동체에 실려 영토화 되었던 과거 전체의 시간 그 자체를 구해내는 것이 문제이다. 기능을 상실하여 그 무엇도 할 수 없는 쓸모없는 존재조차도 긍정의 가능성이 열릴 때까지, 가령 움직이지 않고 담장에 기대어 서 있는 자전거의 순수현존을 해방하는 것이다. 삐에르가 폴의 본성으로 설명이 가능하다면, 예컨대 정신분석이 사드에 '대한' 혹은 사드에 '의한' 마조흐를 상상했던 것처럼, 삐에르의 운동을 폴의 운동으로 상대화하거나, 아킬레스와 거북의 각각의 지속을 육체와 공간의 수학으로 계기화 한다면, 혹은 누가 더한 존재이고 누가 덜한 존재인지를 나누어서 더한 존재를 덜한 존재로 설명하거나 덜한 존재를 더한 존재로 환원하는 것이 정당하다면, 삐에르와 아킬레스와 마조흐는 거기에 없단 말인가? 혹은 흔적도 없이 사라져 버려도 된단 말인가? 정도상의 차이와 본성상의 차이를 사유하는 문제는 삶의 태도를 반영하는 것인데, 그것은 바로 삶 그 자체의 정당성의 옹호이다.

지속은 차이이며 기억이며 긍정일 뿐만 아니라 다양성의 공존을 의미한다는 것이 또한 베르그송주의의 하나의 명제였다. 그러나 한편 기억 즉 지속이 존재의 본성상의 차이를 보증한다면, 지속은 존재의 폐쇄계를 형성하는 것은 아닌지를 물어야 할 것이다. 왜냐하면 지속은 아킬레스 안에 웅크린 채 아킬레스 자신만의 본성을 보존하고 있다는 이유로, 거북의 지속과 나란히 공존하고 있다고 말할 수가 없기 때문이다. 우리는 각자의 지속 안에서 살아간다. 본성적 차이가 하나의 권리로서 선언될 수 있는 것은 이에 기인한다. 그렇다면 우리는 모두가 단절된 존재인가? 다양성에 의해 자신 안에 닫힌 상태라면 우리의 공존을 무슨 근거로 정당화할 수 있으며, 다양성의 공존이 어떻게 가능하다고 선언할 수 있겠는가? 들뢰즈도 지적했던 바, 베르그송주의의 다양성의 공존이라는 주제는 그 내부에 치명적인 모순이 있는 것처럼 보인다. 이때 나의 지속을 열어 제치는 계기가 필요하고 중요한 문제가 된다. 들뢰즈에 따르면 지속은 우리 각자의 삶을 보존함으로써 절대적 차이를 가지게 하지만, 그 절대적 다름에도 불구하고 우리를 하나의 시간 안에서 공존하게 한다. 지속은 내 의식의 흐름이고, 동시에 날아가는 새와 흐르는 강물의 흐름이다. 그러나 지속은 내 안의 흐름뿐만 아니라 타자의 흐름을 둘러싸고 포함하는 또 다른 하나의 흐름을 형성할 수가 있다. 들뢰즈가 주장했던 바, 지속의 역량은 삼중으로 겹쳐있는데, 지속은 끊임없는 변화의 역량을 가지고 있고, 분할할 수 없는 연속의 역량도 있지만, 무엇보다도 세 번째 단계에 이르는 코기토Cogito 즉 자신뿐만 아니라 타자를 포함하는 비개인적 역량이 있다. 들뢰즈에 따르면 지속은 다수이며 하나이다. 달리 말해 지속은 대기에 부는 바람이다. 그 바람은 내 안으로 들어와 나의 탄식-바람이 되다가도, 어느새 날아가는 새의 숨결-바람이 되어 본성적으로 다른 두 개의 바람으로 나뉜다. 그럼에도 불구하고 그 두 바람은 하나의 바람 속에서 흐른다. 여기에 지속과 공간의 차이가 있다. 공간은 단절의 구도, 불연속의 구도, 물질의 구도를 이루며 모든 존재들을 결정론의 운명 속으로 외면화한다. 거기에는 하나이며 동시에 다수인 바람이란 존재하지 않는다. 오로지 지속의 잠재성 안에서만이 우리는 다수이면서도 하나라는 것, 나아가 잠재성 안에서 우리는 어떤 공통의 관계에 붙들려 있다는 것, 이것이 바로 베르그송주의의 다양성 프로젝트의 주제였다.

베르그송주의에 따르면 지속은 자유이다. 베르그송주의의 나눔의 프로젝트는 자연(혹은 사유)의 두 가지 본성을 나누었다. 하나는 외면성의 극단적 형식으로서의 공간의 길이고, 다른 하나는 내면성의 극단처럼 보이는 지속의 길이었다. 이런 식으로 베르그송주의는 공간과 시간, 물질과 지속, 객관성과 주관성의 본성상의 차이를 나누었다. 그러나 무엇보다도 공간이라는 것은 우리에게 주어진 것으로, 마치 부채에 그려진 그림처럼 이미 펼쳐져 있는 것으로서의 미리 확립된 질서를 표상한다. 그것은 평생 암기를 해가며 거기서 좌표를 찾아내어 살아가지 않으면 안 되는 결정론의 세계에 다름 아니다. 공간은 순간을 지향하는 효율성 속에서 사물들을 다루는 체계로서 타자성이 지배하는 기능적 반복의 질서에 존재를 종속시킨다. 우리는 모두가 공간적으로 이미 위치 지어져 있다. 마찬가지로 육체적 존재인 한 우리 모두는 공간 내부에서 연장의 형식으로 두 서너 개의 특정 좌표를 점유한다. 지성이 추구하는 객관성이란 정확히 이런 식으로이다. 그러나 지속 안에서는 미리 펼쳐져있거나 우리를 기다리고 있는 질서는 존재하지 않는다. 지속에는 무엇인가 잠재적인 것들로 들어차있고, 마치 풀리지 않는 태엽처럼 모든 시간이 잠재성 안에 감싸여 있다. 미리 주어지지 않고 그 무엇도 결정된 것이 없다는 이유 때문에, 지속은 바로 우리 스스로가 펼치지 않으면 안 되는 심급이다. 사물의 본질은 발견이 아니라 발명의 문제라는 것, 이것이 바로 지속 안에서의 모든 잠재적 명제이다. 지속과 나눔의 본질적인 의미는 바로 자유와 창조이다. 그런 의미에서 회상 그 자체는 이미 하나의 창조이며 자유이다. 왜냐하면 시간이란 회상을 전개하는 과정인데, 그것은 우리가 알고 있듯이 현재에서 과거로 사라지거나 약화되는 것이 아니라, 오히려 과거를 현재 속에서 펼치고, 잠재적 실재로부터 실제적 행위의 응축된 형식으로 현실을 창조하는 것이기 때문이다. 베르그송주의의 나눔의 프로젝트, 즉 객관성과 주관성, 공간과 지속의 본성상의 차이를 나누는 과제는 우리가 무엇으로부터 자유롭고 또 무엇에 자유롭지 않은지를 우리 스스로가 깨닫는 과정이다. 바로 이 때문에 자연의 나눔, 분화, 차이는 삶이 완성하게 될 자유의 정도와 멀리 있지 않은 것이다.

잠재론에서의 문제는 질적 차이 혹은 뉘앙스이다. 여기서 우리는 "……
은 무엇인가?" 대신에 "…… 은 어떠한가?" "누가 …… 하는가?"라고 질문한
다. 들뢰즈가 극화라고 명명했던 이 차이와 긍정 그리고 다양성의 프로젝트
에서 문제가 되는 것은 대상, 공간, 육체가 아니라, 시간을 펼치며 스스로의
역량으로 변질되어가는 과정 그 자체이기 때문이다. 베르그송주의가 예술
과 관계를 맺는 것 역시 이 지점일 것이다. 진화의 형식으로서의 극화는 잠
재성의 현실화이며 구체화이다. 같은 맥락에서 예술은 공간으로부터 시간
을, 육체로부터 영혼을, 현재로부터 잠재적 과거를 열어젖히어 해방시키는,
다르게 말해 그 잠재적 실재가 육체에 의존하지 않고도 스스로 존재하도록
보존하고 추상하는 행위이다. 한 폭의 해바라기 그림은 해바라기-육체가 아
니라 해바라기-감정, 해바라기-지속이다. 바이올린이 연주하는 사랑의 테마
는 사랑에 빠진 사람이 아니라 순수한 형태의 사랑이다. 마찬가지로 하나의
예술 작품은 그것이 창조되기 전에 예술가가 죽었더라면 그와 함께 사라져
버렸을 타자의 낯선 풍경이다. 직관이 아킬레스와 거북으로부터 그들 고유
의 순수 운동성을 추상하듯이, 예술은 육체와 공간에 감싸인 잠재적인 것을
열어가면서, 다른 누군가가 ─ 혹은 우리 자신이 ─ 이미 만들어 놓은 이래로 그
반복의 효과로 인해 점차 단단한 윤곽선을 취해가는 형태를 지워 나간다. 윤
곽선을 지우고 색채를 지우고 선분과 위치들을 지워가며 단단히 붙들려 있
었던 모든 공간적 참조지점과 상관적 좌표로부터 해방시켜, 가령 "붉다"라
는 명제와 "붉지 않다"라는 명제를 넘어서, 심지어 "붉음"이라는 이상화된 이
미지보다도 더 근원적인 시간 즉 거기에 있다는 것 외에는 더 이상 말할 수
없는 "붉음" 그 자체로서의 일차성을 보존하는 것이다. 영화에서의 클로즈-
업이 그렇듯이 예술은 모호하고도 비결정적인 시간 속으로 들어가기 즉 대
상으로서의 나무라든가 육체로서의 누군가의 얼굴 대신에 그 형상을 가늠할
수 없는 질료로, 분위기로, 표정으로 단숨에 일어나는 도약이다. 그리하여 예

술은 모든 존재의 질적 차이를 가능케 하는 그들 고유의 시간을 탈영토화 한다. 본성적 차이와 긍정의 완성인 예술 안에서 존재는 권리상 해방된다.

뉘앙스의 차이의 발견은 대상들의 식별을 넘어 존재의 본질과 의미를 창조하는 과정이다. 예술은 물론 물질의 주관적 수용이라고 할 수 있는 감각 징후들 — 인상, 색채, 멜로디, 감각 이미지 — 로부터 출발한다는 사실, 또 그렇기 때문에 그것은 육체와 배우와 음향과 심지어는 공간을 필요로 한다는 사실을 부정할 수는 없다. 그럼에도 불구하고 예술의 궁극적인 힘은 본질의 현현이며 나아가 절대적 타자성 안으로의 침잠이다. 타자는 동일한 공간과 좌표 내에 있는 또 다른 하나의 상관적 주체, 더 정확히 말해 객체가 아니다. 타자는 상대적 좌표를 벗어나 여기에 없는 것으로, 그야말로 본성적으로 다른 그러나 저기 어딘가에 잠재하고 있는 절대적인 그 무엇이다. 타자성이란 절대적 차이이며 본질이며 잠재적 실재이다. 살아가는 동안 육체와 공간 속에 꼬깃꼬깃 접혀 웅크리고 있어, 무엇인가가 찌르고 난입하지 않으면 결코 열리지 않을 낯선 풍경들이 우리 안에는 있다. 삶의 반복을 넘어 전혀 다른 실재성을 갖는 낯선 풍경들, 예술이 펼치는 것은 바로 이 풍경들이다. 그래서 지속의 세 번째 계기를 열어젖히는 것으로서의 이 힘은 자연 안의 모든 존재의 고유함을 훼손하지 않고도 그들을 하나의 시간 속에서 공존하게 한다. 그렇지 않을 수 없는 것이, 본질은 본성적 차이 혹은 절대적 차이이고, 차이는 바로 고유함의 긍정이며, 다양성 속에서의 공존은 이 긍정에서 비롯되기 때문이다. 진정한 관계가 만들어진다면 자연의 이 다원론적 일원론 안에서일 것이다.

바로 여기에 구체성과 보편성의 윤리학적 공존이 있다. 피로와 슬픔에 처져 불감증에 빠져 있는 무능한 육체나, 자신만의 두텁고 싸늘한 피부 안에 갇힌 두뇌들을 아무리 끌어 모으고 묶어 봐야 보편적 총체는 만들어지지 않는다. 예술의 윤리적 가능성이 있다면, 그것이 즐겁게 '가르치기' 때문도 아니고, 효용성이 있어서는 더더욱 아니다. 예술은 우리에게 낯선 풍경들을 구체적으로 보여주기 때문에 윤리적이다. 빠르고 쉽고 편한 길을 선택하는 지성의 객관적 구체성을 말하는 것이 아니다. 가령 구체성은 수학에도 있는데, 자연을 하나의 점으로 혹은 하나의 원으로 혹은 여러 공준들로 단일화하고 통일함으로써 주어지는 기하학적 구체성 역시 훌륭한 하나의 보편성을 갖는다. 그러나 우리가 말하려는 것은 체험되지 않은 상징으로서의 공허한 보편성이 아니라, 경험의 구체성에서 비롯된 보편성, 즉 이편의 지성 내부가 아닌 타자가 있는 바로 저편에서 체험된 구체성이다. 타자성이란 다름 아닌 자아의 되돌아오지 않는 절대적 포기이다. 즉 절대적으로 낯선 풍경에 감응하고 거기서 어떤 징후를 수용할 수 있는 정서의 촉발이 불러일으킨 구체성만이 나 자신으로부터 빠져나와 저편의 비개인적 시간 속으로 들어가게 한다. 그런 점에서 들뢰즈가 제시하는 '아상블라주'는 육체들의 결합이 아니다. 힘차게 악수를 하거나 살을 섞거나 호감어린 표정을 내비치는 실제적 행위로부터 파생된 결과적인 관계들이 문제가 아니라, 그 이전에 이미 무의식적으로 작용하는 잠재적 변화의 질적 징후들, 육체로부터 어떤 묘한 선분을 끄집어내어 냉소적 지성 안에서 정서적 직관을 발생시키고, 마치 남자 안의 여자를 사랑하거나 여자 안에 숨은 한 동물을 혐오하듯, 육체들을 넘어 횡단을 가능케 하고, 도덕적 견지에서가 아니라 삶 그 자체의 관점에서 우리의 관계를 실제적이고도 진정한 그 무엇으로 이끄는 것은 바로 이 지대이다. 스피노자와 니체가 의식을 비판하고 육체들의 역량에 대해 토로했던 것은, 육체 혹은 물질의 관점에서가 아니라 순전히 징후의 견지에서 한 말이었다.

예술적 역량이란 잠재적 실재의 보존일 뿐만 아니라 무엇보다도 사물의 기능 내부에 균열을 일으키는 힘이다. 균열의 틈에서 비롯된 딜레마에 서성이고 망설이고 머무르게 하여, 순간으로 치달을 수도 있을 삶과 자연에 사유와 시간을 도입하는 것이다. 사물의 반反기능 상태가 처하게 되는 쓸모없음 혹은 비효율성의 폭 만큼이나, 의미의 미결정 속에서 누리게 되는 보다 우월한 상위의 세계가 있다. 우리에게 '주어진' 혹은 '부여된' 사실적 자료와 논리와 기능을 넘어, 우리가 그 이상의 상위의 관점으로 뛰어오르는 것은 다름 아닌 그 균열의 한복판에서이다. 비효율성, 그것은 바로 사유와 시간이다. 이런 이유에서 예술적 역량을 완성하기 위해서는 사색의 길로 나아가야만 할 것이다. 주관적 계열의 능력들을 보자. 지각은 물질적 자극의 시원始原적 수용이며 그 반응이다. 그러나 거기에는 질이 없고, 너무나 순간적이고 거칠며 물질 자체와 본성에 있어 차이가 없다. 감각은 질을 수반한다. 우리는 감각을 통해서만 사물의 형용사적 성질들을 그 내부에서 체험할 수가 있을 것이다. 그러나 감각 역시 여전히 물질적이고 물질로부터 자유롭지 못할 뿐만 아니라, 주관성의 객관적 결정 속에 너무 많은 것을 할애해야만 한다. 감정은 우리의 존재를 물질로부터 본성적으로 다르게 하는 그 무엇이 있다. 감정은 물질에 대한 정신의 저항이며, 주관성이 그 자신을 지속하기 위해 물질과 벌이는 힘겨운 투쟁이다. 통각痛覺에서만이 비로소 우리는 지속의 가혹한 시간성을 최초로 경험할 것이다. 그러나 감정은 너무나 혼란하고 혼탁하다. 고통 자체가 주는 물질적 종속이 있기 때문이다. 정념은 수동성에 대한 고통이라는 점에서 물론 능동성의 징후이다. 그러나 그것은 여전히 수동적 상태를 함의하고 있으며, 그 자체 수동성의 예증일 뿐이다. 마찬가지로 충동 역시 우리를 순수한 지속의 자유로 데려다 주기는 어려울 것이다. 한편 행동은 우리를 자유로 데려다 줄 것처럼 보인다. 유물론적 테제들 속에서 드러난 바, 행동은 세계를 휘어지게 하고 끊고 뒤섞고 분절시키는 가운데 가장 구체적인 형태의 자유의 실현이고 미래적 비전인 것처럼 보인다. 그러나 행동은 오히려 그 응축된 구체성 탓에 우리가 어디에 있는지, 우리 앞의 대상물들이 우리와 어떤 관계 속에서 지속할지에 대해 대답하지 못한다. 행동은 미래를 투시하는 동안에도 현재적이며, 우리 자신 내부의 즉자적 상태 이상으로 나아가지 못한다. 행동적 주체의 단순함이란 그의 행위가 도출하는 결과에 대

417

한 맹목적 믿음의 단순성에 다름 아니다.

결국 능력들은 삶을 위한 물질적 필요에의 종속 혹은 적응일 수밖에 없는 것이다. 모든 능력들은 행동을 준비하고, 행위의 구체성을 실현하기 위한 예비적 단계로 존재하며, 살아가기 위해 실재 전체로부터 관심을 끄는 부분만을 솎아내고 절취한다. 그리고는 사물이 우리의 필요와 이익에 부응하는 정도에 따라 그에 대한 가치와 지식의 수준을 가늠한다. 적응하기 위해서는 사안이 되고 있는 대상의 용어나 사용법에 관한 지식만으로 족하다. 이러한 '상대적 지식'은 대상의 물질적 상태를 감안하여 그것이 놓인 위치와 성질과 모양과 같은 공간적 위상을 결정하고, 절단하거나 휘거나 돌리거나 잡거나 빼내는 식으로, 대상을 공간의 퍼즐로 다루어 자연 전체를 효율적으로 부리는 법을 터득하는 것이 목적이다. 실상 우리가 알고 있는 것은 사물 자체가 아니라 사물의 기능 즉 그것이 우리의 필요에 봉사하는 상관적 가치이다. 마찬가지로 우리가 관계를 맺는 것은 대상적 객체이지 타자가 아니다. 자연을 우리 자신 내부에서 바라보는 것이다. 그러나 때때로 삶과 필요에 종속된 상대적 지식을 넘어 본성적 차이를 근간으로 하는 '절대적 지식'을 구가하는 이들이 있다. 바로 예술가들, 작가들, 사색가들이다. 그들의 감각과 의식은 생활의 필요 그리고 행동의 질서로부터 일정한 거리를 둔다. 그들은 생활하기 위해 자연을 부리거나 유용하지 않는다. 그들의 행동성과 효율성의 부재는 그들을 사회적 기능으로부터 떼어 놓았다. 그러나 그들은 바로 그 삶이 필요로 하는 행동과 효율로부터의 이탈 때문에 사물을 자신들 안에서가 아니라 사물 그 자체로서 바라본다. 다른 목적을 위해서가 아니라 오로지 즐거움을 위해, 자연이 거기에 있음을 향유하고 만끽할 뿐이다. 이 초연함 덕분에 예술가들이 보는 자연은 보다 많고, 보다 직접적이며, 무엇보다도 보다 구체적이다. 예술이란 삶에의 초연함 속에서 태어나며, 바람 부는 외부로의 가출이라는 운명을 밟아 나간다. 그렇게 그들은 사색의 길을 통해 점차 자신의 관점 안에 형성되었던 단단한 형태들을 지워나간다. 그래서 그들의 자연은 본질적이다. 가령 그들은 자전거를 잘 타는 법이나 자전거의 종류와 용어 혹은 자전거의 사회 역사적 위상에 관한 지식을 넘어, 자전거에 올라타 몸을 싣고 가는 동안에조차 상위의 관점으로 뛰어올라 이렇게 말할 것이다. "자전거는 역설이다." 혹은 "자전거는 선禪이다." 이러한 절대적 지식은 자전거를 타는 주체의 개인적 관점을 넘어서는 자전거의 본질의 현현이다. 주체는 삶과 육체로부터의 초연함 속에서, 자기 자신과 자전거 그리고 그 모두를 포함한 잠재적 실재 전체를 한 구절의 시로, 그림으로, 소리로 육화한다. 그것은 담장에 기대어 움직이지 않아 그 기능을 박탈당했을 때조차도 실재하는 자전거의 본질이며 자전거 그 자체의 지식이다. 자전거가 스스로 말을 하고, 스스로 존재하고, 그 본질이 어느 누구도 아닌 그 자신 안에서 배태되게끔 하는 그러한 지식이 탄생하는 것이다. 이는 절대적 차이일 뿐만 아니라 긍정이며, 무엇보다도 자전거와 주체 그리고 그들을 둘러싼 잠재적 실재 전체의 공존이 아니겠는가?

우리는 들뢰즈의 이론을 일관된 관점을 가지고 살펴보았다. 결국 잠재론은 자연을 통일하는 보편적 원리를 발견하기보다, 자연 안의 모든 존재의 내적풍경으로 파고든다. 거기서 균열을 찾고 그 균열에 삽입된 심오한 상형문자들을 읽어내고, 그로부터 그 문자들이 우리 자신과 맺을 수 있는 관계들을 상상한다. 스펀지와도 같은 육체가 시간에 따라 혹은 움직임에 따라 머금고 있던 양분을 쏟아내듯이, 삶이 요구하는 공간과 물질의 관계를 벗어나 사색의 역량으로, 즉 지각을 넘어 참된 시간을 읽을 수 있는 길로 나아가는 것이다. 잠재론은 세계를 책으로 간주한다. 편협하고도 진부한 세계로부터 실상을 끄집어내는 독서의 역량으로, 그리고 더 멀리 진정한 관계들을 구성하고 전개하는 글쓰기의 역량으로, 그리하여 삶을 책의 완성으로 이끈다.

:: 참고문헌

김용수.『영화에서의 몽타쥬 이론』. 서울 : 열화당, 1996.

베르그송, 앙리.『도덕과 종교의 두 원천』. 송영진 옮김. 서울 : 서광사, 1998.

_____.『사유와 운동』. 이광래 옮김. 서울 : 문예출판사, 2001.

들뢰즈, 질. 파르네, 클레르.『디알로그』. 허희정, 전승화 옮김. 서울 : 동문선, 2005.

벤야민, 발터.『발터벤야민의 문예이론』. 반성완 편역. 서울 : 민음사, 1983.

리쾨르, 폴.『시간과 이야기1』. 김한식, 이경래 옮김. 서울 : 문학과 지성사, 2003.

뷜플린, 하인리히.『미술사의 기초개념』. 박지형 옮김. 서울 : 시공사, 1994.

프로이트, 지그문트.『쾌락원칙을 넘어서』. 박찬부 옮김. 서울 : 열린책들, 1997.

홍상수. 〈오! 수정〉. 서울 : 우일영상, 2000.

Abbott, Claude Colleer, Ed. *The Letters of Gerard Manley Hopkins to Robert Bridges*. London : Oxford UP, 1935.

Althusser, Louis. *For Marx*. New York : Random House, 1967.

Anderson, Benedict. *Imagined Communities : reflections on the origin and spread of nationalism*. London : Verso, 1991.

Antonioni, Michaelangelo. "The horizon of events". *Cahiers du cinéma*, no. 290, Juillet, 1978.

_____, dir. *L'Aventura*. Italia, France, 1960.

_____, dir. *L'Eclisse*. Italia, France, 1962.

_____, dir. *Blow Up*. Italia, England, 1966.

_____, dir. *Professione : reporter*. Italia, 1975.

Barreau, Hervé. "Bergson et Einstein", *Les études Bergsoniernnes*, vol. X., PUF, 1973.

Barthes, Roland. *Essais critiques*, Paris : Editions du Seuil, 1964.

_____. *Camera lucida : reflections on photography*. New York : Hill and Wang, 1981.

_____. "Le style et son image." *Le bruissement de la langue*. Paris : E'ditions du seuil, 1984.

Bataille, George. *Literature and Evil*. Trans. Hamilton, Alastair. London : Marion Boyars, 1997.

Bazin, Andre. *What is cinema?*. Trans. Gray, Hugh. Berkeley, California : U of California P, 1972.

Berger, John. *Ways of Seeing*. London : Penguin Books, 1977.

Bergson, Henri. *Time and Free Will : An Essay on the Immediate Data of Consciousness*. Trans. Pogson, F. L.. New York : The Macmillan co., 1921.

_____. *Creative Evolution*. Trans. Mitchell, Arthur. New York : Random House, 1944.

_____. *Matter and Memory*. Trans. Paul, Nancy Margaret. Palmer, W. Scott. London : George Allen & Unwin LTD, 1950 [베르그송, 앙리.『물질과 기억』, 박종원 옮김, 아카넷, 2005].

_____. *La Pensee et le mouvant : essais et conferences*. Paris : Presses Univ. de France, 1955.

_____. *Duration and Simultaneity : with Reference to Einstein's Theory*. New York : Bobbs-Merrill Company, Inc., 1964.

_____. *L'evolution creatrice*. Paris : Presses universitaires de France, 1969.

_____. *Dureé et Simultanéite : a propos de la théorie d'Einstein*. Paris : Quadrige, 1992.

Bernal, Olga. *Alain Robbe-Grillet : le roman de l'absence*. Paris : Gallimard, 1964.

Bogue, Ronald. *Deleuze and Guattari*. London : Routledge, 1989.

Colebrook, Claire. *Deleuze : A Guide for the Perplexed*. London : Continuum, 2006.

DeLanda, Manuel. *Intensive Science & Virtual Philosophy*. London : Continuum, 2002.

de Man, Paul. *Aesthetic Ideology*. London : U of Minnesota P, 1996.

Deleuze, Gilles & Guattari, Felix. *Kafka : pour une litterature mineure*. Paris : Editions de Minuit, 1975.

_____. *Qu'est-ce que la philosophie?*. Paris : E'ditions de Minuit, 2005, 1991.

_____. *What is philosophy?*. Trans. Tomlinson, Hugh. Burchell, Graham. New York : Columbia University, 1994.

Deleuze, Gilles. *Le Bergsonisme*. Paris : Presses Universitaires de France, 1968.

_____. *Proust et les signes*. Paris : Presses Universitaires de France, 1976.

_____. *Cinema I : The Movement-Image*. Trans. Tomlinson, Hugh. Galeta, Robert. Minneapolis : U of Minnesota P, 1986.

_____. *Spinoza, practical philosophy*. Trans. Hurley, Robert. San Francisco : City Lights Books, 1988.

_____. *The Logic of Sense*. Trans. Lester, Mark. New York : Columbia UP, 1990.

_____. *Bergsonism*. Eng Trans. Tomlinson, Hugh, habberjam, Barbara. New York: Zone Books, 1991.

_____. *Masochism : Coldness and Cruelty*. Trans. McNeil, Jean. New York : Zone Books, 1991.

_____. *Cinema II: The Time-Image*. Trans. Tomlinson, Hugh. Galeta, Robert. Minneapolis : U of Minnesota P, 1994.

_____. *Difference and Repetition*. Trans. Patton, Paul. New York : Columbia UP, 1994.

_____. *Kant's Critical Philosophy : The Doctrine of the Faculties*. Trans. Tomlinson, Hugh. Habberjam, Barbara. London : The Athlone Press, 1995.

_____. *Essays : critical and clinical*. Trans. Smith, Daniel. Greco, Michael. Minneapolis : U of Minnesota P, 1997.

_____. *Proust and signs : the complete text*. Minneapolis : U of Minnesota P, 2000.

Desica, Vittorio de, dir. *Ladri di biciclette*. Italia : Mayer, 1948.

_____, dir. *Umberto D*. Italia, 1952.

Eco, Umberto. *La structure absente*. Paris : Mercure de France, 1972.

Fellini, Federico, dir. *The White Sheik(Lo sceicco bianco)*. Italia, 1952.

_____. *8 1/2*. Italia, 1963.

Flaubert, Gustave. *Madame Bovary*. Eng Trans. Francis Steegmuller. Vintage : New York, 1992.

Freud, Sigmund. *Beyond the pleasure principle*. New York : Norton, 1975.

Fromm, Erich. *To Have or To Be?*. New York : Harper & Row, 1976.

Gance, Abel, dir. *La Rouge*. France, 1923.

Godard, Jean Luc, dir. *Pierrot Le Fou*. France, 1965.

_____, dir. *Made in U.S.A*. France, 1988.

Hardt, Michael. *Gilles Deleuze : an apprenticeship in philosophy*. Minneapolis : U of Minnesota P, 1993.

Hardt, Michael. Negri, Antonio. *Empire*. Cambridge : Harvard UP, 2001.

_____. *Labor of Dionysus : a critique of the state-form*. Minneapolis : U of Minnesota P, 1994.

Hitchcock, Alfred, dir. *Rope*. England, 1948.

_____, dir. *Rear Window*. England, 1954.

James, Henry. *The Golden Bowl*. New York : Penguin Books, 1987.

Jameson, Fredric. *The Geo-Political Aesthetic : cinema and space in the world system*. Bloomington : Indiana UP, 1992.

Jankélévitch, Vladimir, ed. *Bergson*. Paris : P.U.F., 1959.

Kant, Immanuel. *Kritik der reinen Vernunft*. Hamburg : Felix Meiner, 1956.

Kern, Stephen. *Eyes of Love : The Gaze in English and French Culture 1840-1900*. New York : New York UP, 1996.

Lambert, Gregg. "On the Uses and Abuses of Literature for Life : Gilles Deleuze and the Literary Clinic". *Postmodern Culture*. vol 8, Number 3. May 1998.

Lamorrise, Albert. *Le Ballon Rouge*. France, 1956.

Langevin, L. "L'évolution de l'espace et du temps", *Revue de Méta Physique et de Morale*. 1911.

Lewin, Albert, dir. *Pandora and the Flying Dutchman*. UK : Romulus Films, 1951.

Lubitch, Ernst, dir. *The Man I Killed*. USA : B&W, 1932.

Lyotard, Jean-François. *The Postmodern Condition : A Report on Knowledge*. Eng Trans. Bennington, Geoff.
　　　Massumi, Brian. Minneapolis : U of Minnesota P, 1984.

McCloud, Scott. *Understanding comics: the invisible art*. New York : Harper Perennial, 1994.

Meiner, Carsten Henrik. "Deleuze and the Question of Style". *Symploke*. vol 6, No 1. 1998.

Murnau,Friedrich Wilhelm, dir. *Der Letzte Mann*. Germay, 1924.

Nesbitt, Nick. "The Expulsion of the Negative : Deleuze, adorno, and the Ethics of Internal Difference".
　　　SubStance #107, vol .34, no.2, U of Wisconsin System, 2005.

Nussbaum, Martha C.. *Love's Knowledge: Essays on Philosophy and Literature*. Oxford : Oxford UP, 1990.

Pearson, Keith Ansell. *Germinal life : the difference and repetition of Deleuze*. London : Routledge, 1999.

Peters, William. A. M.. *Gerard Manley Hopkins : A Critical Essay towards the Understanding of his Poetry*.
　　　London : Oxford UP, 1948.

Pudovkin, V. I. *Film Technique and Film Acting*. Trans. ed. Montagu, Ivor. New York : Grove, 1970.

Riffaterre, Michael. *Essais de stylistique structurale*. Paris : Flammarion, 1971.

Robbe-Grillet, Alain. *Les Gommes*. Paris : Union Générale D'Editions, 1953.

_____. *Le Voyeur*. Paris : L'Editions du Minuit, 1955.

_____, dir. *L'Année derniè a`Marienbad*. Paris, 1960.

_____, dir. *L'Immortele*. Paris, 1962.

_____. *Pour unnouveau roman*. Paris : Editions de Minuit, 1963,

Rossellini, Roberto, dir. *Germany Year Zero*. Italia, 1947.

_____, dir. *Viaggio in Italia*. Italia, 1953.

Sontag, Susan. "Against Interpretation". *A Susan Sontag Reader*. New York : Random House, 1982.

Spitzer, Leo. "Pseudo-objective motivation in Charles-Louis-Philippe." *Leo Spitzer : Representative Essays*. eds.
　　　Alban K. Forcione, Herbert Lindenberger and Madeline Sutherland. Stanford, CA : Stanford UP, 1988.

Stephen, Kern. *Eyes of love : the gaze in English and French culture, 1840-1900*. New York : NYU Press, 1996.

Visconti, Luchino, dir. *Obssessione*. Italia, 1945.

_____, dir. *Rocco E I Suoi Fratelli*. France, Italia, 1960.

Volo š inov, V. N. *Marxism and The Philosophy of Language*. Trans. Matejka, Ladislav. Titunik, I. R..
　　　Cambridge, Massachusetts, London, England: Harvard UP, 1986.

小津 安二郎(Osu Yasujiro). 『その夜の妻』. 東京, 松竹, 1930.

_____. 『出來ごころ』. 東京, 松竹, 1933.

_____. 『晩春』. 東京, 松竹, 1949.

_____. 『初夏』. 東京, 松竹, 1951.

_____. 『東京暮色』. 東京, 松竹, 1957.

_____. 『浮草物語』. 東京, 松竹, 1959.

_____. 『秋日和』. 東京, 松竹, 1960.

_____. 『秋刀魚の味』. 東京, 松竹, 1962.

溝口健二(Mizogutchi Kenji). 『西鶴一代女』. 東京, 新東宝, 1952.

:: 찾아보기